A^{t}V

Paul Barz, Jahrgang 1943, lebte einige Jahre in Eiderstedt an der Nordsee, wo bereits zwei Bücher über Storm, »Der wahre Schimmelreiter« sowie »Theodor Storm und Schleswig-Holstein« entstanden. Im übrigen veröffentlichte er Sachbücher, Biographien und schrieb Hörspiele und Theaterstücke. Heute lebt Paul Barz als freier Autor und Journalist in Hamburg.

Im Aufbau Taschenbuch Verlag erschien von ihm die Biographie »Der Leibarzt des Königs. Die Geschichte des Doktor Struensee«.

Theodor Storm, 1817 in Husum geboren, war ein Mann, der viele Gegensätze in sich vereinigen mußte. Obschon er in einem großbürgerlichen Haus aufwuchs, wurde sein Vater in Husum lange als Emporkömmling betrachtet. Storms Liebe gehörte schon früh der Poesie, doch entschied er sich, seinem Vater nachzueifern und Jurist zu werden. Zu Husum und der kargen Landschaft entwickelte er eine Art Haßliebe. Oft überlegte er, das Land zu verlassen, doch war er in der Fremde, so sehnte er sich nach der grauen Stadt am Meer.

Als Storm sich 1852 gegen die dänische Herrschaft über Schleswig-Holstein wandte und damit eindeutig in den politischen Streitigkeiten Stellung bezog, mußte er ins Exil nach Preußen übersiedeln. Erst 1864 konnte er nach Husum zurückkehren.

Vor allem »Der Schimmelreiter«, sein letztes Werk, hat ihn berühmt gemacht und ihn zum Klassiker werden lassen. Diese Novelle, »das Nationalepos der Nordfriesen«, gehört zu den schönsten und wichtigsten Novellen in deutscher Sprache.

Paul Barz

Theodor Storm
Wanderer gegen Zeit und Welt

Biographie

Aufbau Taschenbuch Verlag

ISBN 3-7466-1618-2

1. Auflage 2004
© Aufbau Taschenbuch Verlag GmbH, Berlin, 2004
Dieses Werk wurde vermittelt durch die Literarische Agentur
Thomas Schlück GmbH, D-30827 Garbsen
Umschlaggestaltung Preuße & Hülpüsch Grafik Design
unter Verwendung eines Fotos
aus dem Archiv der Theodor-Storm-Gesellschaft, Husum
Druck und Binden Maury Imprimeur SA
Printed in France

www.aufbau-taschenbuch.de

Inhalt

1. ZURÜCK IN DIE GRAUE STADT 7

2. HUSUM - TAL DER JUGEND 23
   Königreich in der Tonne 25
   Schmuckloses Städtchen in baumloser Ebene 39
   Ein ganzes Wald- und Mühlenidyll 54

3. ÜBERGÄNGE 63
   Schuckelmeier! Schuckelmeier! 65
   In helle Fenster starren 78
   Wie reich war ich in Kiel! 86

4. MIT HUSUM LEBEN 99
   Woldsen Storm, Advokat 100
   Wir Männer sind nun einmal so 114
   Grüne stille Sommereinsamkeit 129

5. DES FRIESEN VATERLAND 143

6. HUSUM - HEIMAT 161
   Den grauen Tag vergolden, ja, vergolden 163
   Wir haben Kinder noch 176
   Blütezeit der Schufte 188

7. IN DER FREMDE 203
   Großes Militärcasino Potsdam 205
   Die komische Kruke 218
   ... wünsche ich nur in Heiligenstadt zu sein 232
   Äußere Enge, innere Weite 246

8. DES DEUTSCHEN VATERLAND 263

9. HUSUM - FREMDE HEIMAT 277
   Wen von euch soll ich zum Opfer bringen? 279
   Auf diese Weise einigt man Deutschland nicht! 297

Draußen im Heidedorf 314
  Gespenster der Vergänglichkeit 333

10. Im steinernen Lebensgehäuse 347
   Wie schön, Kinder zu haben! 349
   Ein "heimathlich" böser Block 363
   Geh nicht hinein! 379

11. Husum auf immer 393

Zeittafel 411
Literatur 414

Alle Gedicht- und Novellenzitate nach Peter Goldammer (Hg.),
Theodor Storm. Sämtliche Werke in vier Bänden. Aufbau-Verlag
Berlin, 1991

1. Zurück in die graue Stadt

»Wohin wollen Sie?
Nach Husum?
Liegt da
vielleicht
eine größere Stadt
in der Nähe?«

*Auf die Frage
nach einer Bahnverbindung
nach Husum*

Ächzend knarrt der Wagen durch den Schneeschlamm. Immer wieder knicken die Pferde ein, die Fahrt stockt, die Peitsche knallt. Die Pferde stemmen sich in die Riemen. In allen Fugen quietschend, geht es weiter voran. Verloren hängt der Klang des Posthorns in der grauen Nebelluft.

Immer noch ein Rumpler, ein Schlagloch. Die Kutsche neigt sich bedenklich zur Seite, scheint schon in den Graben abzurutschen. Die Insassen, wohl so vier bis sechs, die dichtgedrängt in der offenen Karre mit den korbgeflochtenen Seitenwänden hocken, schreien auf, und einer spricht vom Unfall an der gleichen Stelle vor genau drei Jahren: Zwei Tage hatte man warten müssen, bevor es weitergehen konnte.

Nein! Nur das nicht! Nicht noch weitere zwei Tage in dieser elenden Karre auf dieser elenden Straße unterwegs sein!

Sie ist keine Freude, eine solche Fahrt in der Postkutsche durchs Schleswig-Holsteiner Land und schon gar nicht hier oben im gottverlassenen Norden der Schleswiger Westküste mit ihrem eisig pfeifenden Winterwind und dem knietiefen Schlamm auf den Straßen.

Straßen? Kann man das hier »Straßen« nennen?

Im Sommer, hin über die trockenen Marschböden, mag es noch gehen. Da braucht man beispielsweise von Husum bis ins nahe Friedrichstadt gerade mal anderthalb Stunden. Aber nun im Winter und Frühjahr, wenn es regnet oder schneit oder, am schlimmsten, zu tauen anfängt und die Wege nur noch ein einziges Schlammloch sind …

Wieder ein Rumpler. Wieder legt sich der Wagen schief.

»Wenn wir nur endlich da sind«, murmelt einer. Die anderen hören kaum hin. Tote Gesichter, knurrende Mägen, die Glieder wie gelähmt – das ist der Zustand bei diesen Reisen: »Wer acht Tage so gefahren ist, wird fast ein anderer Mensch geworden sein«, wie es in einem »Rathgeber für junge Reisende« heißt. Das war anno 1793.

Ein knappes halbes Jahrhundert später – so ab 1830 – geht man im Schleswig-Holsteiner Doppel-Herzogtum endlich daran, die Straßen zu »chaussieren«, also begradigte Wegstrecken mit leidlich starker Steinschicht zu schaffen, und schon 1832 war die erste dieser Chausseen eingeweiht worden, von Kiel nach Altona. Aber hier oben im Friesischen folgen die meisten Wege immer noch der von der Natur vorgezeichneten Schlangenlinienspur, und hierüber knarren die Wagen hinweg, immer schön Schritt um Schritt. Zu Fuß würde es nicht wesentlich langsamer gehen.

Immerhin kann man sitzen, das Gepäck ist wohlverwahrt, und einer der Reisenden hat seine kurzstielige Pfeife hervorgeholt. Scheele Blicke der anderen, nachdrückliches Hüsteln: Muß der hier noch rauchen, wo es schon miefig genug ist bei der drangvollen Enge?

Der Pfeifenraucher läßt sich nicht stören, spricht in stokkend schwerfälligen Worten vom neuesten Wunderwerk der Technik, das manche schon zum puren Teufelswerk erklärt haben, diese sogenannte »Eisenbahn«: zwei bis drei Wagen hintereinander, noch einer dran fürs Gepäck, voran die Dampflock – pfeilschnell, jawohl, geht es damit durchs Land.

Die anderen können es kaum glauben. Aber es ist schon richtig, was der mit der Pfeife zwischen zwei behäbig hervorgestoßenen Dampfwolken erzählt.

Gerade sechs Jahre ist es her, da hatte ein weitschauender Mann namens Friedrich List eine erste solche Eisenbahnstrecke geschaffen.

Ob das denn nicht gefährlich sei? wendet einer ein, und ein anderer wird eifrig: Stimme es denn nicht, daß bei diesem ungeheuerlichen Tempo von dreißig Stundenkilometern der Luftdruck die Insassen töten würde? Jawohl, so war das schon irgendwo zu lesen gewesen, ganz im Ernst ...

Der Mann mit der Pfeife lacht. Ammenmärchen! Niemand stirbt an dieser neuen Erfindung. Und bald auch, mal abwarten, würde sie hier im friedlich stillen Schleswig-Holstein eingeführt werden. Die ersten Pläne liegen schon vor. Dann würde – wiederum von Kiel nach Altona – die sogenannte »Ostseebahn« fahren.

Da blicken denn die anderen ganz zufrieden, sie wiegen bedächtig den Kopf: Ja, die Zukunft läßt sich nun mal nicht aufhalten, auch hier im Norden nicht, und wer weiß? Vielleicht würde sogar schon bald eine Linie bis hinauf nach Husum führen.

Das glaubt allerdings keiner so ganz. Die hier kennen schließlich dieses Land oben an der Küste. Die wissen, in welch schwerem Trott hier jede Veränderung vor sich geht, und einer wird gleich die alte Scherzfrage stellen: Warum sich denn wohl ängstliche Gemüter bei einem Weltuntergang gerade nach Husum zurückziehen werden, na?

Keiner lacht. Alle kennen die Pointe: weil in Husum alles fünfzig Jahre später geschieht als anderswo.

Damit ist das Gespräch wieder vorüber. Jeder kriecht in sich hinein und starrt ins Grau der Winterlandschaft hinaus, wo sich Raben wie schwarze Totenvögel auf den längst leergepickten Äckern niedergelassen haben.

Weiter ächzt und quietscht das Gefährt diesem »Husum« entgegen, was so viel wie »Häuserstelle« heißt, und sehr viel mehr als eine »Häuserstelle« ist dieses Husum auch nicht. Das gotteinsame Kaff irgendwo in nordfriesischer Weite, wo es tatsächlich noch zehn Jahre dauern wird, bis dort eine Eisenbahn über den Marschboden dampft, von Husum über Tönning nach Flensburg hinüber.

Einstweilen schreibt man den Winter des Jahres 1843.

Möglich, daß man um diese Zeit in einer dieser durch die Landschaft holpernden Postkutschen einen jungen Mann entdeckt, von Kiel aus unterwegs nach Husum. In eine Ecke gedrückt, den Blick wie die anderen hinaus in die graue Weite gerichtet, die Kleidung etwas bunter und salopper als bei den übrigen. Ein Studiosus vermutlich, einer aus der Stadt.

Blasses Gesicht. Fast weiblich weich, erst die Jahre werden ihm Härte und Festigkeit geben. Braun das Haar und braun der kleine Schnurrbart, der über die Mundwinkel hängt und dort das gelegentliche leicht verächtliche Lächeln verdeckt: was die da nur reden, diese guten Leute, in ihrem heimatlich breiten Platt!

Das war auch mal seine eigene Sprache gewesen, damals in der Kinderzeit. Ach, Jugend, wie weit liegst du zurück ...

Der junge Mann seufzt auf.

Mitte Zwanzig müßte er sein. Eher schmächtig, keine sehr eindrucksvolle Erscheinung. Mittelgroß, schmalbrüstig, die Schultern eingezogen. Erhebt er sich, fällt eine kleine Schiefe in seiner ganzen Erscheinung auf, jetzt wie in späteren Jahren, als wolle er sich stets höflich zu einem anderen herabneigen.

Das Schönste an ihm sind die Augen.

Sehr blau, sehr klar, mit eher weichem Blick, doch es kann kommen, daß es in ihrer Tiefe stolz und zornig aufblitzt, und mancher ahnt dann, zu welch eisigem Hochmut dieser sonst so freundlich zurückgenommene, dieser leise und feine Mann fähig ist: »Hunde! schrie er, und seine Augen sahen grimmig zur Seite, als wolle er sie peitschen lassen«, wird es vom Hauke Haien im »Schimmelreiter« heißen, seiner einmal berühmtesten Novelle.

Dann die Stimme.

Ein natürlicher Tenor, sehr klar und fest, von schöner Biegsamkeit. An einem mittleren Stadttheater könnte man damit durchaus Karriere machen, und vielleicht hat der junge Mann zuweilen diesen Traum geträumt, einen von so vielen in seinem Leben, die sich alle nicht erfüllen werden. Doch bleibt es bei Aufführungen im Freundeskreis, wo der Mann schon mal den Tamino in Mozarts »Zauberflöte« übernimmt oder Pylades in Glucks »Iphigenie« oder den Max im Weberschen »Freischütz«.

Er ist kein Sänger, aber er will Dichter sein, und was hat ein Dichter gemein mit den Leuten hier, ja, mit dieser ganzen Zeit, unter deren brüchigen Strukturen schon die kommenden Veränderungen knacken?

Technik drängt vor. Industrie breitet sich aus. Schon massiert sich in den immer größer werdenden Städten das Proletariat. Es ist eine Zeit relativen Friedens, die letzten ganz großen Völkerkämpfe liegen fast drei Jahrzehnte zurück, doch es knistert und kracht schon wieder von neuer Aggression zwischen den Mächtigen Europas. Ewig unruhiger Kontinent, der nie zu Frieden und Eintracht findet. Laute Zeit, die alle Ohren volldröhnt mit ihrem Kolbengestampfe und Maschinenlärm. Da kann denn einer wie der hier in seiner bunten Studententracht, der es mit Gedichten hat und feinen, leisen Gefühlen, nur leise seufzen und sich mit kostbarer Trauer in Blick und Haltung abwenden.

> Es ist so still; die Heide liegt
> Im wahren Mittagssonnenstrahle,
> Ein rosenroter Schimmer fliegt
> Um ihre alten Gräbermale;
> Die Kräuter blühn; der Heideduft
> Steigt in die blaue Sommerluft.

Ja, das ist eher schon die Welt, in der sich dieser junge Mann wiederfindet, und er malt sie mit feinstem Pinsel in allen liebenswerten Kleinigkeiten, mit den durchs Gesträuch hastenden Laufkäfern, den in den Zweigen hängenden Bienen und einer Luft voll Lerchenlaut.

In der miefigen Enge eines Postgefährts mag er dann leise lächeln, in sich hinein träumen, in diesen Träumen ein »verfallen niedrig Haus« sehen, den Kätner davor, »behaglich blinzelnd nach den Bienen«, während ein »Junge auf dem Stein davor« sich Pfeifen schnitzt aus Kälberrohr.

Kaum zittert durch die Mittagsruh
Ein Schlag der Dorfuhr, der entfernten;
Dem Alten fällt die Wimper zu,
Er träumt von seinen Honigernten.
– Kein Klang der aufgeregten Zeit
Drang noch in diese Einsamkeiten.

»Abseits« wird dieses Gedicht heißen, um 1847 geschrieben werden. Im Jahr 1843 jedoch, hier in dieser Kutsche, weiß davon noch niemand, und niemand merkt auf, wenn sich dieser junge Mann auf die höfliche Frage eines Mitreisenden ebenso höflich vorneigt und sich mit seinem unverkennbar dänisch eingefärbten S-Lispler in der Tenor-Stimme vorstellt: »Theodor S-torm!«

Hans Theodor Woldsen Storm, um genau zu sein.

Freunde nennen ihn nur Theodor. Auch ihm selbst ist dieser von den drei Vornamen am liebsten. Sechsundzwanzig Jahre alt, seit letztem Herbst wohlbestallter Advokat nach elfsemestrigem Jura-Studium in Kiel, Berlin und wiederum in Kiel. Gerade jetzt von Kiel aus unterwegs ins heimatliche Husum, wo er Notar und Advokat sein wird wie schon der Vater Johann Casimir Storm, Husums angesehenster Anwalt – er hat eine große Kanzlei, ist dazu Sekretär der Ständeversammlung, königlich bestallter Administrator der Fürstlich Reußischen Güter in den Herzogtümern, Koogschreiber, Syndicus für die Südmarsch, noch manches mehr …

Ach, dann würde wohl der Sohn so wie der Herr Vater werden wollen und einmal seine Nachfolge antreten?

Da weicht der Sohn zurück, verweigert die Antwort, drückt sich in seine Ecke, schweigt.

Nicht, daß er ungern von sich selber sprechen würde. Im Gegenteil, es gibt Stunden reger Mitteilsamkeit, da er nichts lieber tut als das, und mancher Brieffreund späterer Zeiten wird beim Empfang von Storm-Episteln vor der kleinen Flut intimer und intimster Bekenntnisse leicht zurückschrecken. Denn ganz so genau, so ausführlich hatte man es nun wieder auch nicht wissen wollen!

Das aber sind dann Freunde in den großen Städten. Hier, in diesem Kreis bäurisch schlichter Provinzgemüter, verstummt der junge Mann.

Kein Blick in seine Seele bitte, das Innerste bleibt verschlossen, die Sehnsüchte und Träume dort gehen keinen etwas ab. Vorerst jedenfalls. Und der blaue Blick schweift ab, verfolgt den Flug einer Saatkrähe, wie sie sich dem Nebelgrau des Horizonts entgegenschwingt.

Einsam wie sie. So ist er immer gewesen. Obwohl es Geschwister, Familie, Freunde genug gegeben hat. Und er war auch kein Stubenhocker, kein Drückeberger. Aber er ist noch etwas anderes. Ein Dichter. Da muß man denn einsam sein in diesem Friesenland.

Vielleicht hatte er zunächst noch bei der Frage des Mitreisenden die Hand in der Rocktasche gehabt, hatte ein Blatt Papier hervorziehen wollen mit einem seiner Gedichte darauf, hätte es gern vorgetragen. Denn darauf versteht er sich mit melodiöser Stimme meisterhaft.

»Hin gen Norden zieht die Möwe« etwa, oder Verse aus der »Morgenwanderung«, und mit bescheidenem Stolz hätte er gern noch hinzugesetzt, dies alles sei schon veröffentlicht, jawohl, an gar nicht so unprominenter Stelle, wie beispielsweise im »Album der Boudoirs«.

Die anderen würden staunen, würden leise den Kopf schütteln, diesen jungen Mann dort etwas näher betrachten.

Der also will ein Dichter sein! Was ist das überhaupt, ein Dichter? Lebt einer davon, daß er Tag um Tag Worte findet, die sich hinten reimen irgendwie? Ist so was schon ein Broterwerb? Ein so ganz ehrlicher dazu, von dem ein Mann Frau und Kind ernähren kann? Denn das ist schließlich Aufgabe eines jeden redlichen Mannes in der Welt.

Nein, diese Leute hier würden gar nicht begreifen, wovon der junge Mann überhaupt redet. Sie würden ihn belächeln, sich wieder abwenden, in friesisch sturer Toleranz, die leben läßt, solange einer Ruhe gibt und nicht die eigenen Kreise stört. Dann mag er gar ein Dichter sein, warum auch nicht?

Also verschwinden die Verse in der Tasche. Die hier interessieren sich für den Butterpreis und vielleicht für das, was im Rathaus passiert. Sie interessiert diese neue Wunderwerk, die Eisenbahn, und wann es denn soweit damit in Husum sei. Alles weitere kann ihnen eigentlich gestohlen bleiben.

»In der Landschaft, wo ich geboren wurde, liegt, freilich nur für den, der die Wünschelrute zu handhaben weiß, die Poesie auf Heiden und Mooren, an der Meeresküste und auf den feierlich schweigenden Weideflächen hinter den Deichen; die Menschen selber dort brauchen die Poesie nicht und graben nicht danach ...«

Theodor Storm wird siebzig sein, als er das ausspricht. Aber er weiß es auch schon vierzig Jahre vorher und wird sich nie ganz sicher sein, ob es nun Fluch oder Segen sei, jene Wünschelrute zu besitzen.

Jetzt aber, an diesem Februartag, da es so unaufhaltsam hingeht nach diesem Husum, mag ihm seine Geburtsstadt so vor Augen stehen, wie er sie in Erinnerung aus den Jahren vor seinem Aufbruch in die fröhliche Studentenzeit hat.

Düsteres Husum. Kaum Bildung, wenig Kultur. Nur geistige Hausmannskost. Wie es da schon Gipfel aller literarischen Bildung war, irgendwann von einem Goethe gehört zu haben, und als mal dem jungen Storm die Balladen eines gewissen Ludwig Uhland zwischen die Finger geraten waren, hatte er zunächst noch diesen Zeitgenossen in unbefangener Ahnungslosigkeit für irgendeinen Barden des Mittelalters gehalten.

Dieses Husum also, trostlos grau, schiebt sich wieder auf ihn zu. Mit Teestunden im immer gleichen Kreis, wo über das immer gleiche gesprochen wird, zu braunem Kuchen bei zugezogenen Gardinen mit dem immer gleichen grauen Licht dahinter.

Der junge Mann ächzt auf.

Besorgte Mitreisende könnten sich erkundigen, ob ihm wohl was fehlte, und er schüttelt nur den Kopf. Dann hat er sich wieder gefangen. Nur ein leiser Druck im Magen bleibt. Sein lebenslanger Gefährte bis in den Tod hinein wie manches andere Leiden auch. Rückenschmerzen, Nervenkrämpfe, häufiges Kopfweh, fiebrige Stirn. Schließlich das schlimmste aller Leiden, diese rätselhafte Trauer, die ihn plötzlich überkommt, nicht mehr weichen will, den ganzen Menschen packt und niederdrückt. Die ihn schließlich nur noch blick- und tatenlos hinausstarren läßt in ein Dasein ohne Trost und Wärme. »Depression« nennt man das wohl.

Der junge Storm muß lachen.

Wie nicht depressiv werden in diesem Husum, wo sich in all den langen Jahren nichts geändert haben dürfte und noch immer alles so schwarz und tot ist wie zu seiner Kinderzeit mit dem ewig schwappenden Meer als monotoner Einheitsmelodie im Hintergrund? Wo Poesie nicht gebraucht wird und ein Poet schon gar nicht ...

Aber er selber braucht die Poesie. Sie wird ihm helfen müssen, die eine eigene, ganz und gar seine Welt zu erschaffen, in der es sich selbst in der Welt von Husum leben läßt. Nur gut, dazu jene Wünschelrute zu haben!

Friedrichstadt wird passiert, die kleine Holländergründung aus dem 17. Jahrhundert, mit ihren Grachten und Spitzgiebelhäusern und den so holländischen Straßennamen, daß man sich mitten in Nordfriesland unverhofft in ein Klein-Amsterdam versetzt fühlt.

Wenig darunter, wo die Treene in die Eider mündet, fängt aber sozusagen feindliches Ausland an.

Dort stößt ans Nordfriesische Dithmarschen, wofür ein Friese allenfalls ein scheeles Grinsen hat: alles Barbaren dort unten, stolz auf ihre im Dunst der Zeit vergangene sogenannte freie Bauernrepublik, bei der man lieber nicht fragt, was daran je so frei und Republik gewesen war. Und Poesie blüht dort schon gar nicht.

Doch wird um diese Zeit auch aus Dithmarscher Nebeln ein Dichter hervorgehen, dessen Werke einmal die Bücherschränke deutschen Bildungsbürgertums ebenso füllen werden wie die von Storm. Einer allerdings, der im Jahr, da Kollege Storm seiner alten Heimat entgegenkarrt, schon auf der Flucht vor dieser Heimat ist: Friedrich Hebbel aus Wesselburen, um drei Jahre älter als der Husumer und gerade nach Paris unterwegs, wo er das norddeutsch finsterste seiner Werke schreiben wird, die wie von Dithmarscher Nebeln durchzogene »Maria Magdalene«.

Friedrich Hebbel wird nie mehr ins Dithmarsische zurückkehren, und den Dichter wird es nach diesem einzigen Drama im Kleine-Leute-Milieu in die historischen Höhen hinaufziehen, zu Judith und Holofernes, Herodes und Mariamne, zu den Nibelungen und Gyges samt Ring.

Storm bleibt mehr in den Niederungen, am Immensee und draußen im Heidedorf. Er hat es mit Bürgermädchen und Senatorensöhnen, verliebten Hauslehrern und Eiderstedter Deichgrafen. Das Hebbelsche Titanenringen liegt ihm nicht. Und ein Leben lang, trotz aller Widerstände von außen wie innen, zieht es ihn nach Husum zurück.

Er hängt, man kann fast sagen: Er klebt an dieser Stadt. Wie diese Stadt an ihm.

Husum ist erreicht.

Vielleicht, daß die Eltern den ältesten Sohn von der Poststation abholen oder wenigstens der Vater. Doch kein Kuß, keine Umarmung. Das ist nicht Sitte im Haus Storm. Ein Händedruck muß reichen. Danach geht es hinein in die nur allzu vertraute Welt.

Wieder durch die engen Straßen mit den schwärzlich angerußten Häusern, zum Marktplatz hin und am Rathaus vorbei. Vielleicht auch mal zum klebrig grauen Strand hinunter, gegen dessen Sand in immer gleicher Monotonie die Nordsee schwappt, im immer gleichen Spiel von Ebbe und Flut.

> Am grauen Strand, am grauen Meer
> Und seitab liegt die Stadt;
> Der Nebel drückt die Dächer schwer,
> Und durch die Stille braust das Meer
> Eintönig um die Stadt ...

Acht volle Jahre werden nach seiner Rückkehr vergangen sein, als Theodor Storm diese ersten Zeilen seines bekanntesten Gedichts schreibt. Acht Jahre, in denen er sich ihr so bedachtsam, so zögernd und mühevoll genähert hat, über so holprig-umständliche Pfade hinweg wie einst in der Eilpost von Kiel nach Husum.

Nun erst, acht Jahre später, ist er soweit, ihr Bild in Worte von lakonischer Klarheit zu fassen, zupackend und schnörkellos.

Er schont darin die Heimat nicht, setzt in gnadenloser Genauigkeit eine Häßlichkeit neben die andere, spart nicht aus, was alles diesem Husum fehlt an romantisch blühender Harmonie.

> Es rauscht kein Wald. Es schlägt im Mai
> kein Vogel ohne Unterlaß ...

Hier mag er gestockt, mag an einen anderen gedacht haben, Dichter wie er. Im Lübeck der mittleren dreißiger Jahre hatten sie sich kennengelernt.

Dort war schon dieser andere, obgleich nur zwei Jahre älter, der Abgott der literarischen Salons gewesen. Einer, der keine Mühe zu haben schien, für alles die richtigen Worte zu finden, sie in Reime zu gießen und glatt und gefällig unter die Menschen zu bringen, ob er nun neckisch den bloßen Po der sieben Sandsteinfiguren auf der Lübecker Puppenbrücke besingt oder in düsteren Patriotismus ausbricht: »An deutschem Wesen soll die Welt genesen ...«

Dieser Emanuel Geibel! Dieser fingerfertige Dichtersnob aus dem piekfeinen Lübeck!

Der hat es so leicht, macht es sich einfach. Braucht nicht groß auf Inspiration und Gefühle zu achten, zückt nur die einmal gefundene Form immer gleicher Reimeschmiederei, geht damit an einem strahlend grüngoldenen Maientag hinein in die Krempelsdorfer Allee bei Lübeck, und schon strömen ihm die Verse zu, perfekt wie stets und in der Tiefe, meint Storm, ganz seelen- und empfindungslos: »Der Mai ist gekommen, die Bäume schlagen aus. Da bleibe, wer Lust hat ...«

Alles singt mit.

Wer aber stimmt bei einem Storm ein? Woher kann er schon seine Inspiration beziehen? Woraus könnten seine Empfindungen ihre dichterischer Kraft gewinnen? Hier in diesem Husum, am grauen Strand, am grauen Meer ...

> Die Wandergans mit hartem Schrei
> Nur fliegt in Herbstesnacht vorbei,
> Am Strande weht das Gras ...

Recht böse das alles. Ein schwarzes Idyll, aber so ist sie nun mal, die Welt eines Theodor Storm. Und es ist, als würde er sich gegen den harten Nordsee-Wind stemmen, nur mühsam Schritt um Schritt vorankommen, um endlich doch noch im Besitz dieser Heimat sein.

Dann gehört sie ihm ganz. Dann ist sie Teil von ihm und seiner Dichtung. Und er weiß nun, was sie ihm bedeutet, weiß, was er daran so liebt, trotz allem.

Ihn mag dabei frösteln. Er duckt sich nahezu unter allen kleinen Schrecklichkeiten dieser grauen Stadt. Und doch ...

> Doch hängt mein ganzes Herz an dir,
> Du graue Stadt am Meer;
> Der Jugend Zauber für und für
> Ruht lächelnd doch auf dir, auf dir,
> Du graue Stadt am Meer.

Nochmals Friedrich Hebbel, dieser andere Poet aus dem Grau des Nordsee-Heimatlandes. Der wird einmal behaupten, bis zu seinem zwanzigsten Lebensjahr alle entscheidenden Eindrücke empfangen und sich danach nicht mehr im Kern verändert zu haben.

Anders Storm. Der wird sich noch oft ändern, reifer, härter, bewußter werden. In diesem einen Punkt allerdings nicht. Der Jugend Zauber für und für – er wird für immer wie ein sanfter Schimmer über seinem Werk liegen, und die Geister jener Zeit, die guten wie die bösen, verlassen ihn sein Lebtag nicht.

Geister aus jenen Jahren, da er noch kein Advokat war und auch noch kein Dichter, sondern nur der Junge aus Husum, eingesponnen in seine Welt kindlicher Phantasien voller Schatten und Gespenster. Und er wird noch keine dreißig sein, da er schon mit kleinem Seufzer im Unterton und in unverhohlener Nostalgie schreibt:

»Mir war's, als stände ich im Abendschein auf einem Berg und sähe von oben hinab tief in den Garten meiner Jugend ...«

2. Husum – Tal der Jugend

> »Ich wüßte nicht,
> daß bis zu meinem
> achtzehnten Lebensjahr
> irgendein Mensch ...
> Einfluß auf mich geübt,
> dagegen habe ich
> durch Örtlichkeiten
> starke Eindrücke empfangen.«

Theodor Storm

Königreich in der Tonne

Das ist schon ein prachtvoller Fund, der dem Knaben Storm irgendwann in seinen ersten Jahren gelingt. Diese Tonne dort in einer Ecke der Husumer Hohlen Gasse Nummer drei. Fast so groß wie ein eigenes Zimmer. Fast schon das kleine Haus. So steht sie auf der steingepflasterten Diele im »Packhaus« gleich neben dem eigentlichen Elternhaus, und der Sekretär seines Vaters im nebenanliegenden Schreibzimmer weiß bald schon in der ganzen Stadt von seltsamen Dingen zu erzählen.

Wie es da aus dieser Tonne wispert und flüstert! Und schwacher Lichtschein dringe an dunklen Herbst- und Winterabenden aus den Fugen, kurz: Hier spukt es, ganz klar. Geister gehen um.

Keine Geister, nein. Nur kleine Jungs und Mädchen, die sich dort an trüben Regentagen verkrochen haben. Da hocken sie nun, haben den Deckel über die Tonne gezogen und die kleine mitgebrachte Handlaterne entzündet: Los mal! Vertell mal was! – Was denn? – Ach, irgendwas …

Nur spannend muß es sein und richtig schön gruselig, damit man noch enger zusammenkriechen, sich so richtig heimelig-geborgen fühlen kann. Die Kinder kuscheln sich wohlig aneinander.

Einer versteht sich auf »Vertell«-Stücke besser noch als alle anderen. »Hans Räuber« heißt er allgemein, sein richtiger Name interessiert keinen, und Waise ist er, Sohn irgendeines armen Flickschusters und eigentlich kein Umgang für den Patriziersproß Storm, doch um so was schert sich keiner hier. Hans ist willkommen als einer »der wakkersten Spielkameraden« und seine Geschichten noch mehr.

Das ganze Nordfriesland mit seinen Sagen und Märchen

spukt darin. Nies Puk natürlich, der Hausgeist der Friesen, der Ruhe gibt, solange man ihn nur mit kräftiger Grütze und guter Butter darin mästet. Von hoher See her, mit rotem Haar und grünen Zähnen, zieht der Klabautermann heran, drüben im Eiderstedter Westerhever schleifen die auf ewig untoten »Wogemannen« ihre Schwerter, um neuerlich auf Raubzug zu gehen, und über die Deiche marschiert der »Dränger« heran, jener Unsichtbare, der sich dem Wanderer entgegenstemmt und ihn abdrängt den Deich hinunter ins aufgewühlte Wasser.

Die »Erntekinder« sind dabei. Die »Sargfische«. Luftgeister schweben heran. Vielleicht ist auch schon das Wasserweib darunter, das arme Geschöpf ohne Seele im beschwänzten Fischschuppenleib, das im Netz der anderen zappelt und wimmert. Und die Toten des Meeres, vor denen Hauke Haien erschauert, »gnidderschwarz«, ohne Kopf, mit einem Strunk Baumwolle im Hals – auch sie gehören dazu.

Herrliche Geschichten! Immer noch mal kann man sie hören. Und irgendwann nach Hans Räuber – die Handlaterne flackert im Luftzug – ist der junge Storm mit dem Erzählen an der Reihe.

Auch er läßt sich nicht lumpen. Er weiß von der dreibeinigen Totenlade zu berichten, die gelegentlich die Treppe im Elternhaus herunterpoltert und von baldigem Tod und Verderben kündet. Auch will er schon mal in der verlassenen Zuckerfabrik des Urgroßvaters gleich hinter dem Elternhaus den dortigen Hausgeist trübe aus einer Dachöffnung starren gesehen haben, die Zipfelmütze auf dem Kopf. Und ganz gewiß hat er oben im Schloß vor Husum vor jenem Bild im Rittersaal gestanden, das bei schärferem Hinsehen, warum auch immer, schamhaft errötet.

Das ist das andere, das heimliche Husum, ganz aus der Phantasie derer geboren, die dort in dieser Tonne hocken oder in anderen verborgenen Winkeln der Stadt, und in diesem geheimen, nur von ihm geschauten Husum findet

Storms eigentliche Kindheit statt. Hier empfängt er Eindrücke fürs Leben und wird sie in seiner Dichtung immer wieder anklingen lassen. Schreckliches. Schönes.

Das mit dem »Unnererschen«, einer Art hilfsbereiter nordfriesischer Heinzelmännchen, erzählt sich zum Beispiel recht nett. Netter jedenfalls als Scheußlichkeiten wie diese Sache damals mit dem Husumer Witwenmörder, der um die Jahrhundertwende fünf ehrbare Matronen gemeuchelt hatte und dafür hingerichtet worden war draußen auf dem Galgenberg. Und dann gibt es noch dieses eine Haus, dessen Original sich nicht mehr ausmachen läßt und am Ende nur in Storms Phantasie seinen Standort hatte.

Die Geschichte darum scheint aber seine Lieblingsmär gewesen zu sein, und sie hat ihn sein Leben lang begleitet mitsamt allem Märchengespinst rund um »Bulemanns Haus«.

> Es klippert auf den Gassen im Mondenschein;
> Das ist die zierliche Kleine,
> Die geht auf ihren Pantöffelein
> Behend und mutterseelenallein
> Durch die Gassen im Mondenscheine.
>
> Sie geht in ein verfallenes Haus;
> Im Flur ist die Tafel gedecket,
> Da tanzt vor dem Monde die Maus mit der Maus,
> Da setzt sich das Kind mit den Mäusen zu Schmaus,
> Die Tellerlein werden gelecket.

So geht es immer weiter, neun Strophen lang. Die Kleine wird sich selber im Spiegel sehen, wird mit sich selber zu tanzen versuchen, und sie tanzt die ganze Nacht im Mondenschein, sinkt schließlich todmüde beim ersten Sonnengefunkel ins Gras.

> Nun liegt sie zwischen den Blumen dicht
> Auf grünem, blitzendem Rasen;

Und es schauen ihr in das süße Gesicht
Die Nachtigall und das Sonnenlicht
Und die kleinen neugierigen Hasen.

Storm berauscht sich nahezu an diesen Versen. Er singt sie mehr mit seiner hohen Tenorstimme, als daß er sie spricht, und seine Zuhörer, reichlich in der Runde, schmunzeln ein wenig, stoßen sich an: Er ist eben doch etwas wunderlich, dieser komische Kerl dort oben aus Husum! Aber Phantasie hat er ja, und sie in Verse kleiden wie kein anderer kann er auch.

Die da aber leise lächeln, sind nicht mehr Hans Räuber und Konsorten. Es sind nun Herren wie Adolph Menzel, Theodor Fontane, Franz Kugler, und man befindet sich bereits im Berlin der fünfziger Jahre.

Aber der Storm dort, obgleich ein Mann um die Vierzig und als Dichter längst anerkannt, wird immer noch etwas vom kleinen Theodor aus der Tonne haben, der dem Freund Hans und den anderen die Geschichte vom Bulemannschen Schreckenshaus erzählt, und 1864 wird er die Geschichte, nun in Prosa, noch einmal erzählen.

Wie also dieses Haus zu Bulemanns Haus wurde. Wie es vereinsamte und verödete. Wie die halbnärrische Haushälterin des übergeizigen Herrn Bulemann in rasender Angst vor dem Hungertod die Brötchen stapelt über Jahre hin und dort schließlich zwei Katzen, riesig wie Tiger, die Herrschaft antreten. Nachts hört man sie die Treppen hinauf- und hinunterspringen, und draußen plärren die Kinder ihren Reim: »In Bulemanns Haus, in Bulemanns Haus ...«

Diese Novelle, so gruselig, so sehr am Geschmack eines auf liebenswürdige Lektüre eingestimmten Lesepublikums vorbei, daß sie sieben Verlage schaudernd zurücksenden werden, wird bis heute eines der wenigen Beispiele großer deutscher Horror-Literatur sein, als vielleicht einziges Werk den »Gothic novels« der Engländer vergleichbar und in der Nachbarschaft anderer Großmeister des Genres angesiedelt, von denen Storm sehr wohl gelernt haben dürfte.

Er kennt schließlich E. T. A. Hoffmann. Er hat Edgar Allan Poe gelesen, dessen Gesammelten Werke in seinem Bücherschrank stehen. Er wird aus beider Arbeiten gern zitieren und die eine und andere Gestalt an die von Hoffmann anlehnen, die eine und andere Situation recht kräftig dem großen Grusel-Amerikaner nachempfinden.

Aber was wären diese Einflüsse allesamt gegen die Erzählstunden damals in der Tonne?

Storm ist im Zuhören ein Nimmersatt, und genügen ihm Hans Räubers Vertellstücke nicht, hastet er hinüber zur Langenharmstraße 9.

Gar kein so gemütlicher Weg, auch wenn er nur um die nächste Straßenecke führt. Denn es ist schon Abend, herbstlich kühl, es dunkelt heftig. Dem immer eiliger dahinhastenden Jungen klopft das Herz bis zum Halse, und eigentlich hat er Angst, würde lieber wohlgeborgen am heimischen Ofen sitzen, wäre nicht der Hunger auf immer neue Geschichten da.

Die aber bekommt er hier wie nirgendwo anders erzählt. Nicht einmal daheim in der Tonne.

Die Tür mit den grünen Scheiben ist endlich erreicht. Das Schild daran verkündet, daß hier gutes, schwarzes Brot gebacken wird. Storm tritt ein. Hund »Perle« kläfft (»Perle« wird nicht zufällig im »Schimmelreiter« der vor dem Opfertod im Deich gerettete Hund heißen), und noch ganz außer Atem stößt der Junge hervor: »Ist Lena da?«

Lena Wies nämlich, deren eigentlicher Name Sophia Magdalena Jürgens lautet, die Tochter des Bäckermeisters Johann Wies, damals eine noch junge Frau in den Zwanzig, ledig bis an ihr Ende.

Nein, Lena ist nicht da. Sie ist im Stall, melkt die Kuh. Storm geht nach hinten, atmet tief den Geruch aus Milch und frischgebackenem schwarzen Brot. Und dann hört er auch schon aus der Tiefe der Stallung die vertraute Stimme: »Stripp, strapp, stroll – is de Amer nich bald voll?«

Lena Wies soll einmal sehr schön gewesen. Dann haben die Blattern ihr Gesicht zerstört. Ihr blieb jedoch ein scharfer Geist, gepaart mit viel gesundem Menschenverstand und einem robusten Selbstbewußtsein voll zupackender Herzlichkeit. Und ihr blieb ein nie erschöpfter Vorrat aus Sagen, Märchen, Volkslegenden oder auch nur irgendwelcher Nachrichten aus der Zeitung.

Dies alles wußte sie aber vorzutragen wie keine andere, »plattdeutsch, in gedämpftem Ton, mit einer andachtsvollen Feierlichkeit«, wie Storm später in seiner »Lena Wies«-Skizze festhält, eine nordfriesische Scheherezade, die ihren Sultan wohl noch länger als nur 1001 Nacht hätte unterhalten können.

In diesem »Lena Wies«-Porträt spricht Storm aus, wie viel er denn von ihr gelernt hat, »nicht nur die Kunst des Erzählens, auch die Achtung vor ernster, bürgerlicher Sitte«, und war ihm mal ein ordinäres Wort entfahren wie auf der Gasse üblich, war darüber die Bäckertochter mit so viel damenhafter Souveränität hinweggegangen, daß sich noch der reife Mann beschämt fühlt.

Aber meistens spricht der Junge nicht. Er hört nur zu, unermüdlich, und der Abend wird immer später.

Draußen ist es schon ganz finster. Kein Mond scheint, keine Laterne verbreitet noch so spärliches Licht. Dem Jungen gruselt es nun wirklich, und Lena Wies erbarmt sich, greift zu Handlaterne und Umhängetuch, führt den Jungen wenigstens bis zur nächsten Ecke durchs düstere Husum, dessen Horrorgestalten an jeder Biegung und in jedem Torbogen zu lauern scheinen.

Splittern da nicht Fensterscheiben? Schlägt dort nicht wieder im Vollrausch jener Mann die Fenster ein, der es so gern klirren hört, wie bei Silbertalern im Beutel? Und kommt nicht plötzlich der andere, noch Schrecklichere heran, der Hundefänger mit dem blutigen Knüppel in der

Faust und seinem Bündel gemeuchelter Hunde über der Schulter?

Storm junior bebt vor Angst und genießt sie kräftig.

Aber sein Husum kann auch anders sein. Bunt und duftig. Ein blühender Garten im hellen Sonnenlicht, und das Kind hat einen Schlüssel dafür, es tritt ein in die kleine Wunderwelt an der Husumer Au gleich unten am Hafen.

Apfelspaliere, Bienengesumm, das sanfte Gelb der Zitronenbäume, tiefes Grün der Zypressen, Muskathyazinthen, und an der Seite ein verrammelter kleiner Teepavillon aus Rokoko-Tagen, als sei man plötzlich nicht mehr in Husum, sondern irgendwo fern zu Versailles im Trianon der Pompadour.

Dorthin setzt sich nun der Junge auf die Stufen, späht kurz durch die Ritzen aufs gestapelte Rokoko-Mobiliar, stützt dann den Kopf auf, atmet Geißblattduft, hört das Hafenwasser hinter der Mauer plätschern, sieht Schmetterlingen nach und träumt, nein, nun nicht von irgendwelchen Gruseleien und Schauerstücken.

Er mag jetzt an Sonne denken und Wärme und immer blauen Himmel, und alles atmet Frieden hier. Alles verströmt die von ihm ein Leben lang so ersehnte »Behaglichkeit« des Daseins, die ihm selten genug zuteil wird und ganz und gar vielleicht nur hier als Kind in Urgroßmutters Garten. Denn ihr gehört dieses kleine Wunderreich, in das der Urenkel hineinschlüpft wie in ein kleines Paradies vor dem Sündenfall. Der verwitweten Frau Senator Elsabe Feddersen. Eine der großen Damen der Stadt in ihrem Haus aus dem Jahrhundert zuvor an der Ecke Twiete/Schiffbrücke, keine hundert Meter von ihrem Garten entfernt, kurz das »Urgroßvaterhaus«. Storm-Leser werden diesen Patriziersitz mit seinem Spitzgiebel und der dekorativ ausladenden Front in Novellen wie »Von heut und ehedem«, in »Carsten Curator« und vor allem »Immensee« so gründlich kennenlernen, als hätten sie dort selber mal gelebt.

Sie kennen das Guckfenster zur Diele hin mit dem grünen Vorhang dahinter, die weite Hausdiele, den Pesel mit seinen Eichenschränken voll erlesener Porzellanvasen und den kleinen Flur, »von wo aus eine enge Treppe zu den oberen Zimmern des Hinterhauses führte«.

Ihre Stufen steigt in »Immensee« bedächtig der alte, wohlgekleidete Herr auf der Suche nach seiner Jugend hinauf. Den kleinen Storm können wir uns eher vorstellen, wie er keineswegs bedächtig, zwei Stufen zugleich nehmend die gleiche Treppe zur Urgroßmutter hinaufhastet, den Schlüssel zum Garten wieder abzugeben.

Dort sitzt dann die alte Dame in schwarzseidener Pracht, ganz lächelnde Güte, eine kluge, belesene Frau, die wissen will, wie es denn draußen so in der Welt zugeht. Weshalb sie auf die »Leipziger« oder »Pappes Hamburger Lesefrüchten« in ihren steifblauen Pappeinbänden abonniert ist.

Der Urenkel wird sich für ein Lesestündchen dazusetzen, wird nach den Journalen greifen und dort unter anderem ein erstes Mal der Geschichte vom »Gespenstigen Reiter« begegnen, aus der bald sechs Jahrzehnte später sein »Schimmelreiter« werden wird. »Noch fühl ich es gleich einem Schauer, wie dabei die linde Hand der über Achtzigjährigen mitunter liebkosend über das Haupthaar ihres Urenkels glitt.«

So heißt es gleich im ersten Absatz der »Schimmelreiter«-Novelle. Ein schönes Bild.

Doch stimmt es auch? Oder hat Storm, wie er in seinem »Lena Wies«-Porträt schreibt, nicht eher bei ihr ein erstes Mal von jenem Deichgrafen gehört, »der bei Sturmfluten nachts auf dem Deiche gesehen wird und, wenn ein Unglück bevorsteht, mit seiner Mähre sich in den Bruch stürzt«? Oder hat er – noch früher – davon »in der Tonne« erfahren, von Hans Räuber vielleicht?

Alles drei ist möglich. Alles drei ist falsch. Dennoch stimmt es auf vertrackt übertragene Weise. Denn was immer Storm dichten wird, bis hin zum »Schimmelreiter«, wird hier in diesen seinen jüngsten Husumer Jahren seinen

Ursprung haben, und Bäckertochter Lena Wies ist allemal eine Schlüsselfigur zu Storm-Werk und Storm-Verständnis.

Ihr Ende im Jahr 1868 wird schrecklich sein.

Der Dichter ist nach langen Jahren im Exil in sein Husum zurückgekehrt, und sie selbst ist nun eine Frau an die Siebzig, »die Tant«, Respektsperson und unermüdliche Geschichtenerzählerin noch immer. Brav hat ihr der gelehrigste ihrer Schüler alles zugeschickt, was so von ihm gedruckt worden war, und sie hatte dazu genickt, hatte gelächelt: »Das hast du von mir gelernt!«

Dann wütet der Krebs in ihr, »eine jener Krankheiten ... die sich an den Menschen anhaften wie ein fressendes Tier, das er nicht abschütteln, noch ausreißen kann, sondern jahrelang mit sich herumtragen muß, bis er ihm endlich erlegen ist«, und man spürt in diesen Worten Storms ganze Angst vor einem eigenen ähnlichen Ende.

Schweigend steht er an ihrem Sterbelager.

Lena Wies wird nichts erspart bleiben. Keine Qual, kein Schmerz. Er sieht auf sie voll Bewunderung in ihren letzten Tagen, hört den Arzt noch sagen, sie »stirbt wie ein Held«. Er ist dabei, wie sie sich – fast schon jenseits der Grenze – ein letztes Mal erhebt und etliche dort unten auf der Straße lärmende Gassenjungen zur Ruhe mahnt.

Ihre junge Pflegerin nickt. »Se hebben noch immer so väl Respekt vor Tant.«

Ein Geistlicher stellt sich ein, der Herr Propst, der die Freidenkerin in den einzig rechten christlichen Glauben heimholen will. Ihr Mund wird schmal, die Stimme streng: »Hm, Herr Propst! Se kriegen mich nich!« Auch das erfüllt Storm voll Bewunderung.

Viel hat er von dieser Frau gehört, manches von ihr gelernt. Religion hat nicht dazu gehört. Und auch sonst finden sich wenige Spuren christlicher Unterweisung in der Kindheit dieses Mannes.

Ihm bringt der Mann am Kreuz weder Trost noch Erlösung, bis zu seinem eigenen Ende nicht. Und auch das hat schon hier im Husum seiner frühen Jahre angefangen. Wie auch anders in dieser nur »spät und oberflächlich christianisierten Sphäre«, wie später Storm-Kenner Thomas Mann mit feinsinniger Prägnanz die Stormsche Friesenheimat nennen wird?

Hier, wo um die Jahrtausendwende das Christentum nur zögernd Eingang fand, wo im Februar entlang der Küste die Bijkenfeuer aufflammen und der Ruf hinauf zum Winterhimmel erschallt: »Wotan, nimm unser Opfer an!«, herrschen immer noch heimlich die alten Götter. Und wie schreit doch Storms »Schimmelreiter« Hauke Haien in seiner letzten Stunde, bevor er sich mit seinem Ross in die kochenden Fluten stürzt?

»Herr Gott, nimm mich! Verschon die anderen!«

Welcher Gott denn, bitte, soll ihn nehmen? Der Christengott am Kreuz, der so wenig ausrichtet allen Predigten von Nächstenliebe zum Trotz? Oder nicht doch eher der finstere, alte Wotan, der zwar keine Ethik kennt, nichts von Nächstenliebe predigt, am Ende aber doch, wenn man ihm nur gebührend opfert, sein göttliches Erbarmen hat mit aller geschundenen Kreatur auf Erden?

Tiefheidnische Gedanken. Sie gehören zu Storm. Und auch sie sind Teil seiner Husumer Kindheit.

Hier ist man nun mal nicht fromm, und nur die Mutter, die anderen Frauen sieht er gelegentlich zur Kirche gehen, nie den Vater. Die Heilige Schrift muß der Sohn allerdings oft und innig gelesen haben. Seine Novellistik bemüht immer wieder Motive daraus, doch in die Tiefe geht das alles nicht. Man bleibt im Friesenherzen dem Christentum so fern wie Lena Wies.

Storm wird zwar getauft, konfirmiert. Er selbst wird es bei seinen eigenen Kindern nicht anders halten. Er läßt auch die christliche Trauung zu, allerdings nur zu Hause, nicht in der Kirche. Und natürlich wird Jahr um Jahr mit allem ausgiebigen Prunk das Weihnachtsfest gefeiert, nach immer gleichem Ritual.

Wie das mal wieder abgelaufen ist, erfahren nicht nur die Storm-Freunde so oft in seinen Briefen, daß sie schließlich kaum noch lesen können, wie wieder mal Tannenduft durchs Haus zog, alle Kinderaugen glänzten und wie die Sippe wieder so richtig schön beisammensaß. Am Ende darf auch noch seine Leserschaft, in der kleinen Erzählung »Unter dem Tannenbaum«, ausgiebig Weihnacht in der Art des Hauses Storm mitfeiern.

Nichts wird da ausgelassen. Nicht der Duft nach feinstem Tee und braunem Kuchen, nicht, wie schon mal der Kutscher ins Weihnachtszimmer tritt, um die Kerzen am Baum zu entzünden. Dann, heftig ersehnt, kommt der Augenblick der Bescherung.

Die Türen öffnen sich. Aller Glanz dieser Welt strömt hinaus in die eben noch finstere Diele, und da steht er dann in seiner ganzen Pracht, »der brennende Baum mit seinen Flittergoldfähnchen, seinen weißen Netzen und goldenen Eiern, die wie Kinderträume in den dunklen Zweigen hängen«.

Die Familie staunt.

Diese Familie ist des Friesen wahrer Glaube, sein eigentliches Heiligtum. Auch für einen Storm. Und es ist eine große Familie, in der er als ältester Sohn aufwächst, mit vier Generationen unter einem Dach und rundum in der Nachbarschaft. Urgroßmutter, Großmutter, Mutter. Dann der Vater, dazu zahllose Onkel und Tanten, Vettern und Kusinen. Denn wenigstens von einer gewissen sozialen Höhenlage an ist in Husum jeder mit jedem irgendwie verwandt.

Schließlich die Geschwisterschar. Sechs sind es, von denen der jüngste, Bruder Aemil, sechzehn Jahre jünger sein wird als Storm. Der ist allen ein guter Bruder, und doch hängt er an der einen Schwester mehr noch als an allen anderen.

An Lucie, fünf Jahre jünger als er: »Nicht war sie klug, nicht schön«, beschreibt er sie später in einem zärtlich erinnernden Gedicht, um zur brüderlichen Huldigung auszuholen: »Mir aber war ihr blaß Gesichtchen und ihr blondes Haar, mir war es lieb; aus der Erinnerung düster schaut es mich an ...« Und, schlicht: »Wir waren recht Geschwister ...«

Lucie ist ihm alles in diesen frühen Jahren. Vertraute, Spielgefährtin, kleiner Kamerad. Und in aller Unschuld so was wie eine allererste Liebe.

Die beiden scheinen unzertrennlich. Sie teilen ein Zimmer, schlafen im selben Bett: »Ein Streifen Mondlicht fiel auf das Gesichtchen, das nahe an dem meinen ruhte; die schwarzen Augenwimpern lagen wie seidene Fransen auf den Wangen, der kleine rote Mund atmete leise, nur mitunter zuckte noch ein kurzes Schluchzen aus der Brust herauf ...«

Im »Pole Poppenspäler« wird diese wohl keuscheste und schönste aller Stormschen Liebesszenen nachzulesen sein, wo der Erzähler als halbwüchsiger Junge eine Nacht lang eingeschlossen ist mit Lisei, der Puppenspieler-Tochter, und unschwer kann man darin die Gefühle des Bruders für die kleine Schwester aufschimmern sehen: »Wenn ich auch nach Brüdern kein Verlangen trug, so hatte ich mir doch oft das Leben mit einer Schwester in meinen Gedanken ausgemalt, und konnte es nie begreifen, wenn meine Kameraden mit denen, die sie wirklich besaßen, in Zank und Schlägereien gerieten.«

Dann ist dieses Idyll vorbei. Die Schwester, gerade sieben, ist gestorben.

> Ein Ende kam; – ein Tag, sie wurde krank
> Und lag im Fieber viele Wochen lang;
> Ein Morgen dann, wo sanft die Winde gingen,
> Da ging sie heim; es blühten die Syringen.

Storm »lief ins Feld hinaus und weinte laut; dann kam ich still nach Haus ...« Man schreibt das Jahr 1827, und es dürfte nicht das erste Todeserlebnis für den Zwölfjährigen gewesen sein.

In einer kleinen Kommune wie Husum ist das Sterben ziemlich öffentlich. Die Familie schart sich immer wieder um einen sterbenden Verwandten, Leichenwagen rollen in düsterer Pracht durch die Gassen zum Friedhof hin. Einen Vetter hatte mal der Vater zum Sarg des Großvaters hochgehoben und nur barsch gesagt: »Heule nicht, mein Junge! So sieht ein braver Mann aus, wenn er gestorben ist!« Und ihn selber, unvergeßlich, hatte eines hellen Sonnentags die Großmutter an der Hand gefaßt, hatte ihn hinausgezogen zum Familiengrab auf dem Friedhof von St. Jürgen.

Dort waren sie in die Gruft hinabgestiegen, hatten vor den verfallenden Särgen gestanden, und die Großmutter hatte das morsche Holz des einen Sarges beiseite geschoben, hatte einen Totenschädel hervorgezogen.

»Das war mein kleiner Simon«, hatte sie unter Tränen geflüstert und den toten Knochen immer wieder gekost, während es dem danebenstehenden Knaben grauste, ganz anders und schrecklicher als bei allen Geschichten eines Hans Räuber oder einer Lena Wies.

Aber das hier, dieser Tod der Schwester, ist doch noch etwas anderes. Hier sieht er ein erstes Mal das Leben wie eine Blume aufblühen und dann gleich wieder vergehen. Danach kommt das totale Dunkel, das völlige Verlassensein. Und der Bruder setzt sich hin, schreibt das allererste Gedicht seines Lebens.

Sprache als Möglichkeit, Empfindungen Wort werden zu lassen, sie damit auch überwinden, sich von ihnen befreien zu können – das ist etwas ganz Neues für ihn und noch etwas anderes als das Geschichtenerzählen in der Tonne. Lehrmeister hat er aber, anders als beim Erzählen, dafür nicht gehabt.

Woher auch in Husum?

Zweimal im Jahr poltert ein Bücherkarren heran, bietet auf dem Michaelismarkt seine Ware feil und später in der von Storm besuchten Gelehrtenschule. Die Nachfrage dürfte sich in Maßen gehalten haben.

Im Vaterhaus daheim stauben in einer Ecke etwas Goethe vor sich hin, etliche Rokoko-Dichter, der »Wandsbecker Bote« mit Chodowieckis schönen Illustrationen. Storm wird sein Lebtag Matthias Claudius-Verehrer und ein Bewunderer des genialen Illustrators Daniel Chodowiecki sein. Und auf dem Dachboden finden sich Schillers Dramen. Dessen heißes Pathos nimmt der Junge mit glühenden Augen in sich auf, ohne sich groß infizieren zu lassen.

Das sind schon die wichtigsten äußeren Bildungseinflüsse des jungen Storm, während sich zur gleichen Zeit drüben in Wesselburen der angehende Dichterkollege Hebbel durch die bald tausend Bände in der Bibliothek seines ersten Gönners, des Kirchspielvogts, erbarmungslos durchfressen und alles in sich hineinschlingen wird, was ihm nur irgendwie vor die Augen kommt, Philosophisches und Gedichtetes, Feuerbach und Schiller, Hegel wie Uhland.

Eine solche Schule, ohne Lehrer und Anleitung, nur auf den eigenen geistigen Heißhunger gestellt, durchläuft Theodor Storm in Husum nicht. Zwischen Tonne und Urgroßmutters Garten, zwischen Elternhaus und Lena Wies hat er dafür, was man eine schöne Jugend nennen kann. Ungebunden, ungegängelt, frei.

Ein kleiner Prinz in seinem Reich. Das ist der Theodor Storm seiner ersten Jahre. Daheim in einer Traumstadt, die mehr durch Zufall »Husum« heißt.

Daneben gibt es noch das andere, das »wirkliche«, nicht nur zusammengeträumte Husum. Dieses andere, reale Husum prägt ihn aber ebenso wie die kleinen Paradiese seiner Kindheit.

Schmuckloses Städtchen
in baumloser Ebene

Ein Kloster und zwei Dörfer, die mit der Zeit zusammenwachsen. So fängt um die Wende vom 15. zum 16. Jahrhundert Husums Geschichte an. Und die Mönche in ihren grauen Franziskanerkutten hatten rund um ihr Kloster Krokusse gepflanzt. Die blühen jedes Jahr einmal. Das zartlila Wunder pünktlich zu jedem Osterfest. Das bleibt bis heute so.

Alles andere an Husum ändert sich beträchtlich.

Die Reformation kommt. Die Mönche verschwinden. Ihr Kloster wird abgerissen. Nur die Krokusse blühen weiter, nun rund ums Schloß, das am Ende des 16. Jahrhunderts Herzog Adolf aus dem Haus Gottorp an der Stelle des Klosters errichten läßt. Einen prächtigen Renaissance-Bau, kostbar ausgestattet. Denn er soll künftiger Witwensitz des Hauses Gottorp sein. Auch sonst zeigt sich der Herzog großzügig. Er stattet die Husumer mit Stadtrecht und Handelsprivilegien aus, und Husum blüht auf, wird Handelszentrum, eine Stadt nicht nur der Fischer und Schiffer, sondern auch klug rechnender Unternehmer und Kaufleute. Im Hafen dümpeln vierzig eigene Schiffe oder sind nach Holland oder England unterwegs. Husum wird reich dabei. Schon geht das stolze Wort um, hier und im Umland der Marschen gäbe es mehr Silber als gewöhnliches Erz.

Graue Stadt am Meer? Die Husumer des frühen 17. Jahrhundert hätten über dieses Storm-Wort nur den Kopf geschüttelt. Was soll denn grau sein an ihrer Stadt, die selbst schon Hamburg Konkurrenz zu machen droht?

In farbenfroh barocker Lebendigkeit gehört das Husum dieser frühen Jahre zu den leuchtendsten Metropolen entlang der gesamten Nordsee-Küste. Ein neues Rungholt fast, die wiedererstandene Traumstadt aus dem Mittelalter, die damals in den alles verschlingenden Wogen der großen Manndränke, jener »menschenertränkenden« Sturmflut von 1362, untergegangen war.

Und nicht nur Husum blüht. Auch draußen am Meer geht es in diesen Jahren rege zu. Eine wahre Goldgräberstimmung herrscht in den sogenannten Utlanden. Noch nie wurde dort so heftig gedeicht und immer neues Land dem Meer entrissen. Nicht von den Friesen. Deren große Deichbau- und Landgewinnungszeit liegt lange zurück, und das stolze Friesen-Wort »Deus mare, Friso litera fecit« (Gott schuf das Meer, der Friese das Land) blieb wehmütige Erinnerung ans ferne Mittelalter, als noch die Friesen trotzig auf den selbst gewonnenen Marschboden stampften und ihr »Trutz, Blanke Hans!« dem Meer entgegenschrien.

Nun sind die vom Fürsten ins Land gerufenen Holländer dran. Hasardeure, Abenteurer, Spekulanten – und gute Deichbauer dazu mit allen Erfahrungen ihres heimatlichen Deichbaus im Gepäck. Sie führen in Nordfriesland als neues technisches Hilfsmittel die Schubkarre ein, die sie von den Gespannen der einheimischen Bauern unabhängig macht. Sie erproben das schon in ihrer Heimat bewährte abgeflachte Deichprofil, dessen Erfindung Storm dann seinem Hauke Haien zuschreiben wird. Jan Koot Rollwagen heißt der Mann, der es ein erstes Mal im nordfriesischen Raum ausprobiert haben soll.

Immer noch ein Koog entsteht. Immer weiter schiebt sich das Festland ins Meer hinaus. Man kann nahezu von einer »Deich-Gründerzeit« sprechen, und wie manch andere Gründerzeit endet sie im Desaster. Die Vorzeichen dafür mehren sich. Schreckliches würde geschehen, raunen die alten Weiber und flüstern sich grausige Geschichten zu: Schon soll Blut vom Himmel geregnet, ein an der Küste vorübergeisterndes Gespensterschiff gesichtet worden sein, und ein Pfarrer will blutige Totenköpfe, jawohl, Totenköpfe in Erbsengröße in seinem Waschbecken entdeckt haben.

Böse Omen. Zweifellos. Doch wer nimmt sie schon ernst? Einige schlimme Stürme in den letzten Wintern sind rasch wieder vergessen. Im Jahr 1634 verspricht es ein schöner, warmer Herbst zu werden.

Dann kommt der 11. Oktober und über Nordfriesland der große Schrecken wie seit dreihundert Jahren nicht mehr. Sechstausend Menschen wird die Flut in dieser einen Nacht verschlingen und das Land danach nie wieder sein, was es einmal gewesen war.

Die Insel Strand, die friesische Kornkammer und damit einer der Gründe für den Husumer Reichtum, ist praktisch bis auf einen kümmerlichen Rest verschwunden. Einzelne Landstümpfe, die »Halligen«, ragen nur noch aus dem Wasser auf, und die Landgewinnung wird für wenigstens hundert Jahre unterbrochen sein. Husum aber, die eben noch so blühende Stadt, geht zwar nicht unter wie Rungholt, doch sein Lebensnerv ist getroffen, seine Blütezeit vorbei.

Storm beschäftigt sich nicht erst während der Vorbereitung auf seinen »Schimmelreiter« mit der Zeit um 1634. In seiner Bibliothek findet sich alles an alten Chroniken und Sagensammlungen, was sich dazu nur auftreiben läßt. Und das auch aus einem ganz persönlichen, sozusagen familiären Grund. Denn bald nach der Großen Flut von 1634 scheint es gewesen zu sein, daß sich ein erster seiner Vorfahren in Husum niedergelassen hatte. Ein Niedersachse vielleicht, »Wold« geheißen, was im Niedersächsischen soviel wie »Wald« bedeutet, bis dahin ansässig in einem der Dörfer, die von der Sturmflut verschlungen worden sind.

Nun also kommt er auf einem Halligschiff nach Husum, bleibt dort, wird herzoglicher Verwalter eines Staatsguts und vor allem Stammvater der Familie Woldsen, die im 18. Jahrhundert zu den angesehensten Sippen der Stadt gehört. Sie stellt Bürgermeister und Senatoren. Sie bestimmt den Ton in Handel und Gesellschaft. Friedrich Woldsen, Storms Urgroßvater, gilt als letzter großer Handelsherr der

Stadt, noch einer mit eigenen Schiffen unten im Hafen. Sein Porträt, strenger Mund, klarer blauer Blick, hängt an der Wand des Dichters, und Storm ist stolz auf diesen Vorfahren, um den noch einmal der Glanz eines »königlichen Kaufmanns« leuchtet. So wird er denn auch in der Storm-Novelle »Die Söhne des Senators« beschrieben.

Streng in Haltung und Lebensführung. Unerbittlich gegenüber den Söhnen. Aber auch mildtätig und großzügig gegenüber allen Bedürftigen, die mit manchem Gulden zu Fest oder Jahreswechsel beglückt wurden. Und »so stand denn nicht zu verwundern, daß die Mitbürger des alten Herrn, wenn sie ihm bei seinen seltenen Gängen durch die Stadt begegneten, stets mit einer Art sorglicher Feierlichkeit ihren Dreispitz von der Perücke hoben, auch wohl erwartungsvoll hinblickten, ob bei dem Gegengruße ein Lächeln um den streng geschlossenen Mund sich zeige ...«

In diesem 18. Jahrhundert vollzieht sich zugleich Husums allmählicher Niedergang. Nicht dröhnend und aufschäumend binnen einer Nacht, sondern gleichsam etappenweise, Fuß um Fuß in kleinen Schritten.

Zwar ist der Hafen seit der Großen Flut immer mehr verschlickt. Kaum noch ein Schiff fährt von hier aus nach Übersee. Es reicht gerade für etwas Küstenschiffahrt, doch noch immer wird Handel getrieben. Es wird Gold geschmiedet und Bier gebraut und viel Geld damit verdient, so vom Urgroßvater Feddersen, der sich davon sein schönes Haus baut, und in den Fassaden solcher Bauten spiegelt sich später, was einmal die »gute alte Zeit« war, als noch alle Dienstmädchen Line oder Trine hießen, niemand schlauer als sein Fürst sein wollte und nur einer von Adel einen Schnurrbart tragen durfte.

Storm ironisiert das in einer seiner frühen Erzählungen, »Im Saal«, hübsch, mit einem zärtlich boshaften Lächeln für die Großmama, die dort ganz entsetzt den Enkel nach seinem sündhaft demokratischen Verlangen ausfragt: »Was wollt ihr denn? Wollt ihr alle mitregieren?«

Darauf der Schnösel, ganz frech und unbekümmert: »Ja, Großmutter!«

Die neue Zeit läßt sich eben nicht aufhalten, selbst in Husum nicht. Und sie ist gleichbedeutend mit immer weiterem Niedergang.

Einen letzten Aufschwung hatte noch die napoleonische Ära gebracht, als Husum während der Kontinentalsperre zum Anlaufhafen für geschmuggelte Waren aus England wurde. Aber dann ist auch dieses kurze Strohfeuer erloschen. Die Bevölkerung sinkt von den sechstausend ihrer Glanzzeit auf dreitausend Einwohner ab. Immer mehr wird Husum das »Landstädtchen«, das gerade noch als Verwaltungs- und Handelszentrum für die Bauern der Umgebung von Bedeutung ist und zu jenem »schmucklosen Städtchen in baumloser Ebene« verkommt, als das es der erwachsene Storm bezeichnet.

Noch immer blühen zu Ostern die Krokusse rund ums Schloß in ihrer lila Pracht. Sonst jedoch wird es spätestens von der Jahrhundertwende an immer stiller und ziemlich dunkel um dieses Husum. Ein Dunkel, das nachts gerade eine einzige Laterne unten am Hafen erhellt, während die vom Abendschoppen heimkehrenden Husumer Bürger sich ihren Weg durch die verkoteten, stockfinsteren Gassen mit den üblichen kleinen Handlaternen suchen müssen. Und durch die Stille klappern allenfalls noch die Holzschuhe der jütländischen Viehhüter, wenn sie von Dänemark ihre Rinder herantreiben.

Denn wenigstens als größter Viehmarkt der Westküste hat sich Husum behaupten können, und wolkenschwer hängt an solchen Markttagen der Viehdunst über der Stadt.

Ist aber dieser Markt vorbei, das Geschäft gemacht und das verdiente Geld in den schweren eisenbeschlagenen Kisten verstaut, geht es hin zu einer der zahllosen Kneipen. Davon gibt es hier mehr als irgendwo sonst an der Westküste.

Die feineren Husumer Herren sind dort natürlich nicht

zu finden. Die lenken die Schritte zu einer der besseren Weinstuben, besonders gern am Feiertag zur Mittagsstunde, bevor es heimgeht zum sonntäglichen Festtagsbraten im Familienkreis. Dort sitzen sie dann hinter ihrem Glas Bordeaux, seufzen ein bißchen über die Obrigkeit, die wieder einmal neue Verfügungen über sie niederregnen läßt, sie schütteln den Kopf dazu und fragen, wo eigentlich die schon seit langem angekündigten Staatsreformen bleiben.

Dann auch schweifen sie schon mal in Worten und Gedanken hinaus ins übrige Europa jenseits von Husum und Nordsee. Sie mögen über die Revolution drüben in Frankreich sprechen, wo man einen von Gott gewollten König zu köpfen gewagt hatte, ohne daß sich der Himmel auftat und Feuer und Schwefel regnen ließ. Vom Napoleon ist die Rede, der gerade auf einem Eiland namens St. Helena seinem Magenkrebs erlegen war, und von den Feldherren, die diesen Adler erlegten, Blücher, Wellington, wie sie alle hießen.

Große Männer. Gewaltige Ereignisse. Zugleich aber unendlich fern von Husums Wirklichkeit. Sie scheinen die friesischen Lande kaum zu berühren, und viel von Politik wird auch nicht ins großelterliche Haus der Woldsens gedrungen sein.

1820 stirbt Simon Woldsen, letzter männlicher Vertreter der Familie. Die Söhne sind schon vor ihm dahingegangen. Es bleiben drei Mädchen, Magdalena, Elsabe und Lucie, und zwei davon heiraten »Aufsteiger« aus dem aufstrebenden neuen Bürgertum. Elsabe, die ältere, einen Ernst Esmarch, den künftigen Bürgermeister von Segeberg. Die jüngere Lucie 1816 dessen engsten Freund, den erst im Jahr zuvor nach Husum gezogenen Advokaten Johann Casimir Storm.

Eigentlich eine Ehe unter Lucies Stand. Denn in der Ahnenreihe dieses Johann Casimir aus dem Dorf Westermühlen bei Rendsburg finden sich keine Bürgermeister oder Senatoren, und von königlicher Kaufmannschaft kann in einer Sippe von Müllern und Bauern keine Rede sein.

Johann Casimir Storm leugnet diese Herkunft nicht.

Gewiß, er braucht für seinen beruflichen Ehrgeiz die Verbindung zu den Patrizierfamilien. Doch bleibt er der trotzig aufstampfende Außenseiter, der zutiefst wohl ahnt, bei aller Tüchtigkeit nie von ihnen voll anerkannt zu sein. Und wie ein kleiner Protest gegen alle patrizisch standesbewußte Snobberei wirkt es denn auch, wenn er zunächst mal mit seiner jungen Frau kein »standesgemäßes« Herrenhaus bezieht, sondern ihr ein Leben im eher bescheidenen Bürgerhäuschen am Großmarkt 9 zumutet.

Dort, in der Nacht vom 14. auf den 15. September 1817, kommt der erste Sohn zur Welt, Hans Theodor Woldsen Storm, während zur selben Stunde hochdekorativ ein Gewitter – die Natur läßt sich bei der Geburt eines Genies nie lumpen – auf Husum niedergeht.

Es bleibt nicht lange bei dieser bescheidenen Behausung. Schon im ersten Lebensjahr von Theodor Storm ist ein erster Umzug fällig, nun in die Neustadt, zu schon etwas größerem Komfort. Und dann, im Jahr 1821, hat den knorrig bauernstolzen Advokaten doch noch die patrizische Vergangenheit seiner Frau eingeholt.

Der Schwiegervater ist gestorben. Die vereinsamte Witwe bittet die Familie Storm so herzlich, zu ihr ins viel größere Haus zu ziehen, daß ihr die Storms das schlecht abschlagen können, und Vater Storm fügt sich seufzend drein.

Also neuerlicher Umzug in die Hohle Gasse 3, und der alte Glanz ist wieder da, samt zwei prächtigen Rappen im Stall und stets abrufbarer Kutsche mit Kutscher. Viel Raum, viel Personal. Lucie Storm ist in ihre Welt zurückgekehrt. Ehemann Johann Casimir verzieht sich hinter seine Arbeit, wird weiterhin tüchtig und fleißig sein und hier in diesem Weiberhaushalt keine allzu große Rolle spielen.

Es ist also eine von Frauen beherrschte Welt, in der das Kind Theodor Storm aufwächst. Und es ist eine Welt, über die wie ein sanfter Schleier das Vergangene liegt, die Erinnerung an ein besseres Gestern. Denn wenn diese Frauen zu erzählen anfangen, die Mutter, die Großmutter oder drüben in ihrem Prachthaus die Urgroßmutter Frau Senator Feddersen, schwirrt und surrt es nur so von vergangener Pracht. Wie schön es damals war und wie glanzvoll alles zuging, was für Feste man feierte, weil man damals noch Feste zu feiern verstand, und wie Ahnherr Friedrich es sich jede Weihnacht nicht nehmen ließ, für die Armen der Stadt einen Marschochsen zu schlachten.

Ja, so waren deine Vorfahren, mein Junge! Und so vorausschauend wie dein Großvater Simon, der auf den Handel allein nicht länger setzen wollte und daher eine Zuckerraffinerie gründete! Schade nur, daß diese Zuckerraffinerie nicht recht gedeihen wollte und kurz nach Großvaters Tod wieder geschlossen werden mußte!

Der Junge hört zu, atemlos, und er wird wissen wollen, wo denn das alles geblieben ist, der Glanz und all die Herrlichkeit, von der die Damen schwatzen.

Sie heben dann die Schulter, blicken traurig und seufzen leise: Dahin, mein Kind, dahin! Und wenn du sehen willst, was aus jener Zuckerraffinerie wurde, geh nur hinters Haus in der Hohlen Gasse! Die leeren Hallen dort mit ihren toten Fenstern, diese ganze verlassene Bauruine – das ist von Großvaters kühnem Plan geblieben.

Der Junge schweigt. Das große Gefühl ewiger Vergänglichkeit, wie beim Tod der Schwester, wie beim Besuch in der Woldsen-Gruft, überkommt ihn auch hier beim Blick in Husums frühere große Zeit.

Nichts also bleibt. Höchstens ein paar Gegenstände als stumme Zeugen längst vergangener Pracht. Die alte Uhr hier, ein Möbelstück, ein Treppenaufgang, der Pavillon im Garten der Urgroßmama. All das, was einmal die Requisiten seiner Novellenwelt sein werden, wo die Vergangenheit stets so gegenwärtig ist wie in den Erzählungen der Damen aus dem Haus der Woldsens und der Feddersens.

Das Kind Storm sieht zugleich, wie diese Stadt, gleich einer alt und faltig gewordenen Beauté, die sich für keinen mehr pflegen und herrichten zu müssen meint, auch noch ihre restlichen Schönheiten abstreift.

Die alte Marienkirche am Markt, so stattlich groß fast wie ein Dom, wird mitsamt ihrem über neunzig Meter hohem Turm ebenso gleichmütig abgerissen, wie sich ungefähr zur gleichen Zeit die Hamburger drüben in ihrer Freien und Hansestadt ihres baufälligen Doms kurzerhand mit der Spitzhacke entledigen.

Spitzhacken schlagen auch immer häufiger gegen die brüchigen Fassaden alter, von der Zeit geschwärzter Patrizierhäuser, und häßliche Neubauten entstehen, flach, eingeschossig, mit Strohdach darauf statt mit Ziegeln oder Schiefer. Und nicht einmal vor dem Schloß, einst Husums Stolz mit seinen trutzigen zwei Löwen als steinernen Wächtern davor, macht die städtische Zerstörungswut halt.

Man reißt den Renaissance-Bau nicht ab, aber man baut ihn zu einem Amtsgebäude um, verschleudert die kostbare Einrichtung, und Storm kann nur den Kopf schütteln. Immer weiter entfernt sich dieses sein Husum von »seiner« Stadt, rückt immer weiter weg von der Welt seiner Kindheit. Von jenem Husum, durch dessen Gassen sich einst die Großmama – alte Dienstboten erinnern sich noch recht genau daran – in einer Kutsche von zwei Ziegenböcken ziehen ließ.

Diese Großmama und nicht die eigentliche Hausfrau, die Mutter, ist Mittelpunkt im Haus in der Hohlen Gasse. Nicht sehr klug, auch der Enkel bemerkt das. Dafür übersprudelnd lebhaft und warmherzig, wohl immer mit einer Liebkosung, einem Stück Zuckerwerk für den ältesten Enkel in der Hand. Eben die typische »Großmama«. Storm liebt sie mehr als die eigene Mutter.

Als junges Mädchen muß seine Mutter mit ihrem braunen Haar und den tiefgrauen Augen sehr hübsch gewesen sein. Der Sohn liest später, was zu ihrer Schulzeit drei Freundinnen über sie schrieben: »Zartgefühl, Sanftmut, Liebreiz sind die Tugenden Lucies.« Da lächelt denn der

Sohn und nimmt das nicht ohne kleinen Stolz in seine Erinnerungen »Aus meiner Jugendzeit« auf. Und er hört beim Besuch des alten Eduard Mörike in Stuttgart den Dichterbruder nicht ungern sagen, die noch immer ansehnliche Mama hätte »so etwas Klares, Leuchtendes, Liebe Erweckendes« in ihrem Wesen.

Dazu mag er dann nicken. Aber in ihm selbst scheint diese Mutter nicht viel Liebe erweckt zu haben.

»Eine gute Mutter«, so nennt er sie schon mal gönnerisch und billigt ihr in seinen knappen, mehr höflichen Schilderungen »einen guten klaren Verstand, sehr viel Interesse für Kunst und Natur« zu. Von Herzlichkeit wie bei der Großmutter ist jedoch nicht die Rede.

Nie sei er von ihr umarmt, gar geküßt worden, erzählt er später und schiebt das auf die norddeutsch herbe Art, für die schon ein Händedruck das Höchstmaß vertrauter Intimität sei. Doch man spürt zugleich den kleinen bitteren Schmerz, und die eine Geschichte wird der Sohn zu erzählen nie müde:

Wie er sich, keine sechs Jahre alt, im Elternhaus eine kleine Jahrmarktsbude hatte einrichten wollen, nur so zum Spaß, ein Kinderspiel. Wie er sich überwunden und die sonst immer so strenge Mutter um ein paar Flickenreste gebeten hatte. Siehe, gerade diesmal war sie gar nicht streng gewesen. Im Gegenteil, sie war auf den Boden geeilt, hatte nachgesehen, was sich Passendes finden würde, und der Knabe hatte gar nicht begreifen können, warum die immer so kühle Frau plötzlich so herzlich und freundlich zu ihm war. Erst abends im Bett kam ihm der Gedanke, schreckte ihn hoch, ließ ihn nicht schlafen: Natürlich! Das Ganze sei nur Ablenkungsmanöver gewesen! In Wahrheit hätte die Mutter Schlimmes vor! Sie wolle ihn – ermorden!

Storm scheint in diese makabre Anekdote aus seiner frühesten Kindheit geradezu vernarrt zu sein, so oft erzählt er sie. Auch Freund Paul Heyse wird damit nicht verschont, mit neckischem Fingerdrohen des über Sechzigjährigen dabei: »Du überschüttest mich jetzt so mit Güte, daß ich ... auf ähnliche schwarze Gedanken komme ...« Also eines jener Kindheitsgespenster, die bis zum Grab nicht Ruhe geben.

Doch will zugleich scheinen, als würde die kleine Episode mehr Zeugnis von Storms ausgeprägter Gruselphantasie ablegen als vom Wesen seiner Mutter. Denn diese Lucie Storm war wohl nicht so gefühlskalt, wie der Sohn sie sehen will. Eher von einem Leben überfordert, in dem sie zwölf Kinder gebar, sieben davon großzog und überdies einen großen Haushalt mit allen repräsentativen Pflichten einer Honoratiorengattin zu lenken hatte. Da mochte es sein, daß der Älteste in Sachen Zuwendung und Zärtlichkeit ein wenig zu kurz kam, und Storm, liebeshungrig sein Leben lang, sucht sich diese Liebe eben woanders, bei Urgroßmutter und Großmutter, beim Schwesterchen, bei Lena Wies.

»Die Luft des Hauses war gesund«, sagt Storm später von der Zeit im Elternhaus und meint damit vor allem, daß dort nicht viel von Kirche und Religion zu hören war. Aber der Junge hört gleichfalls nicht viel von Standesdünkel und Klassenstolz. Auch dieses gleichsam »demokratische« Verständnis vom Mitmenschen gleich welcher Herkunft wird ihn sein Leben lang begleiten.

Nie verliert der reife Storm das Gespür für den sogenannten kleinen Mann. Er spricht seine Sprache, kann mit seinen Gedanken denken, als Dichter wie als Advokat. Noch im Potsdam der fünfziger Jahre, als sich Storm im Gerichtsdienst des Preußenstaats abmüht, gestehen ihm die Vorgesetzten zu, daß er den Ton des einfachen Mannes gut zu treffen wüßte. Auch das ein Erbe aus der ersten Husumer Zeit.

Nicht, daß es nun in diesem Husum seiner Kinderjahre keine Standesunterschiede gäbe. Ganz im Gegenteil. Man weiß nur zu genau, wo ein jeder steht und wohin er gehört, und fliegt der Blick des Patriziersöhnchens über seine Spielkameraden aus den unteren Schichten, kann er mit einigem Stolz behaupten, daß aus all diesen Familien jemand ganz gewiß mal im Dienst der Woldsens oder Feddersens gestanden hat.

Doch im Gegenzug ist das nun kein Grund, im anderen etwas Geringeres, gar Minderwertiges zu sehen. Schon gar nicht hindert es, mit diesen anderen Husumer Kindern hinaus zu immer wilderen, ruppigen Spielen unten am Hafen oder quer durch Husums Gassen zu ziehen.

Nein, der Junge aus der Hohlen Gasse ist kein Duckmäuser und Drückeberger, kein verzärteltes Verzugskind trotz seiner eher zarten, schmalen Konstitution. Er ist »ein froher, fast übermütiger Junge, im Spiel mit anderen Knaben einer der tollsten«, wie ihn später Tochter Gertrud in ihren Erinnerungen an den Vater charakterisiert.

So durchtobt er dann bei seinem Lieblingsspiel »Räuber und Gendarm« die Husumer Au oder hockt mit den anderen an lauen Sommerabenden, wenn es noch zu hell und warm für die Stunden in der »Tonne« ist, auf Treppenabsätzen und erzählt sich mit ihnen was im breiten, singenden Platt, egal ob Senatorensproß oder Flickschusterjunge.

Oder er nimmt ein kleines Mädchen bei der Hand, zieht die Kleine hinauf in die schwindelnde Höhe des Dachfirstes vom Elternhaus und zeigt ihr die blinkende Linie am Horizont: Das da, Mädchen, ist die Nordsee, die uns im Herbst und Frühjahr die Stürme mit ihren Sturmfluten schickt! Die Kleine ist aber seine Kusine Constanze Esmarch, die Tochter vom Onkel aus Segeberg, und sie wird später einmal seine erste Frau.

Schöne Stunden. Helle Tage. Irgendwann jedoch beginnt auch für dieses Kind der Ernst des Lebens, der so ernst nicht ist. Die Schulzeit, die im Herzogtum seit 1814 für jedes Kind ab sechs Pflicht geworden war, läuft eher geruhsam an.

Für den Knaben Storm ist es mit vier schon soweit, und das schmeckt dem verwöhnten Bürschchen nun gar nicht, in dieses dunkle Haus dort zu gehen, wo »Mutter Amberg« residiert, aus Hamburg zugezogen und als Lehrerin von nicht allzu gutem Ruf. Es heißt, sie prügele und setze ungebärdigen Kindern eine Narrenkappe auf, und da wehrt sich denn der kleine Storm, schreit, zetert, doch gerade zu ihm ist »Mutter Amberg« gar nicht streng. Die schwergewichtige Frau mit dem energischen Gesicht und der harten Stimme liebt ihn, und bald liebt auch er sie, eine weitere »Ersatzmutter« seiner Husumer Kindheit.

Von der Klippschule ins Gymnasium, auf die »Gelehrtenschule«, wie sich leicht großspurig dieses noch vom Reformator Hermann Tast, dem »Luther des Nordens«, 1527 gegründete Institut nennt. Denn mit der Gelehrsamkeit des Unterrichts ist es so weit nicht her.

Ältere Sprachen, viel Religion und viel Geschichte mit der grundsätzlichen Lektion, es sei jeder seines Fürsten braver Untertan und nähme sich nicht ein Beispiel an solchen Abscheulichkeiten wie Frankreichs Revolution mit all den abgeschnittenen Aristokratenhälsen. Das sind die wichtigsten Fächer. Dazu etwas Naturkunde, Dänisch, die offizielle Landessprache, die Storm fließend spricht, noch etwas Rechnen, Geographie, seine zwei Lieblingsfächer – das alles wird gelehrt, brav verteilt auf 26 Wochenstunden.

Doch bleibt ein Schüler mal fern, für einige Stunden, Tage oder sogar Wochen, wird das nicht so ernst genommen. Wie eigentlich nichts an dieser Schule mit ihrer »geistigen Hausmannskost« ganz ernst zu nehmen ist. Es ist auch nicht so, daß Schüler Storm unter den Lehrern dort sehr leiden würde, wie sich das, man denke nur an Thomas Mann, für ein Jung-Genie gehört. Eher leiden diese Lehrer unter ihm und all den anderen Husumer Rabauken, die um einen Schabernack so rasch nie verlegen sind.

»Er hatte, gleich seinen Kameraden, eine knabenhafte Nichtachtung gegen den alten Kollaborator, der doch in der ganzen Stadt für ein ›höchst gelehrtes Haus‹ galt; aber dieses schöne Wissen ging über den Kopf der dummen Jungen weg, und in den Dingen des frischen Lebens, worin sie Meister waren, war er zeitlebens ein Kind geblieben.

Wenn morgens bei seinem Eintritt die Jungen mit allerlei Possen auf ihre Plätze gekrochen und gesprungen waren, pflegte der etwas ärgerliche Herr seinen hageren Hals vorzustrecken und, in der Hand das Buch, mit der anderen und seinem kahlen Kopf ihre Sprünge nachzuäffen: ›Ei, ihr Knaben‹, sagte er dann wohl, ›ihr seid ja lustig wie die Galgenvögel! Wen wollt ihr denn heute rupfen?‹

›Hol dich der Henker!‹ murmelte Fritz oben auf seinem Platze, und: ›Hol dich der Henker! Hol dich der Henker!‹, lief es sogleich die Bank hinunter.

›Was erlaubet ihr euch zu bemerken?‹ frug dann der etwas harthörige Alte.

Und alle riefen: ›Wir wünschen Ihnen guten Morgen, Herr Kollaborator!‹«

Das ist keine authentische Geschichte aus der Stormschen Schulzeit, sondern steht so in seiner Novelle »Bötjer Basch«, und der »Fritz« dort, dreizehn Jahre alt im kurzen blauen Tuchrock und mit großer runder Tellermütze, dürfte nur bedingt ein Abbild Storms sein, auch wenn er genau wie Storm »vor- und nachmittags ... mit einem Packen Bücher in die unterste Klasse der Gelehrtenschule« zog.

Frühen Briefen Storms ist jedoch zu entnehmen, daß er und seine Kameraden nicht glimpflicher mit ihren Lehrern umgesprungen sind als dort der Fritz und seine Klassenmeute, kleine Bestien wie Schüler wohl zu allen Zeiten. Da wurde schon mal ein ungeliebter Lehrer niedergebrüllt, es flog ihm was Hartes an den Kopf, ein »Futjen« zum Beispiel, ein in der Pfanne gebackener massiver kleiner Rosinenkuchen und Storms Lieblingsgebäck.

Doch auch hier, auf dieser Gelehrtenschule, ist Husums Luft kernig und »gesund«. Sie verbiegt den jungen Storm nicht, hinterläßt keine Schäden, läßt ihn einfach wachsen, bis er selbst herausgefunden hat, was an Bildung für ihn am wichtigsten ist: »Was brauch ich Latein!« mag er wohl manchmal gefragt haben wie sein Fritz im »Bötjer Basch«.

Das Beste aber auch an dieser Schulzeit werden die jährlichen Ferien sein. Dann wird der Wagen gepackt. Dann geht es fort von Husum, weg von der Küste, hinein ins Land zur Heimat des Vaters. Eine weitere der für Storm so prägenden »Örtlichkeiten« tut sich auf.

Das Wald- und Mühlenidyll von Westermühlen.

Ein ganzes Wald- und Mühlenidyll

Runde fünf Meilen, erinnert sich der alte Storm, war es von Husum bis Westermühlen. Man brauchte nicht mehr als einen Tag für die Reise. Doch war es, als wechsle man in eine andere Welt. In eine Gegenwelt zu Husum.

Keine baumlose Ebene mehr. Kein dumpf schwappendes Meer. Der Himmel wirkt plötzlich nicht mehr ganz so hoch. Sanfte Wolken tupfen sein mildes Blau. Gelb leuchten die Kornfelder. Und Grün überall, licht und dann wieder tiefdunkel, Bäume, Gesträuch, Blüten darin, hell und bunt und von Bienen umsummt.

Hier rauscht nun der Wald. Hier schlagen nicht nur im Mai Vögel ohne Unterlaß. Auch so kann also die Welt sein. Nicht hart und böse und fordernd wie in der Nachbarschaft vom Blanken Hans. Eher »wie ein ganzes Wald- und Mühlenidyll«, das sich später in Storm jedesmal auftut, wenn nur der Name »Westermühlen« fällt. Einmal im Jahr geht es dort hinaus.

Das Kind auf dem Kutschbock schreit auf. Der Wagen ist eben durch eine Bodenvertiefung voll Wasser gerumpelt. Hoch spritzt es nach allen Seiten. Doch schon geht es wieder aufwärts, Sand knirscht unter den Rädern. Westermühlen ist erreicht.

Keine Patrizierhäuser. Keine engen Gassen. Um die Ecke biegt nicht gleich der Hundefänger mit seinem Sack erschlagener Köter. Nur ein paar helle Strohdächer schimmern zwischen den Bäumen. Und dann rauscht es gewaltig. Die Mühle. Ihr Rad dreht sich knarrend. Mit elegantem Schwung fährt der Wagen in den Hof ein. Vor dem langgestreckten Müllerhaus warten die Verwandten auf ihre Husumer Gäste.

Beim ersten Westermühlener Besuch waren es noch die

Großeltern gewesen, und Storm, obgleich gerade zwei Jahre alt, will sich noch an sie erinnern.

Klein und streng war der Opa gewesen, klein und dick die Großmama. Der Müller und seine Frau. Hans und Brigitta Cäcilie Storm. Schon 1820, im gleichen Jahr wie der »andere« Großvater drüben in Husum, stirbt Hans Storm.

Storms Erinnerung wendet sich anderem zu. Den Tanten, von denen er Lene schon wegen ihres stillen Madonnengesichts besonders mag. Aber auch die andere, »die nicht hübsche, aber kluge und energische Tante Gretchen«, ist nicht übel. Dann der Onkel Hans, mit großem Hund dabei. Der hatte ein ähnlich »vergeistigtes Gesicht« wie der Vater, war aber immer fröhlich und kameradschaftlich, hatte den Neffen in den Wald mitgenommen und ihm gezeigt, wie man Fangschlingen aus Pferdehaar knüpft.

Hat der Onkel keine Zeit, gibt es immer noch eine ganze Reihe Vettern. An Spielkameraden mangelt es ebensowenig wie in Husum. Und in der Küche konnte man Möddely Marieken zusehen, der Köchin, wie sie gerade in der Küche ihre Pfannkuchen buk. Ganz unvergleichlich, wie sie die in die Luft wirbelte und mit der Pfanne auffing. Der Knabe klatschte Beifall. Marieken strahlte, und der nächste Pfannkuchen flog gleich doppelt so hoch durch die Luft.

Knabe Storm geht auf Entdeckungstour.

Gleich hinter dem Müllerhaus beginnt der Garten. Ein anderer als der von Urgroßmama in Husum. Kein Rokoko mit Obstspalier, Pavillon und abgezirkelten Rabatten. Hier wächst und sprießt alles, wie es will. Die Obstbäume hängen schwer von Früchten. Lavendel duftet, und ganz hinten am Garten »stand ich eines Tages verwundert vor einem mit hohem Buchenzaune abgegrenzten viereckigen Raume«.

Hinübergucken kann der Kleine nicht, doch er hört es summen, schleicht ums Haus, immer dem seltsamen Geräusch nach, entdeckt im Zaun eine schmale Brettertür. Durch sie kann er hineinsehen. Bienenkörbe stehen dort, ein sogenannter Immenhof: »Ich habe während meiner Knabenzeit diese Plätze ... stets mit einem Gefühl von Andacht betreten, als näherte ich mich einem Naturgeheimnis.«

Hierüber hängt nun kein Hauch Vergänglichkeit, braucht man in keine Grüfte hinabzusteigen, sich dort Gedanken an die Vergeblichkeiten allen Seins hinzugeben. Das Kind fühlt sich wohl und stellt seine Vergleiche an.

Drüben in Husum – das war die Welt der Mutter, Großmutter, Urgroßmutter, die der Woldsens und Feddersens. Hier in Westermühlen sind die Storms zu Hause. Dies ist die Welt des Vaters, der schier aufzublühen scheint, seine sonstige mürrisch verschlossene Schweigsamkeit abstreift und zu erzählen beginnt. Und auch hier war früher alles ein wenig besser als heute.

Zur Husumer kommt die Westermühlener Nostalgie.

Der Sohn hört zu: wie es also damals in der Jugend des Vaters keine eigene Schule gab, sondern erst drüben im Nachbarort Elsdorf, wo ein ausgedienter alter Soldat in allem unterrichtete, was ein Kind auf dem Dorf so wissen muß. Und mittags blieben die Kinder gleich dort, packten das mitgebrachte Butterbrot aus.

Was es denn dazu zu trinken gegeben hätte, will der Sohn wissen: »Milch oder Bier?« Der Vater lacht auf. Dieses verwöhnte Bürschchen tränke wohl am liebsten Champagner zum Mittagsmahl! Nein, zu seiner Zeit ging es anders und viel bescheidener zu: »Der Kessel mit frischem Brunnenwasser wurde zwischen uns auf den Tisch gestellt, da konnte jeder so viel trinken, wie er Lust hatte.«

Zwei Welten also. In Husum, in den Erzählungen der Frauen, geht es um Patrizierherrlichkeit und geschlachtete Festtagsochsen und das eigene Schiff im Hafen. Hier nun um die Ärmlichkeit eines kleinen Bauernhofs.

Der Junge mag lächeln, vielleicht etwas verächtlich. Und zugleich hört er die kleine Genugtuung des Vaters mitschwingen, dies alles hier, diese ganze Welt von Westermühlen hinter sich gelassen zu haben. Einzig aus eigener Kraft und Tüchtigkeit.

Er war auch tüchtig, dieser 1790 geborene Johann Casimir Storm. Anders als Bruder und Schwestern hatte es ihn an diesem Flecken nicht gehalten, wo seit dem späten 17. Jahrhundert die Storms die Erbpachtmüller gewesen waren. Immer schon hatte die Familie den kleinen Hang zum Höheren gehabt, hatte gern von polnischen Vorfahren erzählt, die sich irgendwann, irgendwie trinkfroh und leidenschaftlich in die Stormsche Ahnenreihe gemischt hatten. Tolle Burschen, mit denen sich Storm später noch, aus makabrem Anlaß, beschäftigt. Man heiratete im Haus Storm auch nicht irgendwelche Bauernmädchen. Es mußten schon die Töchter vom Herrn Pastor sein.

Johann Casimir Storm ließ aber als erster dieses ganze Westermühlen hinter sich und trat hinaus in die Welt.

Studium in Kiel, dort Freundschaft mit dem urbaneren, intellektuell anspruchsvolleren Ernst Esmarch. Gemeinsam besuchen sie in Eutin den Homer-Übersetzer Johann Heinrich Voss, der dort in mürrischer Weltabgewandtheit nur in Hexametern fühlt, denkt, spricht.

Dann Wechsel an die Universität von Heidelberg. Es werden Vater Storms schönste Jahre sein, von denen er zehren wird wie später der Sohn von seiner Kieler Studentenzeit. Aber der Vater geht daraus nicht als Dichter hervor. Er bleibt Jurist, vielleicht nicht brillant, aber sehr klar, sehr entschieden in Auffassung und Sicht der Dinge, wie ihm der Sohn großmütig attestiert. Von Wuchs nur mittelgroß, eine eher schmächtige Erscheinung, das tiefdunkle Haar schulterlang und leicht gestutzt. Das ist des Vaters einzige erkennbare kleine Eitelkeit.

»De ole Storm« – das ist er für die Husumer. Sie lüften den Hut, wo er vorübergeht. Die Heirat mit Lucie Woldsen hatte ihm nicht nur den Zugang zu den Husumer Honoratioren geöffnet. Er ist nun selber ein Honoratior, hoch angesehen als Anwalt, mit vielen öffentlichen Ämtern betraut. Und ein guter Geschäftsmann ist er auch, der sich zäh und schlau ein kleines Vermögen zusammenrafft.

Alles hochachtbar. Anerkennenswert.

Aber der Sohn kneift zugleich die Augen kritisch zusammen, sieht genauer hin, riecht den Tabakduft um den Vater, hüstelt und greift selbst sein Leben lang weder zu Pfeife noch Zigarre. Und nicht nur das stört ihn am Vater. Er sieht auch die kleine Einsamkeit dieses Mannes, der zutiefst der Außenseiter bleibt, vor den anderen und vor sich selbst auf ewig »een Westermöhler Burjung«, wie er sich später im Platt seiner Kindheit dem Dichterkollegen des Sohnes, Eduard Mörike, vorstellt. Einer, der eigentlich nach Westermühlen zwischen Bienenstöcke und Mehlsäcke gehört und nicht in die feinen Salons von Husum.

Das mag der Sohn besonders in diesen Westermühlener Ferienwochen spüren, wo er den Vater mal ganz anders erlebt, beredt, vergnügt, auch mal mit einem Funken Humor dabei, während sonst totale Humorlosigkeit zu seinen hervorstechendsten Eigenschaften gehört.

Sein Blick auf den Vater ist dabei nicht weniger kühl und genau als der auf die Mutter, und mit der ganzen kleinen Grausamkeit, wie sie nur Kinder für ihre Eltern haben, notiert er dessen Schwächen: »Er ... hat das Leben immer nur durch Arbeit und resigniertes Zusammenraffen überwinden können«, schreibt er über ihn, mit der kleinen verräterischen Vokabel »überwinden« dabei.

Storm, selbst oft lebenstrunken, nahezu lebensverliebt, lebensgierig im Wechsel zu Phasen tiefer Depression, sieht: Hier lebt einer gar nicht. Hier »überwindet« einer nur das Leben.

Dem Sohn schaudert es.

Anders, ganz anders als der Vater will er sein. Eigenen Kindern ein ganz anderer Vater, nicht so patriarchalisch streng, unnahbar, eher locker freundschaftlich, der Kamerad. Und eine ganz andere Ehe will er führen. Eine, zu der nicht nur erfüllte Pflicht, sondern ebenso Liebe, Leidenschaft gehören sollen. Eros und nicht nur Ethik.

Denn auch das entgeht dem Sohn Storm nicht. Wie kühl

die Eltern im Umgang miteinander sind, wie schwerlich zwischen ihnen Gefühl vorstellbar ist. Und ausnahmsweise wendet sich sein Herz einmal auch dem Vater zu. Er kann ihn, in einem Brief an die Braut Constanze, verstehen – oder tut wenigstens so: »Daß Vater nicht bei seiner Frau sein mag, ist begreiflich, denn Mutter ist bis zum Exzeß langweilig.«

Gerade in diesen vierziger Jahren aber, während seiner von Vater und künftigem Schwiegervater verordneten überlangen Brautzeit, gibt es Phasen, da er den »olen Storm« von Herzen regelrecht haßt: »Mit einem Wort, im Herzensgrund sind wir uns gegenseitig so recht durch und durch zuwider. Daß ich mich in der Nähe eines solchen Mannes, zumal ich von ihm abhänge und mich ihm daher unterordnen muß, unbehaglich fühle ... ist leicht begreiflich.«

Der Haß dieses einen ungestümen Ausbruchs legt sich wieder, die kühle Ferne zwischen den beiden bleibt. Und auch hier findet sich eine Geschichte wie die von der Mutter, die den Sohn in seiner Phantasie zu morden trachtete.

Wie da – aus irgendwelchen Gründen – der Junge einmal mit dem Vater eine Nacht das Bett teilt, ihm aber nicht die Nähe zum Vater erinnerlich bleibt, sondern nur die unheimlich von der Decke herabbaumelnde Bettquaste. Die hält den Knaben die ganze Nacht wach.

Also keine große Liebe zwischen Mutter und Sohn, auch keine zwischen ihm und dem Vater. Literarischen Niederschlag findet das kaum.

Mütterlichkeit, höchstens noch der fatale Ehrgeiz der »Immensee«-Mutter, scheint für ihn kein Thema zu sein. Große Muttergestalten, ob böse oder gut, fehlen im Storm-Werk. Und dort werden zwar zuweilen verknöcherte Patriarchen auftauchen, aber keine monströsen Vaterfiguren, wie sie Friedrich Hebbel mit seiner ganzen Galerie grimmer Schwarzbartträger vom Meister Anton in »Maria Magdalene« bis zum Hagen in den »Nibelungen« erschafft.

Die beiden großen Vatergestalten seines späten Novellenwerks, »Carsten Curator« und Hans Kirch, sind weit mehr ihm selber als dem »olen Storm« nachgebildet. Und der einzige wirklich schauervolle Familienvater, »Der Herr Etatsrat« in der gleichnamigen Erzählung, ein Quartalsäufer, Wüstling und gewalttätiger Tyrann, hat wiederum ein deutlich anderes Modell als Johann Casimir Storm. Dessen lebensnächstes Porträt dürfte am ehesten noch im »Schimmelreiter« der Tede Haien sein, Vater des Helden, mit dessen hochfliegenden Gedanken so gar nicht einverstanden, doch immer da, wenn der Sohn ihn braucht. Wie eben auch Storms eigener Vater, der am Sohn manches auszusetzen hat, ihm aber nie Hilfe verweigert, bis hin zum kleinen Tafelklavier, das der ganz amusische Mann in den harten Jahren von Heiligenstadt dem Sohn schenkt.

Es finden sich jedoch immer wieder, so in der Novelle »Im Schloß« der Hauslehrer oder in »Drüben am Markt« der Doktor, Menschen zwischen den Kasten, Aufsteiger, die dennoch nicht zu der Schicht gehören, zu der es sie hinaufzieht. Mal gewinnen, mal scheitern sie, doch immer mit der kleinen Tragik eines Menschen »dazwischen«. Storm kennt das. Vom Vater her. Und von sich selbst.

Steht nicht auch er immer »dazwischen«? Setzt nicht die Ungewißheit schon um seinen Geburtstag – die Mutter beharrt auf dem 14. September, der Propst auf dem 15., da doch Storm genau um Mitternacht geboren worden ist – gleich ein Zeichen für sein gesamtes Leben?

Der Künstler, der ein Bürgerleben führt. Kein Stadt- und doch auch kein eigentlicher Landmensch, nie der »Westermöhler Burjung«. Die Welt dort bleibt der Ferienaufenthalt, die Ausnahme. Nie verführt sie ihn dazu, das Leben auf dem Land zu idealisieren, im Gegenteil.

Gleich zwei seiner größten Novellen, »Draußen im Heidedorf« sowie »Der Schimmelreiter«, zeichnen dieses Leben in den Dörfern der friesischen Marsch in eher harten, düsteren, gewiß nicht idyllischen Farben, die Menschen dort, dumpf und böse, werden in keiner Weise idealisiert. Und mit dem Paradies seiner Kindheit, all den Wald- und Wasserfreuden dort schließt Storm ab, als er, schon Student in Kiel, dem »Wald- und Wiesenidyll« Westermühlen eines seiner frühen Gedichte widmet.

> Die Heimat hier und hier dein erster Traum!
> Das Mühlrad rauscht, so lustig stäubt der Schaum,
> Und unten blinkt der Bach in tiefem Schweigen,
> Ein Spiegelgrund, drin blau der Himmel ruht.
> Vom Ufer rings mit ihren dunklen Zweigen
> Taucht sich die Erle in die klare Flut.
> Horch, Peitschenknall und muntrer Pferdetrab!
> Die Räder knirschen durch den feuchten Sand.
> Halt an, halt an! Nun sacht den Berg hinab
> Und durch den Bach zum andern Uferrand.
> Dann wieder aufwärts links den Weg entlang
> Hinauf zur Mühle mit des Kornes Last,
> Wo von der Eiche unermüdlich klang
> Der Stare fröhlich Plaudern hoch vom Ast.
> Zehn Schritte noch, da steht im Schattengrunde
> Der Linden halb versteckt das Müllerhaus;
> Der Müller mit der Tabakspfeif im Munde
> Lehnt in der Tür und schaut behaglich aus.

Noch eher schlichte Reimerei, nicht sehr kunstvoll, wenigstens an späterer Stormscher Lyrik gemessen. Der Jung-Poet ist jedoch sehr stolz auf sein Poem. Sorgsam schreibt er es ab, schickt es an den Vater. Der hebt die Schultern, jetzt und bei künftigen dichterischen Hervorbringungen des Sohnes, und blickt später nur einmal etwas genauer hin, bei der Studie »Lena Wies«. Aber der Sohn gibt nicht auf.

Immer wieder kommt er in seinen Briefen an den Vater auf literarische Probleme, auf Grundeinfälle zu Novellen oder Begegnungen mit eindrucksvollen Kollegen wie Joseph von Eichendorff zu sprechen. Er weiß wohl recht genau, daß dies alles den »olen Storm« herzlich wenig interessiert. Trotzdem kann Storm es nicht lassen, den Vater vielleicht doch noch in seine ureigene Welt aus Poesie und Kunst hineinzuziehen.

Die Beziehung Storms zu seinem Vater ist zugleich die Chronik eines lebenslangen Buhlens um Lob und Anerkennung, und der junge Notar strahlt später freudig auf, wenn ihn der Vater mal lobt. Allerdings immer nur den Advokaten, nie den Dichter.

3. Übergänge

»Da war mir,
als seien
die Tore einer neuen Welt
vor mir
aufgerissen worden.«

Theodor Storm

Schuckelmeier! Schuckelmeier!

»O Söhne Judas, rächt der Väter Schmach ...«

Hell tönt die junge Stimme durch den kleinen Saal im Husumer Rathaus. Dort werden wie in jedem Jahr die Abgänger der Gelehrtenschule ins Leben entlassen, und schon Wochen zuvor hatten schön gedruckte Karten die Husumer Honoratioren zur traditionellen »Lesefeierlichkeit« im Rathaussaal gebeten. Die Lehrer werden dann Reden halten, die Schüler eigenes vortragen, in Deutsch oder Latein.

Auch Abgänger Storm ist dabei und begnügt sich nicht mit einem schlichten Prosa-Vortrag. Nein, bei ihm muß es schon Dichtung sein, ein Epos in Jamben. Und er hat dazu tief in die Geschichte gegriffen und noch tiefer in die Sprachmuster balladesker Rokoko-Lyrik. Er schmettert los: »Mattathias, Befreier der Juden ...«

Rektor Friedrichsen tritt auf ihn zu, lächelt fein, überreicht ihm das Manuskript ohne jede Korrektur, meint nur, er sei kein Sänger. Wer nun? Storm oder der Rektor? Das bleibt unklar. Storm selber entscheidet sich jedenfalls für die schmeichelhaftere Möglichkeit: »Es überrieselte mich so etwas wie von einer exklusiven Lebensstellung, und ich mag in jenem Augenblick meinen Knabenkopf wohl um einige Linien höher getragen haben ...«

Mit diesem Hochgefühl in Herz und Seele überschreitet er danach ein erstes Mal Husums Grenzen. Nach Deutschland hin. Ins »Ausland«, wie man in Husum sagt. Nach Lübeck.

Die Idee hatte wohl der Vater gehabt, denn so provinziell verbohrt war der alte Storm nicht, daß er nicht die Mängel Husumscher Schulbildung erkannt hätte. Und derart mangelhaft vorbereitet, ohne jede tiefere Bildung, soll der älteste Sohn nicht dem Universitätsbetrieb ausgeliefert sein. Also erst noch zwei Jahre auf einem wirklich guten, einem »richtigen« Gymnasium drüben in Deutschland – und es kommen dafür das Johanneum in Hamburg oder das Katharineum in Lübeck in Frage, zwei der fünfzehn norddeutschen in den Reformationsjahren gegründeten »Gelehrtenschulen«.

Die Stormsche Wahl fällt auf Lübeck.

Welch schöner Ort, mögen um 1000 n. Chr. die slawischen Wenden gedacht haben, als sie hier an der Trave standen, und so nannten sie denn auch ihre Siedlung. »Schöner Ort«, auf wendisch Liubeke. Mit den Jahrhunderten schleift sich das zu »Lübeck« ab.

Lübeck liegt nicht nur schön, sondern auch praktisch. So richtig hübsch in der Mitte, zum Westen hin ebenso offen wie zur Ostsee, über die es nach Skandinavien und in die baltischen Staaten geht. Fast von selbst fiel da in Hanse-Zeiten Lübeck die Führungsrolle zu, eine Königin der Ostsee, reich und mächtig, Herz und Hirn dieses ersten großen Bürgerbündnisses inmitten mittelalterlicher Fürstenherrschaft.

Aber auch für Lübeck kam irgendwann die Wende und mit ihr der allmähliche Abstieg. Nicht so steil, so schroff wie in Husum, eher ein Niedergang in Samt und Seide. Und in der Ferne blinkt im versöhnlich sanften Blau, mit feinem Fisch- und Tanggeruch dabei, die Ostsee.

Eine Großstadt noch immer, mit bald dreißigtausend Einwohnern, war das Lübeck der Storm-Zeit. Schmuck, hell, elegant. Voll reicher Herren, die gleich noch Senatoren waren, sich gern einen Konsultitel vor den Namen setzten, nur solche Geschäfte machten, die sie nachts ruhig schlafen ließen, und ins Herz der Stadt ihre pompösen Häuser bauten.

Dann schickten zur Einweihung Freunde und Nachbarn Brot und Salz, und »da man aber sehen sollte, daß die Gabe nicht aus geringen Häusern komme, bestand das Brot in süßem, gewürztem und schwerem Gebäck und war das Salz von massivem Golde umschlossen«.

Der Lübecker (und spätere große Storm-Bewunderer) Thomas Mann schreibt das in seinen »Buddenbrooks«, in dieser ganz unvergleichlichen Chronik patrizischen Niedergangs, und das Haus, dessen festliche Einweihung gleich am Anfang seines Romans vom »Verfall einer Familie« gefeiert wird, das spätere »Buddenbrook-Haus«, liegt in der Mengstraße. Eben dort an der Ecke, nur wenige Häuser weiter, bei einer Familie Luetjens, zieht im Herbst 1835 Primaner Theodor Storm ein.

Er sieht sich um. Er atmet tief und ahnt schon bald: Dies war »höhere Luft«, hier waren »bedeutendere Menschen«. Die Anzeichen feinen Verfalls, die milden Herbstfarben über allem dürfte er allenfalls geahnt haben. Im Vergleich zum eingeschwärzten Husum war Lübeck immer noch eine lebensstrotzend vitale Stadt ganz auf der Höhe der Zeit. Und was für eine kulturelle Szenerie tat sich auf!

Hier gab es ein hochrespektables Stadttheater, es gab einen Chor. Jung-Sänger Theodor sang eifrig mit, wenn Chordirektor Gottfried Hermann den Taktstock zu Mozart- und Mendelssohn-Oratorien hob. Und schlichtere Vergnügen gab es auch, ein Vogelschießen zum Beispiel, bei dem Storm eine Art Bilderbuch mit Radierungen von Moritz Resch gewann, »Umrisse zu Goethes Faust«, seine erste Begegnung mit dem dichterischen »Hauptgeschäft« des Weimarer Poetenfürsten.

Neugierig geworden kauft er sich – das ist hier ohne weiteres möglich, dafür muß man nicht wie in Husum ein halbes Jahr auf den nächsten Bücherkarren warten – das Buch und versenkt sich darein, bald auch für ihn, den Wissens- und Bildungshungrigen, ein »Hauptgeschäft«.

Der »Faust« liegt stets griffbereit in seiner Nähe. Und »Faust II« mit seinen surreal aufgetürmten Bildern durchspukt noch seine eigene Vision vom »Schimmelreiter« und ihres »faustisch« untergehenden Helden Hauke Haien.

Nicht Storm selbst, strenggenommen, war Gewinner jenes Bilderbuchs gewesen, sondern sein Freund Peter Olhues. Denn Storm kommt nicht allein nach Lübeck. Olhues, Pastorensohn aus Hattstedt, jenem Dorf zur Nordsee hin mit dem berühmt spitzen Kirchturm, sollte gleichfalls vor dem Studium die höheren Lübecker Weihen erhalten.

Als Jungs waren sie oft genug durch die Heide östlich von Husum gewandert, hin zur »Priesterkoppe« bei Hattstedt, hatten an der von Weiden umstandenen Wassergrube gehockt und dort die flinken schwarzen Käfer gefangen. Gemeinsam futterten sie die »geistige Hausmannskost« auf der Husumer Gelehrtenschule. Nun teilen sie das Quartier bei der Familie Luetjens und trotten jeden Morgen gemeinsam hinüber zum ehrwürdig ergrauten Gemäuer des Katharineums.

Noch herrschen hier gemütliche Zeiten. Noch ist nicht preußischer Drill über die Bildungsstätte gekommen, wie ihn in den »Buddenbrooks« Thomas Manns Alter ego Hanno Buddenbrook durchleiden muß: »Es blieb die Frage, ob nicht früher, als weniger Komfort der Neuzeit und ein bißchen mehr Gutmütigkeit, Gemüt, Heiterkeit, Wohlwollen und Behagen in diesen Räumen geherrscht hatte, die Schule ein sympathischeres und segenvolleres Institut gewesen war ...« Und, ließe sich fortfahren, ob nicht auch die Lehrer ihren Schülern sympathischer, für ihre Schüler segenvoller gewesen waren. Noch Pädagogen, keine Pauker.

Storm haßt seine Lehrer nicht wie Hanno Buddenbrook, und er leidet nicht unter ihnen. Im Gegenteil. Er bewundert sie. Mit Recht. So den Direktor Friedrich Jakob. Altsprachler und einer, der nicht nur Wissen, sondern auch Bildung vermitteln kann. Oder den Deutschlehrer Johannes Classen, noch jung, gerade dreißig, brillant in deutscher Gegenwartsdramatik. Mit ihm verbindet Storm eine lebenslange Freundschaft. Das sind nun wirkliche »Erzieher des Geistes«, und die Anteilnahme an den Schülern geht weit über den Unterricht hinaus.

Die Jungen, einige wenigstens, werden zu literarischen Zirkeln in die Privathäuser der Lehrer gebeten, wo Storm nicht ohne amouröses Wohlwollen auf die hübsche junge Frau des verehrten Lehrers Classen blickt. Auch er, obwohl als Schüler eher mittelmäßig, am Ende gerade der elfte unter siebenundzwanzig, gehört zu diesen Auserwählten.

Denn der Umgang mit Lehrern scheint ihm nie schwergefallen zu sein. Schon bei »Mutter Amberg« in der Klippschule nicht und auch später nicht beim Direktor der Husumer Gelehrtenschule, der noch im Abschlusszeugnis die Hoffnung ausgedrückt hatte, Storm möge sich in Lübeck der Liebe der Lehrer würdig zeigen, »wie Sie sich die meinige zu erwerben gewußt haben«.

Storm erwirbt sie sich auch hier, weniger durch Leistung, als durch Neugier, nie gestillten Wissensdurst. Man mag ihn einfach leiden, diesen eckig unverbildeten Jungen aus der Provinz, für den noch alles neu und herrlich ist. Und er läuft hinein in dieses Lübeck wie in ein immer neues Wunderland, fährt mit den Freunden in die Umgebung hinaus, zum grün umbuschten Dorf Schwartau in der Nähe oder an die spiegelnd blaue Ostsee.

Dort, in Travemünde, verlebt das ganz feine Lübeck seine Ferien, bei Kurkonzert und Spaziergang auf der Promenade, und Storm geht den puderweißen Strand entlang, bis hin zu den graubemoosten Steinen, wo sich Toni Buddenbrook und ihr Liebster Morten zum ersten verschämten Kuß zusammenfinden.

Das Meer hier ist sanft und milde. Kein Blanker Hans, kein Gegner. Mehr der Gefährte, ein Freund. Und Storm kehrt ins Backsteinrot von Lübeck zurück, wo dreißig Jahre später Graf Adalbert Baudissin meint, ein Spaziergang dort sei kaum anderes »als ein mit gymnastischen Übungen verbundenes Studium der Geschichte oder ein mit Regenschirm und Gummischuhen verknüpftes Blättern in einem alten Bilderbuch«.

Auch Storm blättert ausgiebig in diesem Bilderbuch. Er durchschreitet das altehrwürdige Holstentor mit seinem begütigenden Wahlspruch »Concordia domi feri pax« (Eintracht daheim, Friede draußen). Er bestaunt das imposante Heilig-Geist-Hospital, diese Einrichtung für bedürftige Alte, wie sie bei ihrer Gründung im 13. Jahrhundert einmalig war auf der gesamten Welt. Und er steht vor dem »Bürger-Dom«, der Marienkirche, hört die Sage um ihre Erbauung.

Wie der Teufel selbst den Bau entstehen sah und hoffte, daraus würde mal ein lasterhaftes Weinhaus werden, auf daß er dort viel Seelen fange. Als er aber hörte, dort entstünde ein Gotteshaus, packte ihn die große Teufelswut. Schon wollte er mit harten Steinen werfen. Jedoch ein Maurergeselle verstand ihn zu beschwichtigen: Man würde eben gleich neben der Kirche den Ratsweinkeller bauen. Dort fänden sich dann Seelen genug, reif für die Hölle.

> So stehen Kirch und Keller
> In traulichem Verein;
> Die frommen Herrn zu Lübeck
> Die gehen aus und ein.
>
> Sie beten wohl da droben,
> Da unten trinken sie,
> Und für des Himmels Gaben
> Da droben danken sie.
>
> Und trinken sie da drunten
> Sie denken wohl dabei:
> Dem selbst der Teufel dienet,
> Wer fröhlich, fromm und frei.

Mit diesen Zeilen, wohl auch eine Huldigung ans schöne Lübeck und seine Menschen, schließt Storms eigene Ballade vom »Bau der Marienkirche zu Lübeck«, die er in diesen beiden Lübecker Jahren verfaßt.

Flinke, schlanke Verse. Nicht ungewandt. Man spürt: Hier beginnt einer an sich zu arbeiten. Wo bleibt da noch der Jung-Poet aus Husum, der mit zwölf seinem toten Schwesterchen die ersten Reime schrieb, mit sechzehn im Husumer Wochenblatt rot vor Freude die erste Publikation eines Gedichts erlebte, mit neunzehn den Eltern strahlend ein Heft voller Gedichte als Weihnachtsgabe überreichte?

Für diesen Dichterknaben mit seinen frühen lyrischen Fingerübungen hat nun der reifere Storm nur ein mitleidig-mitleidsloses Achselzucken: »Inhaltslose Spielerei!«

Hier in Lübeck wird es ernst. Nun will er ein richtiger deutscher Dichter werden, inhaltsschwer, wesentlich ...

Schuckelmeier! Schuckelmeier!

Ein heller scharfer Ruf in Lübecks Gassen. Er reißt Storm aus allen Träumen. Schuckelmeier! So werden hier die Deutschen aus dem deutsch-dänischen Gesamtstaat genannt. Keine richtigen Deutschen, keine Dänen, wer sind sie denn nun? Komische Gestalten. Witzfiguren. Schuckelmeier. Auch Storm gehört dazu.

Wieder einer, der zwischen allem steht. Kein Deutscher, kein Däne. Und so einer will deutscher Dichter sein. Storm beißt sich auf die Lippen. Er ist ein Schuckelmeier, aber am Ende einer, der mehr kann, besser dichtet als alle anderen!

Hier in Lübeck, in diesen Tagen mit ihrem Schuckelmeier-Geschrei in den Straßen und manchem leisen, beiseite gedrückten »Schuckelmeier«-Gezische in der Schule, mag sich ein erstes Mal das für Storm lebenslang so typische Trotzdem regen, dieses stolz-tapfere, nur manchmal etwas lächerliche: Ich bin aus der Provinz, ja, bin ein Schuckelmeier – und will auch gar nichts anderes sein.

Einer lächelt dazu.

Ferdinand Röse. Kornmaklersohn. Auch er ein angehender Dichter mit dem Kopf voll kühner Pläne und großer, schwärmerischer Hoffnungen. Zwei Jahre älter als Storm. Man weiß nicht recht, wie sich gerade diese beiden angefreundet haben. Denn zwei Lebensjahre sind in dieser Altersstufe ein gewaltiger Unterschied. Und Röse hat schon erreicht, wovon Storm allenfalls nur träumen darf.

Gedichte von ihm sind bereits gedruckt, nein, nicht in irgendwelchen Provinzblättchen, sondern in Adalbert Chamissos deutschlandweit angesehenem »Musenalmanach«. Aber seine eigentliche dichterische Leidenschaft gehört dem Theater. Gerade, da er Storm begegnet, arbeitet er an einem Riesendrama, »Ahasver«.

Keine sehr gewinnende Erscheinung. Schütteres Haar, kalkig bleiche Haut. Statt Zähnen »nur zwei Reihen schwärzlicher Zahnbrocken«, wie Storm später in den Erinnerungen an den Freund festhält. Aber der Blick ist warm und gut, der Verstand hell und scharf. Gnadenlos geht das Urteil auf den frischgewonnenen Freund aus der Provinz nieder: der gute Husumer Junge! So nett, so anständig, doch leider – er ist, ach, »geistig tot«.

Storm aber, später bis zur Hysterie gegenüber jeglicher Kritik empfindlich, nickt dazu und läßt sich mit wachem Instinkt fürs Echte, Ehrliche die Wiederbelebungsversuche des Freundes gefallen.

Er stellt sich ein im Haus der Familie Röse an der Trave. Dort haust der Freund im obersten Geschoß, in schön schaurig-heimelig verwinkelter Kammer. Fast ein Hauch Husum weht. Fast könnte Storm meinen, wieder in der »Tonne« zu sein. Doch hier geht es nun nicht um irgendwelche Spukgeschichten. Der Freund lehnt sich zurück, holt hervor, was sich gerade an Literatur finden läßt.

Da ist nun dieser Ludwig Uhland. Doch kein mittelalterlicher Barde, wie Storm noch in Husum angenommen hatte. Der lebt, ist Rechtsanwalt, lehrte bis vor kurzem noch Germanistik in Tübingen und schreibt weiterhin seine Romanzen und Balladen, mit denen Storm allerdings nicht gar zu viel anzufangen weiß. Und dieser reine, klare Balladenton, der wie selbstverständlich zurückführt in eine ferne Zeit, will ihm selbst nie so ganz gelingen.

Eher schon sprechen ihn die Gedichte dieses Schlesiers an, des Freiherrn Joseph von Eichendorff. Doch auch da gibt es eine Grenze. Dieser Klang hier, so einverstanden mit sich und dieser Welt, dieses selige Einssein mit seiner Schöpfung – das gehört denn wohl, aller aufrichtigen Bewunderung zum Trotz, in eine schon vergangene Zeit. Eichendorff kann Vater sein, nicht Weggefährte, Bruder. Die neue Zeit, gebrochener, nervöser, hat eine andere Melodie.

Storm sieht hoch. Was denn noch der Freund da hätte an neuer Literatur?

Röse steht auf, geht zum Glasschrank, kommt mit einem Buch zurück, »auf schlechtem Druckpapier«, wie sich Storm später erinnert. Draußen war gerade ein dunkler, norddeutscher Herbstabend gewesen, dumpf bollerte der Ofen in der Ecke, der Wind hatte mit scharfem Pfiff in den Schiffstauen auf der Trave gesaust.

Röse schlägt das Buch auf, fängt an vorzulesen. Feierlich gedämpft, fast wie einst in Husum Lena Wies. Von den zwei Grenadieren, die nach Rußland zogen, vom Fischerhaus, vor dem der Dichter saß und hinausschaute auf See, von der über den Bergen aufgehenden Sonne. So geht es fort, Gedicht um Gedicht.

Draußen graut schon der Morgen. Storm bemerkt es kaum. Er ist wie benommen. »Tore einer neuen Welt«, schreibt er später, haben sich ihm in diesem Augenblick geöffnet. Dichtung hört er, wie er sie so noch nicht gekannt hat. Das ist der Ton, den er immer erahnt, auf den er gewartet und gehofft hat, gefühlstrunken, naturverliebt, doch mit kleiner weher Skepsis dabei, mit ganz leiser Ironie ob so viel Gefühlsseligkeit.

Aber wer um Himmels willen schreibt nur so? Wer kann Worte so formen, ganz leicht und selbstverständlich, mit einem kleinen Lächeln dahinter selbst noch in den pathetischsten Passagen?

Heinrich Heine. Düsseldorfer. Jude. Kaufmannssohn. Und Dichter. Seit zehn Jahren gibt es sein »Buch der Lieder« schon, Storm ersteht es gleich am nächsten Tag, nun nicht auf schlechtem, sondern »auf Velin-Papier«. Und es wird seine andere, seine lyrische Bibel werden, Heine das ganz große Idol, der »größte lyrische Formkünstler« in diesem Jahrhundert.

Dichter Storm hat seinen Maßstab gefunden.

Röse hakt sich ein beim Freund. Der soll jetzt mal nicht nur von fernen Dichtern träumen. Der wird nun einen richtigen Dichter kennenlernen. Nicht auf Velin- oder sonstigem Papier, sondern einen aus Fleisch und Blut, er soll ihm gleichsam Aug in Aug gegenüberstehen. Die beiden gehen hinüber zum Haus des reichen Kaufmanns Nölting, der gleich noch, wie im feinen Lübeck üblich, Konsul ist.

Kerzenglanz auf spiegelndem Parkett, festlich gekleidete Menschen, Handkuß und Knicks. Die ganze mattgolden grundierte Kultur eines Patrizierhauses alter Art. Punsch und Gebäck werden gereicht. Nöltings haben zu Gast gebeten. Nicht einfach so, nicht nur zum Plaudern und Amüsieren. Hier wird musiziert, werden Gedichte vorgetragen. Ein Ort für Bürger wie Künstler, für ernste Kunst ebenso wie für heiterste Behaglichkeit.

Storm staunt. So also kann Bürgerlichkeit sein, nicht muffig und eng, verstockt und sauertöpfisch wie drüben in Husum. Und die Dame des Hauses nickt dem jungen Mann zu: Nun, Herr Storm? Sie sollen doch musikalisch sein? Wie wäre es, etwas gemeinsam zu musizieren?

Schon nehmen die beiden am Klavier Platz. Höflicher Beifall. Und jetzt noch ein Gedicht, Herr Storm!

Storm trägt vor. Nicht gerade ein zweiter Heine, doch schon der junge Storm. Nicht unbegabt. Wieder freundlicher Applaus. Storm lächelt, verbeugt sich. Und dann – alles wendet sich der Tür zu – geht ein Raunen durch den Raum.

Ein junger Mann tritt ein. Heller Blick, scharfe Züge, ein wohlgestutzter Bart, so selbstbewußt wie Storm schüchtern: »Ich darf bekannt machen ... Herr Theodor Storm ... Herr Emanuel Geibel ... Sie kennen ihn sicherlich ...«

Storm kennt ihn. Röse dürfte schon genug von diesem

Geibel gesprochen haben. So alt wie er, gleichfalls aus Lübeck, Pastorensohn, derzeit Student in Bonn, nur während der Semesterferien in der Heimatstadt. Und ein richtiger Dichter. Sein populärstes Werk, »Der Mai ist gekommen«, ist schon auf dem Weg, ein deutsches Volkslied zu werden.

Selbstverständlich druckt ihn Chamissos »Musenalmanach«, aber auch andere Redaktionen reißen sich um ihn. Also bitte, Herr Geibel, machen Sie uns die Freude! Tragen Sie uns eines Ihrer neuesten Werke vor! Geibel lächelt bescheiden. Nun ja, wie zufällig hat er etwas Neues dabei. Er beginnt es vorzutragen. Wie mühelos, in kalt schwingender Vollkommenheit steigen die Verse auf. Jeder sitzt, jeder Reim kommt perfekt. Kein Makel in Rhythmus und Metrik.

Stürmischer Applaus am Ende. Geibel schlägt die Augen nieder, als hätte er alles, nur nicht das erwartet. Und jeder hier im Raum, wohl auch Storm, begreift: Der hier weiß nicht nur, was Dichtkunst ist. Der versteht sich auch auf die Kunst, sich als Dichter zu zelebrieren.

In Storm mag sich da schon Husumer Trotz regen, und trotzdem reiht er sich ein in die Schar Geibelscher Bewunderer, ist glücklich, sein Freund sein zu dürfen, erstarrt fast vor Ehrfurcht, als den anderen ausgerechnet während eines Besuchs in seiner kleinen Kammer in der Mengstraße die große Inspiration überkommt und der sich hinsetzt und gleich sein jüngstes Werk zu Papier bringt.

Andächtig notiert Storm das später, und andächtig wartet er, als Röse und er einmal zu Geibel kommen, ihn am Schreibtisch überraschen, wo er sitzt und dichtet, kurz mal in tragischer Irritation die Augen aufschlägt, sie gleich wieder senkt, weiterdichtet. Die beiden wissen, was sich gehört: »Wir warteten ruhig, bis die heilige Handlung vollendet war.«

Da klingt allerdings schon ein Quentchen Ironie mit, und sie schlägt um in helle Wut, als nun Geibel seinerseits über frühe Kostproben Stormscher Lyrik nur mit den

Achseln zuckt. Wie? Der junge Mann aus Husum will auch ein Dichter sein? Am Ende gar ein Konkurrent?

Schuckelmeier! Schuckelmeier!

Storm lacht auf. Diesem geschniegelten Bürschchen da mit seinen gestriegelten Versen, diesem Möchtegern-Poeten mit seinem ausgeklügelt kaltem Wortgeklirr wird er es schon zeigen. Und er setzt sich hin, schreibt seine Ballade vom Bau der Marienkirche.

> Im alten heiligen Lübeck
> Ward eine Kirche gebaut
> Zu Ehren der Jungfrau Maria,
> Der hohen Himmelsbraut ...

Auch dieses Werk geht an den »Musenalmanach« ab, den der alte Chamisso gemeinsam mit dem Sagennachdichter des klassischen Altertums, Gustav Schwab, herausgibt. Werden dort erst seine Verse gedruckt sein, steht er endlich in einer Reihe mit Röse, mit Geibel. Dann ist er kein dichtender Schuckelmeier mehr.

Doch das Opus wird kommentarlos zurückgesandt. Storms erste große Niederlage als Poet. Freund Geibel ist längst wieder abgereist.

1848 scheint es zu einem kurzen Wiedersehen in Lübeck gekommen zu sein, und Storm findet in seiner Erinnerung daran einige gute Worte vor allem für Geibels Hilfsbereitschaft gegenüber dem gemeinsam Freund Röse. Aber der Haß auf den Poeten Geibel begleitet Storm mit der ihm eigenen Gründlichkeit sein Leben lang, noch über Geibels Tod 1884 hinaus.

Dreißig Jahre später, 1887, als er siebzig wird, holt Storm zur großen Rede aus, und plötzlich, ganz spontan – in seinem Entwurf zur Rede findet sich davon nichts – scheint es ihn zu überkommen. Da springt den Siebzigjährigen die Erinnerung an den verstorbenen Dichterkollegen an, dem seine Bewunderer nachgerufen haben, mit ihm sei der letzte große Lyriker dahingeschieden. Einspruch! Der letzte große Lyriker ist keineswegs verschieden. Er lebt noch, hier steht er, nämlich er, Storm, der wirklich große Lyriker, allen anderen und dem einen nicht einfach so, sondern »turmhoch« überlegen.

Geibel? Vergeßt ihn! Das sagt Storm natürlich nicht, aber er meint es kaum anders. Der Neid auf den anderen ist nicht zu übersehen. Ein hilfloser und daher sich immer wieder neu entzündender Neid.

Denn Geibel wird, was Storm zu Lebzeiten nie gelingt: ein wirklich populärer Lyriker, von den Mächtigen ganz oben ebenso anerkannt wie vom kleinen Mann bewundert. Von seinen gesammelten Gedichten spucken die Druckmaschinen eine Auflage nach der anderen aus. Volle hundertdreißig sind es um die Jahrhundertwende. Das schafft Lyriker Storm nie.

Aber es ist zugleich ein produktiver Neid, und die Lübecker Begegnung mit Geibel ist nicht minder fruchtbar als die mit Röse. Der Mentor hier. Und dort einer, gegen den sich Dichter Storm abgrenzen, bei dem er sich aufs Ureigene besinnen kann und muß. Ohne Geibel wäre am Ende der Husumer nie »der Storm« geworden.

Geibels Weg führt von Lübeck nach Bonn, nach München und Berlin und schließlich zurück in die Geburtsstadt, wo man ihm schon zu Lebzeiten ein Denkmal errichtet, gleich neben dem Heilig-Geist-Hospital auf dem nach ihm benannten Platz.

Den Konkurrenten Storm führt jedoch sein Weg zunächst nach Kiel und dort an die Christian-Albrecht-Universität mit ihren rund zweihundert Studenten.

In helle Fenster starren

Stramm marschiert der Kerl die Straße hinunter, Schmisse im Gesicht, ein Mädel am Arm. Irgendein Dienstmädchen, die sind am billigsten. Ein Strauß Veilchen, der Sonntagnachmittag im Kaffeegarten tun es schon. Und der Kerl zwirbelt seinen stolzen Schnurrbart, die Augen blicken nicht ganz so stolz, eher glasig. Der Kommers gestern abend, verdammt, all das Bier dabei, stiefelweise!

Kurzes Rülpsen. Ein markig männliches Wort. Stramm marschiert dieses Prachtstück deutscher Geistesbildung weiter. Trübe sieht ihm Kommilitone Storm hinterher.

So also sind die deutschen Studenten, zumindest die hier in Kiel.

Entweder »arbeitsam, eingezogen, einseitig oder einfältig«. Oder Typen wie der hier, von denen Storm später eine besondere Glanzausgabe in seiner Novelle »Auf der Universität« abbildet, den »Raugrafen« dort, »ein ebenso schöner, als wüster junger Mann, der in den Hörsälen der Professoren selten, dagegen häufig auf der Mensur und regelmäßig auf der Kneipe zu finden war«. Der dann dem Helden Fritz einen Schmiss verpassen wird, »dessen Narbe noch jetzt, wenn der Zorn ihm aufsteigt, wie ein roter Blitz über die Stirn flammt«.

Achselzuckend wendet sich der Zwanzigjährige ab, schreibt fürs erste in sein Tagebuch: »Der Kieler, und ich glaube sagen zu können, der deutsche Student, ist ... ein Mensch, der viel kneipt und trinkt, alle naselang auf der Mensur liegt, sich in Gemeinheiten gefällt, eben von nichts anderem redet als von Kneipereien und Paukereien ...«

Storm schüttelt sich und klagt: »Wo trifft man die schöne, jugendliche Poesie des Lebens, die noch unverkümmert ist von den beengenden Verhältnissen der späteren Jahre?

Wo die bescheidene Heiterkeit, die ihn charakterisieren sollte und den deutschen Studenten bei allen guten Menschen beliebt macht?«

Offenbar nicht hier in Kiel, wo Storm seit dem 20. April 1837 Jura studiert. Auch wenn ihm später die verzerrende Verallgemeinerung klargeworden sein dürfte und er an den Rand seiner Eintragung »Dummes Zeug« kritzelt. Dennoch trifft seine Schilderung zu. Vielleicht nicht auf die Mehrheit der Studenten. Wohl aber auf den Gemütszustand, in dem sich Student Storm zu dieser Zeit befindet.

Ohne große Begeisterung ist er in sein Studium aufgebrochen. Nach wie vor ist die akademische Karriere der einzige Weg für einen Bürgersohn, einige Stufen auf der sozialen Leiter hinaufzuklimmen, und »Arzt« ist die Nummer eins unter allen bürgerlichen Traumberufen. Auch Storm erwägt ein Medizinstudium, erfüllt sich aber diesen Traum erst bei seinem ältesten Sohn Hans.

Nach dem Arzt kommt gleich der Jurist, und Storm nickt. Der Vater ist Anwalt, warum nicht auch er? Berufung spürt er nicht dabei, die steckt bei ihm anderswo. Nur kann er sie um diese Zeit so genau nicht nennen, und ein erstes Mal sieht man den typischen Stormschen Lebenskreis, dem er nie ganz entkommt.

Ja, es zieht ihn weg vom Bürgertum, zu dem er eigentlich seiner Natur, seinem Temperament, seinen Gaben nach nicht gehört. Doch den entscheidenden Schritt in die ganz individuelle künstlerische Freiheit mit allen Unwägbarkeiten und Gefahren, den Weg Heines in die Matratzengruft des Künstlers ohne festen Broterwerb, ohne soziale Reputation und sicheres Einkommen wagt er niemals.

Lieber duckt er sich, fügt sich drein. Und wird irgendwann mal Anwalt wie der Vater sein. Ein Beruf, den man »ohne besondere Neigung studieren« kann.

Also Studium in Kiel, immerhin »die schönste Stadt im schönen Holstein«, wie Storm festhält – doch wohl fühlt er sich nicht, wieder ein Außenseiter. In Lübeck der

»Schuckelmeier« zwischen allen Patriziersöhnchen. Hier nun der intellektuell angehauchte Schöngeist zwischen den Bier schmatzend großmäuligen Kommilitonen mit ihrem Geschwätz rund um Paukboden, Mädels und Kommers.

Storm schluchzt schier auf: »Wie schmerzlich entbehre ich einen Gleichgesinnten ...« Einen wie Ferdinand Röse. Nein, den Röse selbst. Der studiert inzwischen in Berlin. Warum nur er? Warum nicht auch Storm?

In Husum seufzt dann der Vater. Das Söhnchen wird ihm reichlich teuer. Andererseits hat Berlin die beste Universität Deutschlands, nirgendwo lernt der Sohn mehr und besser als dort. Also ein Nicken, der Griff ins Portemonnaie. Und wie ein Triumphator hält Storm per Postkutsche durchs Brandenburger Tor seinen Einzug.

Was für eine Stadt! Wohl zehnmal so groß wie Lübeck, wenigstens, zwanzigmal so groß wie Kiel. Und Husum? Wo liegt das? Gibt es das überhaupt?

Schon um 1800 hatte Berlin fast zweihunderttausend Einwohner. Jetzt um 1838 steuert es bereits auf die Halb-Million-Grenze zu. Deutschlands heimliche Hauptstadt. Keß, aufmüpfig, selbstbewußt. Eine frühe Hochburg der heraufziehenden bürgerlichen Gesellschaft und daher vom jeweiligen Monarchen, so schon vom großen Friedrich, mit kleinem Grausen betrachtet.

Witzig. Vorlaut. Gern spottend und spöttisch verletzend, leicht selber verletzt. Das alles ist der Berliner. Und stolz auf seine Stadt. Warum auch nicht? Eröffnet nicht gerade im Jahr, da Storm dort eintrifft, August Borsig seine Maschinenwerke, die Berlin zur Industriestadt Nummer eins machen? Ist man dort nicht für jeden technischen und sonstigen Fortschritt aufgeschlossener als irgendwo sonst? Hat nicht Wilhelm von Humboldt eine Universität gegründet, wo die Geistesgrößen ihrer Zeit lehren, von Humboldt selbst bis Schelling?

Philosophengott Hegel über allem, aber auch Historiker wie Leopold von Ranke, Juristen wie die heftig miteinander verfeindeten Herren Karl von Savigny und Eduard Gans, bei denen Student Storm Römisches Recht und Naturrecht hört und bei Karl-Gustav Homeyer etwas Privatrecht dazu.

Humboldt-Bruder Alexander kehrt von weltweiter Forschungsreise zurück und wird einen wahren Boom in Naturwissenschaften auslösen. Dichter und Bildhauer verhelfen Berlin zum Ehrentitel eines »Spree-Athen«, und Karl Friedrich Schinkel, der Lieblingsarchitekt des Königs, schafft einen Prachtbau nach dem anderen.

Nein, nicht Schlösser, nicht Kirchen. Bürgerbauten. Das Alte Museum. Die Bau-Akademie. Die Neue Wache unter den Linden, wo jeden Mittag die Garde in militärisch schimmernder Pracht aufzieht. Das Schauspielhaus am Gendarmenmarkt.

In seinen roten Samtsesseln sitzt Storm wenigstens so oft wie im Hörsaal der Universität, sieht dort nun den »Faust« leibhaftig auf der Bühne, mit Berlins Theatergott Carl Seydelmann als unvergleichlich elegantem Höllenfürsten Mephisto. Unvergeßliche Abende, die oft genug bei gutem Ungarwein in irgendeiner Kneipe enden, wo dann bis zum Morgengrauen diskutiert wird. Helle Tage, wo sich die Luft dieser Stadt, ihr ganz einmaliger Geist einschlürfen lassen wie Champagner.

Prachtvolles Berlin! Stadt der Kunst, der Politik. Und Theaterstadt schon damals, auf deren Bühnen fast alles gespielt werden darf, wenn es nicht gerade der »Egmont« oder »Wilhelm Tell« sind mit ihren Anklagen gegen jede Tyrannei. Bald schon sind Storm und Freunde Bühnen-infiziert, wollen nicht nur zuschauen, sondern selbst Theater machen. Freund Röse stellt den Direktor.

Allzu ernst meinen sie es nicht mit diesem pompös »Theatrum alla Scala« getitelten Bühnenunternehmen, wo es bei den Proben zugeht wie in allen Theatern dieser Welt. Storm schildert das sehr ergötzlich in seiner »Episode aus dem Berliner Studienjahr 1839«.

Wie da jeder auf jeden einschreit, das meiste irgendwie

danebengeht, die Damen immerzu »O Gott!« seufzen und sich ans Herz fassen und jeder jedem alles übelnimmt. Am Ende kommen denn doch zwei Einakter zustande, »Der Stellvertreter« und »Der reisende Student«. Der Theaterzettel dazu weist »Herrn Storm« als »ersten Tenoristen« und Darsteller eines Liebhabers und Ingenieurlieutenant aus, und ein Lied dafür hat er auch komponiert.

Seltsam aber, daß auf den gleichsam professionellen Poeten Storm der Theaterfunke niemals überspringen wird, anders als beim Nachfahren im Geiste Thomas Mann, der sich einmal – mit schrecklichem, nie aufgeführtem Ergebnis – an einem Theaterstück versuchen wird.

Vielleicht, daß sich in Stormscher Schublade so was befunden haben könnte. Denn vieles in seiner Novellistik weist auf einen sicheren Blick für Szene und Dialog hin, und ein Theaterautor Storm ist wenigstens denkbar, so wie er sein Leben lang kennerisches Interesse am Theater zeigt. Doch bekannt wird nur eine geschriebene Märchenskizze zum Thema »Schneewittchen«, die zunächst in den vierziger Jahren in Biernatzkis »Volksbuch« erscheint. Sie wird einmal in Storms Berliner Zeit zusammen mit dem Märchenstück eines anderen Autors am kleinen Friedrich-Wilhelmstädtischem Theater aufgeführt und vom Dichter selber offenbar nicht sehr ernst genommen. Mit gewisser Ironie sieht er auf den Theaterzetteln seinen Namen quer durch die Stadt plakatiert. Später kommt es sogar zu einer Vertonung durch den Komponisten Hermann Goetz. Doch auch das führt den Dichter Storm nicht auf die Bretter, die ihm offensichtlich nicht die Welt bedeuten, und erst der alte Storm – seine Lyrik liegt hinter ihm, die Form der Novelle scheint ausgereizt – überrascht seine Tochter Gertrud mit der Bemerkung: »Wenn ich jünger wäre, so würde ich zum Drama übergehen.«

In dieser frühen Berliner Zeit aber erhält der Erzähler Storm einen ersten kräftigen Impuls, als er ins Havelland hinausfährt.

Er steht an einem See, sieht dort draußen bleich und schön eine Wasserlilie auf den Wellen tanzen, streift die Kleider ab, läßt sich ins Wasser gleiten.

»Er schwamm langsam hinaus und hob mitunter die Arme aus dem Wasser, daß die herabrieselnden Tropfen im Mondlicht blitzten; aber es war, als ob die Entfernung zwischen ihm und der Blume dieselbe bliebe; nur das Ufer lag, wenn er sich umblickte, in immer ungewisserem Dufte hinter ihm ...

Endlich war er der Blume so nahe gekommen, daß er die silbernen Blätter deutlich im Mondlicht unterscheiden konnte; zugleich aber fühlte er sich wie in einem Netze verstrickt, die glatten Stengel langten vom Grund herauf und rankten sich an seine nackten Glieder. Das unbekannte Wasser lag so schwarz um ihn her, hinter sich hörte er das Springen eines Fisches; es wurde ihm plötzlich so unheimlich in dem fremden Elemente, daß er mit Gewalt das Gestrick der Pflanzen zerriss und in atemloser Hast dem Lande zuschwamm. Als er von hier zurückblickte, lag die Lilie wie zuvor fern und einsam über der dunklen Tiefe.«

So eine der zentralen Szenen in seiner ersten großen Novelle »Immensee«, und der Künstler Reinhard kann dort nicht die Lilie pflücken, auch Storm pflückt sie nicht in dieser Nacht am Havelsee. Aber den Zauber dieses Augenblicks trägt er in sich fort, immer der stimmungsbewußte Gefühlsmensch, der zugleich genau weiß, wann und wie sich Stimmungen und Gefühle in Literatur umsetzen lassen.

So ist dieses Berliner Jahr eigentlich eine gute Zeit, und noch ein Dresden-Ausflug kommt hinzu, ins »Elbflorenz« mit seinem Zwinger, seinem Hauch Süden über allem und den bekanntermaßen hübschesten Mädchen von ganz Deutschland in Cafés und Straßen.

Der wieder sehr großzügige Vater zahlt, Storm bricht nach dem Sommersemester 1838 auf, wohnt mit seinen Freunden vier Wochen im »Italienischen Dörfchen«, einem

Gasthaus gleich gegenüber der Gemäldegalerie, und dorthin zieht es ihn jeden Morgen als erstes. Zu all den Werken eines Lorrain, van Dyck, der beiden Ruysdaels und zu dem einen vor allem, zur »Sixtinischen Madonna« von Raffael, dieser überaus irdisch schönen Gottesmutter, die wie von einem toskanischen Bauernhof direkt in den Himmel aufgestiegen scheint.

Glückliche Tage. Schöne, bleibende Erlebnisse. Hier in Dresden wie wieder in Berlin. Und doch verändert sich allmählich das Berliner Klima. Es wird kühl um Studiosus Storm. Er ist einsam.

Eben waren sie noch da, all die Kumpane, mit denen Storm durch die Weinhäuser zog und in die Natur hinauswanderte, in den Seen um Berlin schwamm und im Theater saß. Der Wilhelm Mantels, später Professor am Katharineum, und der Maler Albert Wagner und der mit der Politik liebäugelnde spätere Kabinettsrat Markus Niebuhr und Wilhelm Delius, der es schon damals mit William dem Großen, dem Dichter Shakespeare, hatte und später zu seinen bedeutendsten Forschern gehört.

Fort sie alle. In andere Städte gezogen, an andere Universitäten gegangen. Schließlich auch Ferdinand Röse. Storm bleibt zurück in diesem riesigen Berlin, wobei es eigentlich kein Problem sein dürfte, neue Freunde zu finden. Aber da zeigt sich eben, was schon Storm-Vorbild Heinrich Heine bei seinem eigenen Berlin-Studium fünfzehn Jahre vorher notiert hat: »Es ist hier ungemein viel gesellschaftliches Leben, aber es ist in lauter Fetzen zerrissen.« Und: »Es ist ein Nebeneinander vieler kleiner Kreise, die sich immer mehr zusammenziehen als auszubreiten suchen.« Jeder hält sich hübsch für sich, die Adligen, die Künstler und Schauspieler, die Militärs, die Schriftsteller und Dichter ...

Zu ihnen zieht es Storm besonders. Und vielleicht hatte er zunächst noch in unbefangen Husumer Naivität gedacht, es würden sich ihm ihre Kreise ebenso öffnen wie in Lübeck der Salon des Konsuls Nölting und bald schon würde er freundlich plaudernd mit einem Hegel, einem Heine in der Kaminecke lehnen.

Joseph von Eichendorff lebt um diese Zeit in Berlin, doch sein Verehrer Storm wird ihn nicht einmal von weitem zu sehen bekommen. Er irrt abends durch die Straßen, weiß ja, wo die Literatur-Großherren zu Hause sind, sieht die Fassaden hoch, starrt in ihre hellen Fenster, hört das Reden der Menschen dahinter, ihr Lachen.

Doch er gehört nicht dazu. Ihn friert. Berlin, diese riesige, höhnische, kaltschnäuzige Stadt, wird ihm zuwider. Wie schön und warm war doch Lübeck gewesen, wie gemütlich, jawohl, Husum, die Heimat. Und so übel ist Kiel nun wieder auch nicht.

Storm und Berlin. Das hätte eigentlich eine Liebesbeziehung werden können. Weil der Dichter und die Stadt so schlecht nicht zueinander passen. Dieses bürgerliche Selbstbewußtsein! Dieser Stolz, auch ohne Rang und Titel wer zu sein! Das alles müßte Storm, dem gleichsam geborenen Demokraten, recht gut liegen. Aber Storm und Berlin, schon lange vor seinem manischen Preußenhaß der späteren Jahre, finden einfach nicht zueinander. Storm bleibt der Mann aus der Provinz, obwohl große Städte für ihn immer ihren Reiz haben.

Nicht gerade Berlin, doch ein Leben in Hamburg, wo ein Bruder der Mutter als erfolgreicher Kaufmann in seiner Villa am Herrengraben residiert und noch andere Verwandte wohnen, kann er sich durchaus vorstellen. Und noch einmal Lübeck, noch einmal Kiel, warum nicht?

Nein, Storm bleibt in der Provinz. Das Jahr Berlin ist lediglich ein Zwischenspiel. Zunächst kehrt er nach Kiel zurück. Und diesmal findet er dort Freunde, die von anderem zu reden haben als nur »von Kneipereien und Paukereien«.

Wie reich war ich in Kiel!

Sie sind Brüder, heißen Mommsen, der jüngere Tycho, der andere wie Storm Theodor, ein Modename dieser Zeit. Und das bleibt nicht die einzige Gemeinsamkeit zwischen den beiden Theodor.

Beide studieren in Kiel Jura. Beide fühlen sich eigentlich als Dichter. Beide sind im Jahr 1817 geboren, Mommsen nur sechs Wochen nach Storm. Und beide, mit kräftig bäurischem Einschlag in der Ahnenreihe, entstammen der gleichen nordfriesischen Region.

Damit enden fürs erste die Gemeinsamkeiten.

Mommsen, als Sohn eines Pastors im Städtchen Garding mitten in der Halbinsel Eiderstedt nahe bei Husum geboren, hängt an der Heimat nie sonderlich und leidet auch nicht an ihr. Dennoch besingt er sie einige Verse lang, als er nach seinem Studium durch Frankreich reist. Doch in deren glatten Reimklang, wo dann das Meer »wie flüssig Gold« leuchtet und auch sonst mehr dichterische Plattitüde waltet als tiefempfundenes Gefühl, schwingen keine Sehnsucht und schmerzlich gespaltene Liebe mit wie bei Storm.

Mit drei Jahren hat Mommsen diese Heimat verlassen, der Vater hatte eine Pfarrstelle in Oldesloe übernommen. In Altona bei Hamburg besucht er dann – ohne den Umweg über die Unzulänglichkeiten eines heimischen Gymnasiums – das Christianeum, eine weitere der norddeutschen »Gelehrtenschulen«.

So was prägt. Im Pastorensohn Mommsen begegnet Storm, eher weich, mehr verspielt, einer straff geschulten Intelligenz, die ihn aus kurzsichtigen, später mit einem Kneifer bewehrten Augen ansieht und mit leicht krächzender, kleiner Stimme meint: Aha, der Herr Storm aus Husum!

Man bleibt beim »Sie« alle drei folgenden Studienjahre lang. Dennoch ist man befreundet, und Theodor Mommsen, der über seiner Beschäftigung mit dem Römischen Recht zu Geschichte und vor allem Römischer Geschichte findet, ist am Ende der zu dieser Zeit »richtigste Freund« für Storm, ähnlich wichtig wie in Lübecker Tagen Ferdinand Röse.

Zunächst einmal sieht sich Storm so um.

Also Kiel zum zweiten, und wahrhaftig: So schlecht lebt es sich nicht in dieser »anderen« Stadt am Meer, die nicht gar so grau ist wie drüben an der Nordseeküste Husum. Eher licht, in starken, frohen Farben, schon mit einem ersten Hauch skandinavischer Leichtigkeit über allem.

So freut sich denn Storm an der blanken Ostsee im Hintergrund, am frischen Wind vom Meer her. Er macht Rast in den kleinen Badeorten entlang der Förde, spaziert im Grün des Umlands umher, phantasiert sich hinter der roten Gardine einer Gartenlaube gleich schon mal »eine schöne Jungfrau« zusammen, die dort warten mag, am Ende gar auf ihn, und hält es mit dem Spruch des Dichters und Wandermanns Johann Gottfried Seume vom Beginn des Jahrhunderts: »Ein Morgenspaziergang durch Düstenbrook nach der Mündung des Kanals von an diesen hinauf bis Knoop ist ein Genuß, den zehn Seestädte nicht gewähren ...«

Dieser Kanal dort ist noch nicht der spätere Nord-Ostsee-Kanal. Auch vom späteren Flottenstützpunkt eines Deutschen Reichs kann zu dieser Zeit noch keine Rede sein. Dafür gibt es die vom Herzog Christian Albrecht im 17. Jahrhundert gegründete Universität, der allerdings erst Rußlands Zarin Katharina II., zugleich Herzogin von Holstein, im Jahrhundert darauf das eigene Gebäude schenkte. Katharina hatte auch die einstige Burg der Schauenburger zu einem Schloß ausbauen lassen.

Zugleich weht sanfter Glockenklang von der Seefahrerkirche St. Nikolai herüber, und in deren unmittelbarer Nähe bezieht nun Storm Quartier. Noch immer sieht er

Studenten in ihre Krüge starren und hört sie von nichts anderem als Mädchen und Mensuren reden – in »studentischen Bummelausdrücken«, die Storm dreißig Jahre später noch bei seinem eigenen Sohn moniert.

In Kiel hat er nun wieder seine eigenen Freunde, die »Clique«, eine ganze Schar junger, vergnügter Intellektueller. Mit ihnen wird nicht Bier gesoffen und mit Säbeln aufeinander eingeschlagen, sondern disputiert und in wohlgesetzten Wendungen gesprochen. In diesem Kreis hier darf Storm sich endlich verstanden und geborgen fühlen. Nicht aber im gemütlich einlullenden Sinn. Dem Dichter pfeift Kritik wenigstens so scharf ins Gesicht wie einst in der besten Röse-Zeit.

Dort sitzt er, ein Blatt Papier in den angstfeuchten Händen. Er liest eigene Gedichte vor, stockt, liest weiter, endet schließlich, hebt zögernd den Blick mit einem bettelnden »Wie war's denn? Gut, nicht?« darin.

Schon sieht er es in Theodor Mommsens Augen zynisch blinzeln. Bruder Tychos breiter, weiblicher Mund im leicht exotisch geschnittenen Gesicht verzieht sich in leiser Mokanz. Und auch die anderen grienen in sich hinein, die Jura-Kommilitonen Lütkens und Lüders, der angehende Philologe Klander, der Theologe Koopmann sowie der Mediziner Noodt.

Nein, Herr Storm! Das war noch nichts!

Storm will das alles sehr genossen haben, speziell die Kritik der Mommsen-Brüder. Denn so, schreibt er später, habe er erst gelernt, »einen strengen Maßstab an sich zu legen«. Und vor allem der Mommsen Theodor sei schlicht »der bedeutendste junge Mann« gewesen, den er je kennenlernen durfte.

Dieser bedeutende junge Mann hätte sich vermutlich noch lieber über anderes unterhalten als über Poesie. Denn anders als Kommilitone Storm ist schon der Mommsen dieser Jahre ein »animal politicus«, ein durch und durch politisch denkender Mensch mit der Utopie eines monarchisch geführten, jedoch im Geist liberalen einigen Deutschland im Herzen.

Man nennt ihn später den »roten Mommsen«. Er ist in die revolutionären Wirren von 1848 verwickelt und muß für einige Jahre in die Schweiz ausweichen. Später in Berlin wird er zum führenden deutschen Historiker.

Storm ist fasziniert von Mommsen. Er selbst hat einen wachen Verstand, ein sicheres Empfinden, beides versetzt mit einem gehörigen Schuß nordisch-friesischer Bauernschläue. Er kann klar denken und formulieren, aber das dialektische Gedankenspiel, das erst den Intellektuellen ausmacht, die kritisch abwägende, immer alle Seiten einer Sache zugleich berücksichtigende und auch das Gegenteil einer Behauptung gelten lassende Analyse ist wiederum seine Sache nicht. Instinktsicher, mit gutem Gespür für das, was ihm selber fehlt, sucht er aber sein Leben lang den Kontakt zu Antipoden seiner mehr emotionalen, ungehemmt spontanen Natur. Sie sind seine wichtigsten Kritiker, das unentbehrliche Korrektiv. Und immer wieder öffnen sich ihm dabei, wie bei Röse in Lübeck, »Tore einer neuen Welt«.

In Kiel ist es nicht mehr »Das Buch der Lieder«. Mommsen macht Storm mit einem anderen Dichter vertraut – Eduard Mörike.

Storm hat diesen Namen noch nie gehört, weiß nichts von diesem 1804 geborenen Pastor aus dem Schwabenland, der sich um diese Zeit gerade kränkelnd in den vorzeitigen Ruhestand zurückzieht, aber er merkt auf. Mit Mörikes tiefer Religiosität kann er allerdings nichts anfangen. »Sie wissen ja, daß ich Ihren glücklichen Glauben nicht zu teilen vermag«, schreibt er ihm viel später, nach dem Tod seiner ersten Frau. Aber alles andere! Dieser spröde, reine Ton, wo keine Künstelei mitschwingt!

Herber, verhaltener als bei Heine, ohne beigemischte Ironie, doch von ähnlicher Selbstverständlichkeit, als ließe sich das in Worten Eingefangene nur so und nicht anders ausdrücken. Mörikes Lyrik ist, wie die von Heine, unmittelbar zur Wirklichkeit gewordene Sprache.

Zu den großen Lehrmeistern Goethe, Eichendorff, Heine tritt also auch der Groß-Dichter aus Schwaben. Storm lernt von allen vieren. Doch nie, beteuert er, hätte er einen imitiert. Eine jener Storm-Behauptungen, die allzu genaue Nachprüfung nicht vertragen. Denn wenigstens in der frühen Storm-Lyrik bis zu seiner Rückkehr nach Husum wabert es ganz hübsch »heinisch«, und Muster scheinen immer wieder auf, Rokoko-Lyrik, Balladenkunst in der Uhland-Weise.

Warum auch nicht?

Der junge Storm muß sich erproben. Er greift nach Formen der Vergangenheit. Er orientiert sich an anderen. Das ist völlig legitim. Und er lernt, er begreift. Begreift lernend, daß der Inhalt wichtiger noch ist als die Form.

Die muß stimmen, sicherlich. Dennoch sucht der Inhalt sich die Form, nicht umgekehrt. Eigenen Storm-Worten nach, immer mit deutlichem Seitenblick auf das Schreckbild Geibel und dessen hochgezüchtete Formkunst, der ein beinahe beliebiger Inhalt gegeben werden kann: »Es sei die Form ein Goldgefäß/In das man goldnen Inhalt gießt!« Oder noch konkreter: »Die Form ist nichts als der Kontur/Der den lebendgen Leib beschließt.«

Die wichtige, für Storm entscheidende Frage stellt sich damit: Was werden gerade für ihn, den Individualisten, den Hochempfindlichen, dessen reizbares Nervenkostüm wie ein Seismograph auf alle Einflüsse von außen reagiert, die Themen, die »Inhalte« sein, die ihn zu seiner ganz unverwechselbar eigenen Form führen? Welch goldnen Inhalt gießt er in sein Goldgefäß?

Heimat und Heimatliebe, in aller spröden Zerrissenheit. Das ist schon mal das eine, große Storm-Thema, und frühe Versuche, wie »Die Möwe und mein Herz«, geraten zwar noch ungelenk, weisen aber doch schon auf den kommenden, reiferen Storm hin. Und bei »Westermühlen«, dieser lyrischen Beschwörung des Wald- und Mühlenparadieses seiner Kindheit Ende der dreißiger Jahre, werden Literaturwissenschaftler ein erstes Mal die Loslösung vom Heine-Vorbild feststellen.

Kein Zufall.

Denn Storm, der Dichter, bewegt sich hier auf gleichsam vertrautem Boden. Sein Schritt ist vielleicht noch etwas klobig, aber doch schon sicher und entschieden. Und dann ist da das andere, das wirklich große Storm-Thema, ähnlich wichtig und ihm eng verbunden wie der Tod.

Die Liebe.

Seine Kieler Jahre sind für ihn zugleich die Zeit einer ersten ganz großen Liebe, der vielleicht größten in seinem ganzen Leben. Allerdings war ihr schon eine andere erste Liebe vorausgegangen. So um 1828 fing die an und spielte sich zunächst auf der Insel Föhr ab, wo der gerade Zwölfjährige eine Zehnjährige traf, das Mädchen Emma, Kühl mit Nachnamen, was keinesfalls Omen war. Schon war es hinter verschlossener Küchentür zu recht heftiger und nicht nur kindlicher Knutscherei gekommen.

Der Neunzehnjährige sieht Emma wieder. Hübsch ist sie wie damals, dazu sehr »liebenswürdig« und außerordentlich kokett. Das wiederum gefällt dem seinerseits nicht zimperlichen Storm recht gut, und schon, mit aller innigen Emphase seiner Jahre, sieht er in Emma die wahre, die einzig mögliche Frau in seinem Leben. Er hält um ihre Hand an, und sie sagt Ja.

Das ist am Vormittag.

Schon am Nachmittag kommen Bräutigam Storm die ersten Zweifel. Ist Emma wirklich die einzig mögliche Partnerin? Und ist es richtig, sich so jung schon fest zu binden?

Zweifel über Zweifel, einer quält mehr noch als der andere. Und Storm reagiert sehr männlich: Er tut nichts. Flüchtet, verkriecht sich, schreibt über Monate keine Zeile an die erstaunte Braut. Bis sie allmählich begreifen muß, daß sich hier einer wohl zu früh entschieden hat, ohne sich wirklich zu entscheiden, und sie wiederum reagiert sehr weiblich, nämlich sehr entschlossen.

Am 28. Februar 1838 wird die Verlobung auf ihren Wunsch wieder gelöst. Ein zerknirschter Storm bleibt zurück.

Aber Emma, mit wachem Instinkt, mag bei ihrem vorschnellen Bräutigam noch anderes wittern als nur Unentschlossenheit. Sie spürt zugleich, daß sich bereits eine andere in seinem leicht entflammbaren Herzen eingenistet hat.

Es war zur Weihnachtszeit 1836 in Altona. Dort lebt eine Kusine der Mutter, Friederike, verheiratet mit einem Kaufmann namens Scherff. Sie haben den Neffen zum Fest eingeladen. Er kommt und findet im Haus der gastfreien Tante eine größere Gesellschaft vor, darunter eine Dame namens Therese Rowohlt. Die führt ein Kind an der Hand, ein Mädchen, gerade elf Jahre alt.

Wohl das Fräulein Tochter?

Nein, sie schüttelt den Kopf. Die Kleine – Bertha heißt sie – ist ihr nur als Pflegekind anvertraut. Eine Halbwaise, die Mutter gestorben, der Vater, ein Herr Eduard von Buchan, lebt in Dresden, und Therese Rowohlt, selbst strenggläubige Protestantin, soll sich vor allem um die religiöse Festigung des mutterlosen Engelchens kümmern.

Bertha von Buchan – Storm sieht in ein spitzes Gesichtchen mit zwei schelmisch-unschuldigen Augen, sieht das zierlich spitze Näschen, den in erster Koketterie vorgeschobenen kleinen Mund. Er vernarrt sich darin. Hier steht er vor seiner wirklich ersten großen Liebe. Vor einem Kind, gerade elf Jahre alt.

Ersteht ihm in Bertha die tote Schwester neu? Oder hofft er über sie, das Kind, ins verlorene Paradies eigener Kinderjahre zurückzufinden? Alles möglich. Und dann ist da noch anderes.

Man befindet sich hier im 19. Jahrhundert, der ersten »bürgerlichen« Epoche mit ihrer bürgerlichen Sexualmoral:

hier die Frau als Heilige und Mutter, dort die Hure. Das eine wie andere Objekt der Männerphantasien dieser Zeit. Und noch erklärt kein Sigmund Freud den armen Kerlen in ihrem dunklen Drang, warum das alles so ist und in der Mutter mancher auch die Hure sieht, in der Hure mancher Mann die Mutter sucht.

»Vergiß nicht, daß einst auch deine Mutter ein Mädchen war«, mahnt eine Moralepistel dieser Zeit, und die Burschen wußten nun gar nicht mehr, woran sie eigentlich waren. Wie schaut man in Bewunderung auf zu einer Frau, die man doch eigentlich viel lieber unter sich im nächsten Bett wüßte?

Sexualität? Pfui Teufel! Aber irgendwie doch schön. Schrecklich schön! Aus diesem Dilemma will hinausgefunden sein, irgendwie. Und das Säkulum schafft sich denn ein neues erotisches Ideal. Das Traumgeschöpf aus Unschuldstagen, als die Welt noch sauber war. Das kleine Mädchen.

Süß anzuschauen. Einfach allerliebst. Man möchte es streicheln, kosen, doch immer in aller Schicklichkeit. Sündige Gedanken verbieten sich von selbst. Die Liebe zum kleinen Mädchen ist so rein wie das Mädchen selber. Oder scheint wenigstens so.

Er hätte von wirklicher Liebe noch nichts gewußt, alles sei nur »heißes Blut« gewesen, sagt Storm später über seine Beziehung zur Emma Kühl. Ein verräterisches Wort, das Storm ganz als Kind der Zeit ausweist.

»Wirkliche Liebe« ist rein und edel und gut, aber auch irgendwie geschlechtslos. »Heißes Blut« hingegen, also sexuelles Begehren, bedeutet etwas Verwerfliches, zumindest aber Minderwertiges.

Bertha jedoch, so süß, so rein, so unschuldig, darf er lieben. Hier wallt kein heißes Blut. »Du liebes jungfräuliches Kind«, stöhnt Storm einmal das halbflügge Mädchen an. Und wie er diese Kinder sieht, was er an ihnen liebt, klingt auch jenseits seiner Bertha-Beziehung hinreichend deutlich in so manchen Gedichten an.

Wie da etwa »Das Mädchen mit den hellen Augen« kindhaft vergnügt durch die Landschaft springt und die Zöpfe fliegen läßt, während die Freier nach ihr gieren und die tüchtige Mutter rät: »Greif zu! Greif zu! Die Jahre kommen, die Freier gehen gar geschwind!«

Wie er in »Junge Liebe« das Mädchen mit seinem Schelmenmund charakterisiert, »ein launisch Kind«, schmollend, mit den Beinchen baumelnd. Und dann das Gedicht »Gesteh's!«, wo die schaudernde Ahnung mitschwingt, das süße unschuldige Kind sei am Ende doch nicht ganz so unschuldig:

>Gesteh's, es lebt schon einer,
>Der dich heimlich geküßt einmal,
>Der deinem Kindermunde
>Der Lippen Zauber stahl ...

Erst im 20. Jahrhundert nennt Vladimir Nabokovs »Lolita« die Lust beim Namen. Und wie dort Nabokovs Humbert bleibt auch Storm die große Ernüchterung nicht erspart mitsamt der düsteren Erkenntnis, daß kleine Mädchen irgendwann mal älter werden und auch sie mal Frauen sind. Denn wie Humbert seiner feist, welk und ordinär gewordenen Lolita begegnet auch er zwanzig Jahre später Bertha als reifer Frau wieder und fährt entsetzt zurück: Mein Gott, was ist nur aus dem kleinen Engel von damals geworden! Eine bereits angeblühte überreife Dame, der man die künftige bigotte Betschwester ansieht. Und mit einem tiefen Seufzer der Erleichterung wendet er sich von seiner »alten Flamme« ab: »Himmel, wenn das meine Frau geworden wäre!«

Das ist dann das endgültige Ende einer Liebe, von der in Kiel Storm gegenüber Mommsen einmal meinte, sie könne sein Leben »noch schlimm verwüsten«.

Fürs erste blüht die Liebe noch. Und wie drüben in England der erotisch ähnlich eingestimmte Kollege Lewis Carroll seine »Alice« und all die anderen angebeteten kleinen

Mädchen in das »Wunderland« seiner Phantasie entführt, um sie dort mit immer neuen Schnurren, Einfällen, Absonderlichkeiten zu umgarnen, läßt auch Storm die spezifischen Verführungskünste eines Dichters spielen. Er ersinnt für Bertha das Märchen »Hans Bär«, versucht sich am Prosastück »Celeste«, wo eine Liebe junger Menschen von widerlichen Raubtieren, nicht von edlen Löwen oder Panthern, nein, von ekligen Hyänen bedroht wird. Er schreibt ihr Brief um Brief und schließlich noch Gedicht um Gedicht.

Dann ist es soweit, endlich.

Im Oktober 1842 – Storm steckt mitten im Abschlußexamen und müßte eigentlich anderes im Kopf haben – bittet er, soeben sechsundzwanzig geworden, um die Hand der Siebzehnjährigen. Sie reagiert altklug erstaunt: »Vieles in mir hat sich verändert, du kennst mich nicht mehr ganz, sonst hättest du mir nicht so geschrieben!«

Ein eisiger Guß auf Storms lodernde Leidenschaft. Er hatte seine erste Liebe Emma schlimm enttäuscht. Nun enttäuscht ihn selbst seine zweite noch schlimmer.

Storm leidet so heftig, wie er zuvor heftig geliebt hatte. Und Liebe wie Leid gehen in seine Gedichte ein. Der Mann durchschreitet seine erste kleine Hölle. Der Dichter kennt den Ausweg: seine Kunst. Und der Lyriker Storm, groß darin, Gefühle in die einzig angemessene Form zu bringen, reift weiter.

Rund vierzig Gedichte aus dieser ersten frühen Zeit finden sich in einem Buch wieder, das 1842 in der Kieler Schwers'schen Buchhandlung erscheint. Storms erste Buchveröffentlichung nach einigen Abdrucken zuvor in literarischen Magazinen, und es ist ein schöner Band mit einem schönen Titel, »Liederbuch dreier Freunde«.

Die beiden anderen Freunde sind die beiden Mommsens, und Theodor Mommsen, der gleich auch die Redaktion übernimmt (und dabei recht großzügig mit dem geistigen Eigentum anderer, speziell dem von Storm umgeht und manches seiner Gedichte als sein eigenes ausgibt), hat gleich noch eine andere Idee. Er will Sagen und Märchen der Schleswig-Holsteiner sammeln. Ob der Herr Storm da vielleicht mittun wolle?

Und ob Storm da mittut! Wer kennte sich besser aus als er, von der »Tonne«, von Lena Wies her? Schon vergräbt er sich in Erinnerungen an seine Kinderzeit und deren Geschichten. Schon fängt seine eifrige Suche an ...

Aber eigentlich ist Studiosus Storm nicht nach Kiel gekommen, um Gedichte zu schreiben, das Kind Bertha zu umwerben und Sagen zu sammeln. Eigentlich soll er Jura studieren, um irgendwann Anwalt zu sein.

So hat es der Vater gewollt. So finanziert er es ihm. Und wird allmählich ungeduldig: Wie lange soll denn noch dieses nicht endende Studium dauern? Elf Semester zieht es sich schon hin. Und der Sohn scheint noch immer keine besondere Eile zu haben.

Aus späterer Sicht kommt man zum Schluß, in diesen Kieler Jahren hätte Storm zu dem Lebensstil gefunden, der am meisten zu ihm paßt. Unbelastet von allzu viel grauer Realität, vergnügte Gesellschaft Gleichgesinnter, Anregung, Austausch genug und Poesie als eigentlicher Lebenssinn.

Doch auch so etwas braucht leider Geld.

Von Husum her drängt der Vater. Der Sohn macht endlich sein Examen. Eher mittelmäßig von »gut« bis »größtenteils gut«. Keine Glanzleistung, aber es mag immerhin angehen. Doch auch jetzt scheint ihn nichts ins heimatliche Husum zurückzuziehen.

Schlechtes Gewissen spielt mit. Denn Storm, dieser solide Bürgersproß, hat Schulden. Auch er hat einem studentischen Laster dieser Zeit nicht widerstehen können, hat beim Glücksspiel mitgemacht – und kräftig verloren. Der Vater in Husum stöhnt auf. Was soll nur aus diesem Ältesten werden! Schon jetzt verlottert, verkommen. Vielleicht, daß ihm noch Husum hilft, das Leben in der Vaterstadt, auf dem Mutterboden.

Die Sache mit dem Schulden kommt in Ordnung. Storm zahlt sie – kein schlechter Ansporn seines beruflichen Eifers! – in seinen ersten Advokatenjahren zurück. Zunächst greift Großmutter Woldsen in den wohlbestückten Pompadour. Danach gibt es keine Ausreden mehr.

Jetzt geht es zurück nach Husum. Storm starrt in die graue Winterlandschaft hinaus. Und er seufzt aus wundem Herzen seinen Abschiedsgruß: »Wie reich war ich in Kiel!«

4. Mit Husum leben

> »Es lebt hier keiner,
> dessen Gesellschaft
> mir lieber wäre
> als meine Einsamkeit.«
>
> *Theodor Storm*

Woldsen Storm, Advokat

Husum hat seinen Storm wieder und Storm sein Husum. Und in der ersten Zeit nach seiner Rückkehr dürfte er sich die Augen gerieben, sich wie ein anderer, gleichsam »umgekehrter« Rip van Winkle gefühlt haben.

Der hatte gemeint, nur ein paar Minuten geschlafen zu haben, aber es waren sieben volle Jahre gewesen, und die ganz Welt rundum hatte sich gründlichst verändert. Storm war alles in allem, kurze Husum-Visiten eingeschlossen, acht Jahre fort gewesen, doch nicht viel, eigentlich gar nichts ist anders geworden.

Noch immer alles grau. Noch immer schwarze Häuser in engen Gassen. Und sehr viel anders als früher sind auch die Menschen nicht.

Etwas reger als früher geht es zwar zu. Pläne kommen auf, der Hafen soll entschlickt, die Stadt ans rasant wachsende Eisenbahnnetz angeschlossen werden. Das gesellschaftliche Leben jedoch folgt weiterhin dem alten Trott.

Storm seufzt und fügt sich.

Anfang März 1843 entnehmen die Husumer ihrem Wochenblatt: »Meine Wohnung ist bei dem Agenten Schmidt in der Großstraße.« Dort erwartet der nunmehr königlich bestallte Advokat Woldsen Storm seine Klientel.

Woldsen, nicht Theodor. Der war bei der Namensgebung den Eltern hineingerutscht, weil er »so zierlich« klang. Storm behält diesen »Theodor« dem Dichter vor, der Name verweist auf das Besondere, Aparte an ihm. Der Advokat heißt norddeutsch knochentrocken »Woldsen«.

Fast ist es, als reiße Storm sich auseinander. Hier der Künstler, dort der Bürger. Und der heißt fürs erste, bis ins Jahr 1853 hinein, Woldsen Storm. Erst dann kehrt Storm zum »Theodor« zurück.

Die Wohnung in der Großstraße, gerade zwei Zimmer, von denen das eine als Praxis dient, ist schön verwinkelt und verdichtet sich nach Einbruch der Dämmerung zur wahren Geisterbude, wo die Nacht »mit tausend Zungen« zu ihm spricht. Da knackt und kracht es in allen Winkeln, gelegentlich stöhnt es laut auf, während draußen der Sturm heult und drinnen der Teekessel summt.

Mieter Storm mag es recht gern so.

Er ist hier nicht allein. Eine Haushälterin betreut ihn, Christine Brick, vertraulich »Tante Brick« genannt, alte Freundin der Familie: »Sie bedurfte jemandes, für den sie hätte arbeiten und sorgen können. Bei dem Mangel näher Befreundeter kam dieser löbliche Trieb ihren jeweiligen Mietern zugute, und auch ich habe manche Freundlichkeit und Aufmerksamkeit von ihr erfahren«, heißt es in der ersten Storm-Erzählung »Marthe und ihre Uhr«, deren Titelheldin recht getreulich der »Tante Brick« nachgeformt ist. Auch in der Anwaltspraxis steht eine Hilfskraft bereit, der Schreiber Peter Solt.

Anwalt Storm etabliert sich.

Anfangs war wohl gedacht, Storm solle in der Kanzlei des Vaters eine Art Juniorrolle übernehmen. Warum das nicht gutgeht, verrät eine eigentlich positive Äußerung Storms in einem Brief an Freund Mommsen, wo er mit einiger Genugtuung meldet: »Meine schriftlichen Arbeiten findet mein Papa nicht selten ganz vortrefflich.«

Schon das bei Storm nicht häufige Wort »Papa« hat in seiner gravitätischen Strenge seinen eigenen Klang. Man sieht geradezu den alten Storm auf Zehenspitzen die Schreibstube betreten, wo der Sohn über eine Arbeit gebeugt sitzt, sieht ihn mit leicht krauser Stirn nach den juristischen Ergüssen des arbeitsamen Filius langen, sie kritisch-skeptisch studieren, dann endlich, ganz der korrigierende, zensierende Oberlehrer, mit leichtem Kopfnicken akzeptieren: Sehr ordentlich, mein Sohn!

Der Sohn duckt sich in errötendem Stolz, begehrt zugleich aber auf gegen die väterliche Schulmeisterei. Er braucht keinen, der ihm Zensuren gibt. Schon gar nicht den eigenen ungeliebten Vater.

Der Vater, nicht ganz so unsensibel, wie ihn der Sohn zuweilen stempelt, mag das als erster spüren und wirft den Sohn freundschaftlich-familiär hinaus. Er soll sich an einer eigenen Praxis die Zähne ausbeißen, auf eigenen Füßen stehen, allenfalls mit kleiner väterlicher Hilfestellung im Hintergrund. Und durchaus lobend meldet Storm senior später dem alten Freund Esmarch in Segeberg: »Er ist sehr gescheit und arbeitstüchtig, und wenn er mit Anstrengung darangeht, kann ihm, wenn ich noch ein paar Jahre lebe, die gesicherte Existenz nicht fehlen ...«

Auch der Sohn selber, einem bequem abgesicherten Leben mit kleinem Luxus keineswegs abgeneigt, scheint ganz zufrieden. Er überarbeitet sich nicht, sitzt in seiner Praxis, fährt auch schon mal zu Außenterminen nach Lunden oder Bredstedt hinaus. Er kann gut mit den Leuten hier, spricht ihre Sprache, beeindruckt durch Fachkenntnis und gedankliche Logik, gewinnt zunehmend an Stammkundschaft und Ansehen. Dazwischen steht er schon mal auf, reckt sich ein wenig, holt tief Atem.

Dann geht er zwischen Klientengesprächen und Aktenstudium in den Garten hinaus, hört dort die Spreen pfeifen, trinkt einen Tee und freut sich, wenn mal ein Bekannter vorbeischaut. Nur so, ihn mit einem kleinen Plausch, etwas Geschwätz aus der Nachbarschaft von der drögen Arbeit abzuhalten.

Das reine Idyll, ein solches Anwaltsleben in Husum. So jedenfalls sieht er es später selber, als er in Potsdam im preußischen Frondienst steht. Zunächst dürfte ihn die Monotonie des Advokatenalltags – was passiert schon groß hier in Husum? Erbschaftsstreitigkeiten sind noch die aufregendsten Fälle – recht hart angekommen sein. Aber da gibt es ja noch Husums gesellschaftliches Leben.

Denn die Husumer starren nicht nur in trister Schicksalsergebenheit den ganzen Tag ins Nebelgrau dort draußen hinaus und ergeben sich düsterer Spökenkiekerei. Sie wissen sehr wohl ihre Feste zu feiern und nicht nur einmal im Jahr ihren Ball im Rathaus. Es ist eigentlich ständig was los. Ein kleines Fest hier, ein Essen dort, nach Tanz und Souper noch eine Partie Whist oder ein anderes Glücksspiel. Der Herr Woldsen Storm ist überall dabei. Er ist charmant, gescheit, hat gute Umgangsformen, kann ein glänzender Unterhalter sein. Er kommt aus guter Familie, alle anderen Husumer »guten Familien« öffnen sich ihm wie von selbst. Nicht zuletzt: Er ist Junggeselle, und heiratsfähige Töchter finden sich in fast jedem »besseren« Haus. Allein das macht den jungen Anwalt zum begehrten Gast.

Findet aber einen Abend lang nichts statt, gibt es noch immer und nicht weit von Storms Wohnung entfernt das Wernersche Haus in der Großstraße 18 und dort wiederum die renommierte Weinstube des Herrn Werner.

Storm sitzt dort oft, fast zu oft. Er trinkt viel, vielleicht etwas sehr viel. Nie Bier, das er seit Kieler Tagen als dick und dumm machendes Pöbelgesöff verabscheut. Aber Wein, besonders Bordeaux, hell, sehr süß, »honigsüß« am besten, da sein empfindlicher Magen Säure nur schlecht verträgt, geht ihm glatt und flüssig die Kehle hinunter. Allzu flüssig.

Alkoholismus ist seit je her ein Problem an der Westküste. Die Nächte, die im Winter kein Ende nehmen wollen, das harte Reizklima, die ständige Nähe der Mordsee Nordsee mit ihren drohenden Stürmen und Fluten brauchen ihr Gegengewicht. Der Griff zu Glas und Flasche liegt nahe, und daß in »Immensee« der bürgerlich-kerngesunde, so tüchtige und grundsolide Gegenspieler des Künstlers Reinhard ausgerechnet ein Schnapsbrenner ist, also Lieferant der nordfriesischen Volksseuche und ihr Profiteur, gehört zur geheimen Ironie der ersten großen Storm-Novelle.

Bei Storm kommt noch etwas anderes hinzu. Diese angeblichen Polen in seiner Westermühler Ahnenreihe. Ihre angebliche Trinklust. Wohl regelrechte Alkoholiker, und so was, heißt es, vererbt sich weiter.

Um den Vater scheint die Sucht einen Bogen gemacht zu haben. Aber vielleicht ereilt sie nun den Sohn. Doch Storm kann der Gefahr noch einmal entkommen. Er mag den Wein, er mag Punsch, aber beides in Maßen, und sein Lieblingsgetränk wird endlich, kein Wunder in Husum, der Tee, wie ihn nur der Friese brauen kann, schön mit Sahne und Kandis, um den berüchtigt schlechten Geschmack des nordfriesischen Wassers zu überdecken.

War aber Storm je in Gefahr, Alkoholiker zu werden, so nie so sehr wie in diesen ersten Husumer Jahren. Denn hinter kommoder Fassade ist der junge Mann kreuzunglücklich. Wo sind Freunde, Gesprächspartner, die geistig Gleichstehenden? Wo bleibt der freundschaftlich kritisch Gedankenaustausch aus den Tagen von Kiel? »Ich habe rechte Sehnsucht, Sie wiederzusehen«, schreibt er an Mommsen, es klingt wie ein Hilfeschrei. Und, schwankend zwischen Hochmut und Verzweiflung: »Es lebt hier keiner, dessen Gesellschaft mir lieber wäre als meine Einsamkeit ...«

Also noble Isolation, stoisches Einzelgängertum. Storm kokettiert zuweilen ganz gern damit. Aber gerade dafür, einer der vielen Widersprüche in seinem Leben, ist er nicht geschaffen. Ein Individualist, doch immer auch das Familientier, der Gesellschaftsmensch. Er braucht die anderen, braucht Kommunikation. Und jetzt in Husum will er sie nahezu erzwingen.

Er sucht Freunde. Er findet welche. Ungefähr gleichaltrig, mit ähnlichem Beruf. Einen Kollegen, einen Arzt, einen Philologen. Für kurze Zeit, so ab 1848, taucht sogar Tycho Mommsen auf als Lehrer an der Gelehrtenschule, ist aber gleich wieder, wie die meisten anderen, verschwunden.

Festen Bestand über die Jahre hinweg hat die Beziehung zum Amtssekretär Hartmuth Brinkmann, am ehesten ein echter Freund im Husumer Kreis, zumal beide in dasselbe Mädchen verliebt sind, eine gewisse Laura und später Brinkmanns Frau, wobei der edel verzichtende Storm bei

Brinkmanns Werben um das sozial höher gestellte Mädchen seine kleinen Kuppelverdienste gehabt haben soll.

Kleinstadt-Klatsch. Husumer Zeitvertreib. Storm gähnt. Doch wozu ist er Künstler, hat seine kreative Phantasie?

Fast scheint es, als wolle er nun sein eigenes Husum schaffen, und wenn er später mal in seinen »ausländischen« Jahren trotzig verkündet: »Wenn ich nicht in Husum sein kann, will ich nur in Heiligenstadt sein«, könnte jetzt seine Losung heißen: »Da ich nun mal in Husum bin, kann es wenigstens etwas wie Kiel oder Lübeck sein.«

Auch das so ein Motiv in seiner Lebensmelodie: Wie sich dieser Mann immer wieder für sein Leben, sein ganzes Dasein eine Art ausgeklügelte Szenerie zu bauen scheint mit dem Hauch Künstlichkeit darüber. Hier in Husum, später in Potsdam, Heiligenstadt, wieder in Husum und schließlich in Hademarschen.

Stormsche Lebenskulissen, von ihm selber aufgestellt. Ähnlich wie in seinen Novellen, wo er dann auf Raum- und Ortsbeschreibungen, auf die minutiösen Rekonstruktionen von Details ungeheuer viel Liebe und schnörkelige Akribie verwendet. Oft hat man da den Eindruck, hier beuge sich zunächst mal ein Regisseur voll Entzücken über seine Bühnenbildmodelle – oder ein Kind über sein Spielzeug. Danach kann das Spiel beginnen.

Erst einmal aber scheint ihm ganz Husum, das gesamte Treiben dort ein einziger Spielplatz zu sein. Wie ein Wirbelwind fährt er darüber hin, sprühend von Einfällen und Anregungen. Kein Fest, für das er nicht irgendeine Idee hat. Immer noch mal ein Entwurf für eine Pantomime oder Maskerade aus seiner Hand – Storm, könnte man meinen, entwickelt den Ehrgeiz, eine Art Husumer Arbiter elegantiarum zu werden, der Schiedsrichter nordfriesischer Eleganz. Und er bringt Musik in die Stadt.

1843 gründet er den »Singverein«, und kichernd drängen sich die jungen Sänger und Sängerinnen aus Husums »besseren Kreisen« heran, wohl nicht gewillt, hierin etwas anderes als einen leidlich spaßigen Zeitvertreib zu sehen. Doch Chordirektor Storm hat in Lübeck und Kiel unter tüchtigen Chorleitern gearbeitet, hatte an der Königlichen Oper zu Berlin den dortigen Herrn und Meister Maestro Caspare Spontini seinen knüppeldicken Taktstock aus schwarzem Ebenholz schwingen sehen, den allerersten »Generalmusikdirektor« der deutschen Musikgeschichte.

Ganz so martialisch wie dieser Berserker gibt sich Storm nicht, doch ein Despot kann auch er sein, einer mit hohem Anspruch. Er bringt Schubert, Schumann, Mendelssohn-Bartholdy, neueste Musik mit etwas heiter erquickendem Lortzing dazwischen, und ein erster Höhepunkt ist die gelungene Aufführung von Mozarts »Requiem«. Viel Streit gibt es dagegen mit der Pfarrschaft der Marienkirche, als die frommen Herren ihr Gotteshaus nicht als Konzertsaal zur Verfügung stellen. Und ein absoluter Tiefpunkt wird erreicht, als einmal eine eigene Storm-Komposition erklingt, ein schön heimatlich-maritimer »Nixenchor«.

Der tönt von der Treppe des Husumer Schlosses herab, und der sich daran ergötzen soll, ist immerhin Dänemarks auf Besuch in Husum weilende Majestät. Der Chor trifft aber den Einsatz nicht und singt so schauerlich daneben, daß sich Chorleiter Storm mit Grausen wendet und durch die Hintertür ins Weite flüchtet.

Meist ist er aber zur Stelle. Lobend, tadelnd. Auch mal tobend. Und die Sängerinnen und Sänger staunen den furiosen jungen Herrn dort an. Eine Sängerin besonders.

Sie heißt Dorothea Jensen, ist Tochter eines Senators. Nicht eigentlich hübsch mit ihrem immer etwas wirren aschblonden Haar und den grauen Augen. Aber sie hat was: eine gewisse Unruhe, ein leises Flackern im Blick, das auf ein zerrissenes, spannungsreiches und in jedem Fall hochattraktives Innenleben schließen läßt.

Dieser Blick mustert nun den Chordirektor Storm. Er erwidert ihn nicht. Noch heißt – nach der Enttäuschung mit Bertha – seine ganze Leidenschaft Musik.

Dann aber sind die Chorstunden vorbei. Es wird still. Storm ist allein. Und die graue Stadt wirkt doppelt grau.

Nein, er wird es nicht ändern. Nie wird es ein anderes Kiel und Lübeck sein. Nie öffnet hier ein Konsul Nölting seinen Salon, und Dichter wie Heine, Eichendorff, selbst einen Emanuel Geibel sieht man hier in Husum allenfalls in Buchform. Alles nur Maskerade, Schein, ein paar schöne Klänge lang. Schon verwehen sie zwischen Möwenschrei und Sturmgebraus der Nordsee.

Storm versenkt sich in Bücher. Heißhungrig liest er alles, was ihm vor die Augen kommt, Mittelalterliches, Altes, Neues, immer wieder Heine, Mörike, Eichendorff, auch schon mal Hebbel, dessen Lyrik er hellsichtig höher schätzt als seine schwerfälligen Dramen.

Hier in diesen stillen Lesestunden im Spukhaus an der Großstraße – und nicht bei Husumer Teegesellschaften und Chorstunden – stößt Storm auf seinen wahren Freundeskreis im Geiste. Hier ist er für kurze Dauer nicht allein.

Dann klappt er den Band zu, sieht hoch, horcht in die Stille hinein. Nun müßte man einen haben, mit dem man sich über das Gelesene unterhalten kann. Aber wo solche Partner hier in Husum finden?

Storm bricht auf. Nach Husum. Nicht in die reale »graue Stadt« dort draußen vor den Fenstern. Sein Ziel ist das »heimliche« Husum, die Stadt der Märchen, Sagen, Gespenster. Das Husum der »Tonne« und der Lena Wies.

Hier geht er nun wieder auf die Suche. Denn mit Storms Rückkehr nach Husum war Theodor Mommsens Kieler Plan einer Schleswig-Holsteiner Märchen- und Sagensammlung nicht begraben worden. Ein hochpolitischer Plan übrigens, jedenfalls für den hochpolitischen Mommsen. Denn um diese Zeit knackt es erheblich im Gebälk des immer brüchiger werdenden dänischen Gesamtstaates, und immer nachdrücklicher fragen sich die deutschen Minderheiten in Schleswig und Holstein, wer sie denn nun seien und wohin sie gehörten. Der Blick zurück in die Vergangenheit und dort ins Gestrüpp märchenhaft überhöhter Überlieferung kann darauf eine Antwort geben.

Auch für den zu dieser Zeit noch ganz unpolitischen Storm ist die Sammelarbeit ein »back to the roots«. Allerdings weniger zu seinen politisch-historischen als den ureigenen Husumer Wurzeln. Der smarte junge Rechtsanwalt wird wieder zum »Jungen aus der Tonne«, der sich atemlos vor Spannung von Spuk und Gesichten erzählt.

Er korrespondiert mit C. P. Hansen, einem Küster auf Sylt. Er macht ein altes Weiblein aus, »halbverrückt« in einem der Husumer Hinterhäuser, und der feine Herr Advokat ist sich nicht zu fein, zu der alten Vettel in einen zimmerartigen Verschlag zu steigen und im Schein einer trübe flackernden Tranfunzel ihren Geschichten zuzuhören, während das Spinnrad schnurrt und in einer Ecke der Kater der alten Hexe schnarcht.

Dann wieder geht er geht zum Schloß hinauf, steht im »Margarethensaal«. Wie prächtig war der mal, damals in seiner Kindheit mit seinem blauen und weißen Marmor! Jetzt wurde eine kahl-karge Reithalle daraus. Nicht einmal Gemälde an den Wänden. Die Erinnerung muß nachhelfen.

Hier hatte mal das Porträt gehangen, das bei schärferem Hinsehen schamhaft errötet war. Hier hing auch, »genau wie es in der Sage angegeben, schwarz in königlichem Schmuck«, das Bild der größten aller Dänenherrscherinnen, der »Schwarzen Margarethe« und »Semiramis des Nordens«, die im 14. Jahrhundert schon ganz Skandinavien unter ihrem Szepter vereint sah, bevor sie ziemlich elendig 1412 in Flensburg an der Pest zugrunde ging.

Beide Bilder waren nach Kopenhagen geschafft worden, aber die »Swatte Gret« trieb sich immer noch herum, als Gespenst und Geisterreiterin am nächtlichen Himmelszelt, wo sie den König Abel treffen mochte, einen anderen Geisterherrscher mitsamt seiner wilden, verwegenen Jagd.

Das alles schreibt Storm nieder, und einmal kommt der Vater dazu, der Sohn reicht ihm das Blatt Papier. Diesmal allerdings findet Storm keinen kritisch-wohlwollenden Begutachter wie bei seinen Amtsschreiben. Der Vater schlägt nur die Hände über dem Kopf zusammen, will vom ganzen Sagenkram nichts hören und nichts von irgendwelcher Dichterei, wo doch der Sohn gerade so gut auf den richtigen Weg gefunden hat.

Storm läßt sich nicht beirren.

Paket um Paket voller Manuskripte gehen zu Mommsen nach Kiel ab. Der liest, nickt, ist zufrieden. Wo aber denn, bitte, nur die eine Geschichte bliebe, von der Storm mal gesprochen hat, diese Sage vom Deichgrafen, der in einem Sturm unterging und nun als gespenstischer Warner vor neuer Sturmflut nachts über Frieslands Deiche sprengt? Die dürfe auf gar keinen Fall fehlen.

Diese Geschichte hat Storm irgendwann gelesen und zermartert sich nun das Hirn, wo das denn wohl gewesen sein könne. In irgendeinem Wochenblatt.

Dort stand sie tatsächlich. Und zwar anno 1838 in »Pappes Hamburger Lesefrüchten«, einer Art Digest mit Beiträgen aus verschiedenen anderen Publikationen. Auch diese Publikation wird ausgemacht, allerdings erst um die Mitte des 20. Jahrhunderts. Es ist das Magazin »Danziger Dampfboot«, wo sich eine Geschichte mit dem Titel »Der gespenstige Reiter« findet.

»Da plötzlich höre ich dicht hinter mir das rasche Trappeln eines Pferdes, und freudig, in dem Wahne, einen Gesellschafter nahe zu haben, blicke ich mich erwartungsvoll um und sehe – Nichts …«

Nein, das ist nicht der Stormsche »Schimmelreiter«. Mit diesen Sätzen fängt eben jene andere Erzählung eines unbekannten Verfassers an, und warum sich Storm nur wenige Jahre später nicht mehr an die Quelle erinnert, den Text aber über vierzig Jahre später so deutlich im Gedächtnis hat, daß sich dessen Stilhaltung bis in Einzelheiten auf die seine im »Schimmelreiter« überträgt (»Jetzt aber kam auf dem Deiche etwas gegen mich heran …«), bleibt ein nie gelöstes Rätsel.

Es gibt noch eine weitere Pointe.

Denn diese so ungemein norddeutsch »heimathlich« anmutende Mär von einem geheimnisvollen Reiter, worin eigentlich alles steckt, was das Leben an der Nordsee und den immerwährenden Kampf gegen den Blanken Hans ausmacht – gerade sie hat mit dem Friesenland und seiner Deichbau-Geschichte nichts zu tun. Sie stammt von der Weichsel.

Storm hat also mehr recht, als er selber ahnen dürfte, wenn er schließlich resignierend Mommsen schreibt: »Der Schimmelreiter, so sehr er auch als Deichsage seinem ganzen Charakter nach hierher paßt, gehört leider nicht zu unserem Vaterland ...«

Die ganze Suche nach dem »Schimmelreiter« – interessant immerhin, daß schon jetzt Storm dieses Wort gebraucht, das im Danziger Original nicht vorkommt – endet ebenso im Desaster wie die anfangs noch so schwungvoll in Angriff genommene Märchen- und Sagensammelei.

Dabei läuft alles gut und vielversprechend an.

Schon erscheinen erste Kostproben im Volksbuch des Friedrichstädter Pastors Karl Biernatzki. Mommsen und Storm erörtern bereits die Wahl eines Illustrators der geplanten Buchausgabe, und Storm schlägt den Berliner Zeichner Wilhelm Kaulbach vor: »Denken Sie sich einmal von ihm König Abels wilde Jagd ...« Und sie rufen zu weiterer Mitarbeit auf.

Es meldet sich aus Kiel ein gewisser Karl Müllenhoff, Germanist und geborener Dithmarscher. Der hatte die Absicht der beiden Sammler, möglichst dicht an die Originale heranzukommen und sie von allem dichterischen Zierrat zu säubern, etwas zu wörtlich genommen und zuckt bald mit den Achseln über den nicht sehr wissenschaftlichen Eifer der fröhlichen Dilettanten Mommsen und Storm.

So also, meine Herren, geht es nun nicht! Wiedergegebene Volkssagen und -märchen dürfen nicht halbe Dichtung sein! Schon kommt es zu heftigen Spannungen und Kränkungen auf beiden Seiten.

Mommsen, im Herzen schon mehr auf seinen Frankreich- und Italienreisen, die er nach seinem Studium antreten will, resigniert rasch. Storm will anfangs – ausgerechnet von einem Dithmarscher muß man sich so was als Husumer bieten lassen! – wütend aufbegehren. Mommsen beschwichtigt: Er soll sein restliches Material diesem Müllenhoff überlassen und damit gut!

So geschieht es schließlich auch.

1845, wieder in der Schwers'schen Buchhandlung, erscheint das Buch, nach dem »Liederbuch dreier Freunde« sozusagen ein »Märchenbuch dreier Feinde«. Storm wird dort kaum, Mommsen gar nicht erwähnt, und ein »Schimmelreiter«-Anklang findet sich gerade noch in der Fußnote zu der von Storm gelieferten Sage vom Sylter »Dünenmann«, wo ebenso wie im »Gespenstigen Reiter« einer warnend und gespenstisch zwischen den Dünen herumgeistert.

Die Fußnote lautet: »In Lauenburg: Ein Deichgraf reitet den Deich an der Elbe entlang, um nachzusehen. Man zwingt ihn in die Fluthen hinein zu reiten. Seitdem sieht man ihn allnächtlich auf seinem weißen Pferd ...«

So verhallt denn fürs erste der Hufschlag der später berühmtesten Stormschen Dichterschöpfung irgendwo in der Ferne, und ein weiter Weg wird es noch bis zum »Schimmelreiter«-Dichter sein. Vorerst ist Storm, auf den ersten Blick, ganz der Anwalt Woldsen.

Er hat Husum und Husum hat ihn angenommen. Er ist, gesellschaftlich wie beruflich, ein Teil der Stadt geworden, ihr angesehener Mitbürger. Zufrieden können die Eltern auf ihren Ältesten sehen, wenn er sich in der Hohlen Gasse wie fast jeden Tag zum Mittagessen oder spätestens zum Nachmittagstee einstellt.

Daß er leicht kränkelt, oft – und nicht nur nach zu häufigen Besuchen in der Weinstube Werner – einen fatalen Magendruck spürt, schon in viel zu jungen Jahren anfällig für rheumatische Schmerzen sowie für alle nur mögliche Erkältungen ist, dürfte ihnen nicht viel zu denken gegeben haben. Damals schloß man noch nicht vom physischen aufs psychische Befinden.

Es geht ihm doch gut. Was will er noch? Zumal er 1845 – der Vater macht's mal wieder möglich – in ein schöneres, größeres Haus umziehen darf, wo es nachts nicht in jeder Ecke knarrt und kracht und »von Zeit zu Zeit ... ein schwerer Seufzer zu Boden« fällt.

Auch dieser Umzug in die Neustadt 56 ist eigentlich eine Rückkehr. Denn hier hat Storm gleich nach seiner Geburt gelebt, bevor es hinüber ging ins Haus der Großmutter in der Hohlen Gasse.

Der Vater hatte es damals an einen Christian Friedrich Salchow vermietet, den Deichinspektor des nördlichen Deichdistrikts und einen ziemlich üblen Burschen dazu, der allerdings einige wesentliche Neuerungen in der Deichtechnik einführt und damit seinen guten Rang in der nordfriesischen Deichgeschichte hat.

Storm benutzt diesen schweren Alkoholiker gleich zweimal als Modell. Einmal deutlich und eingestanden im schon erwähnten »Herrn Etatsrat« von 1885 und dann, verschleierter, mehr an seiner Leistung als Deichkonstrukteur als an seinem Privatleben orientiert, als eines von sehr vielen möglichen Vorbildern für seinen »Schimmelreiter« Hauke Haien.

Fürs erste wohnt er aber in Salchows Haus, inmitten schöner Möbel, die ihm die sorgenden Eltern aus ihren eigenen Beständen spendiert haben, und hat endlich alles für eine solide bürgerliche Existenz. Haus und Beruf. Nur etwas fehlt.

Eine Frau.

Nein, *die* Frau. Darunter tut es ein Storm nicht. Seine Frau soll alles sein: Ehefrau, Seelenfreundin, Geliebte und gleich auch noch der geistig ebenbürtige – oder wenigstens fast ebenbürtige – Gesprächspartner, das gleichwertige intellektuelle Gegenüber.

Er geht auf die Suche.

Wir Männer sind nun einmal so

Storm ist ein homme à femme. Kein Frauenverführer im Sinn eines Don Giovanni, kein Frauenbeglücker wie Casanova, aber ein Frauenmann. Einer, der Frauen liebt und Frauen braucht, gleichermaßen zur Stillung seiner sexuellen Leidenschaft wie zur Erlösung von allen inneren Spannungen, Ängsten und Widersprüchen.

Fast seltsam, daß sich in dieser Hinsicht in Storms ersten zweieinhalb Lebensjahrzehnten eher wenig tut. Die Liebe zum Schwesterchen, nun ja. Die beiden gescheiterten Verlobungen, nun gut. Der eine oder andere Traum wie der von der fernen Schönen im Gartenhaus bei Kiel. Aber kein fesches Küchenmädel in Lübeck oder Kiel? Nirgendwo eine kecke, kleine Bürgermaid? Oder gar, in Berlin vielleicht, das Abtauchen in irgendeine Lasterhöhle bei Champagner und raschelnd zu Boden gleitenden Dessous?

Man kann Rückschlüsse aus Storms späterer Furcht vor einem Rückenmarksleiden als Folge einer angeblichen Geschlechtskrankheit während seiner Studentenzeit ziehen, doch Genaueres ist nicht überliefert.

Nun aber Husum. Man hat auch dort ein Geschlechtsleben. Und die Herren mit ihren breiten Leibern und roten Gesichtern sitzen beim sonntäglichen Morgentrunk, reden ebenso ausführlich wie drastisch über alle geschlechtlichen Freuden der Ehe.

Anwalt Storm wendet sich ab.

Etwas prüde, der junge Herr. So direkt mag er es nun mal nicht. Hier nicht in Husum und auch später nicht in Berlin, wo es einmal bei einer frivolen Bemerkung Fontanes in Gegenwart seiner Frau fast zum Bruch mit dem Freund kommt. Dabei hatte der nur kichernd gemeint, ein Frauenschoß sei nicht für Tränen, sondern eigentlich für anderes da.

Nein, er ist nicht engherzig. Aber Liebe ist doch noch etwas anderes. Nichts Rohes und Ordinäres. Und die Liebe in der Ehe muß sowieso etwas ganz Besonderes sein. Jedenfalls in seiner eigenen Ehe.

Er zieht den Rock stramm. Storm auf Brautschau. Aber wer paßt zu ihm? Welches weibliche Wesen fügt sich ins Bild seiner sorglich hergerichteten kleinen Welt, daß er dort mit ihm sein künftiges Leben verbringen könnte?

Weihnacht ist wieder mal da, festlich strahlender Höhepunkt auch im Jahr 1843. Im Stormschen Elternhaus ist alles wie früher mit dem Duft nach Punsch und braunem Kuchen, mit dem Lichterglanz am Weihnachtsbaum und den Kinderstimmen irgendwo, die ihre Weihnachtslieder singen.

Auch Storm ist gekommen, und ein junges Mädchen ist gleichfalls Gast. Kusine Constanze aus Segeberg, achtzehn Jahre alt, die Älteste von Tante Elsabe und Onkel Ernst. Hübsch, groß, dunkel. Der Vetter hatte die Kusine kaum wiedererkannt.

Wie war es doch in gemeinsamen Kindertagen zugegangen! Da hatten sie in der Tonne gehockt und waren zum Dachfirst hinaufgeklettert, unvergeßlich. Jetzt steht eine junge Dame vor ihm. Es wird ein schönes Wiedersehen. Ein schöner Abend ist es auch. Eigentlich. Doch sieht er plötzlich Tränen in den Augen des Mädchens. Er spürt: Constanze hat Heimweh. Ein vertrautes Gefühl. Und einfühlsam schreibt er ihr später einmal: »Weißt du, mein liebes, einziges Kind, noch, als du am Weihnachtsabend weintest vor Heimweh. Von da an schlossen wir uns aneinander, deine Heimat ward an meinem Herzen ...«

Zu diesem Zeitpunkt, im August 1845, sind Constanze und Vetter Theodor schon über anderthalb Jahre verlobt. Eine lange, eigentlich zu lange Zeit, nachdem zunächst alles sehr schnell und, wie einst bei Emma Kühl, fast zu schnell gegangen war.

Schon im Januar 1844 – listig hatte er Constanzes Rückkehr nach Segeberg um etliche Wochen hinauszögern können – bat Storm um ihre Hand. Er sucht, er braucht eben die Gefährtin, doch zugleich schmerzt noch die Seelenwunde nach Bertha von Buchans kühler Absage heftig. Gute Gründe also für eine baldige Verlobung, wenigstens für Storm. Aber durch die Häuser Storm und Esmarch geht ein heftiges Raunen.

Vor allem Vater Storm räuspert sich ausführlich. Er hat etwas gegen Verwandtenehen. Die Folgen der Inzucht sieht man gerade in Husum deutlich genug. Und nun hatten mal die Woldsen-Mädchen Lucie und Elsabe Verstand gezeigt, waren ausgebrochen aus dem Kreis ewiger Vetter/Kusinen-Verheiratungen, hatten nicht einen Vetter um die Ecke, sondern kernige Kerle aus Kiel und Westermühlen zum Mann genommen und damit endlich für frisches Blut gesorgt. Da soll nun gleich in der nächsten Generation mit dem alten Übel fortgefahren werden?

Johann Kasimir Storm schüttelt entschieden den Kopf.

Sein Sohn! Nicht übel, der Junge, gewiß nicht – die erwähnten lobenden Worte des Vaters über ihn finden sich im selben Brief, in dem der alte Storm seinen Freund Esmarch über die gesamte leidige Angelegenheit unterrichtet – aber eben auch: »Im besonderen kann ich mir nicht verhehlen, daß die alleinige Bedenklichkeit in meines Sohnes Charakter liegt, der, wie ich bekennen muß, launenhaft ist …«

Die Herren sind sich einig. Sie verbieten die Ehe nicht gerade, aber sie machen doch eine anderthalb bis zwei Jahre lange Verlobungszeit zur Bedingung. Dann können sich die beiden jungen Leute noch einmal prüfen, und vor allem muß der Bräutigam sehen, noch mehr wirtschaftlichen Boden unter die Füße zu bekommen. Alles sehr vernünftig.

Storm schäumt vor Wut.

Dieser Vater! Ist denn nie seinem Krallengriff zu entkommen? Dies ist denn auch die Zeit, da seine Distanz zum »Papa« in offenen Haß umschlägt. Und er haßt die ganze

Welt, die ihm eine so lästige Institution wie die der bürgerlichen Ehe aufzwingt.

Was wäre denn diese Ehe anderes als im Grunde nur ein weiteres Marterwerkzeug der vermaledeiten Kirche und ihrer Pfaffen? Alles Fluchen gegen die elterlichen »Philister« hilft jedoch nichts. Storm, noch vom Vater wirtschaftlich abhängig, muß sich fügen.

Er fügt sich auf besondere Art.

Tief im Innern treiben ihn wohl ähnliche Zweifel um wie nach seiner ersten übereiligen Verlobung. Ist es auch jetzt richtig, sich zu binden? Und wie sieht eine solche Bindung aus, muß sie aussehen, um seinem Ideal zu entsprechen?

Denn es soll nun mal keine Ehe wie die der Eltern werden. Nicht dieses kühle Nebeneinander zweier Naturen, die zutiefst nichts voneinander wissen und auch gar nichts wissen wollen. Er will auch ganz bestimmt nicht wieder den gleichen Fehler wie nach der Verlobung mit Emma Kühl machen und den gerade beschlossenen Bund praktisch totschweigen.

Ganz im Gegenteil!

Der um Constanze werbende Storm ist mehr als beredt. Wahre Wortkaskaden ergießen sich über die Erwählte. Und ist gerade mal nicht Gelegenheit zu einem lyrisch getönten Deichspaziergang im milde besonnten Abendlicht, so ziehen Briefe hin nach Segeberg in nicht nachlassendem Strom. Die Braut bekommt allmählich mit, was es heißt, einen Dichter zum Bräutigam zu haben.

Wenn zum Beispiel ein Brief wie der vom 7. Juni 1844 mit den Worten anhebt:

> Wer je gelebt in Liebesarmen,
> Der kann im Leben nie verarmen;
> Und müsst er sterben fern, allein,
> Er fühlte noch die sel'ge Stunde,
> Wo er gelebt an ihrem Munde,
> Und noch im Tode ist sie sein.

Spätestens bei der letzten Zeile dürfte die Braut leicht erschrocken zurückgewichen sein. Schöne Verse. Starkes Gefühl. Doch warum nur immer diese Präsenz von Tod und Vergänglichkeit?

Aber so ist nun mal Storm, mit dem Tod als lebenslangem getreulichen Gefährten. Und das steht nicht einmal im Widerspruch zu seiner ausgeprägten und sehr diesseitig-leiblichen Sinnlichkeit.

Erotik zugleich Teil des Lebenskampfs gegen das unvermeidliche Ende und der Tod dabei die vielleicht höchste erotische Erfüllung – auch das sind zwei Storm-Motive, und im »Schimmelreiter« erfährt die Verbindung Elke/Hauke Haien ihre letzte Steigerung, wenn die Frau vor den Augen des Mannes ertrinkt und er sich in einem einzigen wilden Sprung hinterherstürzt.

Viel später, als Constanze gerade noch zwei Jahre zu leben hat, tadelt sie das »zu große Gewicht«, das er auf die pure Leiblichkeit legt, und erhält zur leidenschaftlichen Antwort: »Wie Tag um Tag immer mehr von dem Reste Leben, das noch zurück ist, verrinnt, möchte ich die Arme immer fester um dich schließen, aber nicht allein die Arme um den Leib. Auch deine Seele möchte ich mir so zu eigen machen, daß sie sich nur einen Teil der meinigen fühlte ...«

Wieder die Sehnsucht nach dem Idealen, dem Absoluten. Und wieder dieses brennend schmerzliche Gefühl dabei, nichts wirklich halten zu können.

Bräutigam Storm kommt es nun wenigstens so auf den Leib wie auf die Seele an, und er wird deutlich: »Hör du, du weißt, ich kann die Kleider eigentlich nicht leiden, streif' sie ab, die braune Lüge, und lass mich an deiner braunen, kühlen Brust liegen ...«

Das alles liest Constanze also, nickt geduldig. Wie gewünscht streift sie die Kleider ab, Storm liegt nun an ihrer braunen, kühlen Brust und nicht nur dort. Kühn in dieser Zeit. Mutig vor allem von Constanze, der behüteten Patriziertochter. Und schon darin zeigt sich, daß es Storm hier mit einer ganz starken, entschiedenen, notfalls alle Konventionen hinter sich lassenden Natur zu tun hat.

Aber zunächst meint wohl nur er der Unkonventionelle, der mutige Erstürmer neuer Welten zu sein, und lobt sie schulmeisterlich für »ihre vertrauensvolle, rückhaltlose Hingabe«. Denn das ist Storm in der Verbindung mit Constanze leider auch – ein ziemlich penetranter Schulmeister.

Mit säuerlich verzogenem Mund liest er die Briefe seiner Braut. Keine kleinen Kunstwerke wie die seinen, keine verhinderten Gedichte und gefühligen Essays. Eher salopp im Ton, voller orthographischer Fehler. Sprach-Ästhet Storm schüttelt sich und erteilt sogleich mal Nachhilfeunterricht.

Gute Bücher müsse sie lesen, Goethes »Wilhelm Meister« zum Beispiel. Beim nächsten Mal examiniert er, und Esmarch, Schwiegervater in spe, wird aufgefordert, der Tochter möglichst so vier, fünf Stunden am Tag einzuräumen, in denen sie sich weiterbilden könne. Denn in seinen Augen sei die Frau, wie noch die Altvordern glaubten, keineswegs ein niedriges Wesen. Sie sollte so klug, so belesen wie jeder Mann sein und sich auf Goethe wenigstens so gut verstehen wie aufs Pfannekuchenbacken.

Storm scheint sehr stolz auf diese seine fortschrittlichen Ansichten. Selbstbewußt nennt er sich ein »Kind meiner Zeit«. Aber so fortschrittlich ist diese Zeit in Sachen Rollenspiel der Geschlechter nun wieder nicht, und Storm ist keineswegs eine Art Vorreiter der Frauenbewegung.

Er will eine gebildete Frau, doch keineswegs eine emanzipierte. Allein der ganz vernünftige Gedanke, Constanze könne sich vielleicht in ihrer überlangen Verlobungszeit etwas Geld als Lehrerin verdienen, entsetzt ihn. Dafür ist der Mann da. Die Frau gehört ins Haus.

Dort aber soll sie nicht nur kochen, waschen, putzen, sondern gleich auch dem Mann eine würdige Gesprächspartnerin sein, bewundernde Teilhaberin an seinen Höhenflügen. Und ärgerlich wischt er einmal Constanzes ganz gescheite Gegenfrage hinweg, wann ihr dann noch Zeit bleiben solle, den Haushalt zu führen und die Kinder zu hüten.

Aber nur der Chauvi ist Storm wieder auch nicht und seine Vorstellung, daß zu einer Ehe auch Hingabe, Leidenschaft, ein tief empfundenes Miteinander der Eheleute gehören, durchaus neu.

»Liebe ist etwas Ideelles, Heiraten etwas Reelles« – mit dieser Regel Goethes wurde es bis weit in die Storm-Zeit hinein gehalten: Liebe fand sehr weit oben oder ziemlich tief unten statt. Ehe hatte damit nicht so viel zu tun. Sie war ein Zweckbündnis. Der Mann versorgte die Frau, und die Frau sorgte für Nachwuchs, der wiederum so was war wie eine lebende Altersversicherung. Nach diesem klassischen Muster hatte bis dahin die Familie funktioniert. Storm glaubt nicht mehr daran. Er will anderes und mehr und macht sich in den zwei Jahren Verlobung daran, so was wie das Szenarium einer Musterehe zu entwerfen.

Etwas übersteigert, leicht künstlich, nicht frei von emphatischer Übertreibung, wie meistens bei Storm. Und wenn er von der Braut rückhaltlose Ehrlichkeit verlangt, so ist auch er gleichermaßen ehrlich und rückhaltlos. Constanze erfährt alles von ihm. Sein Versagen bei der ersten Verlobung, seine Qualen bei der Liebe zu Bertha von Buchan. Über seine Gesundheit wird sie schon nervend deutlich informiert, darf immer wieder mit ihm leiden, wenn ihn der Husten quält, der Magen drückt. Dazu noch Anekdotisches aus Praxis und Familienleben.

Die eine kleine Episode dürfte sie allerdings kaum erfahren haben. Es muß irgendwann in dieser Brautzeit gewesen sein, und Storm war mal wieder drüben in der Hohlen Gasse zu Gast, wo gerade ein kleines Kostümfest gefeiert wurde. Es klopft. Zwei Mädchen, verkleidet, betreten das Zimmer, Storms Schwester Cäcilie und deren Freundin, das Mädchen aus dem Chor, Dorothea Jensen, die mit den grauen Augen.

Storm mag sie wiedererkennen oder nicht, man plaudert jedenfalls eine Weile. Und Storm begreift: Diese Kleine hier, so schmal, so blaß in ihrer aschenen Blondheit, ist in ihn verliebt.

Dorothea dürfte um diese Zeit wenigstens sechzehn gewesen sein. Storm schätzt sie auf dreizehn und spricht von einem »Kind«. Bertha von Buchans kleiner Schatten! Doch noch einmal kann ihm Storm ausweichen. Und weiter gehen Briefe an Constanze, mahnend, tadelnd, schulmeisterlich, dann wieder leidenschaftlich, überströmend zärtlich. »Wie habe ich dich gequält«, erkennt er viel später, nennt sich einen Esel nennen und lobt ihre Geduld.

Endlich endet selbst diese überlange Brautzeit, und die Verlobten haben sich noch immer nicht anders besonnen. Die Hochzeit kommt. Am 19. September 1846 ist es soweit. Storm fährt nach Segeberg. Nicht die Eltern, nicht einmal die geliebte Großmutter begleiten ihn. Storm selbst will das wohl so, und am liebsten hätte er gar keine Trauung gehabt.

Wenigstens findet sie nicht in einer Kirche statt, sondern nur im Rathaus, der Amtswohnung des Schwiegervaters, und gleich am nächsten Tag – nichts mit Flitterwochen und romantischer Hochzeitsreise! – geht es nach Husum zurück.

Ehepaar Storm betritt sein Heim in der Neustadt 56, wo Storms bisheriger Mitbewohner Hartmuth Brinkmann willig gewichen ist. Ein schönes Heim mit der ehrwürdigen Zahl »1675« an der Giebelfront. Constanze mag sich umsehen, mag zufrieden sein: Hübsch ist es hier und sehr gemütlich!

Bald schon kündigt sich Nachwuchs an. Also nichts als Sonnenschein im Haus Storm. Bürger Storm scheint vollends in die Husumer Honoratiorenreihe eingegliedert. Und liebevoll ruht sein blauer Blick auf seiner jungen Frau. Schön ist sie und repräsentativ, eine vollkommene Hausfrau und gute Gastgeberin, und das mit der Orthographie wird sich schon geben.

Wenn nur diese verfluchte Sinnlichkeit wäre! »Wir Männer sind nun einmal so, arme, sinnliche Geschöpfe«, gesteht

Storm gegen Ende seines Lebens seiner Bewunderin Hermione von Preuschen: »Wenn wir das Weib wollen, so wollen wir den schönen Kern in der appetitlichsten Schale«, und Constanzes Schale ist überaus appetitlich, der Kern ungemein schön, aber sinnlich ist sie nun einmal nicht, aller willigen Hingabe zum Trotz.

Es scheint ihr nicht so viel bedeutet zu haben. Sexualität ist für sie eher ein Akt wackerer weiblicher Pflichterfüllung: Frauen haben so viel durchzumachen, also wohl auch das! Sie seufzt geduldig. Storm stöhnt auf. Er hat sich auch in dieser Hinsicht so viel Mühe gegeben, war auch hier eine Art Schulmeister, hatte aus dem Hohe Lied Salomonis Verse in seine Briefe übernommen und dabei geflissentlich die prallsten, sinnlichsten ausgewählt, verbale Anreger, erotische Appetitmacher sozusagen.

Brüste sind dort wie Rehzwillinge, die unter Rosen weiden, die Lenden stehen gleich aneinander wie zwei Spangen und so immer weiter. Constanze dürfte dazu das Gesicht gemacht haben, das sie auf einem ihrer ersten Porträts zeigt, freundlich-kühl, vom Betrachter mit liebenswertem Gleichmut abgewandt.

Solche Tugenden reichen aber nicht beim »übersinnlich sinnlichen Freier«, wie im »Faust« Mephisto Gretchens Verführer verhöhnt. Storm wird zunehmend unruhig. Der Blick des jungen Ehemanns streift seine junge Frau. Liebt er sie wirklich? Wenigstens so, wie er es in seinen Briefen fast schon zu innig beteuert? Und sie? Liebt sie ihn nicht nur, begehrt sie ihn auch? Bedeutet ihr seine physische Liebe etwas?

Und da ist noch die andere, diese Dorothea. Ein Kind noch, doch schon ganz Hingabe, ganz Leidenschaft. Nicht schön wie Constanze, keine große Dame. Eher unscheinbar. Aber Bestätigung, Befriedigung für Storms »heißes Blut«, »mit der Liebe zu mir geboren«, wie er später nicht ohne Eitelkeit festhält.

Er trifft seine Dorothea wieder, hat sich doch inzwischen

ihre Schwester mit einem seiner Brüder verlobt. Er kann nicht widerstehen, und sie will gar nicht erst widerstehen. Storm, kaum verheiratet, wird Ehebrecher: »Gewiß ist, daß ein Verhältnis zwischen uns entstand, das mit seiner Hingebung, seinem Kampf und seinen Rückfällen jahrelang dauerte und viel Leid um sich verbreitete«, schreibt er viel später in überströmender Bekennerlaune seinem Freund Brinkmann.

Das ist nun eine Liebe, wie sie so Storm noch nicht erlebt hat. Nicht verquält wie die zu Emma, nicht »keusch« wie die zu Bertha, nicht hochromantisch mit kleiner Künstlichkeit dabei wie die zu Constanze während ihrer Brautzeit.

Hier wird verlangt, gefordert, gegeben und genommen, wohl auch gelitten, verletzt und zu immer neuer Leidenschaft gefunden. Und auch sie geht bei Storm nicht ohne Gedichte ab.

>Wir haben nicht das Glück genossen
In indischer Gelassenheit;
In Qualen is't's emporgeschossen,
Wir wußten nichts von Seligkeit.

Verzehrend kam's, in Sturm und Drange
Ein Weg nur war es, keine Lust;
Es bleichte deine zarte Wange,
Es brach den Atem meiner Brust;

Es schlang uns ein in wilde Fluten,
Es riß uns in den jähen Schlund;
Zerschmettert fast und im Verbluten
Lag endlich trunken Mund auf Mund.

Des Lebens Flamme war gesunken,
Des Lebens Feuerquell verrauscht,
Bis wir auf's neu den Götterfunken
Umfangend, selig eingetauscht.

Das ist denn eine andere Sprache, sind andere Bilder als die, die er für Constanze findet, als er ihr seinen Strauß aus »Hyazinthen« wand.

Dort ist der Liebende ein melancholisch Schlafbedürftiger. Er sehnt sich nach Ruhe, nach Harmonie, aber sie, die Geliebte, das muntere Gesellschaftskind, ihm so nah und eigentlich doch fern in den Armen anderer, muß tanzen.

> Fern hallt Musik; doch hier ist stille Nacht,
> Mit Schlummerduft anhauchen mich die Pflanzen;
> Ich habe immer, immer dein gedacht,
> Ich möchte schlafen; aber du mußt tanzen.
>
> Es hört nicht auf, es rast ohne Unterlaß;
> Die Kerzen brennen und die Geigen schreien,
> Es teilen und es schließen sich die Reihen,
> Und alle glühen; aber du bist blaß.
>
> Und du mußt tanzen; fremde Armen schmiegen
> Sich an dein Herz; o leide nicht Gewalt!
> Ich seh dein weißes Kleid vorüberfliegen
> Und deine leichte, zärtliche Gestalt.
>
> Und süßer strömend quillt der Duft der Nacht
> Und träumerischer aus dem Kelch der Pflanzen.
> Ich habe immer, immer dein gedacht;
> Ich möchte schlafen; aber du mußt tanzen.

Das spricht eine andere, melancholischere, entsagungsvollere Sprache als die Briefe dieser Zeit an Constanze, bei denen man – gerade ihres übertreibenden Überschwangs wegen – immerzu meint, hier liebe weniger einer, als daß hier einer lieben wolle.

Jetzt klingen Ferne an, Trauer, Einsamkeit. Die große Ahnung auch, daß der andere nie sein wird, was man eigentlich tief drinnen von ihm ersehnt.

Bei Dorothea meint es Storm zu finden. Es bleiben die »anderen«, die Gesellschaft. Zunächst scheint das noch kein Problem zu sehen. Die Beziehung Storm/Dorothea dauert immerhin fast zwei Jahre. Und vielleicht glaubt er wenigstens eine Zeitlang, dieses erotische Doppel noch lange weiterspielen zu können, hier die Geliebte, dort die Hausfrau.

Aber nicht in Husum, wo jeder immer alles von allen weiß.

Durch die graue Stadt geht ein Raunen. In den Gassen tuschelt es. Mutter Storm ist bald schon bestens informiert, und Vater Storm ringt wieder einmal die Hände wegen dieses doch irgendwie mißratenen Sohnes. Gerade hat er einigermaßen bürgerlichen Fuß gefaßt, da passiert nun das. Besser wäre es da fast, er wäre bei seinen Gedichten geblieben. Und schließlich – der Tratsch wird immer ärger – ist es soweit: Eine schmale, junge Frau packt ihre Koffer, sie verläßt die Stadt.

Senatorentochter Dorothea Jensen will nicht länger in Husum sein.

Wer hat sie vertrieben? Nicht Storm, das steht fest. Vielleicht ihre Familie, im Verein mit der Familie Storm, wobei sich dann beide Parteien einig gewesen sein könnten, daß es so nicht länger weitergeht. Aber am Ende war es denn doch einzig ihr eigener Entschluß. Aus Rücksicht auf Storm, die eigene Familie. Und aus Achtung vor sich selbst.

In jedem Fall steht fest: Constanze Storm, die Ehefrau, war es ganz sicher nicht, die Dorothea aus der Stadt getrieben hat. Auch sie weiß vom Verhältnis ihres Mannes, und sie nimmt es mit bemerkenswerter Gelassenheit hin. Wenn sie betroffen ist, zeigt sie es nicht. Ganz gewiß steigert sie sich weder in eine große Wut gegen den ungetreuen Gemahl noch in irgendeinen Haß gegen die Rivalin, die ihr allen Anzeichen nach eher sympathisch ist. Und wenn bestimmte, nie ganz gesicherte Gerüchte zutreffen, hat sie ihr sogar angeboten, zu ihnen ins Haus zu ziehen.

Eine Ehe zu dritt. Warum nicht, wenn dabei alle glücklich sind?

Constanze denkt praktisch – und vielleicht auch mit einer gewissen Erleichterung daran, daß sie dann von der Sinnlichkeit des stürmischen Gemahls, seinem ewig »heißen Blut« ein wenig entlastet wäre. Haushalt, Schwangerschaft und gesellschaftliche Pflichten sind schon strapaziös genug.

Aber man sollte Constanze Storm nicht irgendwelche Berechnung unterstellen. Sie ist einfach ein klarer, anständiger Charakter von bemerkenswert fraulicher Lebensklugheit. Hilfsbereit, vielleicht mehr mütterlich als weiblich. Und dieses lautere Gemüt zeigt sie im Fall Dorothea gleich noch einmal. Als nämlich in den sechziger Jahren die Storms nach Husum zurückkehren und Constanze erfährt, daß Dorothea inzwischen in engsten Verhältnissen lebt und sich als »Hausdame« und Kindererzieherin kärglich genug durchs Leben schlägt. Da kommt erneut die Einladung, Dorothea solle doch zu ihnen ziehen. Und das wird dann wenig später tatsächlich der Fall sein. Allerdings unter äußerst traurigen, fast makabren Vorzeichen.

Doch zurück in die späten vierziger Jahre.

Die Stormsche Lebensszenerie, so sorglich aufgebaut und fast wieder zerstört, scheint nun von allem Zwiespalt gereinigt. Ernüchtert bleibt der Mann zurück. Ein weiteres Mal Verzicht, Verlust. Ist von diesem Leben anderes zu erwarten?

Hatte er doch kurz vor der Hochzeit geschrieben:

> Jasmin und Flieder blühen,
> Es ist die schönste Zeit,
> Ich aber fühle schlimmer
> Als je die Einsamkeit.

Nie so schlimm dürfte er sie aber gefühlt haben als nach Dorotheas Abgang. Doch Storm ist auch Pragmatiker, nicht zuletzt in Liebesdingen. Er wendet sich Constanze zu.

Nein, große Leidenschaft wird sie auch künftig nicht bieten, doch kann man nicht auch anders zusammenleben und dabei glücklich sein? Mehr »aus stillem Gefühl der Sympathie«, mit dem man die Hände ineinanderlegt?

Das hat die beiden – auch das erfährt Brinkmann – zusammengeführt. Dahin kehrt man wieder zurück.

Aber Storms Phantasie rastet nicht. Mit der ihm eigenen Neigung zum Selbstbetrug, der über manche allzu hart klaffende Daseinswidersprüche hinweghelfen muß, redet er sich und anderen später ein, es wäre zwischen ihm und Constanze doch noch die ganz große Glut entfacht worden und er begehre sie so wie sie ihn.

Da sei er denn, darf Brinkmann lesen, heiß in die eigene Frau verliebt. Aber eigentlich ehrlicher, genauer, auch vertrauter klingt ein anderes Storm-Wort: »Ich kann nicht unverheiratet sein ...«

Das ist der ganze Storm und zugleich der schon bekannte Storm-Konflikt. Eigentlich der Einsame, der lieber schlafen möchte und nicht tanzen. Allein mit sich, seinen Gefühlen und Gedanken.

Doch er bleibt eben auch der Familienmensch, das Gemeinschaftstier. Er braucht den Partner, die Sippe. Das hält ihn letztlich bei Constanze. Und darüber kann ihr Bund eine doch noch gute Ehe werden. Ein Schicksalsbund wie der zwischen Elke und Hauke Haien, wo die Frau zum Mann hält bis in den Tod, auch wenn sie sich früher, als er in ihre Kammer kam, oft genug »schlafend gestellt« hatte.

Eine Erschütterung wie die durch Dorothea wird diese Ehe nicht mehr erfahren und Storm nie mehr eine ähnliche Leidenschaft. Obwohl noch der alte Mann einen Blick für Frauen hat und sich in schon sehr reifen Jahren voll aufs Süßholzraspeln versteht.

Charmant umflirtet er schmucke Zirkusreiterinnen wie kecke Theatermädchen, die Anwesenden staunen nur so.

Wenn allerdings eine Frau von einigem Format seinen Weg kreuzt, attraktiv, selbständig wie zum Beispiel die Bewunderin Elise Polko oder die Sängerin Pauline Viardot-Garcia, zeigt er sich zwar flüchtig fasziniert, weicht aber doch rasch zurück, als ängstige ihn so viel weibliche Präsenz.

Wie er es auch nie, hierin »Frauenmann« Goethe ähnlich, mit dem Typ der Femme fatale hat und sich einmal in Würzburg erschrocken von der Bühne abwendet und die nächste Vorstellung zu besuchen sich weigert. Denn dort ist in einem Boulevard-Stück als Gast von der Wiener Burg mit gurrend slawischem Akzent der Bühnenvamp Johanna Buska zugange, und der Dichtersmann aus Husum ächzt auf: »Dieses Weib wir mir gefährlich.«

Kein Grund zur Sorge! Dem Mann Storm wird keine Frau so rasch noch »gefährlich« werden. Dafür hat er eine andere Geliebte. Seine Dichtung, die Sprache, seine Poesie.

Mit der ist er allein, wenn er hinters Haus tritt und im Garten Platz nimmt. Dort ist er dann kein Advokat mehr, kein Ehemann, auch kein von allzu stürmischen Gefühlen gebeutelter Liebhaber. Dort ist er nur noch Dichter.

Grüne stille Sommereinsamkeit

Der Garten hinter der Neustadt 56 grenzt an einen Friedhof, doch diese Nachbarschaft hat nichts Bedrohliches an sich. Im Gegenteil. Sie vertieft noch die Ruhe über dem kleinen Geviert jenseits von allem Husumer Getriebe, und Storm fühlt sich wohl hier.

Er hat sich eine kleine Laube bauen lassen. Geißblatt umrankt sie, wie es schon im Garten der Urgroßmutter wuchs, und Storm atmet den Duft von damals, neigt sich übers Papier, fängt zu schreiben an.

Immer brauchte er solche kleinen Dichterhöhlen, in denen er sich vor aller schnöden Wirklichkeit draußen geborgen fühlen darf wie das Kind im Mutterschoß, bis hin zur prachtvoll rot gehaltenen »Poetenstube« in der Wasserreihe und dem resedagrün ausgeschlagenen Arbeitszimmer im Alterssitz von Hademarschen.

Leise kratzt die Feder, schon Stahl und nicht mehr ein schlichter Gänsekiel, über die sorgsam auf den weißen Oktav-Bogen vorgezogenen Linien.

Es sind vor allem Gedichte, die zunächst hier in der Geißblattlaube entstehen. Andere Gedichte als zuvor in Lübeck und Kiel. Denn es ist schon seltsam: Experimentierer Storm hat mit der Rückkehr nach Husum unverhofft seine Sprache gefunden. Alle Unsicherheit verliert sich, die Zeit des Ausprobierens scheint nahezu schlagartig vorbei.

Keine »inhaltslose Spielereien«, auch kein »Flügelprüfen« mehr, wie er es eben noch genannt hat. Die Sprache schwingt frei, klar, rhythmisch, mit den typischen schweren Stormschen Vers-Enden, die seiner Lyrik das männlich Entschiedene geben werden, fern aller verschwärmten Ziererei.

Goethe und Eichendorff lächeln gewissermaßen aus der Ferne. Heine und Mörike rücken quasi zu Brüdern im

Geiste auf, in respektvoll distanzierter Nachbarschaft. Lyriker Storm kann zwischen ihnen gelassen Platz nehmen und den Rang beanspruchen, den ihm später Freund Fontane zubilligt: einer der zwei, drei besten nach Goethe zu sein.

Die Stormsche Sprache verliert zunehmend Schnörkel und Schlacken. Sie wird immer einfacher und genauer. Und wenn der Erzähler, neben Meisterwerken, auch sehr schwache Novellen schreibt, so der Lyriker zwar schwächere und stärkere, aber niemals ein wirklich schlechtes Gedicht. Er hat seine Melodie. Die bleibt ihm.

Nicht leicht zu erklären, wieso sich alle Unsicherheiten so plötzlich gelegt haben.

Vielleicht bietet ein oft zitiertes, aber nie recht ausgelotetes Storm-Wort einen Schlüssel. Es ist ein Satz aus dem Entwurf seiner Rede zum 70. Geburtstag: »Fertig wurde meine Lyrik, als mein Leben einen selbständigen Inhalt gewonnen hatte und als ich als junger Advokat überall für mich selber einstehen mußte.«

Man meint den jungen Storm aus den Jahren vor seiner Husumer Advokatur vor sich zu sehen, den Suchenden der Kieler Zeit. Unreif, unsicher, voller Komplexe.

Wohin geht noch seine Lebensreise? Ist er dabei mit seiner Dichtung ein vollwertiger Mensch? Ist das nicht nur brotlose Kunst und eine Sünde wider den Geist gesunden Bürgertums, dem er sich doch, allen Freiheitsflügen zum Trotz, tief innen unauflöslich verbunden fühlt? Stiehlt er sich selbst nicht wertvolle Zeit, wenn er sie aufs Dichten statt auf wirklich wichtige Dinge verwendet?

Das greift auf seine Dichtung selber über. Ihr fehlt der Kern, die Basis. Und ihr Dichter braucht die Hilfsmittel, die Krücken, die Kunstgriffe. Der Student von Kiel, schwankend zwischen den Welten, hat seine Lebensspur noch nicht gefunden, auch nicht in der Kunst.

Nun aber ist er Advokat. Er ist wer, stellt was dar. Niemand, selbst der eigene Vater nicht, darf länger noch über ihn mit den Achseln zucken. Das alles gibt ihm eine neue Sicherheit und dem Künstler seine tiefinnere Legitimation. Er, der im Alltag seinen Mann steht, darf nun sonntags so was Überflüssiges, überhaupt nichts Nützliches wie ein Dichter sein.

Verdiente »grüne stille Sommereinsamkeit«! Das wird die Dichtung für ihn werden. Und so nennt er es später selbst, wenn er sich wieder mal statt über Prozeßakten über den Entwurf einer neuen Novelle beugt.

In diesem Zusammenhang ist noch eine andere Bemerkung interessant – seine Behauptung, er könne nur dichten, wenn er seine Constanze in der Nähe wüßte. Und das ist nicht nur Teil seines nach Dorotheas Abgang immer üppiger blühenden Constanze-Kults. Hierin steckt ein weiteres Eingeständnis seiner existentiellen Unsicherheit.

Wieder braucht der Künstler die bürgerliche Absicherung, diesmal durch die Ehefrau. Weiß er sie in seiner Nähe und seine Welt durch sie abgeschirmt, atmet er auf. Um so eifriger kratzt die Feder übers Papier.

Erschüttert erlebt Storm 1847 den Tod der Schwester Cäcilie im Kindbett, er ruft »Einer Toten« seine tiefempfundene Klage nach: »Du glaubtest nicht an frohe Tage mehr«, und in seinen Versen schwingt seine ganze Verzweiflung über die unaufhaltsam voranschreitende Banalität des Alltäglichen, das durch keinen Tod, keine Trauer aufzuhalten scheint:

> Das aber kann ich nicht ertragen,
> Daß so wie sonst die Sonne lacht;
> Daß wie in deinen Lebenstagen
> Die Uhren gehen, die Glocken schlagen,
> Einförmig wechseln Tag und Nacht.

Dann wieder tritt er in seinen Garten hinaus, und Husums Himmel ist mal nicht grau, kein Regen fällt, der Dichter spürt die ganze jauchzende Nähe eines sonnenklar aufbrechenden Frühjahrs. Er schreibt »Ostern«, worüber noch im Zusammenhang mit seinen politischen Gedichten zu sprechen sein wird. Dann registriert er Husumer Düsternis, die Enge der Heimat hier, ihren stillen Alptraum. Einige knappe, aber ungemein genaue Chiffren genügen, und seine »Graue Stadt am Meer« ist mit beklemmender Deutlichkeit eingefangen, nein, mehr noch: durchleuchtet, in festen, nicht mehr zu lockernden, nie zu lösenden Griff genommen, mit dem geseufzten Geständnis am Schluß: »Doch hängt mein ganzes Herz an dir, du graue Stadt am Meer ...«

Hinaus aus diesem Husum! Hinüber zur Heide im Osten der Stadt! Über die spaziert er mit seinem alten Kumpan aus Gelehrtenschul- und Lübecker Tagen, dem Pastorensohn Peter Olhues, der nun selber Pastor ist in Olderup. Sie sehen einen Kätner an seiner Hütte lehnen, hören die Bienen summen, und »Abseits« entsteht: »Kein Klang der aufgeregten Zeit/Drang noch in diese Einsamkeit.«

Dann aber, in den ganz frühen fünfziger Jahren, hat der Dichter seine Sternstunde.

Hartmuth Brinkmann kommt wie zufällig vorbei, und fast erschrocken weicht er zurück, so heftig leuchten die Augen des Freundes. Storm aber drückt ihm ein Blatt Papier in die Hand, dort steht das jüngste seiner Werke, und sagt mit tiefem Atemzug: »Ich habe ein unsterbliches Gedicht geschrieben.«

Brinkmann liest das »Oktoberlied« und kann nur noch nicken.

> Der Nebel steigt, es fällt das Laub;
> Schenk ein den Wein, den holden!
> Wir wollen uns den grauen Tag
> Vergolden, ja vergolden ...

Das ist mehr als ein Gedicht. Das ist ein Bekenntnis zu Leben und Lebensfreude, ein einziges großes »Trotzdem«, der Widerpart zu allem, was diese Welt grau und häßlich macht.

> Und wimmert einmal auch das Herz,-
> Stoß an, und laß es klingen!
> Wir wissen's doch, ein rechtes Herz
> Ist gar nicht umzubringen.

So geht es denn fort, lachend über düstere Herbstnebel, denen doch wieder irgendwann – so ist diese Welt, ist die Natur – ein Frühling folgt, und dann »steht die Welt in Veilchen«.

> Die blauen Tage brechen an;
> Und ehe sie verfließen,
> Wir wollen sie, mein wackrer Freund,
> Genießen, ja, genießen!

Ein großes Gedicht, doch ließe sich gleich fragen: Wo bleibt denn da der andere Storm? Todesselig, vergänglichkeitsbewußt, der eben noch beim Tod der Schwester ins Bleigrau der Unausweichlichkeit gestarrt hatte?

Nun, er ist auch hier zugegen, allgegenwärtig zwischen den Zeilen. Man muß dieses Gedicht nur sehr genau lesen, die Verzweiflung zwischen allem Jubel spüren, muß das Lachen hören, das auch ein Weinen sein könnte. Optimismus als Kehrseite der Melancholie, das eine mit dem anderen austauschbar. Und das eine wie andere gehört zum Charakter Storms.

Auch der Dichter des »Oktoberlieds« kann das nicht leugnen. Immer steckt sein Herz, sein ganzes Wesen in seinen Gedichten.

Und das ist das andere, Entscheidende beim Dichter Storm: diese unbedingte Ehrlichkeit in den Empfindungen seiner Verse. Wohl ehrlicher oft, als ihm selber bewußt sein dürfte. Der winzige Hauch Verlogenheit und erzwungene Pose, der zuweilen über seinen allgemeinen Äußerungen liegt und speziell in seinen Briefen weht, stellt sich nie bei seiner Lyrik ein.

Auch in der Liebe kann der Dichter nicht lügen. Da mag

er sich selbst und seiner Braut in seinen Briefen den glühend Leidenschaftlichen vorspielen. Seine Gedichte für Constanze sprechen gleich doch eine andere, die wahrscheinlich viel ehrlichere, echte Sprache wahrer Stormschen Empfindungen für die spröde Verlobte.

> Schließe mir die Augen beide
> Mit den lieben Händen zu!
> Geht doch alles, was ich leide,
> Unter deiner Hand zur Ruh.
> Und wie leise sich der Schmerz
> Well' um Welle schlafen leget,
> Wie der letzte Schlag sich reget,
> Füllest du mein ganzes Herz.

Dichtet so ein rasend Verliebter, der er zu sein behauptet? Sehnt sich hier nicht eher ein verstörter Junge nach Schlaf, Ruhe, Mütterlichkeit? Sucht hier nicht einer Harmonie statt Leidenschaft?

Viel schwerer als der Lyriker hat es der Erzähler. Auch das zu verstehen ist nicht einfach.

Den Raum der Lyrik hat sich Storm erst erobern müssen. Dann aber sind seine Gedichte nahezu ein Teil von ihm selber. Er dichtet, wie er atmet. Selbstverständlich, mühelos. Wie er früher einmal, als Kind, in den Tagen der Tonne erzählt hat.

Das wiederum war ihm damals ganz selbstverständlich. Für den reifen Mann ist es das nicht mehr. Aufgeschreckt aus dem Zustand holder Naivität, muß er sich eine neue Naivität erst erringen, wie in Kleists »Marionettentheater«-Essay der nackte Jüngling, der, einmal darauf angesprochen, nicht mehr die Pose wiederholen kann, die er eben noch ganz unbewußt eingenommen hatte. Auch beim Erzähler Storm ist es ein langer Prozeß, bis aus ihm Bilder und Worte so selbstverständlich strömen wie in seinen Gedichten.

Bezeichnenderweise steht gleich am Anfang seiner Prosa-

Arbeiten ein Märchen, »Hans Bär«, Liebesgabe für die angebetete kleine Bertha. Ebenso bezeichnend ist auch sein erstes kleines Meisterwerk in Prosa ein Märchen, das vom »Kleinen Häwelmann«, das er für seinen 1848 geborenen ältesten Sohn Hans schreibt.

Da sieht man nahezu den jungen Vater sich ans Bett des Kleinen setzen, der ihm aus erwartungsvoll großen Augen entgegenstarrt. Der Vater lächelt zärtlich, denkt etwas nach, zögert noch, läßt die Blicke schweifen, durchs Kinderzimmer, hinaus aus dem Fenster zum Abendhimmel hinauf mit seinem fetten gelben Mond im tiefen Blau.

Er fängt zu sprechen an.

Vater Storm erzählt: »Es war einmal ein kleiner Junge, der hieß Häwelmann...« Und hört er einmal zu erzählen auf, weil ihm gerade nichts einfällt, schreit der Kleine in seinem weißen Bettchen: »Mehr! Mehr ...« Wie in der Geschichte der kleine Häwelmann.

Der Ton ist klar, leicht, mühelos, wie wirklich erzählt und nicht niedergeschrieben. Denn der das schreibt, weiß sich seines Publikums sicher. Vor ihm hat er Verkrampfungen und Künstelei nicht nötig. Der »Storm für Erwachsene« mit seinem ängstlichen Seitenblick aufs – hoffentlich! – gespannt, aber auch kritisch lauschende Publikum besitzt eine gleiche Sicherheit noch lange nicht.

Im Jahr vor dem »Kleinen Häwelmann«, 1847, ist seine erste »richtige« Erzählung entstanden, »Marthe und ihre Uhr«, auf eine Bemerkung seiner »Tante Brick« hin, ihre Weihnachtsabende seien immer so einsam.

Schon dichtet Storm einen solchen Abend, zeigt eine alte Frau in der Stille ihres Zimmers, wohin ihr die Schläge ihrer längst nicht mehr die Zeit, nur noch die Ewigkeit anzeigenden Uhr die ganze Vergangenheit mit allen verstorbenen Lieben zurückholen.

Das ist kaum eine Novelle, mehr eine Studie, eine Miniatur, ein Genre-Bild. Und doch enthält es fast alles, was einmal den Rang des Erzählers ausmacht. Sein Gespür für Atmosphäre mit dem leicht Gespenstischen darin. Seine hohe Kunstfertigkeit im Umgang mit Requisiten wie hier mit der Uhr. Und vor allem seine – bis heute oft unterschätzte, übersehene – Kunst psychologisch nahezu schmerzend genauer Charakterisierung.

Wie er die alte Frau sieht, sie mit wenigen Strichen zeichnet, eine Seele, ein Leben, eine ganze Persönlichkeit bis in die feinste Verästelung hinein aufdeckt, ist schlicht meisterhaft. So wie er später in »Immensee« den platten Rationalisten Erich im Kontrast zum verschwärmten Künstler Reinhard charakterisiert.

Wenige Sätze nur, ein paar Zeilen Dialog wie etwa nach der berühmten Schlüsselszene am See mit der Wasserlilie.

»Wo sind Sie denn so spät in der Nacht gewesen? rief ihm die Mutter entgegen.

Ich? erwiderte er, ich wollte die Wasserlilie besuchen; es ist aber daraus nichts geworden.

Das versteht wieder einmal kein Mensch! sagte Erich, was tausend hattest du denn mit der Wasserlilie zu tun?«

Kein Wort »Beschreibung«, kein einziges erläuterndes Adjektiv. Und doch sieht man den ganzen Erich vor sich, seine Schwäche (oder Stärke), nicht »Dinge hinter den Dingen« zu erkennen. Man ahnt sogleich, warum ein solches Dickfell immer einem Reinhard überlegen sein wird.

Einer wie Erich – Storm zeichnet immer wieder solche Typen, zum Schluß im »Schimmelreiter« Hauke Haiens Gegenspieler Ole Peters – schwimmt so rasch keiner Wasserlilie hinterher. Der züchtet sie höchstens und verkauft sie zum Höchstpreis.

»Immensee« ist Storms dritte größere Prosa-Arbeit. Vorausgegangen war noch »Im Saal«, ein schwächerer Text, auf den jener Einwand gegen den Erzähler Storm zutrifft, den der Freund Paul Heyse später einmal in die zornige Frage »Aber wo Teufel bleibt der Roman?« kleidet.

Ja, wo bleibt er bei Storm? Wo bleiben Handlung, Konflikte, Aktion, die eigentliche Erzählung also?

Immer wieder verhält es sich bei ihm so: Man sitzt da und liest, wird eingestimmt durch Milieu und Atmosphäre, freut sich schon auf die sicher sehr spannende Geschichte, die gleich anfangen wird. Man setzt sich also erwartungsfroh zurecht – und dann stutzt, dann begreift man: Das war schon die ganze Geschichte! Zurück bleibt beim frühen Storm – ganz anders als bei seinen Gedichten – das schale Gefühl unerfüllter Versprechungen. Leider auch bei »Immensee«.

Dort kehrt zunächst einmal – wunderschön ausgemalte Stimmung zögernden Zurückfindens, langsamen Wiedererkennens voll resignierender Seufzer der Vergeblichkeit – ein älterer, wohlgekleideter Herr ins Haus seiner Jugend zurück: Reinhard, der damals noch ein Dichter hatte werden wollen. Und schon strömen die Erinnerungen an die Kinderliebe von damals zwischen ihm und der kleinen Elisabeth. Sie durchwandern den Wald, verirren sich beim Erdbeersuchen. Sie werden keine Erdbeeren finden. Dafür findet Reinhard, der angehende Poet, einige huldigende Verse für seine goldäugige Waldkönigin:

> Hier an der Bergeshalde
> Verstummet ganz der Wind;
> Die Zweige hängen nieder,
> Darunter sitzt das Kind.

Das Leben geht weiter. Kinder werden erwachsen. Der junge Mann, Student inzwischen, hört bei einem studentischen Weihnachtsbesäufnis – noch einmal darf Storm seine antistudentischen Ressentiments voll aufdröhnen lassen – ein Zither spielendes Zigeunermädchen singen.

> Heute, nur heute
> Bin ich so schön;
> Morgen, ach morgen
> Muß alles vergehn!

> Nur diese Stunde
> Bist du noch mein;
> Sterben, ach sterben
> Soll ich allein.

Todtraurig das Ganze, doch auch erfüllt von einer unleugbaren Todeserotik. Und rasch hat Reinhard noch was mit der hübschen Kleinen, dann eilt er ins studentische Quartier zurück, wo schon ein Päckchen seiner Elisabeth liegt, mit den Buchstaben seines Namens in Zucker darin. Nur sie behält er, die restlichen Näschereien verschenkt er an ein Bettelkind. Und namenloses Heimweh befällt ihn. Doch führt kein Weg zur Elisabeth zurück.

Die Mutter hat dafür gesorgt, daß sie den Unternehmer Erich heiratet. Noch einmal, als Gutsfrau am Immensee, sieht er sie wieder. Doch bleibt sie ihm nun so fern, ist so unerreichbar in ihrer bleichen Schönheit wie jene Wasserlilie draußen auf dem See.

Reinhard macht sich davon, wird kein Dichter werden, wird auch keine Erfüllung in einer anderen Ehe finden. Am Ende sitzt wieder der alte Mann vom Anfang da, liest und vertieft sich in Studien, »an denen er einst die Kraft seiner Jugend geübt hatte«.

Auch das ist kaum eine Novelle, ist mehr Lyrik in Prosa, und bezeichnenderweise, nahezu opernhaft, mündet die Handlung immer wieder in Gedichte wie in das Lied des Zithermädchens oder »Meine Mutter hat's gewollt«. Eigentlicher Held des fragilen Erzählgespinsts bleibt die Landschaft. Die, ohne ganz exakt definiert zu sein, liegt erkennbar im Osten Husums.

Dort, wenn nicht in Husum selbst, findet Storm lange Zeit die Schauplätze seiner Erzählungen.

Immer wieder kehrt er dorthin zurück, in die alten Kirchen von Drelsdorf oder Olderup, ins Treenetal bei Schwabstedt, auf den Schobüller Berg oder das Wilde Moor bei Osterfeld. Er steht am Teich der alten Husumer Wassermühle, er besucht auch mal das kleine Holländerstädtchen Friedrichstadt. »Grüne stille Sommereinsamkeit« – dort überall sucht und findet er sie in seinen Novellen.

Vom Meer jedoch, vom Westen bleibt sein Blick meist abgewandt. Obwohl er die Schönheit dort sehr genau sieht und sie schon in einem Brief an Constanze mit einer bereits an den »Schimmelreiter« erinnernden Genauigkeit beschreibt: »Es rührt sich kein Grashalm. Die Marsch hat dann so etwas Feierliches, durch die große Ruhe hört man nur dann und wann das Brüllen eines Rindes oder das Geschrei der Kiebitze, die man beim Gehen aufscheucht. Am Außendeich blitzen die Wasserpfützen wie Silber in dem dunklen Vorlande ...«

Auch in seiner Lyrik darf das Meer zuweilen schäumen und tosen. Doch noch findet er in diesem dem Meer abgerungenen Land an der Küste keinen Stoff für eine Erzählung. Die Welt da draußen scheint ihm fremd zu sein, zu tot, zu leer. Obwohl es dort in diesen Jahrzehnten so heftig wie seit zweihundert Jahren nicht mehr zugeht.

Es war zu Beginn des Jahrhunderts gewesen, als mit dem »Allgemeinen Deichreglement von 1803« der Landschutz in staatliche Hände überging und etwas Ordnung hineinkam, unter heftigen Kämpfen gegen die große Schlamperei an den Deichen, die jedes Jahr von neuem zu brechen drohten wie zuletzt bei der großen Sturmflut von 1825.

Harte Männer waren gefragt, solche wie Salchow, wie andere, die gegen diese große lebensbedrohende Nachlässigkeit eisenhart vorgingen, und Storm kannte etliche dieser Männer, wußte von ihren Kämpfen und Konflikten. Aber »literaturwürdig« erschienen sie ihm damals nicht. Da hatte er es mehr – wie in »Immensee« – mit Naturen wie dem Dichter Reinhard und seiner sanft blassen Elisabeth.

1848 wird die Erzählung ein erstes Mal gedruckt, im schon vertrauten Volksbuch von Biernatzki, also eine mehr lokale Angelegenheit. Zu den ersten Lesern gehört Tycho Mommsen, gerade Lehrer an der Gelehrtenschule. Ein kritisch eiskalter Hagelschauer wie in den besten Kieler Tagen geht auf Storm nieder.

Warum er denn das Verhältnis mit dem Zigeunermädchen eingeflochten hätte? Und warum Reinhard denn doch, eine andere, heiraten müsse? Überflüssigkeiten! Unnötige Längen und Umständlichkeiten.

Storm sieht das ein. Er streicht. Er überarbeitet, und so erscheint die endgültige »Immensee«-Version neben anderer Prosa und rund zwei Dutzend Gedichten im Sammelband »Sommergeschichten und Lieder«, Storms erster ganz eigenständiger Buchpublikation.

Verleger ist immerhin Alexander Duncker, dessen Berliner Hofbuchhandlung vor allem ein weibliches Publikum mit Lektüre versorgt. Und die feinen, betuchten Damen sind ganz entzückt von diesem jungen Mann aus Husum. Das bleibt denn auch eine Weile so.

»Frauenmann« Storm wird lange Zeit ein »Frauendichter« sein, während die martialisch strammen Männer des selben Jahrhunderts sich wohl eher geniert hätten, in ihrer gepanzerten Brust gerade für diesen sanften Gefühlsmenschen Storm, diesen Dichter der Stimmungen und sanftzärtlichen Emotionen eine besondere Vorliebe zu hegen.

Verleger Duncker, ein kluger Geschäftsmann, merkt auf. Was denn wohl die Damen seines Kundenkreises am liebsten bei diesem Storm mögen?

Nicht die Märchen, keinen der anderen Prosatexte für Erwachsene, schon gar nicht die Gedichte. Nein, nach »Immensee« wird gefragt. So oft und lebhaft, daß Duncker prompt einen Einzeldruck erwägt. Und Storm ist darüber nicht einmal sehr erfreut.

Gewiß, sei Immensee« eine »Perle deutscher Poesie«, räumt er mit vertrautem Selbstbewußtsein ein, aber insgesamt würde auf diesen kleinen Text viel zu viel Wert gelegt. Ob man es nicht lieber mit einer Einzelausgabe seiner Gedichte versuchen sollte?

Duncker kann nur seufzen. Lyrik verkauft sich nicht. Damals wie heute.

Der Band erscheint denn doch, »Gedichte«, 1852, hübsch bescheiden bei der Schwers'schen Buchhandlung in Kiel. Der Verkauf schleppt sich dahin. Zum »Volksdichter«, wie heimlich wohl erhofft, bringt es Storm noch nicht, Rivale Geibel liegt um viele Meilen vorn, doch »Immensee« wird ein Bestseller.

Storm hat jetzt seinen Stempel, »der Immensee-Dichter«. So rasch wird er den nicht los, und noch etliche Zeit später wird ihn einmal ein junger Verehrer anstarren, wird ins Stammeln kommen und schließlich nur atemlos hervorstoßen können: »Der Dichter von ›Immensee‹ ...«

Seufzend fügt Storm sich drein. Wenigstens hat ihm dieser Erfolg die gleichsam offizielle Anerkennung als Poet gebracht. Mit einer gewissen Zufriedenheit darf er sich zu neuen dichterischen Taten in seine Geißblattlaube zurückziehen.

»Mein richterlicher und poetischer Beruf sind meistens in gutem Einvernehmen gewesen ...« – auch das ein vielzitiertes Storm-Wort und eine seiner kleinen Lebenslügen dazu. Denn wirklich gut ist dieses Einvernehmen eigentlich nur in dieser kurzen Zeit nach der Gesundung seiner Ehe und vor Ausbruch all der großen politischen Wirren in Storms Heimatland. Also kaum zwei Jahre.

In dieser knappen Spanne scheint Storm ein gewisses Lebensideal erreicht zu haben. Gesicherte bürgerliche Existenz, bürgerliche Ehe, Durchbruch als Dichter. So könnte es eigentlich weitergehen, doch alles kommt sehr anders.

Geschichte, erfährt Storm, findet nicht nur in der Vergangenheit statt, sondern kann hautnah brennende Gegenwart sein. Und Fragen drängen sich heran, denen sich schließlich auch Storm in seiner weltabgewandten Poetenlaube stellen muß.

Zum Beispiel: Was ist des Friesen Vaterland?

5. Des Friesen Vaterland

»Höret
nicht auf,
Friesen
zu sein ...«

Christian Feddersen

Storm hat seine Lieblingszeit. Das ist das 18. Jahrhundert. Eine Sympathie, die er mit vielen Zeitgenossen teilt.

Denn werden damals Menschen nach der Epoche gefragt, in der sie am liebsten gelebt hätten, nennen sie in der Regel das Rokoko und denken an funkelnde Lüster und mattschimmernde Seidentapeten, an Flötenspiel und Cembalo-Klang, an eine Welt in Jabot und Escarpins, die sich unter den weißgepuderten Perücken koketter Greisenhaftigkeit zum Reigen ewiger Jugend zusammengefunden hatte. Insel der Seligen. Eine Zeit voll Anmut und Esprit. Und nur ganz matt weht die Ahnung Totengeruch zwischen allem Puder und Parfüm.

»Die Süße des Daseins hat nie gekostet, wer das ancien regime nicht mehr erlebte.« War es nicht Talleyrand, Adelssproß, Bischof, Außenminister, der geschickteste Diplomat seiner Zeit, der das einmal seufzte?

Die anderen seufzen mit.

Sie denken nicht an Dreck und Gestank, an die fürchterlichen Kriege, an die Heere von Schlachtenkrüppeln auf Landstraßen und Gassen, an Armut, Hungersnot und Bettelei, an die Krankheiten, Seuchen, an Krätze, Pocken, Syphilis.

Doch auch das gehörte zu diesem gepriesenen, verklärten Rokoko, das eigentlich eine schlimme, eine pechschwarze Zeit war unter silbern schimmernder Lasur. Und zugleich eine Endzeit, das letzte aristokratisch-monarchische Jahrhundert, dessen bürgerliche Ablösung das nächste Jahrhundert, die Storm-Zeit also, betreiben sollte.

Diese andere, bürgerliche Zeit kündigte sich aber schon im Europa des 18. Jahrhunderts an.

In der Industrialisierung Englands mit seinen übervollen

Slums und rauchenden Fabrikschloten. Im Befreiungskrieg drüben in Amerika, an dessen Ende eine Republik steht, mahnendes Fanal hinüber nach Europa, wo Dichter Goethe ahnend verkündet: »Amerika, du hast es besser ...« Endlich an jenen Tagen, da die Weiber aus den Pariser Hallen aufbrachen, Richtung Versailles, König und Königin heim nach Paris zu holen.

Da schrieb man schon den September 1789.

Aber noch meinten die Herrscher dieser Zeit weiterhin wie immer regieren und Politik als wechselndes Machtspiel der großen Familien – ob nun Habsburger, Bourbonen, Hohenzollern – betreiben zu können. Kriege wurden willkürlich geführt, Grenzen willkürlich gezogen, und half nichts anderes, mußten eben Ehen her, Machtverhältnisse zu steuern und zu stärken.

Im Zeitalter des Absolutismus mit seinem Blick auf den Monarchen als Ebenbild Gottes auf Erden hatte das noch leidlich funktionieren können. Mit der aufkommenden Aufklärung jedoch sank der Glaube an diesen Gott und mit ihm der Glaube an seine Ebenbilder.

Manche begriffen das. Preußens zweiter Friedrich zum Beispiel. Selber Atheist, stellte er nicht Gott, sondern als neue Gottheit den Staat an die Spitze, zu dessen »erstem Diener« er sich erklärte. Unter diesem Vorzeichen konnte sein Preußen entstehen mitsamt aller sich knarrend um sich selber drehenden Bürokratie, deren Mechanismen Storm in seinen »preußischen« Jahren nur allzu schmerzhaft am eigenen Leib erfuhr.

Doch zunächst sind wir noch im 18. Jahrhundert.

Noch starrt alle Welt bewundernd auf den Preußen-Staat des großen Fritz, den die Zeitgenossen »den Einzigen« nennen. Im Bild dieses Preußen, hoch gerüstet, straff organisiert, scheint ganz Deutschland zu erstarken, dieser seit dem Dreißigjährigen Krieg tragisch zerfetzte Flickenteppich aus Stadtstaaten, Kleinstaaten, Mini-Fürstentümern, insgesamt wohl sechzig an der Zahl.

Das war damals des Deutschen Vaterland, und Friedrichs Preußen gab eine erste Ahnung, daß es auch anders, daß es größer und einiger geht: Das deutsche Reich mag denn kommen, irgendwann mal, wenn um Barbarossas Felsengrab im Kyffhäuser nicht länger mehr die Raben kreisen. Und nicht mehr die auf ihre »Erblande« konzentrierten Habsburger, sondern Preußen und seine Herrscher könnten die gleichsam natürliche Führungsmacht sein.

Nördlich von Preußen liegt aber ein Staat, der sich inmitten dieses aufgewühlten, sich gegenseitig bekriegenden und zerfleischenden Kontinents wie eine einzige große Friedensinsel ausnimmt. Dänemark plus Norwegen plus der beiden deutschen Herzogtümer Schleswig und Holstein und dort nun wieder im schleswigschen Raum Storms engere Heimat, das Friesland um Husum.

Das war der dänische Gesamtstaat.

Irgendwann im Mittelalter war er entstanden. Der letzte Schauenburger Adolf VIII., bis dahin Herr in beiden deutschen Ländern, war gestorben und hatte es zuvor noch einzurichten gewußt, daß sein Neffe Christian von Oldenburg sein Erbe antrat. Der war schon König von Dänemark. Nun wurde er zugleich Herzog von Schleswig und Holstein. Diese Personalunion erbte sich fort bis ins 17. Jahrhundert und erhielt mit der Einführung des Absolutismus nach französischem Muster neue Leuchtkraft.

»L'etat, c'est moi! – Der Staat bin ich!«

Das hatte Frankreichs Sonnenkönig Ludwig XIV. als Inbegriff eines absolutistischen Herrschers zwar nie gesagt, aber immer danach gehandelt. Und Dänemarks Herrscher, von Friedrich III. an, handelten gleichfalls danach. Auch auf sie, in ihrem Königreich wie in ihren Herzogtümern, wurde wie auf Gottes Ebenbild geblickt. Das war das große einigende Moment in diesem Gesamtstaat gleich dreier verschiedener Völkerschaften.

Die beiden deutschen Herzogtümer behielten dabei ihren Sonderstatus einer eigenständigen Region. Für sie entstand zu Kopenhagen die Deutsche Kanzlei, und die wurde immer mehr zur eigentlichen Macht im Gesamtstaat Dänemark.

Deutsch die Amtssprache, die Sprache beim Militär. Deutsch sprach man am Hof, und wer sich dort ins Dänische verirrte, kassierte einen scheelen Seitenblick: dieser Bauer! Ein Barbar! Aus den Reihen der schleswig-holsteinischen Ritterschaft als eigentlich führender Schicht im Land kam aber der, der dann so was wie eine Symbolgestalt des Gesamtstaats wurde, Johann Hartwig Ernst Graf Bernstorff, Minister und nahezu allmächtig.

Bernstorff, Grandseigneur, kultiviert, hochgebildet, übernational orientiert, war einer der gerade fürs 18. Jahrhundert recht typischen großen Männer, bei denen niemand ganz genau sagen konnte, was an ihnen eigentlich so groß war. Strikt konservativ wurstelten sie vor sich hin, nahmen immer wieder Reformen in Angriff, aus denen doch nichts wurde, und änderten nichts wirklich. So im Frankreich Ludwigs XV. der Kardinal Fleury, so hier im Norden Bernstorff.

Immerhin gelang es dem strikten Pazifisten, sein Land aus dem Siebenjährigen Krieg herauszuhalten, und auch das machte den europäischen Nimbus dieses Gesamtstaats aus, allen Mißständen im Inneren, allem Schlendrian zum Trotz. Und vor allem an die Ära Bernstorff mag ein Jahrhundert später jeder denken, wenn er – wie Storm und viele seiner Schleswig-Holsteiner Zeitgenossen – vom 18. Jahrhundert als einer guten alten Zeit spricht.

Denn seht nur hin auf dieses Land dort oberhalb der Elbe bis hinauf zu Norwegens Fjorden! Drei Völker, drei Sprachen, drei Kulturen – und doch lebt es sich dort in einträchtigem Miteinander und wechselseitiger Toleranz.

Da bekommt selbst ein schandschnäuziger Großphilosoph wie Voltaire feuchte Augen und ruft freudeschluchzend aus, als sich Dänemarks junge Majestät Christian VII. auf große Europa-Tour begibt, dieser König halte wohl im

Ausland nach Ungerechten Ausschau, da es im eigenen Land keine Ungerechtigkeit mehr gebe.

Aber nein, es gibt genügend Unrecht in diesem Land. Und Schlamperei und Korruption einer von ihren »Sporteln« (Bestechungsgeldern) lebenden Beamtenschaft und eine verwahrloste Landwirtschaft mit den in totaler Abhängigkeit gehaltenen Bauern. Noch immer könnte Shakespeares Dänenprinz Hamlet seufzen: »Etwas ist faul im Staate Dänemark ...« Doch davor steht wie ein schützender Paravent das Modell eines weltoffenen Staatsgebildes, wo jeder unabhängig von seiner Nation den Platz erringen kann, zu dem ihn allein seine Tüchtigkeit befähigt.

Vor allem Künstler zieht es aus Deutschland hinauf in diesen Staat. Klopstock etwa und Matthias Claudius, der auf Schloß Emkendorf Storms Lieblingsgedicht vom aufgegangenen Mond schreibt. So weiß es jedenfalls die Claudius-Legende. Besitzer des Schlosses ist zur Claudius-Zeit ist ein gebürtiger Franzose, Jean Henri Desmercieres, ein in vieler Hinsicht erstaunlicher Mann.

Unehelicher Sohn eines aus Frankreich vertriebenen hugenottischen Geldmagnaten und einer Pariser Modistin, hatte er sich von 1725 an in Dänemark etabliert, dort die Bank von Kopenhagen gegründet, damit Millionen verdient und diese Millionen gewinnbringend in gewaltige Ländereikäufe investiert, darunter in den von Gut Emkendorf. Sein besonderes Interesse galt allerdings der Landgewinnung an der nordfriesischen Nordseeküste.

Auch Storm dürfte die drei Köge aus der Desmercieres-Zeit kennen, von denen der eine, mittelgroße – von den Friesen noch heute gern so ausgesprochen, wie er sich schreibt – den Namen seines Schöpfers trägt. Und das sind dann die ersten Köge mit dem zum Meer hin abgeflachten Deichprofil, wie es im »Schimmelreiter« Hauke Haien einführt. Damit enden allerdings schon die Parallelen Desmercieres/Hauke Haien.

Nie hat dieser Mann selbst Deiche entworfen und etwa

bei der Landgewinnung selber Hand angelegt. Für so etwas hat ein großer Herr seine Leute. Und in der Marsch läßt er sich nur zur Zeit der Rapsblüte blicken. Weil er das leuchtende Gelb der Felder so liebt.

In den Sommern 1771/72 dürfte er allerdings nicht einmal dafür Zeit gehabt haben. Denn in diesen Jahren hatte der tüchtige Mann beide Hände voll zu tun, sein Kopenhagener Bankhaus über alle Wirrnisse hinwegzuretten, die inzwischen wie ein Sturmwind über Dänemark und seine Wirtschaft hereingebrochen waren.

In Dänemark ist plötzlich der Teufel los. Und dieser Teufel trägt einen Namen, jedenfalls für alle Reaktionäre. Er heißt Johann Friedrich Struensee.

Schon hat Bernstorff seine Sachen gepackt, unterwegs in die Pensionierung und mit dem Stoßseufzer auf den Lippen: Gott sei diesem Land gnädig! Denn nun ist dieser Struensee die erste Macht im Gesamtstaat Dänemark.

Ein Arzt aus Halle. Nach Altona übergesiedelt, dort bald sehr beliebt, vor allem bei den Damen auf den Gütern der Umgebung, und zugleich in gutem Kontakt mit Dichter Lessing und anderen Intellektuellen der Aufklärung. Er selbst ein Aufgeklärter und Aufklärer, der kopfschüttelnd sah, wie bare Unvernunft – etwa die widersinnige Beibehaltung der Leibeigenschaft – ein so schönes, reich gesegnetes Land wie diesen dänischen Gesamtstaat langsam, aber systematisch zugrunde richtete.

Vernunft mußte her, und sie scheint denn mit dem Doktor Struensee Einzug zu halten, als er erst als Leibarzt des schwer depressiven Christian VII. nach Kopenhagen gekommen war, bald schon nächster Freund, engster Berater des Monarchen, sein anderes Ich, das in seinem Namen regiert – und leider auch Freund seiner Frau, der gebürtigen Engländerin Karoline Mathilde. Deren Töchterchen wird bald schon »Prinzessin Struensee« genannt (und später, als eine verheiratete Herzogin von Augustenburg, die Urgroßmutter der letzten deutschen Kaiserin Auguste Victoria sein).

Überhektisch, alles berücksichtigend, nur nicht die Wirklichkeit, geht Struensee im Schatten seiner Macht daran, Dänemark mit gewaltsamen Reformen in die Neuzeit hinüberzureißen, und will dabei – sein eigenes Wort! – keinen Stein auf dem anderen im Dänenstaat lassen.

Der Staat beginnt zu wanken. Die große Krise bahnt sich an. Struensees Feinde – hat er, außer König und Königin, überhaupt noch Freunde? – rotten sich zusammen. Sie kennen seinen wunden Punkt: die Beziehung zur Königin. Mit diesem (nie ganz bewiesenen) Ehebruch als Vorwand können sie den lästigen Reformer erledigen.

Struensee wird verhaftet, hingerichtet, die Königin nach Scheidung der Ehe ins niedersächsische Celle verbannt. Zurück bleibt ein einziger Scherbenhaufen.

Die wieder an die Macht gekommenen Reaktionäre machen ihn nicht kleiner, im Gegenteil. Nach dem Staat werden nun auch die bescheidenen Ansätze zu seiner Reform zerschlagen, und Bernstorff auf seinem Ruhesitz schüttelt gleich noch einmal den Kopf: Struensee war eine Gefahr für Dänemark gewesen, nur gut, ihn losgeworden zu sein! Aber die neuen Herren sind noch schlimmer.

Die »Affäre Struensee« hat viele Folgen; die vielleicht wichtigste weit bis in die Storm-Zeit hinein ist der plötzlich aufblühende dänische Nationalismus.

War es nicht eben noch ganzer Stolz des Gesamtstaates gewesen, daß es dort so was wie nationale Vorbehalte nicht gab? Daß dort, ob Deutscher, Däne oder auch, siehe Desmercieres, Franzose, jeder alles werden konnte?

Nun, am Beispiel Struensee, sah man, was aus einem solchen falsch verstandenen Liberalismus erblühen konnte: Ein Fremder war hergekommen, Pillendreher aus Altona, und prompt stieg er hinauf in höchste Höhen, hatte diesen Gesamtstaat an den Rand des Ruins gebracht.

Eine »Dänenwelle« ging durchs Land. Nun galt nur noch, was dänisch war, bei der Sprache angefangen, und eine »Lex Struensee« versperrte jedem Ausländer den Zugang in die höchsten Ämter. Eine in manchem begreifliche Reaktion, die allerdings ihre prompte Gegenreaktion hatte.

Denn da sich nun die Dänen plötzlich fragten, was an ihnen dänisch war, wollten jetzt auch die Deutschen des Gesamtstaates wissen, wohin sie eigentlich gehörten und ob die traditionelle Bindung an Dänemark wirklich so gottgewollt war, wie man das bis dahin stillschweigend vorausgesetzt hatte.

Das war das eigentliche Ende jener übernationalen, gesamteuropäischen Utopie, für die das Wort »Gesamtstaat« über mehr als drei Jahrhunderte hin das Etikett gewesen war.

In Dänemark wurde damit zugleich eine Entwicklung vorausgenommen, die rund drei Jahrzehnte später den ganzen Kontinent erfassen sollte, und wiederum war ein einzelner der große Provokateur. Diesmal kein Arzt aus Halle, sondern ein Advokatensohn aus Korsika, Napoleon Bonaparte.

Als sich im eisigen Dezember 1804 dieser Mann zu Notre Dame eigenhändig zum Kaiser der Franzosen krönte, schien für Augenblicke eine uralte Utopie erfüllt. Die Wiedererstehung des Reichs Karls des Großen und damit die Vision eines – unter französischem Vorzeichen – einigen Europas.

Es erstand allerdings etwas ganz anderes. Unter napoleonischem Druck fanden sich Europas Völker in einer neuen Art Selbstverständnis wieder. Daran, nicht an den Fürsten und Feldherren und nicht einmal am eigenen Caesarenwahn, geht schließlich Napoleon zugrunde. Der erste große Nationalist scheitert am nationalen Widerstand der Menschen in Spanien, Tirol, Preußen und endlich Rußland.

Auch sie hatten entdeckt, wie auf ihre Art die Dänen nach der Struensee-Zeit, daß sie erst mal Spanier, Tiroler, Preußen oder Russen waren, nicht allesamt napoleonische Untertanen jenseits eigener nationaler Identität.

Der Nationalismus, die größte Kraft im heraufziehenden 19. Jahrhundert, hatte damit seine historische Weihe erhalten. Und in der Verbannung auf St. Helena schüttelt der Korse den Kopf. Hatte er mit seinen Feldzügen nicht genau diesen Menschen die große Befreiung durch die Menschenrechte der Französischen Revolution bringen wollen? Dafür hassen sie ihn nun. Dafür haben sie ihn in die Verbannung geschickt, wo er doch nur ein neues Imperium Romanum gründen, ihm den ewigen Frieden sichern wollte.

Napoleon versteht nichts. Die siegreichen Fürsten verstehen noch weniger. Sie wollen nicht begreifen, daß mit diesem Mann aus Korsika und zuvor mit der Großen Revolution zwei nicht mehr rückgängig zu machende Visionen in die Welt gekommen sind.

Einmal der große Traum von der Gleichheit, Freiheit, Brüderlichkeit, wie ihn allen Guillotine-Greuel zum Trotz die Revolution von 1789 in sich getragen hatte. Und der andere große Traum von einem starken, einigen Nationalstaat, wie er im Reich Napoleons vorexerziert worden war.

Das Schreckwort »Napoleon« stand in ihren Augen für den illegalen Sieg eines bürgerlichen Usurpators und Vollstreckers dieser fürchterlichen, da bürgerlichen Großen Revolution über die angestammten legitimen Mächte.

Im Untergang ihres gemeinsamen großen Feindes sahen die Fürsten nicht Frankreich geschlagen, sondern das Ungeheuer Revolution mit all seinen verderblichen Idealen und Wahnvorstellungen von Freiheit und Gleichheit gerade noch einmal besiegt. Nun also soll schleunigst zur alten Ordnung zurückgekehrt werden, als hätte es Grande Revolution und l'Empereur nie gegeben. Ein Betriebsunfall der Weltgeschichte, mehr nicht. Man würde ihn schleunigst reparieren. Dann könnte er bald wieder vergessen sein.

Auf dieser Klaviatur weiß dann beim Wiener Kongreß Frankreichs Talleyrand vortrefflich zu spielen.

Da es oberstes Gebot sei, die Monarchie wieder so stark wie möglich zu machen als einziges gottgewolltes Bollwerk gegen alles republikanische Teufelszeug, sei es schließlich nur logisch, dieses den Bourbonen, also der legalen und gottgewollten Macht zurückgewonnene Frankreich nicht etwa zu schwächen, sondern von neuem erstarken zu lassen, ne c'est pas, messieurs?

Die Messieurs am runden Wiener Tisch nickten. Offenbar hatten sie ein ganz anderes Frankreich geschlagen als das, was dort in der Person des sanft lächelnden Ex-Bischofs Talleyrand an der Verhandlungstafel saß.

Den Preis allen napoleonischen Desasters zahlte also nicht Frankreich. Dafür wurde, neben anderen, der dänische Gesamtstaat zur Kasse gebeten. Und hier wirft gleich ein zweites Mal Struensee seinen historischen Schatten.

Auf den debilen Christian VII., einen schweren Alkoholiker, der nach dem Tod des Freundes nur noch die lallende Puppe in den Fingern seiner erzreaktionären Berater gewesen war, war sein Sohn Friedrich VI. gefolgt, ein ausnehmend vernünftiger Mann mit nur dem einen Dollpunkt: Nie sollte er der englischen Mutter den Ehebruch mit Struensee verzeihen, und sein Haß auf die geborene Engländerin wurde zum Haß auf alles Englische.

So band er sich denn unauflöslich an Englands größten Feind Napoleon. In keinem anderen fand Frankreichs Kaiser einen engeren Verbündeten als im Dänenkönig, der noch an seiner Seite blieb, als längst aller L'Empereur-Glanz um den korsischen Adler erloschen war. Nun wird ihm die Rechnung für seine napoleonische Nibelungentreue präsentiert.

Norwegen geht verloren. In den deutschen Herzogtümern hausen im fürchterlichen »Kosakenwinter« 1813/14 die schlimmsten Feinde der napoleonischen Allianz. Die Menschen in Schleswig und Holstein erschauern: So gut lebt es sich anscheinend nicht mehr unter der Obhut der dänischen Majestät oben in Kopenhagen!

Schon kursieren weitere Gerüchte. Als Instrument der Restauration, das alle revolutionären Bestrebungen auf immer unterdrücken soll, ist unter Führung des fingerfertigen österreichischen Kanzlers Metternich der »Deutsche Bund« entstanden, über den nicht nur Heinrich Heine höhnt: »Bund, du Hund, du bist nicht gesund!«

Diesem Bund gehört auch Dänemarks König an – als Herzog von Holstein, nicht als Herzog von Schleswig. Die Menschen in den Herzogtümern horchen auf. Gilt etwa die alte Schleswig-Holsteiner Losung »up ewig ungedelt« nicht mehr? Sollen die Herzogtümer aller Bindestrich-Schreibung zum Trotz »up ewig« auseinandergerissen werden?

Das sollen sie tatsächlich. Dänemarks König stellt dazu bereits erste Überlegungen an, und die sind eigentlich ganz logisch. Wenigstens aus seiner Sicht.

Holstein wird er wohl über kurz oder lang an ein heraufziehendes Deutsches Reich hergeben müssen. Schleswig, bis hinunter zur Eider, könnte er halten und würde es dann am besten gleich dem eigentlichen Dänemark zuschlagen. Dessen »Danisierung« kündigt sich an, und Storms Nordfriesland wäre dabei. Grund genug für die Holsteiner und Schleswiger, ihrerseits darüber nachzudenken, wozu sie künftig selbst gehören wollen.

Vor allem wohl zu einander. Up ewig ungedelt.

Der kommende deutsch-dänische Konflikt – noch ist er ein Gegensatz zwischen Gesamtstaat und den beiden Herzogtümern, kein Gegensatz zwischen zwei Nationen – zeichnet sich bereits deutlich ab, und daß er nicht schon jetzt, sondern erst runde drei Jahrzehnte später explodiert, liegt an dieser Zeit des Biedermeier, das eine Zeit großer allgemeiner Verdrängung ist.

Es sind die Jahre, die Storm später als »praktisch unpolitische Zeit« bezeichnet, und er wird damit Husum meinen, wo die Herren Honoratioren beim Frühschoppen sitzen, etwas »kannegießern«, wie nach einer Figur des Lustspielautors Ludvig Holberg alle Stammtischpolitik genannt wird, und das ist dann das Höchste an politischem Engagement.

Nicht nur in Husum.

Denn so anders geht es anderenorts auch nicht zu. Vorbei die kurze Zeit geistiger Unruhe, als die Burschenschaftler auf ihrem Wartburgfest Stock und Perücke als Symbole der Reaktion ins Feuer warfen.

Den hochgescheuchten Reaktionären hatte der Student Sand den Gefallen getan, den erzreaktionären Diplomaten und Possenverfasser August von Kotzebue zu erdolchen. Da konnte dann zurückgeschlagen, durften freiheitliche Naturen wie der Schriftsteller Ernst Moritz Arndt oder der etwas skurrile »Turnvater« Jahn als »Terroristen« verteufelt und in die Verbannung getrieben werden.

Der Rest war Friedhofsruhe.

Aber im Hintergrund gärte es. Hier wie überall in Europa. Man hatte schließlich nicht dem napoleonischen Sturm standgehalten, um die Fürsten ihr altes Gottesgnadenspiel in Ewigkeit weiterspielen zu lassen. Und immer wieder, fordernder, drängender, war in Preußen wie im übrigen Deutschland die eine Frage von Ernst Moritz Arndt zu hören: Was ist des Deutschen Vaterland?

Es ist nun schon das Jahr 1840. Student Storm studiert in Kiel, schreibt Gedichte, streitet sich mit den beiden Mommsens und betet seine kleine Bertha an. Zuweilen mag zu ihm dringen, was sich so außerhalb seiner Welt zuträgt. Daß zum Beispiel in Berlin der preußische König verstarb und dem hölzernen, in seinem grausigen Infinitiv-Deutsch (»Das wohl seine Schwester sein?«) daherstammelnden Friedrich Wilhelm III. der eloquente Friedrich Wilhelm IV. gefolgt ist. Schon bald meinen die immer spottbereiten Berliner, es sei nun der hochseligen Majestät eine hochredselige gefolgt. Und was der Mann so alles redet! Von der »Vermählung von Volk und Thron« und wie wichtig ihm eine »charaktervolle Opposition« sei und daß sich Preußen nie von Rußland und Österreich trennen dürfe, denn diese Allianz sei die Basis aller Ordnung in Europa, und ...

Man hört zu. Man lächelt leicht. Und man schüttelt den Kopf. Der Bruder des Königs zum Beispiel, der spätere

Wilhelm I. Oder wieder mal Dichter Heine, der zwar ein Faible für diesen König hat und eine gewisse Geistesverwandtschaft mit ihm nicht leugnet, aber mit dem selbstkritischen Seufzer dabei: »Ein vornehmer Geist, hat viel Talent. Auch ich, ich wäre ein schlechter Regent.«

Doch vielleicht ist dieser »Romantiker auf dem Preußenthron« gar kein so schlechter Regent. Er ist nur nicht der Typ, dem Zeitgeist zu begegnen, diesen unruhig aufbegehrenden vierziger Jahren.

Diskussion überall, Fragestellungen, vor allem bei der Jugend, die endlich wissen möchte, ob denn alles so sein muß, wie es ist.

Nein! Muß es nicht! Und dann ist gleich auch wieder die Revolution da. Erst mal neuerlich in Frankreich, wo man vom seinen Regenschirm schwingenden »Bürgerkönig« Louis Philippe mit seinen großbourgeoisen Thesen »Enrichissez vous (Bereichert euch)« gründlich die Nase voll hat, dann in Österreich, in Belgien, in Preußen.

Auch dort Barrikaden, schießendes Militär, viele Tote, und dem anrückenden General Wrangel wird angedroht, bei einem möglichen Einmarsch in Berlin würde in Schwerin seine Frau Gemahlin aufgehängt. Der Militär ungerührt, als er denn doch gegen die Hauptstadt vorrückt: »Ob sie jetzt schon baumelt?« Und als ihm die Revolutionäre entgegenbrüllen, sie würden nur der Gewalt weichen: »Dann weicht mal schön! Die Gewalt bin ich!«

Aber so lustig ist das alles nicht. In diesem Jahr 1848 läuft vielmehr eine Revolution so ab, wie in Deutschland stets Revolutionen abzulaufen pflegen, matt und ohne Ergebnis. Die »48er« werden danach sein, was im Jahrhundert darauf die »68er« sind: Aufrührer gegen das Establishment, die dieses Establishment denn doch nicht haben überwinden können.

Die Frage nach dem Standort eines deutschen Vaterlands ist aber noch immer so wenig beantwortet wie die andere nach einem freien, gleichen, brüderlichen und vor allem einigen Deutschland unter (möglicherweise) demokratischem Vorzeichen.

Metternich ist nun weg, der Bürgerkönig trägt jetzt seinen Regenschirm an der Themse spazieren, und kurze Zeit leistet ihm dabei Preußens Kronprinz Wilhelm, der »Kartätschenprinz«, Gesellschaft.

Aber mag sich in Berlin auch König Friedrich Wilhelm vor den Opfern der Märzrevolution verneigen und mit den nationalen Farben Schwarz-Rot-Gold durch die Straßen reiten. Die alten Kräfte sind dennoch ungebrochen. Und als dem preußischen Monarchen im Jahr darauf die in der Frankfurter Paulskirche zusammengekommene Nationalversammlung die Krone eines deutschen Kaiserreichs anbietet, wird er diese »Krone aus dem Straßendreck« nach kurzem Zögern zurückweisen. Nur von seinesgleichen, den Fürsten, will er sich wählen lassen.

Es bleibt beim Traum vom starken deutschen Nationalstaat. Und gleichfalls nur ein Traum ist die Hoffnung auf einen Kompromiß zwischen Monarchie und neuer Bürgerfreiheit. Im Hintergrund beißt sich einer besonders heftig auf die Lippen. Ein gewisser Otto von Bismarck, der zu den dreißig Edelleuten gehört hatte, die mit ihrer Unterschrift den Antrag der nationaldeutschen Professorenversammlung unterstützt hatten. In diesem Augenblick mag er wohl ein erstes Mal ahnen, daß man so dieses Deutschland nicht einigt, nur »durch Blut und Eisen«.

Das Revolutionsjahr 1848 hat auch die dänische Monarchie nicht ganz ungeschoren gelassen. Dort hatte im selben Jahr Friedrich VII. den Thron bestiegen, und er erfährt gleichsam nebenbei, daß der Absolutismus sozusagen abgeschafft ist.

Na schön, meine Herren! Die Majestät zieht sich nach bald zweihundert Jahren absoluter Herrschaft auf den Status einer konstitutionellen Monarchie zurück. Auch nicht übel! Aber für die Beziehung zu den beiden deutschen Herzogtümern ist das eine Katastrophe.

Der Absolutismus hatte den Herrscher zur großen Integrationsgestalt des Gesamtstaates gemacht. In ihm, unabhängig von der Nationalität, fanden sich alle, ob Deutsche oder Dänen, gleichermaßen wieder. Worin aber konnte man sich jetzt noch wiederfinden? In der Verwaltung, die im Namen des Monarchen regierte? Die Unkenrufe, die Schleswig bis zur Eider schon ins eigentliche Dänemark einverleibt sahen, nahmen zu.

Dänischer Nationalismus gegen deutschen Nationalismus: so sah die neue Konstellation aus. Noch friedlich, noch mit der Frage beschäftigt, wohin sie denn nun eigentlich gehören, diese Schleswiger und Holsteiner auf ihrer Völkerbrücke zwischen Nord und Süd.

Speziell aber – und auch diese Frage geht schon seit den dreißiger Jahren des 19. Jahrhunderts um: wo gehören nun die Friesen hin? In Abwandlung des Arndt-Gedichts: Was ist des Friesen Vaterland, was die Heimat dieses in den Gesamtstaat hineingesprengten Volksstammes dort draußen an der Nordseeküste?

Irgendwann um die Jahrtausendwende waren sie in dieses Land oberhalb der Eider gekommen, hatten seinen Stürmen und Fluten getrotzt, dem Blanken Hans den Kampf angesagt und in den Großen Manndränken der Vergangenheit ihre Opfer gebracht. Ein zäher, geduldiger, immer aufs nackte Überleben ausgerichteter Stamm mit seinem dumpfen Fatalismus: Der Himmel ist hoch, der Fürst ist weit.

So hatten sie die ersten achthundert Jahre nordfriesischer Geschichte überlebt.

Sind sie darüber ein Volk geworden? Diese Menschen hier in diesem Schmelztiegel Nordfriesland mit seinen niederländischen, deutschen, skandinavischen, sogar portugiesischen Einflüssen?

Kaum. Nicht einmal eine einheitliche Sprache haben die Menschen hier, nur ein Bündel von Dialekten, und schon von der einen Gemeinde zur nächsten kann man sich kaum verständigen.

Aber muß das so sein? Ist der Gedanke an einen eigenen Friesenstaat, jenseits vom noch gar nicht existenten Deutschland und dem sehr existenten Dänemark, nichts als Utopie?

Es regt sich, wohl erstmals in der Friesengeschichte, so etwas wie ein friesisches Nationalgefühl. Ein Friesenwappen wird entworfen, Krone, Adler, Grütztopf. Es wird an einer einheitlichen friesischen Sprache gearbeitet und Lieder gedichtet, ebenso klangvoll wie historisch ungenau: »Es war in alten Zeiten ein edler deutscher Stamm ...«

Da fleht denn bereits 1842 ein Pastor namens Christian Feddersen seine Landsleute in seinen »Fünf Worten an die Nordfriesen« an: »Höret nicht auf, Friesen zu sein!« Wortgewaltig fährt er fort: »Ihr habt von Gott ein eigen Land, eine eigene Nation des Geistes und des Gemütes, eine eigene Geschichte, also eine eigentümliche Bildung durch Natur, Bestrebung und Schicksale, ihr habt auch eine eigene Sprache ...«

Storm, von Geburt her mehr Niedersachse als Friese, könnte weghören. Dies alles geht ihn eigentlich nichts oder nur wenig an. Aber er hört hin, wenn auch nur mit halbem Ohr, und er mag dabei ein wenig grinsen: Was die Leutchen nur wieder für Sorgen haben in diesem seinen Heimatland! Im übrigen – politisch Lied ein garstig Lied! Hatte das nicht bereits Goethe so gesagt?

Immerhin, als 1844 zu Bredstedt das große Friesenfest gefeiert wird, ist Nicht-Friese, Nicht-Patriot, Nicht-Politiker Storm dabei.

Der Dichter als Zeitzeuge. Noch gleichsam neutral. Doch das soll nicht lange dauern.

6. Husum – Heimat

»Unter den Dänen hier
heißt (es),
ich rase
vor Patriotismus«

Theodor Storm

Den grauen Tag vergolden, ja, vergolden

Das ist nun ein wirklich schönes Fest an diesem hellen Junitag.

Rund sechstausend aus allen Winkeln der Marsch sind nach Bredstedt geströmt, mehr, als die kleine Friesenstadt im Norden Husums Einwohner hat. Kanonen dröhnen, Fahnen flattern. Im Hintergrund glitzert das Meer.

Der Abend bricht herein. Fackeln flackern auf, Pechpfannen verbreiten Rauch und Brandgeruch. Die Gesichter werden immer röter, Stimmen und Gelächter immer lauter. Gute Laune herrscht, fröhlich, ausgelassen, nur manchmal etwas aggressiv. Und einmal klatscht eine Ohrfeige, als sich ein naseweiser Primaner über den ganzen Auftrieb allzu frech mokiert. Unauffällig schleicht sich der Gestrafte davon.

Das Fest geht weiter.

Immer höher schlägt der Festestrubel im großen Garten oberhalb des Meers mit seinem weiten Blick über Deich und Vorland. Auf dem Balkon des Festpavillons finden sich zwei sonst so würdige Honoratioren, der Herr Advokat Bruhn und der Herr Dr. Nagel, in selig trunkener Umschlingung wieder und deklamieren lauthals »Drüber überm Sternenzelt«. Zu ihren Füßen walzt das Bauernvolk der Marsch vergnügt über den Rasen. Und der Advokat Wilhelm Hartwig Beseler nimmt jeden erst mal politisch zur Brust und läßt ihn das meerumschlungene Glaubensbekenntnis herbeten: »Liever dut as slav ...«

Das also ist das Nordfriesenfest zu Bredstedt am 10. Juni 1844.

Eine wahre Woge an Feierlichkeiten spült in diesem Sommer über Schleswig hinweg, als wollten sich die Menschen in spontan aufwallender Solidarität unter Gesang, Fahnenwehen und Kanonendonner aneinanderklammern, auf daß sie nichts und niemand, wirklich gar nichts trennen möge. Aber nicht alle überlassen sich gleichermaßen kritiklos der Festtagseuphorie.

Advokat Woldsen Storm hält sich zum Beispiel in eher skeptischer Distanz. Er liebt sein Schleswig-Holstein. Er glaubt ans »up ewig ungedelt«, mit dem er praktisch aufgewachsen ist. In Kieler Studententagen hatte er an keinem Weihnachten versäumt, den Tannenbaum nicht nur mit Äpfeln, Nuß und Mandelkern, sondern auch mit den Schleswig-Holsteiner blau-weiß-roten Farben zu schmücken. Er hatte sich auch nicht lange bitten lassen, als man ihn ins Organisationskomitee des Nordfriesenfestes einlädt.

Das allerdings darf es dann gewesen sein.

Storm dirigiert den Chor und singt tüchtig mit. Er versucht sich als Kaufmann, bietet an einem Bücherstand eigene Gedichte feil und kassiert einen kräftigen Verlust. Kein Wunder bei all den Bauern hier, die von Lyrik keine Ahnung haben.

Geringschätzig verzieht sich sein Mund. Er schüttelt sich ein bißchen, als er den »gefühlvollen Dänenfresser« Johann Todsen aus Tondern wohl an die fünfzig Hetzreden gegen die Dänenherrschaft halten hört, »von denen keine einzige einen Sinn hatte«, und kommt ins helle Kichern, als er nach der fünfzigsten diesen Todsen seinem Kollegen Lorenzen um den Hals fallen sieht und ihn unter Tränen flüstern hört: »Es gelingt!«

Was, bitte, soll gelingen? Keine Ahnung!

Storm seufzt und entdeckt im Gewühl – das interessiert ihn schon viel mehr – die junge und sehr reizende Frau des Aktuars Marcon. Galant reicht er ihr den Arm, führt sie hinaus aus allem Gedränge. Sie gehen einige nächtliche Stunden lang spazieren, und das ist für Storm das Allerbeste an diesem ganzen Nordfriesenfest.

Irgendwas groß Aufregendes scheint bei dieser Promenade nicht passiert zu sein. Denn ohne den geringsten Anflug irgendeines schlechten Gewissens setzt sich Storm gleich am nächsten Tag hin und beschreibt der Braut Constanze in einer langen Epistel alle Details des Festes, Flirt und Promenade inbegriffen.

Ein Betrachter also, ein Genießer. Und ganz gewiß kein schäumender Patriot.

Natürlich weiß Storm, worum es geht. Wie alle in den beiden Herzogtümern hat er die immer neuen Ansätze der dänischen Monarchie mitbekommen, über irgendwelche Schleichwege Schleswig doch noch fest an sich zu binden und so den Prestige- und Landverlust nach den napoleonischen Kriegen, vor allem die Abtrennung Norwegens etwas auszugleichen.

Er dürfte auch von der zunehmend erstarkenden Partei der »Eider-Dänen« oben in Kopenhagen gehört haben, die dem schleswig-holsteinischen Nationalismus ihren dänischen entgegensetzt und ein »Dänemark bis zur Eider« fordert. Und die Frage, wohin nun Schleswig und Holstein am Ende gehören sollen, stellt sich auch ihm.

Ebenso hat er vom Sylter Landvogt Uwe Jens Lornsen gehört und seine in vielen tausend Exemplaren verbreitete Flugschrift »Über das Verfassungswerk Schleswig-Holstein« gelesen, wo Lornsen die vom König schon so lange versprochene, immer wieder zurückgehaltene einheitliche Verfassung für Schleswig und Holstein verlangt hatte. Lornsen, später aus dem Amt gejagt, in Haft genommen, schließlich im Freitod geendet, war zugleich einer der ersten gewesen, die klar den Anschluß eines vereinten Schleswig-Holstein ans übrige Deutschland gefordert hatten.

Da wurde es allerdings wieder prekär. Denn was war Deutschland um diese Zeit? Wie verstand sich ein Deutscher, wodurch definierte er sich?

Bei den großen Festen in diesen frühen vierziger Jahren wird viel gesungen, so auch beim Sängerfest zu Schleswig nur einen Monat nach dem Nordfriesenfest, wo das frisch entstandene Schleswig-Holstein-Lied seine Uraufführung erlebt, »Schleswig-Holstein, meerumschlungen ...« Aber es waren noch nicht jene Verse zu hören, die ein Dichter aus dem hannoverschen Fallersleben, August Heinrich Hoffmann, drei Jahre zuvor auf der Insel Helgoland geschrieben hatte: »Deutschland, Deutschland über alles ...«

Kein Deutschland-Lied, wie es später genannt werden wird. Ein Lied der Deutschen, wie es richtig heißen muß. Das Lied für alle, die damals ein – wenigstens in Herz und Gemüt – einiges Deutschland wollen, »von der Maas bis an die Memel, von der Etsch bis an den ...«

Jawohl, auch bis an den Belt.

Das richtet sich nun schon an alle Deutschen im gesamtdänischen Machtbereich, und es appelliert zugleich an all die anderen Deutschen, diese Menschen dort oben im äußersten Norden des deutschsprachigen Raums als Brüder und Landsleute anzunehmen. Wozu ein Storm nur trübe blicken kann.

Es wird in diesen Jahren deutsche Mode, für die Schleswig-Holsteiner und ihren Kampf um Selbstbehauptung zu schwärmen, und Schleswig-Holstein wird ein »Schoßkind der öffentlichen Meinung« werden. Doch hat das wirklich mit großer Liebe zu den Brüdern dort oberhalb der Elbe zu tun?

Storm hat Grund zum Zweifel. Er hat die Lübecker »Schuckelmeier!«-Rufe gehört. Er war in Berlin und weiß, wie wenig dort die Menschen aus seiner Heimat mit ihrem komischen Akzent und leicht komischen Gehabe gelten. Er muß nicht erst die Erfahrung des weltenbummelnden friesischen Abenteurers und Patrioten Harro Harring machen, der sich schon 1832 beim ersten großen Nationalfest der Deutschen, dem Hambacher Fest, einstellte und dort hören durfte, als Friese gehöre er gar nicht dazu.

Nie dürfte Storm Harro Harrings Plan eines eigenen unabhängigen Friesenstaats nachgegangen haben. Er ist sicherlich gegen die Einvernahme seiner Heimat durch Dänemark, aber es zieht ihn auch nicht unbedingt nach Deutschland hin. Er hat nichts gegen die Dänen, deren Sprache er »mündlich wie schriftlich«, wie seine Advokatenbestallung ausdrücklich vermerkt, perfekt beherrscht. Er kommt schließlich von mütterlicher wie väterlicher Seite her aus Familien, die mit den Dänen und ihrem Gesamtstaat in den Zeiten einer gegenseitigen freundlich-gleichmütigen Achtung so schlecht nicht gefahren sind.

Großvater Simon Woldsen wußte mit ihnen seine Geschäfte zu machen, und Vater Johann Casimir Storm verdankt ihnen praktisch seinen gesamten Aufstieg, bis hin zur Verleihung des Danebrog-Ordens im Jahr 1840. Der Sohn kann sich also kaum beklagen.

Entsprechend schwer ist auszumachen, wo er nun selbst um diese Zeit politisch steht – und ob überhaupt irgendwo. Spöttelnde Storm-Beobachter meinen später, stets wüßte man bei diesem Mann, wogegen er ist, aber nie so genau wofür, und das hat seinen wahren Kern. Denn »sichere politische Bildung«, das gesicherte weltanschauliche Fundament vermißt nicht nur Theodor Mommsen am Freund.

Der friesische Drang nach Freiheit und Unabhängigkeit, immer schön weit weg von allen gerade Mächtigen, steckt auch in Storm. Jedwede Obrigkeit, auch das sehr friesisch am Nicht-Friesen, löst in ihm durchdringendes Mißtrauen aus. Er bleibt nun mal der geborene Individualist und ist damit gegen alles, was diesen Individualismus irgendwie in Frage stellen könnte.

Zum Beispiel gegen die Kirche. Nicht so sehr gegen den Glauben. Hier klingt eher, etwa in der vielzitierten Bemerkung gegenüber Mörike über dessen »glücklichen Glauben«, so etwas wie unerfüllte Sehnsucht an, melancholisches Bedauern, am Ende ein wenig Neid. Storm könnte also sehr wohl Christ sein. Allerdings kein Sohn der christlichen Kirche. Ihn ärgert deren Anmaßung als einzig meinungs- und sittenbestimmende Institution. Ihn provoziert der geistliche Pakt mit allen weltlichen Obrigkeiten, und er fordert später die Trennung von Staat und Kirche sowie die

Emanzipation des Schulwesens von aller kirchlichen Kontrolle. Was ihn aber nicht hindert, mit vielen evangelischen Pastoren gut Freund zu sein.

Storm ist gleichfalls gut Freund mit vielen Aristokraten, obwohl er gegen den Adel wenigstens so heftig eingestellt ist wie gegen die Kirche, und das ist schon wesentlich schwerer zu verstehen als seine antiklerikale Haltung. Die wurzelt, wie schon Thomas Mann vermutete, im heimlichen Heidentum der Friesen und zugleich in der düsteren Erkenntnis, wie wenig alles Christentum gegen den einen großen Feind alles Lebendigen, gegen Tod und Vergänglichkeit, ausrichtet. Diese tiefe Resignation gegenüber allen Heilkräften des Glaubens läßt Storm einmal in einem Gedichtfragment erschütternd Sprache werden:

> An deines Kreuzes Stamm, o Jesu Christ
> Hab ich mein sorgenschweres Haupt gelehnt;
> Doch Trost und Kraft kam nicht von dir herab ...

Das ist immerhin klar. Einer wendet sich vom Kreuz ab, weil dieses Kreuz keine Hilfe ist in dieser Welt. Doch welche existentielle Enttäuschung dürfte Storm je durch den Adel erfahren haben?

Es gibt genügend rationale Gründe, gegen den erblichen Adel zu sein. Auch Storm hat sie. Doch schwingt in seinen Äußerungen, anders als in denen gegen die Kirche, ein Maß an Emotion mit, als würde hier ein unmittelbar Betroffener reden. Und in seinen Erzählungen wird nur selten ein Geistlicher eindeutig negativ gezeichnet. Aristokraten läßt der Dichter jedoch nicht ohne Leidenschaft lauter böse Dinge tun.

Woher nur dieser Haß? Man kann da nur vermuten.

Der Patriziersproß, studiert, ein Dichter dazu mit einer Seele voll seltener, kostbarer Erregungen. Das hebt ihn hinaus aus der Menge der anderen, all der »Bauernbengel« und Husumer Kleinbürger. Das macht ihn zu etwas Besonderem, ganz Ungewöhnlichem. Ein Aristokrat also auch er. Nur ohne Titel und »von« vor dem Namen. So lebt Storm in seinem eigenen heimlichen Adel dahin.

Dann aber stehen da plötzlich andere, mit keinem anderen Verdienst, als sich gebären zu lassen, wie Dichter Beaumarchais in seiner »Hochzeit des Figaro« seinen aufsässigen Helden den Grafen Almaviva anpöbeln ließ. Diesen anderen fällt schon allein ihres Namens wegen ein Rang zu, den einer wie Storm eigentlich für sich beansprucht. Der Aristokrat des Geistes gegen die Aristokraten vom Stand. So etwas schafft Neid und schärft Aggression.

Später entwickelt sich Storm zu einem Demokraten. Mit kleiner Einschränkung allerdings. Storm ist für die Demokratie, weil sie gegen den Adel ist, ganz im Geist der kecken Jungs aus seiner Erzählung »Im Saal«.

Die wollen gar keinen Adel mehr, er gehöre abgeschafft, radikal, oder es sollte jeder Mensch ein Freiherr werden. Von dieser Haltung aber ist es noch immer eine Weile hin bis zu einem echten demokratischen Bewußtsein.

In Storms Demokratie-Verständnis, so ehrlich empfunden, wird immer eine Herablassung mitschwingen, mit der er sich dem »kleinen Mann« und »einfachen Volk« zuwendet. Großbürger Storm behält dabei die eigene soziale Stellung recht genau im Auge, und wenn alle Menschen wirklich gleich sein sollten, so manche eben etwas gleicher. Darunter er selbst.

Auch mit der viel beschworenen »Freiheit« hat er zunächst so viel noch nicht im Sinn.

Zwar hatte er beim Abgang vom Lübecker Katharineum auf Latein eine Arbeit über den Abfall der Niederlande von der spanischen Herrschaft verfaßt und dabei deutlich die Partei der unterdrückten Niederländer ergriffen, doch daraus sprach mehr die Lektüre vom Goetheschen »Egmont« und die Begeisterung für Schillers »Don Carlos« als ureigenes politisches Bekenntnis.

Als sich jedoch der angehende Dichter ein erstes Mal des

Themas Freiheit annimmt, gibt er sich gar nicht Schillerhaft begeistert, sondern ausgesprochen Heine-verdächtig spöttisch.

»Laßt uns die Eiche der Freiheit erklimmen ...«, fängt das noch mit pseudo-triumphalen Jubel an und endet in höhnisch bleckender Ironie: »Triumph und Sieg, unser Wunsch ist erfüllt. Wir haben die Freiheit – ein Nebelbild ...«

Mit gerade achtzehn Jahren schreibt Storm das 1835, als bereits das Biedermeier aus seinem Friedhofsschlaf erwacht war, in ganz Europa, in Griechenland wie Polen, Freiheitskriege toben und in Frankreich eine weitere Revolution die bankrotte Monarchie der Bourbonen vom Thron gefegt hatte.

Storm zeigt sich davon völlig unberührt, und er fühlt sich nicht wesentlich berührter, als er erst in Kiel in die »Clique« seiner durchweg politisch hochmotivierten Kommilitonen gerät, mit den beiden Mommsens voran und ihren ganz eigenen Vorbildern.

Goethe, der Olympier, ist ihnen schon zu fern und marmorn abgeklärt, Heine zu individualistisch persönlich. Kunst darf nicht subjektiv sein. Sie soll Subjektivität geradezu überwinden, um den Blick auf die Dinge selbst zu lenken. Wer aber könnte subjektiver sein als Kommilitone Storm?

Die Mommsens, Theodor zumal, zu dieser Zeit selbst noch Lyriker von Ambition, gehört noch zu den Liberaleren, die der Kunst größeren Spielraum zubilligen. Aber Storm, den Mommsen einfach etwas schlapp findet, zu gefühls- und tränenselig, »eine verweichlichte Natur«, fordert denn doch seine böse Kritik heraus, als er sich an einem in seinen Augen »politischen« Gedicht versucht. Dabei hatte es der Mann aus Husum so gut gemeint.

Schon 1846 war ein erster Entwurf entstanden. Stolz berichtet er seiner Constanze davon. Und inzwischen kann man dieses Gedicht »Ostern« getrost den schönsten Storm-Gedichten zurechnen.

> Es war daheim auf unserm Meeresdeich;
> Ich ließ den Blick am Horizonte gleiten,
> Zu mir herüber scholl verheißungsreich
> Mit vollem Klang das Osterglockenläuten ...

Danach läßt Storm in aller Pracht fünf Strophen lang die Herrlichkeit eines Frühjahrsmorgens an der Küste aufleuchten.

»Wie brennend Silber funkelt das Meer«, sammetgrüne Wiesen, jauchzende Lerchen, springende Knospen, »vom Himmel strömt die goldene Sonnenfülle«. Große Lyrik, zweifellos. Doch was bitte, ließe sich fragen, ist daran um Himmels willen so politisch?

Erst am Ende der sechsten Strophe heißt es in sachter Anlehnung ans Schleswig-Holstein-Lied: »Und wanke nicht, du feste Heimaterde!« Und dann beginnt, noch nicht in der Fassung von 1846, wohl aber in der Version zwei Jahre später, was der Storm dieser Zeit wohl schon als Höchstmaß politischen Engagements empfindet.

> Hier stand ich oft, wenn in Novembernacht
> Aufgor das Meer zu gischtbestäubten Hügeln,
> Wenn in den Lüften war der Sturm erwacht,
> Die Deiche peitschend mit den Geierflügeln.
>
> Und jauchzend ließ ich an der festen Wehr
> Den Wellenschlag die grimmen Zähne reiben;
> Denn machtlos, zischend schoss zurück das Meer –
> Das Land ist unser, unser soll es bleiben!

Storm hat 1848 das Gedicht überarbeitet und an Mommsen geschickt, der inzwischen zum Mitherausgeber der »Schleswig-Holsteinischen Zeitung« avanciert ist, des Zentralorgans schleswig-holsteinischer Selbständigkeit. Der klemmt sich den Kneifer vor die Augen, liest, schüttelt den Kopf: Unser Storm mal wieder! So naiv und ahnungslos!

Nein, so geht das wirklich nicht! Das hier ist keine politische Lyrik, die ihren Platz zwischen Leitartikel und Reportagen hat. Da muß schon mehr und anders zur Sache gegangen werden.

Doch muß noch einiges geschehen, bevor Storm dazu bereit ist.

Seine politischen Konfessionen sind in der Zeit vor 1848 eher Gedichte wie »Abseits«, wo ganz bewußt provokante Idylle als Gegenentwurf zur »aufgeregten Wirklichkeit« gemalt wird. Und das hierbei »politischste« aller Storm-Gedichte ist sicher das »Oktoberlied«.

Nach dem Kammerton bei »Abseits« nun die Fanfare als einziges trotziges Aufbegehren einer aufgestörten Individualität, die sich auf ihre ureigenen Kräfte und Möglichkeiten besinnt. Storm findet darüber zu einer fast lutherisch anmutenden Sprachkraft wie gleich in der zweiten Strophe.

> Und geht es draußen noch so toll,
> Unchristlich oder christlich,
> Ist doch die Welt, die schöne Welt,
> So gänzlich unverwüstlich.

Unverwüstlich die Welt, nicht umzubringen ein rechtes Herz, und mit einem guten Schluck Wein, mit Gelächter und Fröhlichkeit läßt sich jeder noch so »graue Tag vergolden, ja, vergolden«.

Das ist Storms eigentliche Antwort auf die tatsächlich immer grauer werdende Gegenwart, nachdem er zunächst den frischen Wind der 48er-März-Tage begrüßt hatte und noch als alter Mann meinen sollte, damals sei die Welt plötzlich jünger geworden.

Und jung genug, meint er schon damals, sich endgültig all der alten Laster und Leiden zu entledigen, der Adelsherrschaft vor allem. Da kann er gleich mal wieder seinem Ressentiment frönen und zunächst feststellen, die Abschaffung der Leibeigenschaft vor fünfundvierzig Jahren sei zwar eine gute Sache, aber letztlich doch nur »ein halberlegter Drache« gewesen.

In »besseren Tagen«, also jetzt, sollte nun das »freche Haupt«, die Fronherren von einst, der Adel, ganz abgeschlagen werden. Und wer diese unter dem Titel »Halbe Arbeit« 1848 niedergeschriebenen Zeilen liest, kann sich schon mal mit Schauder vorstellen, zu welch konsequenter Härte dieser sanfte Storm mit seiner angeblich »verweichlichten Natur« noch fähig sein wird.

Erst einmal aber sitzt Dichter Storm am Bettchen seines Sohnes Hans und erzählt vom kleinen Häwelmann, da er denn meint – ironisch schickt er es als Vorspruch dem Text voraus –, es sei doch Zeit, »Märchen zu erzählen«.

Schon folgt das zweite, das vom »Hinzelmeier«. Der Erzähler Storm, anders als bald schon der Lyriker, scheint nichts von Politik zu halten, verweigert ihr hartnäckig den Eintritt in seine Prosa und ruht sich lieber wieder aus in stiller grüner Sommereinsamkeit.

In gewisser Hinsicht – der Storm-Forscher David A. Jackson hat das festgestellt – ist auch »Immensee« ein Märchen, mit Elisabeth als verhextem Dornröschen hinter den Dornenhecken des Frühkapitalismus, mit einer veritablen Hexe (= Mutter) und dem Künstler Reinhard als tragisch scheiterndem Prinzen und Befreier.

Ein Hauch Märchen, das ganz leise geraunte »Es war einmal«, liegt schon über der Zeit, in der Storm das Geschehen ansiedelt. Ein zweites Mal nach »Im Saal«, wo sich noch im Gespräch mit der vergangenheitsseligen Großmama die neue Zeit recht fordernd zur Stelle meldet, wendet Storm den Kunstgriff einer erinnernden Rückblende an und kann so bruchlos in eine andere, frühe, sehr ferne Epoche hinübergleiten.

Auch das ein Stück Verweigerung gegenüber allem Lärm der Gegenwart. Ihr darf der Leser wenigstens eine Novelle lang aufatmend entkommen. Und gerade das macht den anhaltenden Erfolg dieser Storm-Erzählung aus, in dreißig

Auflagen allein zu Storms Lebzeiten und an die sechzig bis zur Jahrhundertwende, während politisch engagierte Männer wie Theodor Mommsen bei diesem »faden Zeug« nur müde abwinken.

Fades Zeug? Vielleicht.

Jedenfalls eine bewußt »unpolitische«, betont »private« Geschichte. Und anders als bei »Im Saal«, wo noch die Rückblende ins Jahrhundert zuvor Vergangenheit deutlich als vergangen ausgewiesen hatte, träumt es sich bei den weicheren »Immensee«-Übergängen so hübsch zurück in nicht so aufgeregte Zeiten, wo man mit Dichter Reinhard in seliger Schwermut seufzen darf: »Hinter jenen blauen Bergen liegt unsere Jugend. Wo ist sie geblieben?«

Jeder kennt solche Gefühle. Und viele meinen nun auch ihren Dichter zu kennen. Den Goldschnitt-Lyriker, so sanft und weltfremd wie sein Reinhard, dem nichts in dieser Welt so ganz gelingen will. Sympathisch, aber nicht recht ernst zu nehmen.

Doch während noch in den frühen Fünfzigern »Immensee« Auflage um Auflage hinausgeht in die Welt und schließlich das Storm-Bild eines in sich versunkenen Kleinstadt-Lyrikers und Provinz-Idyllikers bis zur Denkmalhärte verfestigen hilft, wandelt sich dieser Mann zugleich sehr. Die Zeit zwingt ihn dazu, so gern er auch – freimütig gesteht er es ein – der Idylle treu bliebe. Die Verhältnisse allerdings sind nun einmal nicht so.

Diesen Verhältnissen stellt er sich nun, sucht seine neue Rolle als Dichter wie als Zeitgenosse, hält später fest mit gewissem Stolz:

> Wir können auch die Trompete blasen
> Und schmettern weithin durch das Land;
> Doch schreiten wir in Maientagen,
> Wenn die Primeln blühn und die Drosseln schlagen,
> Still sinnend an des Baches Rand.

Als Storm 1864 diese Zeilen mit ihrer Reminiszenz an jene Tage schreibt, da er »die Trompete« weithin durchs Land schmettern ließ, ist er Kreisrichter in Heiligenstadt und verfaßt noch im selben Jahr die Erzählung »Abseits«, wo man sich gleichfalls an diese Zeit erinnert: »Der Krieg brach aus, und niemand hatte Zeit, noch an sich selbst zu denken ...«

In der Tat. Auch Storm nicht.

Wir haben Kinder noch

Noch ist dieser Krieg nicht da. Doch scheint es schon zu Beginn des Schicksalsjahres 1848 kaum vermeidlich, daß er irgendwann kommen wird. Die Luft vibriert förmlich vor künftigem Kriegsgeschrei selbst im stillen Husum, wo hinter friedlicher Fassade die ersten Blitze zucken.

Dort sitzt in der stillen Behaglichkeit seines hübschen Hauses in der Neustadt das Ehepaar Storm, spricht vielleicht von Kindererziehung oder was man abends den Gästen bei einer kleinen Abendtafel vorsetzen will. Worum sich aber bei Tisch das Gespräch unter den Gästen ausschließlich drehen wird, weiß man schon jetzt.

Natürlich darum, was sich wohl wieder die Eiderdänen ausgedacht haben, Schleswig Schritt für Schritt unter die dänische Fuchtel zu bekommen. Und wann sie endgültig, gleichsam offiziell zupacken werden.

Die Könige, nach Friedrich VI. sein Neffe Christian VIII., dessen Nachfolge 1848 sein Sohn Friedrich VII. antritt, waren noch behutsam vorgegangen, auf leisen Sohlen gleichermaßen, immer unter heftigem Dementi, ernstlich an Schleswigs Rechte tasten zu wollen. Doch schon ist das Blau-Weiß-Rot der Schleswig-Holsteiner Farben verboten. Beamte dürfen nur noch die dänische Kokarde tragen. Das Heer wird umgebildet, schleswigsche Bataillone nach Kopenhagen oder ins jütländische Fredericia verlegt.

In Schleswig darf keine Landesbank gegründet werden. Dafür entsteht in Flensburg eine Filiale der dänischen Nationalbank. An der Spitze der Behörden nehmen ausgesuchte »Pro-Dänen« Platz, in der Deutschen Kanzlei ein Graf Moltke, als Chef der Landesregierung der bei allen Deutsch-Schleswigern besonders verhaßte Amtmann Ludwig Nicolaus von Scheel. Und es ist auch nicht so, daß die

Eiderdänen in Schleswig absolut keinen Rückhalt in der Bevölkerung hätten. Gerade die Landbevölkerung und in den Städten die Kleinbürger des nordschleswigschen Raums, oft mit Dänisch als einziger Sprache und dem Bild des »guten Herrn Königs« im Herzen, zieht es eher zu Dänemark hin, und im Hintergrund wühlen die Agitatoren, wird die öffentliche Meinung manipuliert, so daß schon 1843 Veranstaltungen wie eine pro-dänische Heerschau bei Kolding zwölftausend Demonstranten auf die Beine gebracht hatten, nicht weniger als im Jahr darauf das pro-deutsche Sängerfest in Schleswig.

Dann jedoch kommt das Jahr 1848 und mit ihm der erste Paukenschlag. Am 22. März genau.

Tags zuvor war praktisch der dänische Absolutismus zu den historischen Akten gelegt worden, und der eh schon schwache Friedrich VII. zog sich aufatmend in die moderaten Pflichten eines Repräsentanten und Gruß-Königs zurück. Die neue Regierung ist liberal und entschieden national. Die Eiderdänen geben nun den Ton an. Deren Programm einer Schleswiger Einverleibung wird ganz offiziell Regierungspolitik.

Die Schleswig-Holsteiner reagieren mit der Berufung einer eigenen, der sogenannten Provisorischen Regierung. Das geschieht am 24. März in Kiel. Am Abend zuvor war es dort hoch hergegangen.

Gemessene Debatte im Kontor des Advokaten Bargum. Würdige ältere Herren tauschen ihre Meinung aus. Viel Geschrei und Geschimpfe dagegen im Rathaus. Dort krakeelen die Draufgänger und Wirrköpfe.

Hier also die Radikalen, dort die gemäßigt Konservativen. Am Ende aber haben die beiden Parteien doch noch zusammengefunden, dank der umsichtigen Vermittlungskunst des Volkswirtschaftlers Wilhelm Ahlmann, der sich später gleich noch einmal ums meerumschlungene Vaterland verdient macht. Er führt in Schleswig-Holstein die allerersten Briefmarken ein.

Die Provisorische Regierung, mit dem Sitz in Rendsburg, steht nun. Markige Köpfe gehören dazu, denkbar unterschiedliche auch, der Graf Friedrich Reventlou, Probst im Kloster Preetz, vergrübelt, versponnen, mehr der Sachwalter alles Bestehenden, oder neben ihm, ganz anders, sehr arrogant und allen Realitäten stets einen Sprung voraus, der Militär Prinz Friedrich von Noer. Und natürlich, unvermeidlich, unentbehrlich, der noch von Storm beim Bredstedter Nordfriesenfest so gnadenlos ironisierte Wilhelm Hartwig Beseler mit seinem berüchtigt demagogischen Schandmaul, das er allerdings bei der nächtlichen Proklamation auf dem Kieler Marktplatz merklich im Zaum hält.

Man will schließlich die dänischen Mitbürger nicht gar so heftig aufscheuchen, auch nicht das in Kiel stationierte Militär auf den Plan rufen. Also Friedenswille, Einlenkung, freundliche Töne. Aber zugleich auch die deutliche Erklärung, »mit aller Kraft die Einigung« zu bestreben. Die mit Deutschland, wann immer dieses Deutschland selbst in Einheit zusammengefunden haben wird.

Die Lawine ist losgetreten.

Im Monat darauf erkennt der Deutsche Bund die Provisorische Regierung an, und im Mai fällt der Beschluß, nach Holstein auch Schleswig in den Bund zu bitten. Das ist praktisch schon die Kriegserklärung gegen alle Eiderdänen, wenn nicht gleich gegen Dänemark. Erstes Blut ist zuvor schon geflossen. Am 9. April beim Städtchen Bau nördlich von Flensburg.

Dort war in aller Hast ein Hilfscorps zusammengetrommelt worden. Vor allem Studenten und Jünger vom Turnvater Jahn hatten sich gemeldet, begeistert, schlecht geschult und ausgerüstet, ahnungslos. Am Abend dieses 9. April lebt von diesen jungen Männern keiner mehr. Die dänischen Truppen haben das Corps völlig aufgerieben.

Erste Tote also. Und nicht so ganz unwillkommene Märtyrer der deutschen Sache. Schon strömen Freiwillige zuhauf zu den Schleswig-Holsteinischen Truppen. Storm beschreibt sie in der Novelle »Abseits«, »mit ihren Schlapphüten und Pistolen«, groß und bärtig, prächtige Erscheinungen. Die Herzen fliegen ihnen zu.

Nicht nur daheim. Die Brüder im Norden sind plötzlich Helden im gesamten deutschen Land und stehen nun – wie zuvor die Polen, die Griechen – für die Befreiung von jeder Unterdrückung, für Selbstbestimmung und Freiheitswillen. Der Kampf dort oberhalb von Elbe und Eider ist zur gesamtdeutschen Angelegenheit geworden.

Jeder redet mit. Alle wissen ganz genau, wie man sich dort einzig zu verhalten hat. Obwohl kaum einer bei der verwickelten historischen Lage so ganz begreift, worum es eigentlich geht und wessen Recht warum auf welcher Seite sein soll.

Auf den boshaftesten, dennoch treffenden Nenner bringt es später der maßgeblich am Londoner Protokoll von 1850 beteiligte britische Staatssekretär Lord Palmerton, wenn er anmerkt, nur drei Menschen in ganz Europa hätten wirklich alle Hintergründe und Zusammenhänge verstanden. Einmal Prinz Albrecht, Gemahl der Queen Victoria, aber der sei tot. Dann irgendein deutscher Professor, der aber sei im Irrenhaus. Und schließlich er selber, aber »ich habe es vergessen«.

Dennoch: Die Provisorische Regierung behauptet sich. Sie hat sogar ihr eigenes Presse-Organ, die »Schleswig-Holsteinische Zeitung«, mit dem Pastor Andreas Friedrich Hanssen als Herausgeber und dem eigens dafür nach Rendsburg übergewechselten Theodor Mommsen als ständigem Mitarbeiter.

In dieser Zeitung erscheint am 13. September ein recht erheiternder Artikel über Husumer Zustände.

Dort war ganz Unglaubliches geschehen. Urplötzlich hatte man Soldaten mit roter Kokarde an den Mützen herumlaufen sehen. War hier am Ende die Revolution ausgebrochen, schrecklich wie die französische von 1789? Stand etwa schon auf dem Marktplatz die Guillotine für

Husums Adel bereit? Würde nun gleich, so es sie gäbe, die Husumer Bastille gestürmt?

Alles denkbar in dieser aufgeregten Zeit, wo praktisch nichts völlig unmöglich schien.

Zum Glück hatte ein Hauptmann eilends geboten, die hochgefährlichen roten Dinger von den Mützen gleich wieder abzureißen, und der Schuldige war auch bald gefunden, ein Klempner, der sich mit dem Kokardenverkauf ein kleines Zubrot hatte verdienen wollen.

Ein Skandal! Schon hatte eine dänische Zeitung in Altona in heller Aufregung empfohlen, besser Truppen hinauf in dieses offenbar republikanische Husum zu schicken, bevor es zu spät sei und der rasende Pöbel jede Gewalt an sich gerissen habe. Doch war das schließlich überflüssig. Die Kokarden wurden schlicht verboten, und damit endete auch gleich wieder »die Geschichte der Husumer Republik«.

Mit diesem mokanten Stoßseufzer schließt der Beitrag in der Schleswig-Holsteiner Zeitung. Sein Autor ist – Theodor Storm.

Es ist nun doch noch, nach der »Ostern«-Enttäuschung, zu seiner Mitarbeit gekommen. Storm weiß jetzt, was verlangt wird, und liefert es. Berichte über dänische Demagogie, Übergriffe dänischer Militärs, über den Danebrog, der plötzlich auf Husums Rathaus weht, über Lebensmittelengpässe, Wahlen, über die Stimmung in Stadt und Volk.

Er schreibt vom Ausbau des Hafens, der in Anbetracht des näher rückenden Kriegs in Verzug kommt, und 396 231 Mark soll er kosten, »wie mir aus sicherer Quelle bekannt ist«. Er beklagt den schmerzlichen Wassermangel im heißen Frühjahr 1848, »die Gräben stehen zum Teil leer«. Er berichtet auch von der Panik, die eine englische Brigg auslöste, als sie bei Pellworm Korn geladen hatte. Denn alle hatten gemeint, nun würden strafend die Dänen vor Husum landen, was »das a tempo Einziehen einiger deutscher Fahnen hier veranlaßte«.

Knapper, klarer Journalismus. Fakten. Meinung statt Gefühl. Für Storm keine schlechte Schule. Seine Texte haben Farbe, Kraft, Prägnanz. Subjektiv natürlich, zuweilen mit leicht ironischem Anflug, Redakteur Mommsen erkennt darin mit leisem Schmunzeln ganz den Menschen wie den Advokaten Storm. Und in diesem Storm, fern jeder Weltflucht, formt sich endgültig sein Weltbild. Anti-aristokratisch, anti-klerikal vor allem.

Der Lyriker aber findet darüber ein Gedicht lang zu fast schon Tucholsky-verdächtiger, ganz sicher Heine-hafter Schärfe und Prägnanz.

> Sie haben wundervoll diniert;
> Warm und behaglich rollt ihr Blut,
> Voll Menschenliebe ist ihr Herz,
> Sie sind der ganzen Welt so gut!
>
> Sie schütteln zärtlich sich die Hand,
> Umwandelnd den geleerten Tisch,
> Und wünschen, daß gesegnet sei
> Der Wein, der Braten und der Fisch.
>
> Die Geistlichkeit, die Weltlichkeit,
> Wie sie so ganz verstehen sich!
> Ich glaube, Gott verzeihe mir,
> Sie lieben sich herzinniglich.

So steht es unter dem höhnischen Titel »Gesegnete Mahlzeit« 1848 in »Biernatzkis Volksbuch«, das sonst für den »anderen« Storm, den so friedlichen, harmonieseligen, reserviert zu sein scheint.

Sein politischer Blick schärft sich jetzt.

Er denkt genau, denkt pro-deutsch und zuweilen auch schon pro-republikanisch, als er seinem Bericht über die Husumer Kokarden-Affäre den ironisch seufzenden Gedanken hinterherschickt, seine Landsleute in Husum würden wohl so rasch nicht die »deutschen Pariser« werden, wie sie drüben in Frankreich gerade mal wieder einen gekrönten Potentaten zum Teufel gejagt hatten.

Nun mag Storm schon in aller Heimlichkeit überlegen, ob noch in künftigen Zeiten, da das Volk selber regieren würde, Monarchen an der Spitze eines solchen Volks wirklich noch sehr sinnvoll sind, ein Herzog in Schleswig-Holstein, ein Kaiser in einem geeinten künftigen Deutschland. Doch nach außen hin ist es noch lange nicht soweit. Nicht bei Storm und nur bei den wenigsten anderen Deutschen. Einstweilen scheint die Welt ohne Monarchen an der Spitze undenkbar, und als im Nachrevolutionsjahr 1849 Preußens Friedrich Wilhelm IV. die deutsche Kaiserkrone angeboten wird, unterstützt das auch Storm. Wie ein anderer, wie Otto von Bismarck.

Beide, Bismarck wie Storm, finden sich damals noch in Ludwig Uhlands Meinung, eine künftige deutsche Krone müsse auch mit einem Tropfen demokratischen Öls gesalbt sein. Preußens Kronprinz Wilhelm knurrt dazu: »Aber wohl doch nicht gleich mit einer ganzen Tonne Öl!«

Ob mit oder ohne demokratische Ölung, die Krone wird jedenfalls noch nicht vergeben. Fest steht aber, daß nur ein Preuße diese Krone tragen würde. Denn kein anderer deutscher Staat – nach Friedrich dem Großen, Steinschen Reformen, Befreiungskriegen – hat solch ein Prestige. Und wie selbstverständlich ist im Frühjahr der preußische König deutscher Sprecher der Schleswig-Holsteiner Sache geworden.

König Friedrich Wilhelm IV. spricht viel und verspricht noch mehr. Zunächst einmal die Beibehaltung der ausschließlich männlichen Erbfolge in Schleswig, während Dänemarks Könige immer wieder nach dem Muster des eigenen Landes auch die weibliche durchzusetzen versucht hatten. Dann Selbständigkeit für beide Herzogtümer und, natürlich, ihr ewiges Ungeteiltsein. Und dann auch handelt der Preußenherrscher, schickt Truppen in den Norden, zwölftausend Mann.

Das ist nun schon Krieg, und am 23. und 24. April 1849 wird bei Schleswig die »Osterschlacht« geschlagen. Ein erster Sieg für die deutsche Sache. Die Truppen dringen weiter vor, bis Jütland.

Schon scheinen die Dänen besiegt zu sein.

Zu dieser Zeit, da nun auch Husum stolz seine eigene Garnison besitzt, bekommt Familie Storm preußische Einquartierung, einen Hauptmann Gantzer. Denn die beiden Herzogtümer haben zwar ihre eigene Armee, aber nicht genügend Offiziere, da sich die Dänen allesamt aus dem Heer zurückgezogen haben. Preußen müssen in die Bresche springen. Und Storm, noch ohne Preußenhaß, versteht sich gar nicht schlecht mit ihm und wird manche Überlegung zu preußischem Drill und freiem Bürgertum anstellen.

Andere überlegen inzwischen anderes.

Der Krieg im Norden, so sehr er eigentlich nur die direkt Betroffenen etwas angeht, hat dennoch das übrige Europa hochgeschreckt. Aber nicht im Sinn der Schleswig-Holsteiner. Die sind den Mächtigen in Rußland, England, Frankreich herzlich gleichgültig. Sie fürchten anderes. Das Schreckgespenst Revolution, siehe die hysterische Reaktion auf das Husumer Possenspiel, geistert immer noch gewaltig durch den Kontinent.

Vor allem Rußlands Zar Alexander ist ganz entschieden dagegen, daß sich irgendwelche Untertanen gleich aus welchem Grund gegen ein gekröntes Haupt auflehnen. Denn wie rasch macht so was Schule! Und schon, wie daheim in Rußland, fliegen die Bomben der Anarchie.

In England und Frankreich sieht man die Dinge kühler. Dort hat man mehr die mögliche Konkurrenz eines künftigen vereinten Deutschland im Auge. Diese Konkurrenz will man schon im Vorfeld nicht zu stark werden lassen. Und die Schleswig-Holsteiner lassen kaum Zweifel, daß sie sich, vom dänischen Joch befreit, diesem Deutschland anschließen werden.

Es gilt also vorzubeugen, und es wird vorgebeugt. Mit

dem Waffenstillstand zu Malmö vom 26. Mai 1848. Die Frankfurter Nationalversammlung stimmt nach kurzem Zögern zu. Ausgerechnet!

Gerade sie steht doch für ein anderes, neues, ein freieres Deutschland und seine Rechte. Jetzt bei der ersten kleineren Belastungsprobe knickt sie ein, gibt klein bei, nicht besser als die Regierungen zu Zeiten monarchistisch absoluter Kabinettspolitik.

Weltfremde Professoren eben, bestenfalls. Unfähig zum Umgang mit realer Macht. Und so sind diese Augusttage eigentlich schon das Ende dieser Nationalversammlung. Steine fliegen gegen die Paulskirche, allgemeines Wutgeheul erschüttert Frankfurts Straßen, Glas splittert, Fäuste werden geschwungen. Eine unendliche Enttäuschung, alle widerlegten Hoffnungen machen sich Luft.

Vergeblich! Der Kampf um Schleswig-Holstein, kaum begonnen, scheint gleich wieder verloren. Im Oktober wird die Provisorische Regierung aufgelöst.

Ernüchterung. Lähmung. Das ist jetzt wohl das Grundgefühl. In Husum wühlt sich eigenem Wort nach ein tief deprimierter Storm in Mendelssohnsche Musik ein, will nur noch Märchen schreiben und zitiert später in seiner »Abseits«-Erzählung ein (angebliches) Gedicht aus einer damaligen Zeitung. Es umreißt so ganz die große Resignation jener Jahre, aber auch die Wut auf all jene, die es beim Nachbarn in der Not immer nur bei schönen Worten lassen.

Die fremde Sprache schleicht von Haus zu Haus
Und deutsches Wort und deutsches Lied löscht es aus;
Trotz alledem – es muss beim alten bleiben:
Die Feinde handeln – und die Freunde schreiben.

Die Feinde, also die Dänen, handeln tatsächlich.

So ganz ist dieser Waffenstillstand ihr Geschmack nicht gewesen. Denn noch immer bleibt unbeantwortet, ob nun Schleswig künftig dänisch sein wird. So kündigen sie am

26. Februar 1849 den kurzen Scheinfrieden wieder auf. Über die Ostsee steuern zwei dänische Schiffe auf Kiel zu, ankern vor Eckernförde.

Feuer frei!

Die Küstenbatterie schießt aus vollen Rohren. Eines der beiden Schiffe, ausgerechnet nach Dänemarks letztem uneingeschränkten Monarchen »Christian VIII.« benannt, fliegt in die Luft. Das andere, die Fregatte »Gefion«, wird von den Schleswig-Holsteinern eingenommen. Doppelte Schmach für die einstige Seemacht Dänemark, ausgerechnet auf See von diesen Aufsässigen bezwungen worden zu sein. Doch ist das nur ein Auftakt. Schon dröhnen vom Süden her Kolonnen marschierender Soldaten heran.

Diesmal scheint Deutschland mit Preußen an der Spitze zeigen zu wollen, daß sich trotz allem die Schleswig-Holsteiner auf ihre Brüder im Süden verlassen können. Ein Heer von vierzigtausend Mann marschiert auf, mit dem preußischen General von Prittwitz als oberstem Kommandanten. Im Verein mit dem Zwanzigtausend-Mann-Heer der Schleswig-Holsteiner ist das eine ganz stattliche, schlagkräftige Armee. Sie nimmt am 13. April 1849 die Düppeler Schanze. Sie steht am 6. Juli vor der Festung Fredericia. Ein Siegeszug. Schon kann sich als Statthalter des künftigen Deutschland eine neue Regierung bilden, mit vielen vertrauten Gesichtern. Graf Reventlou ist dabei, ebenso wie Wilhelm Hartwig Beseler.

Wieder protestieren die anderen europäischen Mächte. Der Zar droht ganz unverhohlen. In England gibt man sich mehr vermittelnd liebenswürdig. Doch wie immer: Nun kann Preußen, Deutschlands Führungsmacht, endlich zeigen, was es vermag, ganz im Geist der Befreiungskriege und des Alten Fritz.

Dann werden die Herren in London und St. Petersburg schon begreifen, daß die Deutschen, wenn es um ihre Schleswig-Holsteiner Brüder geht, so mit sich nicht umspringen lassen, dann werden sie ...

Nein, Preußens König hält sich an die selbst auferlegte Regel, es nur ja nicht mit Österreich oder Rußland zu verderben. Also einlenken, nachgeben! Und was vor allem die Engländer als selbsternannte Schiedsrichter in der ganzen Angelegenheit vorschlagen, klingt ganz vernünftig.

Im südliche Schleswig bleiben die Preußen präsent, während im nördlichen Schleswig schwedisch-norwegische Truppen aufmarschieren. Ab 25. August 1849 gibt es eine preußisch-dänische Landesverwaltung. Daß dort aber einzig die Dänen das Sagen haben, läßt sich wohl nicht ganz vermeiden.

Also kurz: Schleswig-Holstein ist verkauft und verraten.

Nehmen wir an, daß Storms Einstellung bis zu diesem Zeitpunkt den Preußen als künftiger deutscher Führungsmacht gegenüber wohlwollend neutral ist! Vielleicht knüpfen sich bis dahin sogar gewisse politische Hoffnungen ans Preußentum. Doch nun?

Schöne Ordnungskraft, an die sich da seine Heimat gebunden hat! Kein Preußen hilft seiner Heimat. Keine andere Macht. Die Schleswig-Holsteiner, so sie noch was bewirken wollen, sind nun ganz auf sich selber gestellt.

Sie halten Siegesfest, sie ziehn die Stadt entlang
Sie meinen Schleswig-Holstein zu begraben.

Brich nicht, mein Herz! Noch sollst du Freude haben;
Wir haben Kinder noch, wir haben Knaben,
und auch wir selber leben, Gott sei Dank!

»1. Januar 1851« nennt Storm diese Zeilen. Zu diesem Zeitpunkt ist seit einem halben Jahr der Berliner Frieden zwischen Preußen und Dänemark geschlossen worden, liegt seit dem 2. August das von allen nicht-deutschen europäischen Großmächten unterzeichnete Londoner Protokoll vor, das die Integrität des dänischen Gesamtstaates garantiert.

Schlußstrich also! Frieden in Schleswig und Holstein, das mit Bindestrich zu schreiben bald verboten sein wird! Das Land scheint nun »up ewig gedelt«.

Aber eben auch: »Wir selber leben!«

Die Schleswig-Holsteiner haben keine Preußen an ihrer Seite. Kein Deutscher Bund schickt Hilfstruppen. Man hat nur noch sich selber. Das muss reichen. Und so ist man gleich nach dem Berliner Frieden in die Schlacht gezogen. Allein.

Der Ort heißt Idstedt.

Blütezeit der Schufte

Jahrzehnte später, Storm ist längst gestorben, packt Theodor Fontane wieder die große Wut auf den toten Freund, und einmal mehr wettert er mit aller Wucht gegen diesen unverbesserlichen Husumer, der – anders als Theodor Mommsen mit seiner Römischen Geschichte – einen römischen Caesar nicht von einem Eiderstedter Deichgrafen unterscheiden könne. Oder die Schlacht auf den Katalaunischen Feldern nicht von der Schlacht bei Hemmingstedt.

Fontane hätte auch »Idstedt« sagen können.

Bei Hemmingstedt hatte sich um 1500 das Schicksal der Dithmarscher entschieden. Am Ende stand die freie Dithmarscher Bauernrepublik.

Bei Idstedt, dem Dorf nördlich von Schleswig, entscheidet sich fürs erste das Schicksal Schleswig-Holsteins. Es endet in einer totalen Niederlage.

Man schreibt den 25. Juli 1850.

Um Schleswig-Holsteins militärische Chancen hatte es zunächst noch gar nicht schlecht gestanden. Zwar sind die dänischen Truppen mit 36000 Soldaten in der Übermacht. Doch stehen auf der anderen Seite immerhin dreißigtausend Mann, preußisch gedrillt und gut gerüstet, und 26000 rücken nach Idstedt vor, unter dem Kommando des preußischen Generals Wilhelm von Willissen.

Der General ist schon älter, bald sechzig. Nicht der Prototyp des schneidigen preußischen Draufgänger-Offiziers. Eher ein Zögernder, Zaudernder, keine unsympathischen Eigenschaften. An diesem Tag wirken sie sich allerdings verheerend aus.

Noch stehen die Zeichen auf Sieg. Schon drängt der rechte Flügel des Schleswig-Holsteiner Heers vor, zersprengt eine dänische Division und richtet »unbeschreibliche Verwirrung« an. Das wäre die große Chance gewesen. Aber wieder mal zaudert Willissen und gibt viel zu spät den Befehl zum großen Angriff.

»Verwirrung« wie eben noch bei den Dänen herrscht bald bei den Schleswig-Holsteinern. Sich widersprechende Befehle jagen sich, falsch oder gar nicht weitergegebene Nachrichten schaffen zusätzliche Konfusion, Uneinigkeit bei den Befehlenden besiegelt das Unternehmen. Ein ganzer Armeeflügel ist praktisch blockiert und kommt gar nicht erst zum Zug. Am Ende dieses Tags ist die Schlacht geschlagen.

6426 Tote, fast dreitausend auf Schleswig-Holsteiner, weit über dreitausend auf dänischer Seite. Dennoch bleibt es ein Sieg für die Dänen.

Sicher ist das keine welthistorische Angelegenheit, ebensowenig wie dreihundertfünfzig Jahre zuvor die Schlacht von Hemmingstedt. Hierin hat Fontane recht. Kein Issos, Cannae oder Austerlitz. Das ist Idstedt sicher nicht. Und kein Goethe hätte wie einst bei der Kanonade von Valmy gerufen, von hier und jetzt fange ein neues Zeitalter an.

Für die jene, die dabei waren, ist Idstedt allerdings welthistorisch genug.

Einige tausend Tote. Das sind einige tausend von einem Tag zum anderen ausgelöschte Schicksale. Ihnen, wie all den anderen Toten dieses Kriegs, setzt einer ihr Denkmal in Versen.

> Mit Kränzen haben wir das Grab geschmückt,
> Die stille Wiege unserer jungen Toten;
> Den grünsten Efeu haben wir gepflückt,
> Die spätsten Astern, die das Jahr geboten.
>
> Hier ruhn sie waffenlos in ihrer Gruft,
> Die man hinaustrug aus dem Pulverdampfe.
> Vom Strand herüber weht der Meeresduft,
> Die Schläfen kühlend nach dem heißen Kampfe.

So besingt Storm im Oktober 1850 die »Gräber an der Küste«, wobei in den nächsten Strophen der Naturlyriker der Natur in ihrer Herrlichkeit nicht ganz widerstehen kann.

Auch hier beschwört er den Glanz des heimatlichen Meeres und der im Abendschein brennenden Wasserspiegel. Auch hier gleich wieder der Gedanke an die eigene Vergänglichkeit: »Wir andern aber, die wir übrig sind, wo werden wir im Elend sterben müssen?« Und doch ist das hier schon ein anderer, ein neuer Storm.

Sehr klar, unsentimental. Die Worte ganz einfach, fast schmucklos, ohne kunstvolle »Stimmung« dabei. Der hier seine Verse setzt, blickt hin auf die Wirklichkeit, fängt sie bei allem Schmerz, aller Klage kühl und genau ein und gestaltet sie gerade darum um so erschütternder, reicht das eigene tiefempfundene Leid an den Leser weiter.

> So nehmet denn, ihr Schläfer dieser Gruft,
> Die spätsten Blumen, die das Jahr geboten!
> Schon fällt das Laub im letzten Sonnenduft –
> Auch dieses Sommers Kranz gehört den Toten.

Ein Dutzend Jahre später, 1863 in Heiligenstadt, kommt Storm noch einmal auf Idstedt zurück. Denn »ich mußte mir nur Luft machen«, wie er an den diesmal kräftig applaudierenden Mommsen schreibt, und er wählt für sein Gedicht »Gräber an der Küste« mit Bedacht die weitverbreitete »Gartenlaube«, damit nur ja recht viele diese Verse lesen und sich dazu Gedanken machen.

> Nicht Kranz noch Kreuz; das Unkraut wuchert tief;
> Denn die der Tod bei Idstedt einst entboten,
> Hier schlafen sie, und deutsche Ehre schlief
> Hier dreizehn Jahre bei den Toten.

> Und dreizehn Jahre litten jung und alt,
> Was leben blieb, des kleinen Feindes Tücken,

Und konnten nichts als, stumm die Faust geballt,
Den Schrei des Zorns in ihrer Brust ersticken.

Die Schmach ist aus; der ehrne Würfel fällt!
Jetzt oder nie! Erfüllet sind die Zeiten,
Des Dänenkönigs Totenglocke gellt;
Mir klinget es wie Osterglockenläuten!

Als »Schwertstreich« ist um 1863 dieses Gedicht gedacht, schon erfüllt vom Optimismus, doch noch in Schleswig-Holstein zu siegen. Konkrete Hoffnung nun. Doch 1850, nach Idstedt, wäre es pure Illusion gewesen.

Das sogenannte Zweite Londoner Protokoll von 1852 bestätigt ein weiteres Mal die Personalunion Dänenkönig/Herzog in Schleswig-Holstein und erklärt sie für unantastbar. Und im Jahr von Idstedt, nur wenige Wochen später, marschieren die Dänen in Storms Husum ein und fünfzehn Kilometer weiter südlich in Friedrichstadt.

Doch noch sind die Schleswig-Holsteiner nicht ganz geschlagen. Sie holen zum Gegenschlag aus. Ende September 1850 belagern Willissens verbliebene Truppen Friedrichstadt. Ausgerechnet dieses Sinnbild der Toleranz unter den Völkern! Dieses Friedrichstadt mit seinen Grachten und Giebelhäusern, dieses beschauliche Idyll mit seinen vielen traulichen Teestuben und Gasthäusern, wo einst in den wirren Zeiten der Französischen Revolution ein junger Herr aus Frankreich unter dem Namen eines Monsieur de Vries gewohnt hatte, und das war der Herzog von Orleans und spätere »Bürgerkönig« Louis Philippe gewesen.

Storm liebt die kleine Stadt mit ihren schmalen Gehsteigen und zahllosen Rosenstöcken, war als Kind oft Gast bei der Familie des Bürgermeisters Stuhr, Mann seiner Tante Magdalena, und Sohn Fritz hatte zu seinen Jugendfreunden gehört.

Hier in Friedrichstadt gibt es auch die einzige jüdische Gemeinde Nordfrieslands, wo Storm den jüdischen Kaufmann Hertz Heyne kennenlernt, einen kinderfreundlichen Herrn, dem der Dichter im »Amtschirurgus« ein sympathisches Denkmal setzt. Und nun, in diesem Herbst 1850, gehen Bomben auf dieses Friedrichstadt nieder.

Bomben der eigenen Landsleute.

Noch hält sich niemand mit diesem Widerspruch auf. Alle rechnen mit einem raschen Sieg der deutschen Sache. Durch Husum laufen schon Kinder mit Blumenkränzen, um sie abends den heimkehrenden Helden um die noch schlachtenheiße Stirn zu winden.

Es kommen jedoch keine Helden, sondern »Verwundete, Hunderte und Hunderte ...« Durch Husums Straßen knarren die Wagen mit den stöhnenden, schreienden, sterbenden Opfern: »Kinder, Weiber, Greise, die durch die Kugeln ihrer eigenen Brüder zerrissen, zerstümmelt, verbrannt waren«, berichtet Storm der Frau des Freundes Brinkmann, im Innern tief entsetzt über »die Unkunde in der Leitung auf unserer Seite, die Schlauheit, Vorsicht und ungeheure Tätigkeit auf der feindlichen Seite«.

»Zweifache Barbarei« kann er nur seufzen, und: »Nach dieser mißglückten Friedrichstädter Affäre liegt wirklich das Gefühl des Verlorenseins auf uns.«

Im November 1850 einigen sich mal wieder die Herrschaften in Preußen und Österreich. Und es geht dabei gar nicht mal so um die Brüder im Norden.

Denen im Habsburgerstaat sind schon lange alle kleindeutschen Einigungsbestrebungen mit Preußen als Führungsmacht ein Dorn im Auge, und für den Habsburger Geschmack betont der Preußenkönig allzu heftig seine nationale Gesinnung. Österreich erhebt Einspruch. So bald soll es ein Deutschland ohne Österreich nicht geben. Und gleichsam wie zur Bekräftigung der ganzen Angelegenheit kommen Preußen wie Österreich überein, die aufsässigen Schleswig-Holsteiner dort oben untertänige Mores zu lehren und sie notfalls mit Waffengewalt zu zwingen, ihrem Herzog Gehorsam zu leisten.

Die Welt ist fürs erste wieder in Ordnung. Die Schleswig-Holsteiner bekommen ihren angemessenen Platz zugewiesen. Sie sind nicht mehr bestaunte »Freiheitskämpfer«, sondern nur noch kriminelle »Aufrührer«, wie sie in Dänemark ganz offiziell genannt werden, und mit »Aufrührern« schlägt man nicht Schlachten oder sitzt mit ihnen am Verhandlungstisch. Man bekämpft und liquidiert sie wie jedes andere Banditengesindel.

Schleswig, so ungebärdig, darf nicht mehr Landeshauptstadt sein. Jetzt findet sich die oberste Behörde des Herzogtums in Flensburg. Sprachverordnungen ergehen. Man wird das Deutsche nicht gerade verbieten, aber doch mit System unterlaufen, in Kirche und Schule, auf Ämtern und Behörden, ergänzt durch eine rigorose Personalpolitik.

Wer als zu deutschfreundlich gilt, Beamte, Lehrer, Geistliche, wird entlassen und durch Pro-Dänen ersetzt. Auch Husums Amtmann und Bürgermeister sowie Storm-Freund Hartmuth Brinkmann, später in Segeberg Storms Schwiegervater Esmarch verlieren ihre Ämter. Die aufsässigen Offiziere sind sowieso schon lange weggejagt. Viele wandern aus und suchen in Übersee ihr Glück.

Darf noch die Schleswig-Holsteiner Fahne wehen? Natürlich nicht. Schleswig-Holsteins Farben sind verboten, niemand singt noch »Schleswig-Holstein, meerumschlungen ...« Zeitungen und andere Schriften werden streng zensiert, wenn nicht gleich eingezogen. Und überall Denunziantentum, Spitzelei. Auch in Storms eigenem Haus hat sich ein solcher Spitzel eingenistet, und Storm spricht kurz und treffend von einer »Blütezeit der Schufte«.

Er, nun schon Mitte Dreißig, ist nicht ins Feld gezogen, aber auch er wird nun zum Kämpfer. Nicht so gern, wenn man ihm glauben darf, und gelegentlich hingeworfene Bemerkungen lassen ahnen, wie schwer ihm der Verzicht auf die Rolle des ironisch über den Dingen schwebenden Schöngeists fällt. Dann nennt er sich denn dem »animal politicus« Theodor Mommsen gegenüber fast demonstrativ

»ein unpolitisch Thier«, und eine gewisse Ironie schimmert durch, wenn er vermeldet, von ihm, dieser eher unpolitischen Natur, heiße es bei den Dänen, er »rase vor Patriotismus«.

Storm protestiert mit einigen Kollegen gegen die Amtsenthebung des Bürgermeisters. Er hat schon im Frühjahr 1848 die Leitung einer politisch engagierten »Liedertafel« übernommen. Er wird Sekretär eines Patriotischen Hilfsvereins. Und immer wieder Protest, schriftlich wie mündlich. Protest gegen ungesetzliche Gewalt, gegen die Abschaffung des Staatsgrundgesetzes. Unter keinem dieser Protestschreiben fehlt der Name Storm.

Er geht sehr weit und fordert mit einigen hundert anderen im Mai 1849, daß dieser unfähige König von Dänemark als Herzog von Schleswig und Holstein endlich zurücktritt und die Union mit Dänemark aufgekündigt wird. Nie wieder soll es einen Dänenkönig als Schleswigs Landesvater geben.

Was hier Storm mit seinen Landsleuten fordert, ist eigentlich schon die Revolution. Erfolglos allerdings. Mit Idstedt scheint die Schleswig-Holsteiner Sache besiegelt. Die Spitzel zücken die Notizbücher, schreiben mit, was der Herr Storm zu sagen hat. Nichts Freundliches über die Dänen in jedem Fall. Anders als der Herr Vater drüben in der Hohlen Gasse. Der tritt auch jetzt für die Versöhnung beider Völker ein.

Storm resigniert. Im Herbst 1850 schließt er seine Anwaltspraxis, hat keine Lust, sich ständig mit den dänischen Behörden auseinandersetzen zu müssen. Und die Verweigerung geht tief ins Private hinein.

Als 1851 sein zweiter Sohn Ernst geboren wird, weigert sich der Vater, den Jungen in Husum taufen zu lassen. Diesmal nicht aus antikirchlicher Neigung, sondern vielmehr um die »heilige Handlung« durch einen auf deutschem Boden in deutscher Kirche dänisch sprechenden Geistlichen nicht entweihen zu lassen.

Im selben Jahr 1851 läßt er das Weihnachtsfest nur in aller Stille im hinteren Saal seines Hauses feiern, da ihm vor dem Hintergrund seiner geschundenen Heimat jede »Treibhausfreude« unpassend und taktlos vorkommt.

Düsteres Husum. Und draußen im Land herrschen »die kleinen Gessler«, lassen Bürger zusammenschlagen, die den Danebrog nicht gegrüßt haben, und andere verhaften, die nach der vorgeschriebenen Sperrstunde noch auf der Straße angetroffen werden. Storm ist kein Tell. Keiner, der mit Armbrust und Apfelschuss wider die Tyrannen kämpft. Aber Widerstand leistet auch er auf seine Art.

Anfang 1851 öffnet er seine Advokatur wieder, mit knapper Begründung: »Ich hielt es für meine Pflicht, meine Mitbürger ... gegen die Willkür der nun eingesetzten Königl. Dänischen Behörden mit voller Rücksichtslosigkeit zu unterstützen.«

Mehr als nur ein markiges Wort. Bald schon setzt er sich voll und rücksichtslos ein, für zwei verprügelte Bauern aus Osterfelde, für all die anderen Opfer der grassierenden Willkür. Und Freund Brinkmann, selbst ein Dänenopfer, erfährt: »Ich habe mich mit Zivil- und Militärbehörden herumgeschlagen und Zorn und Scham genug dabei verschluckt.«

Aber »Zorn und Scham« können ihn nicht irre machen. Nie war Storm so leidenschaftlich Advokat und nie ein leidenschaftlicherer Dichter.

Nach »Immensee« und »Hinzelmeier« entsteht 1850 eine weitere Novelle mit kleinem Märchenton dabei, »Ein grünes Blatt«, ein »Sommergeschichtchen«, wie Storm in entschuldigender Verniedlichung schreibt. Er selbst weiß wohl am besten um die Schwächen des kleinen Textes und daß ihm hier die Selbstverständlichkeit nicht gelungen ist, mit der er bei »Immensee« die Mitte zwischen epischer Lyrik und lyrischer Epik getroffen hatte. Es bleibt eine etwas banale Liebesgeschichte, und interessant ist eigentlich nur, daß Storm diesmal als Rahmen der wiederum eingesetzten

Rückblende-Technik den Schleswig-Holsteiner Krieg wählt. Vielleicht, daß er damit Ähnliches bewirken will wie »Im Saal«, wo die Einbeziehung der revolutionären 48er-Gegenwart alle Vergangenheitsseligkeit entstaubt hatte.

Hier soll nun wohl dem Leser ein »Herrschaften, ich weiß selber, daß die Zeit eigentlich zu ernst ist, um sich mit solchen Liebesromanzen aufzuhalten« zugezwinkert werden. Diese Wirkung stellt sich jedoch nicht so richtig ein. Am eindrucksvollsten bleibt noch das Gedicht, mit dem Storm seine Novelle ursprünglich enden lassen will. Denn dieser Epilog spricht wiederum seine ganz eindeutige Sprache und wirkt fast wie eine Entschuldigung für alles vorausgegangene gefühlsinnige Idyll.

> Ich hab es mir zum Trost ersonnen
> In dieser Zeit der schweren Not,
> In dieser Blütezeit der Schufte,
> In dieser Zeit von Salz und Brot.

In den nächsten Strophen dann der geistige Brückenschlag zur inneren Haltung des »Oktoberlieds«. Kunst gegen Wirklichkeit. Poesie gegen finstergrauen Alltag. Am Ende schließlich der Preisgesang für Dichter und Dichtung.

> Heil allen Menschen, die es hören!
> Und Heil dem Dichter, der da lebt
> Und aus dem offenen Schacht des Lebens
> Den Edelstein der Dichtung hebt!

Recht harmlos eigentlich? Ganz unpolitisch? Das schon. Aber nicht harmlos genug, nicht hinreichend unpolitisch für diese Zeit, und das nicht nur in Schleswig-Holstein, sondern auch anderswo in deutschen Landen.

Zum Beispiel in Preußen der Nach-48er-Jahre, wo von Beamten Gehorsam und wöchentlicher Kirchgang verlangt wird und Druckerzeugnisse a priori irgendwie verdächtig sind.

Dort rät dem Dichter der Herausgeber des Belletristischen Jahrbuchs »Argo«, wo Storm sein »Sommergeschichtchen« vorgelegt hat: »Lassen Sie den Epilog weg und lassen das übrige stehen.«

Dieser Herausgeber heißt Theodor Fontane.

Storm folgt dem Rat und läßt den Epilog tatsächlich fort. So erscheint denn »Ein grünes Blatt« 1854, der »Epilog« erst 1864 und Storms andere großen politischen Gedichte gleichfalls erst, als er sich nicht mehr im dänischen Machtbereich aufhält. »Im Herbst 1850« 1854, die »Gräber an der Küste« 1856, der »1. Januar 1851« wie der »Epilog« erst 1864. Und das ist besser so. Denn Storms Sprache ist hier deutlich genug. Kein »Abseits«, kein Oktobergold wird dort naturschwärmerisch besungen. Ebenso rigoros wie er sich dort von der Realität abgewendet hatte, wendet er sich ihr hier nun wieder zu. Hier wie dort in Kunst wie Lebenshaltung absolut ehrlich sich selbst und seinem Publikum gegenüber.

Es kocht in ihm, es drängt heraus. Gleichsam sein Herzblut tritt ihm auf die Lippen. In seiner Novellistik ist er durchaus zu Maskenspielen fähig, siehe die pseudo-abgeklärte Pose des alten Mannes in »Immensee«. Aber nicht in seiner Lyrik. Dort muß er sagen, was er zu sagen hat. Denn, wie er später mal an Mörike schreibt: »Sobald ich recht bewegt werde, bedarf ich der gebundnen Form.« Und ihn bewegt so viel. Zum Beispiel, wenn er sehen muß, wie »Im Herbste 1850« auf Husums Friedhof von Gräbern und Kränzen die Schleswig-Holsteiner Farben weggerissen werden.

> Und schauen auch von Turm und Tore
> Der Feinde Wappen jetzt herab,
> Und rissen sie die Trikolore
> Mit wüster Faust von Kreuz und Grab

Wobei ihn am meisten erschüttert, daß nicht nur Dänen, sondern auch eigene Landsleute die Grabschänder sind.

> Ein Wehe nur und eine Schande
> Wird bleiben, wenn die Nacht verschwand:
> Daß in dem einen Heimatlande
> Der Feind die Bundeshelfer fand.

Aber Rache an ihnen? Vergeltung? Nein, nur Verachtung, Nichtbeachtung.

> Laßt sie, wenn frei die Herzen klopfen,
> Vergessen und verschollen sein.
> Und mischet nicht die Wermutstropfen
> In den bekränzten deutschen Wein.

Also ungebrochene Siegeshoffnung noch immer. Noch immer die Vision des einigen Deutschland, auf dessen Wohl man mit »bekränztem deutschen Wein« anstoßen wird können. Da mochten die Feinde »Siegesfest« feiern und meinen, »Schleswig-Holstein zu begraben«, wie es im Storm-Gedicht »1. Januar 1851« heißt. Und da mögen sie an eben diesem 1. Januar auf dem Husumer Friedhof ein Ehrenmal für die im Kampf um Friedrichstadt gefallenen Dänen errichten, angeblich im Namen aller Husumer, obwohl im Festzug gerade ein einziger Husumer mitschreitet.

Storm zuckt nur mit den Achseln, schreibt sein Gedicht mit der unverhohlenen Drohung darin: »Wir haben Kinder noch, wir haben Knaben …«

Hochpolitisch das alles. Und ganz sicher gilt nicht mehr Theodor Mommsens ärgerliche Anmerkung zum unpolitischen Storm seiner frühen Poetenjahre: So ohne scharfen »Lebensblick« schüttele der Mai eben weiße Blätter von den Bäumen. Ganz hübsch, nun schön: »Aber die Kirschen fallen auch grün ab.«

Storms Lebensblick ist jetzt scharf genug, seine poetischen »Kirschen« nicht grün, sondern voll Kraft und Saft im feurigsten Rot. Und selbst wenn man nicht so weit wie Fontane gehen will, der später einmal die politischen Gedichte zu Storms Bestem überhaupt rechnet, so kann man sich darauf einigen, daß den Dichter Storm allein schon diese Gedichte, hätte er sonst nichts geschrieben, als einen der Großen seiner Zunft ausweisen.

Im weiteren Sinn »politisch« sind auch zwei andere Gedichte dieser Zeit, so »privat« und ganz persönlich sie zunächst noch wirken.

Einmal »Die Stadt am Meer«, dieses bewußte Bekenntnis zu seiner Heimat, von der er nun weiß, warum er sie trotz allem liebt, an ihr hängt, von ihr nicht lassen kann und darum um sie kämpfen wird.

Weniger populär, doch kaum weniger aufschlußreich für die innere Verfassung Storms, ist »Im Herbste«. Nicht im Herbst, sondern bereits im August 1852 geschrieben, als in Storm der Gedanke an eine Emigration schon heftig umgeht.

> Es rauscht, die gelben Blätter fliegen,
> Am Himmel steht ein falber Schein;
> Du schauerst leis und rückst dich fester
> In deines Mannes Arm hinein.

Hier wird nicht Natur beschworen. Hier nimmt einer Abschied, weiß, daß bald nicht mehr sein für ihn wird, was er eben noch vor Augen hat. Und er spricht der Gefährtin Mut zu.

> Doch reißen auch die zarten Fäden,
> Die warme Nacht auf Wiesen spann -
> Es ist der Sommer nur, der scheidet;
> Was geht denn uns der Sommer an!

Wieder Trotz also, wie im »Oktoberlied«. Nun aber in ganz anderer Weise. Der Dichter verweigert sich nicht der Realität, sondern setzt sich ihr ganz bewußt aus. Und ist sicher, daß ihm ihre Bewältigung gelingen wird. Auch im sturmdurchfauchten Herbst. Auch im eisigen Winter.

> O schaudre nicht! Ob auch unmerklich
> Der schönste Sonnenschein verrann -
> Es ist der Sommer nur, der scheidet;
> Was geht denn uns der Sommer an!

Ein Gedicht mit gleichsam doppeltem Boden. Sein eigentlicher Gehalt steht mehr zwischen den Zeilen als darin. Die tapfer heruntergeschluckte Trauer über alles, was er alles aufgeben, nie wieder sehen wird. Aber eben auch der trotzige Mut angesichts aller Unausweichlichkeit, wieder mit einem Anflug fast lutherischer Härte dabei: »Was geht uns denn der Sommer an!«

Zwei Monate später trifft ein Bescheid aus Kopenhagen ein. Zuvor war von allen vor 1848 bestallten Advokaten verlangt worden, diese Bestallung abermals zu beantragen. Eine Formsache nur, so scheint es. Vater wie Sohn Storm kommen ihr ohne große Bedenken nach.

Im November 1852 erfährt der Sohn, daß wohl die Bestallung seines Vaters, aber nicht seine bestätigt wird. Die Spitzel haben gut gearbeitet, und dann ist da auch noch – ausdrücklich wird es angemerkt – diese fatale Aufforderung an den König, auf die Schleswig-Holsteiner Herzogwürde zu verzichten.

Storm junior ist plötzlich arbeitslos.

Aber ganz so dramatisch, wie es scheint, ist seine Lage nicht.

Storm könnte unauffällig, jedoch gegen Lohn und Brot in der Kanzlei seines Vaters mitarbeiten. Oder er müßte in Richtung Kopenhagen seinen Kotau machen und nur geloben, künftig wieder ganz brav zu sein. Schon um des Vaters willen, auf dessen mäßigenden Einfluss die Dänen großen Wert legen, würde dem Sohn sicherlich Pardon gegeben.

Storm wählt eine dritte und die entschieden unbequemste Möglichkeit. Er beschließt, die Heimat zu verlassen.

Über diesen Entschluß ist viel diskutiert worden. Sicher ist er nicht ganz frei von einer gewissen Eitelkeit, vom

Trotz eines kleinen Jungen und leicht wirklichkeitsferner Selbstüberhöhung: Seht auf mich! Was bin ich für ein Heroe und Märtyrer zugleich für die gute Sache! Der gehörige Schuß friesisch unbeirrter Sturheit kommt noch hinzu.

Es bleibt jedoch gleichfalls ein hohes Beispiel an Zivilcourage, das Storm hier bietet. Denn was gibt es alles für gute Gründe, sich selbst eine solche Emigration wieder auszureden! Die Familie, Frau, Kinder, Rücksicht auf den Vater, der bescheidene Wohlstand, zu dem man es gebracht hat, die beruflich völlig ungewisse Zukunft jenseits der Grenze, der Wille, das Schicksal seines Volks zu teilen – wie oft haben sich das Menschen schon so und ähnlich zu Beginn einer Diktatur vorgebetet. Und sind, mit reinem Gewissen vor sich selbst, geblieben.

Storm bleibt hart. Ihm reicht die Blütezeit der Schufte. Und viel später, als er längst nach Husum zurückgekehrt ist, liefert er selbst eine Begründung für das Verhalten von damals.

Bestechend bis heute bleibt daran sein Klarblick für die Korrumpierbarkeit eines jeden einzelnen in einem jeden totalitären Staatsgefüge.

> Wer der Gewalt genübersteht,
> In Sorgen für der Liebsten Leben,
> Der wird zuletzt von seinem Ich
> Ein Teil und noch ein Teilchen geben.
> Und dürstet er nach reinster Luft,
> Er wird zuletzt ein halber Schuft.

7. In der Fremde

»Das Geheimrätliche
und Geschniegelte,
das Zeremonielle und Steife,
die ganze offizielle Atmosphäre
lagen mir nicht.«

Theodor Storm

Großes Militärcasino Potsdam

Grauer Herbst. Ein Tag wie viele im Berliner Kammergericht. Beamte, Akten unter dem Arm, hasten über die Flure. Man kennt sich, grüßt sich. Türen klappen. Und irgendwo hockt ein Mann, kennt keinen, wird von keinem gegrüßt, fühlt sich so allein wie noch nie im Leben.

Hans Theodor Woldsen Storm.

An diesem 28. November 1853 wird er am Kammergericht auf die preußische Verfassung vereidigt. Dann ist er ganz offiziell Assessor im preußischen Staatsdienst. Endlich. Die fast einjährige Suche nach einer neuen Existenz ist fürs erste abgeschlossen.

Mit großer Hoffnung war Storm gestartet. Er war schließlich nicht irgendwer. Immerhin der Woldsen Storm, Advokat. Zehn Jahre hatte er zeigen können, daß er sein juristisches Handwerk versteht. Und dann die jüngste Vergangenheit, sein Rauswurf durch die Dänen, sein charaktervoller Widerstand: Sollten sich ihm nicht im »Ausland« alle Türen öffnen, wo immer er anklopft?

Bürgermeister irgendwo im Hannoverschen. Warum nicht? Oder in Buxtehude. Nichts Berauschendes, aber ein Anfang. Ein Richteramt im Herzogtum Gotha wäre auch nicht übel.

Storm klopft an. Nirgends wird ihm aufgetan.

Er macht die bittere Erfahrung vieler Emigranten. In der Ferne sind sie Helden, Patrioten. In der Nähe geht man auf Distanz. Denn weiß man wirklich so genau, warum dieser Fremde in der eigenen Heimat nicht gelitten war? Also Vorsicht besser! Und Vorsicht vor der möglichen Konkurrenz! Der Freund von draußen kann drinnen plötzlich Rivale sein.

Schon hört Storm, daß in manchen deutschen Staaten die

Beamten ihre Obrigkeit gebeten haben, nur ja keine aus dem Ausland hereinzulassen, schon gar nicht welche aus diesem Schleswig-Holstein.

Storm sucht immer hektischer, verzweifelter. Schließlich würde er, der Adelsfeind, sogar Erzieher in einem Adelsinternat werden.

Seine letzte Hoffnung ist der preußische Staatsdienst. Schon Ende 1852 war er in Berlin vorstellig geworden: ob man denn in der preußischen Justiz so gar keine Verwendung für ihn hätte? Vielleicht. Man wird sehen. Storm tritt in die Stadt hinaus. Es ist Heiligabend. Oben in Husum ist jetzt alles still. Dort wird wahrscheinlich gerade der Weihnachtsbaum angezündet. Hier nun Menschenströme, Jahrmarktstrubel. Alles hell und laut. Kinder toben vergnügt vorbei. Storm denkt an seine eigenen zu Hause, Hans und Ernst, und ein drittes ist auch schon unterwegs.

Ihn friert. Fröstelnd geht er weiter, die Schultern eingezogen. Nur zurück ins Hotel, einen heißen Punsch getrunken. Vielleicht kommt doch noch etwas Weihnachtsstimmung auf. Und dann hört er aus einer Ecke dieses heisere Stimmchen: »Kauft, lieber Herr!« Ein mageres Händchen »hielt feilschend mir ein ärmlich Spielzeug vor«.

> Ich schrak empor, und beim Laternenschein
> Sah ich ein bleiches Kinderangesicht;
> Wes Alters und Geschlechts es mochte sein,
> Erkannte ich im Vorübertreiben nicht.
>
> Nur von dem Treppenstein, worauf es saß,
> Noch immer hört ich, mühsam, wie es schien:
> »Kauft, lieber Herr!« den Ruf ohne Unterlaß;
> Doch hat wohl keiner ihm Gehör verliehen.

Weihnachtsfetischist Storm hat etliche Weihnachtsgedichte geschrieben. Schon im »Liederbuch dreier Freunde« finden sich zwei, eines davon bereits 1835 entstanden, das andere offensichtlich gemeinsam mit Theodor Mommsen verfaßt. 1846 erscheint dann in Biernatzkis Volksbuch das »Weihnachtslied«: »Vom Himmel in die tiefsten Klüfte ein milder Stern hernieder lacht ...«. 1862 kommt der deftige »Knecht Ruprecht« dazu samt Äpfeln, Nuß und Mandelkern: »Von draußen vom Walde komme ich her ...« und wird zum wahrscheinlich populärsten deutschen Weihnachtsgedicht überhaupt.

Aber nie dichtet Storm ergreifender, persönlicher, ehrlicher als in der Erinnerung an dieses einsame Berliner Weihnachten 1852.

Er war damals nicht stehengeblieben, hatte nicht in die Tasche gelangt. Er weiß selbst nicht warum. Einfach Ungeschick? Oder Scham, am Straßenrand mit einem Bettelkind zu handeln? Er war jedenfalls rasch weitergegangen, schon drängten sich andere zwischen ihn und das Kind. Das Stimmchen verklang im Wind.

> Doch als ich endlich war mit mir allein,
> Erfaßte mich die Angst im Herzen so,
> Als säß mein eigen Kind auf jenem Stein
> Und schrie nach Brot, indessen ich entfloh.

Wieder pulst Storms ganzes Herz in seinen Versen. Seine Seele wird in seinen Worten Glas, man erkennt die ganze tiefe Existenzangst dieser Zeit. Um sich, die Kinder, seine Familie. Es wäre begreiflich, wenn er in solchen Augenblicken die Suche abbrechen, doch noch den dänischen Kotau machen würde.

Aber Storm sucht weiter.

Von der ersten Berliner Reise – noch zwei werden folgen – bringt er immerhin die Aufforderung mit, seine Papiere einzureichen, und sorglich legt er ein »Immensee«-Exemplar bei: Die Herren im Justizministerium werden doch sicherlich die Novelle kennen und nicht auf deren Dichter in ihrem Dienst verzichten wollen?

Doch wichtiger als Gedichte sind Beziehungen. Storm trifft in Berlin Markus Niebuhr wieder, den Kommilitonen aus Berliner Studentenzeiten, nun Kabinettsrat. Er setzt sich für Storm ein, andere auch. Und endlich ist es soweit. Storm wird angestellt. Nur als Assessor zunächst und ohne Gehalt fürs erste, um sich einzuarbeiten. Also kaum mehr als ein besserer Volontär, wie man das mit Zwanzig, nicht mit Mitte Dreißig ist. Und wie ein Lehrling wird Storm zunächst durch alle Abteilungen gejagt. Denn dort oben im heidnischen Husum dicht unter dem Nordpol inmitten all der friesischen Wilden mag er ja ein ganz brauchbarer Mann gewesen sein. Doch was versteht schon dieser Schuckelmeier von preußischem Recht?

Von der Prima zurück in die Sexta. Mit 36 noch einmal der Anfänger. In seiner Warteecke im Berliner Kammergericht bekommt Storm klamme Finger. Der Magendruck meldet sich wieder, der Rücken schmerzt, das Herz poltert im ungleichmäßigen Rhythmus.

Hat er das alles denn nötig? Hier in Berlin ein Nichts zu sein, ein Rädchen im Getriebe, allenfalls? Künftige Kollegen hasten grußlos an ihm vorüber, zuweilen streift ihn ein Seitenblick. Wer ist denn der komische Typ dort in seinen Provinzklamotten?

Schlimm das alles! Und doch weiß Storm: Es hätte für ihn in der Heimat keine Alternative gegeben. Oder sie hätte so ausgesehen, wie er sie in der zweiten Strophe seines Gedichts »Abschied« beschreibt.

> Geht immerhin – denn eure Tat ist euer –
> Und widerruft, was einst das Herz gebot,
> Und kauft, wenn dieser Preis euch nicht zu teuer,
> Dafür auch in der Heimat euer Brot!

Nein, das kann nicht Storms Weg sein. Er wählt eine andere Richtung.

> Ich aber kann des Landes nicht, des eignen,
> In Schmerz verstummte Klage mißverstehn;
> Ich kann die stillen Gräber nicht verleugnen,
> Wie tief sie auch in Unkraut auch vergehn.

Es ist Storms letztes großes Gedicht in Husum. Ein »Abschied« von so vielem. Von Meer und Möwenschrei, »ihr kennt es wohl; wir waren oft dabei«. Und eine Mahnung an die Kinder, an den gerade geborenen Jüngsten Karl zumal, aber auch die Mahnung an sich selbst.

> Und du, mein Kind, mein jüngstes, dessen Wiege
> Auch noch auf diesem teuren Boden stand,
> Hör mich! – denn alles andere ist Lüge –
> Kein Mann gedeihet ohne Vaterland.

Da mag denn Storm auch auf sich selbst zurückblicken, den Unentschiedenen von einst, den innerlich Unbehausten, Heimatlosen, der viel lieber in Lübeck oder Kiel geblieben als nach Husum zurückgekehrt wäre. Der Dichter der »Stadt am Meer« weiß jetzt, wo seine Heimat ist. Der Dichter des »Abschied« muß sie verlassen. Und doch bleibt sie auf immer das eine, einzige Vaterland.

Doch nun ist er erst mal in Preußen. Nein, in Berlin hat man keine Verwendung für ihn, wohl aber in der preußischen Provinz.

Es hatte kurze Zeit so ausgesehen, als würde Stralsund Storms neue Wirkungsstätte werden, und Deutschlands naher Osten hätte wohl zum Husumer nicht schlecht gepaßt. Aber dann wird es Potsdam, nahe Berlin, und auch das wirkt auf den ersten Blick eigentlich recht verlockend.

Viel grüne Natur ringsum. Keine See, aber Seen. Die berühmt gute Luft dank der ausgedehnten Wälder im Umland. Schlösser, die Storms heimliches Aristokratenherz entzücken könnten. Reichlich Rokoko, was wiederum dem Nostalgiker gefällt. Und ein kleiner Schmelztiegel ist dieses

Potsdam auch, mit seiner holländischen Siedlung und der russischen Kolonie, mit einer französischen Gemeinde und einem Dampfkraftwerk in Minarettform.

Potsdam ist ein Schmuckstück von den Zeiten der ersten Preußenherrscher an, Berlins kleine, schönere Schwester, wohin von der Hauptstadt aus die erste »richtige« Chaussee in Preußen führt und später die allererste preußische Eisenbahnstrecke.

Dort, gegenüber dem Potsdamer Brandenburger Tor und an der Brandenburger Straße in der Nummer 70, direkt gegenüber einer Militärwache und nur wenige Minuten vom Schloß Sanssouci entfernt, nimmt Storm Quartier und holt Ende 1853 Constanze mit den drei Kindern nach. Denn ein weiteres einsames Weihnachten ist ihm ein Alptraum, ein weiteres Vegetieren in irgendeiner schäbigen Potsdamer Absteige die Hölle.

Die andere Hölle ist ihm der preußische Staatsapparat.

»Du denkst nicht, wie der arme Junge arbeiten mußt«, schreibt 1855 Constanze in einem Brief an die Husumer Schwiegermama. Von ihrer eigenen Arbeit schreibt sie nichts. Und doch ist sie es, immer wieder schwanger – 1855 wird Tochter Lisbeth geboren, 1860 Tochter Lucie, dazu Fehlgeburten –, die in diesen schwersten Jahren die Familie Storm zusammenhält.

Storms Ideal einer in jeder Hinsicht vollkommenen Partnerschaft wird Wirklichkeit. Allerdings auf sehr andere, herbe und gar nicht idealistisch überhöhte, vielmehr sehr erdnah-pragmatische Art, als er sie sich damals im Überschwang seiner Brautbriefe ausgemalt hatte.

Klaglos ist diese Frau ihrem Mann in die Fremde gefolgt. Klaglos sorgt sie für Essen, Kleidung, erzieht die wachsende Kinderschar, da schließlich der Familienvater den ganzen Tag auf dem Gericht ist. Und sie nimmt mit immer bescheideneren Bleiben vorlieb, in der Waisenstraße 68, schließlich in der Kremerstraße des Holländischen Viertels, da man nicht mehr die hohe Miete in der Brandenburger Straße zahlen kann.

Nach über einem halben Jahr gibt es endlich spärliche Diäten, zwischen fünfundzwanzig und dreißig, manchmal vierzig Reichstalern im Monat, obwohl Storm wenigstens tausend im Jahr brauchte, um mit seiner Familie halbwegs anständig leben zu können. Und die Schriftstellerei wirft auch nicht viel ab, die Gedichte so gut wie nichts, »Immensee« schon etwas mehr, fünfzig vereinbarte Taler pro Auflage.

Ja, wenn Dichter Storm noch einmal einen solchen Bestseller wie »Immensee« schreiben würde ... Aber dafür bleibt nicht Zeit und Kraft. An den Vater in Husum geht bittere Klage: »Die eigentlichen Adern meines Lebens sind mir hier doch unterbunden ...« Und in Sachen Poesie: »Wäre ich in der Heimat geblieben, so würde mir mein Talent eine Quelle, nicht allein innerlichen, sondern auch äußerlichen Wohlseins, geworden sein ...« So aber, ohne »die einfachste Behaglichkeit meines Lebens« wird wohl »der kleine Strom bald versiegen«.

Keine neuen Storm-Werke also. Allenfalls ein paar Gedichte. Der Poet scheint fast verstummt. In den Augen des Vaters gewiß das kleinere Übel.

Schon in Husum soll es zwischen beiden der politischen Gedichte wegen zu heftigen Streitigkeiten gekommen sein. Der Vater habe dem Sohn regelrecht verboten, so was zu schreiben oder gar zu veröffentlichen. Und diesen Abgang nach Preußen versteht er auch nicht ganz. Doch der Vater Johann Casimir Storm »funktioniert«, wie Theodor Storm als Vater immer »funktionieren« wird.

Er schickt Geld und Lebensmittel. Die Köchin – auf so was verzichtet eine großbürgerliche Familie des 19. Jahrhunderts selbst in der größten Not nicht – schlägt freudig die Hände zusammen. Gute fette Marschbutter, ein ganzes Faß voll! Die hat der liebe Gott geschickt.

Von der Großzügigkeit des Vaters – doppelt schmerzlich für einen Sohn im Alter, wo er längst die eigenen Kinder ernähren müßte – lebt die Familie gerade so an der Grenze zur offenen Armut.

Mag sein, daß Storm zuweilen Reue antritt. Im Verein mit dem Gefühl jedes Emigranten: Was macht er eigentlich hier in der Fremde unter all den Menschen, die nicht so denken und fühlen wie er? Warum ist er nicht unter seinen eigenen Leuten?

»Gerüstet steht der Wagen«, hatte es in »Abschied« geheißen. Vielleicht steht der Wagen auch manchmal gerüstet, nun nicht der Heimat ab-, sondern wieder zugewandt, wenigstens in Storms Phantasie: zurück, nur zurück nach Husum! Mit der Lage dort, den Dänen, all den Mißlichkeiten wird man sich schon arrangieren, irgendwie ...

Doch gleich auch dürfte ihm dann diese Heimat vor Augen gestanden haben. Die Menschen dort, wie sie vor den Besatzern zittern und buckeln. Keine mutigen Widerständler allesamt, so ist die menschliche Natur nun einmal nicht geschaffen: »Keine Bevölkerung hat im großen und ganzen auf die Dauer Lust, für ihre Überzeugung zum Märtyrer zu werden.«

Nein, nur eines ist für ihn schlimmer, als nicht in Husum zu sein: in Husum zu sein.

Lieber also hinein in die menschenverachtende Maschinerie des Preußenstaats, und das zum wahren Hungerlohn! Wie hatte es doch geheißen, als Storm einmal drei Monate lang für einen erkrankten Richter einspringen und dafür zunächst die stolze Summe von vierzig Talern bekommen sollte?

»Wenn er brauchbar ist, so ist er ja schon eben da!«

Siebzig Termine pro Tag. Das ist die Norm. Und gleich in der ersten Zeit hatte ihm einer die Akten für nur fünfzig Fälle auf den Schreibtisch gepackt: Bitte, wir sind keine Unmenschen und wollen unsere Anfänger nicht überfordern.

Storm wühlt sich in preußisches Strafrecht ein, hetzt dessen Geheimnissen »wie ein Hühnerhund« hinterher, verhört Angeklagte, vernimmt Zeugen, in angenehm menschlich-verständlichem Ton, wie seine Vorgesetzten bald freundlich vermerken. Das beste an jedem Arbeitstag sind aber die Pausen.

Meist geht dann Storm hinüber in den Park von Sanssouci, spaziert dort zwischen den wohlgestutzten Buchsbaumhecken, steht vor der Fassade des schlicht schönen Baus, wo einst Fridericus Rex sein Spiel vom aufgeklärten Preußenherrscher inmitten heiterer Philosophenrunde zelebrierte und zuweilen auf der Querflöte dilettierte, ein verhinderter Künstler wie so viele aus dem Haus der Hohenzollern.

Storm sieht über die berühmten Gartentreppen zur Stadt hinunter, auf Neues Palais und Nikolaikirche, und sieht auch die legendäre Mühle, die eigentlich, da sie dem königlichen Auge hinderlich war, hatte abgerissen werden sollen. Doch da war der Müller vor Gericht gegangen. Das hatte dann ihm und nicht dem König recht gegeben. Storm kennt die rührende Lesebuch-Geschichte wie jeder andere. Schlauer alter Selbstdarsteller, dieser einzige Friedrich! Der kannte sich aus in der menschlichen Natur, wußte, wie sie zu rühren war, mit dem Choral von Leuthen ebenso wie mit der Geschichte vom Müller zu Sanssouci, die einmal mehr beweisen konnte, wie sehr in Preußen der Staat alles, der einzelne nichts ist, sogar der König. Hier in Preußen wird nur vor dem einen Götzen gekniet, und der heißt Obrigkeit.

Storm, nun lange nicht mehr die »eher unpolitische Natur«, durchschaut dieses Preußische sehr genau. Der Mensch, erkennt er, zählt dort nichts. Einzig sein Rang – Orden, Titel, Ehren – sichert dem einzelnen seinen Platz in der sozialen Hierarchie. Die Beamten regieren dort, bestimmen – in seinem Spottgedicht »Der Beamte« karikiert Storm das später –, ob ein Mensch überhaupt geboren ist. Und würde es diesen Beamten, die da über ihren Aktenbergen schwitzen und Fronarbeit leisten wie Storm selber, wenigstens gutgehen, doch ein riesiger Militäretat frißt alles auf. Er ist der eigentliche Preußengott und die Offiziere seine Priester, Potsdam aber trotz Sanssouci und Havelseen vor allem ein einziges

»großes Militärcasino«. Das mochte zuweilen einen gewissen Reiz haben, allerdings nicht für Storm: »Das Geheimrätliche und Geschniegelte, das Zeremonielle und Steife, die ganze offizielle Atmosphäre lagen mir nicht«, zieht er später das Fazit seiner Potsdamer Zeit.

Ein ausgeprägter Individualist wie er braucht seinen Freiraum. Wo hätte er den hier finden können?

Nirgends. Er ist nichts, der Staat ist alles. Und wie oben in Husum der Dänenterror so nach und nach wohl jeden korrumpiert, so entindividualisiert das Preußische den einzelnen so systematisch, bis er nur noch Teil des einen großen Apparats ist, grau gesichtslos wie der Apparat selbst.

Storm widersetzt sich. Mit ihm soll es so weit nicht kommen. Für ihn gilt nicht das vom Kasernenhof übernommene Prinzip, einen Menschen erst zu zerbrechen, um ihn dann neu, nach preußischem Muster wieder zusammensetzen. Storm hat nicht den Dänen getrotzt, um sich nun als Mensch, als Persönlichkeit mit eigenem unverwechselbaren Gesicht gleichsam aufzulösen. Und er gibt »Für meine Söhne« ein Gedicht lang weiter, wie nun sein Weltbild aussieht.

> Hehle nimmer mit der Wahrheit!
> Bringt sie leid, nicht bringt sie Reue;
> Doch, weil Wahrheit eine Perle,
> Wirf sie auch nicht vor die Säue.

Und nur keine falschen Rücksichten bitte, wie sie in einem eingeschliffenen Beamtenstaat jeder auf jeden nimmt, damit nur ja nicht die gut geölte Maschinerie aus dem Takt gerät! Lieber mal »erfrischend wie Gewitter goldne Rücksichtslosigkeiten«.

Dagegen meide man »artige Leutseligkeiten«, arbeite zwar tüchtig, sei fleißig, aber »hüte deine Seele vor dem Karrieremachen!« Wo du aber »zum Weib ... nicht die Tochter wagen würdest zu begehren, halte dich zu wert, um gastlich in dem Hause zu verkehren.« Schließlich – und hier überschattet leise Melancholie die stramm schmetternden Versrhythmen, und in alle Maximen schleicht sich die typisch Stormsche Ahnung immer gegenwärtiger Vergänglichkeit ein:

>Wenn der Pöbel aller Sorte
>Tanzet um die goldnen Kälber,
>Halte fest: du hast vom Leben
>Doch am Ende nur dich selber.

Ein bemerkenswertes Gedicht, das da im ersten Jahr Potsdam entsteht, fast ein Programm. Und wenigstens wie für seine Söhne ist es für den Vater selbst bestimmt, der nun nicht mehr der Storm von einstmals ist, weich, verspielt und unentschieden. Hier klingt eine fast brutale Härte an, anderen gegenüber wie sich selbst. Zugleich ist es wie ein Schutzpanzer wider alles Preußische.

Wieder das bekannte Storm-Muster: Er braucht den Widerpart, da den Adel, hier das Preußentum, um zu seinem eigenen Standpunkt zu finden. Er muß erst gegen etwas sein, um für etwas Partei zu nehmen. Dann aber so »golden rücksichtslos«, daß es seiner Umgebung, den Freunden zumal, ein wenig schaudert.

Das ist der eine Storm. Klar, kühl, fast kalt. Ganz Herr seiner selbst. Und dann wieder wird der blaue Blick groß und träumerisch. Sanssouci ringsum. Immer sind »Örtlichkeiten« für den Dichter Storm wichtig gewesen. Jetzt müßte das hier – Park und Schloß, Buchsbaumhecken und Fontänen – Inspirationsquelle sein. Das ist es auch, doch für etwas anderes. Fern, sehr fern von Sanssouci.

Plötzlich ist Storm nicht mehr in Potsdam, sondern irgendwo bei Husum um die Mittagszeit. Sommer, milde Hitze, alles still, kein Windhauch, »der Birnenbaum mit blanken Blättern steht regungslos im Sonnenschein«. Heuduft kitzelt in der Nase, im grauen Röckchen niest der Hausgeist Puk, während der Müller und sein Gesinde irgendwo den Mittag verschnarchen und seine Tochter mit dem Müllerburschen tändelt: »Nun küsse mich, verliebter Junge; doch sauber, sauber! nicht zu laut.«

Storm schreibt sein Gedicht »Sommermittag« und im selben Jahr 1854 das andere, das erst »Am Deich«, später »Meeresstrand« heißt und das er seinem Vater schickt und später noch an Mörike, obwohl er diesmal nicht glaubt, ein unsterbliches Gedicht gemacht zu haben.

Doch genau das ist dieser »Meeresstrand«.

> Ans Haff nun fliegt die Möwe,
> Und Dämmrung bricht herein;
> Über die feuchten Watten
> Spiegelt der Abendschein.
>
> Graues Geflügel huschet
> Neben dem Wasser her;
> Wie Träume liegen die Inseln
> Im Nebel auf dem Meer.
>
> Ich höre des gärenden Schlammes
> Geheimnisvollen Ton,
> Einsames Vogelrufen -
> So war es immer schon.
>
> Noch einmal schauert leise
> Und schweiget dann der Wind;
> Vernehmlich werden die Stimmen,
> Die über der Tiefe sind.

Hier erreicht Storm eine poetische Höhe, die auch er selbst nicht mehr überbieten wird. Nie war er als Dichter größer, nie seiner Heimat näher als hier in Preußen bei seinen stillen Mittagspromenaden durch den Park von Sanssouci, wo er sich am liebsten »in die einsamsten, feuchtesten und grünsten Partien« flüchtete.

Storm wendet sich ab, kehrt zu seinen Pflichten zurück,

»in einem wildfremden Lande, wo einem doch der Boden unter den Füßen fehlt«. Den spürt er erst wieder, wenn er abends in seine Wohnung zurückkehrt. Denn dort ist nun wieder der Szenenbauer Storm am Werk, der sich seine Lebensbilder selbst schafft. Jetzt eben sein Husum, getreulich bis ins Detail.

Im Ofen bullert es. Holzscheite knistern. Der Teekessel summt, sein Deckel klappert leicht. Storm nimmt Platz, langt zu. Futjes gibt es, braunen Kuchen auch. Großmutterns häusliche Heimeligkeit entsteht bis in Einzelheiten hinein. Mit holländischer Teekanne, sanft leuchtendem Lämpchen. Teestunde wie in der Heimat. Darauf besteht er an jedem Feierabend, mögen sie andere auch belächeln, diese seine ewige »Husumerei«. Sie ist sein Halt, sein Kompaß, und er kann sich fast wie zu Hause fühlen.

Wenn er nur gesünder wäre!

Der schmale Körper sendet immer wieder beängstigende Signale. Wenn nicht wirklich, so doch in seiner Phantasie. Schon kurz nach seiner Ankunft hat Storm den ersten Zusammenbruch, muß zehn Wochen aussetzen, bis er wieder halbwegs auf die Beine kommt. Er fürchtet schon, das erste Jahr Potsdam nicht zu überleben.

Er überlebt, aber immerzu schwach und kränkelnd.

Mal ist es der Magen, mal der Rücken, oft das Herz. Und immer sind es die Nerven. Storm hält das für ein Erbteil seiner zu Depressionen tendierenden Mutter und wird darüber selber depressiv.

Nicht immer allerdings. Nicht, wenn es nach Berlin geht.

Die komische Kruke

Als 1838 die Eisenbahnstrecke Berlin-Potsdam eröffnet wurde, hatte die preußische Majestät, damals noch Friedrich Wilhelm III., mißbilligend geknurrt: »Kann mir keine Seligkeit davon versprechen, ein paar Stunden früher in Berlin oder Potsdam zu sein.« Doch bitte, mit einem Achselzucken: »Zeit wird's lehren ...«

Die Zeit lehrt es tatsächlich. Keine zwanzig Jahre später ist es für manchen die ganze Seligkeit, so rasch wie möglich von Potsdam aus in Berlin zu sein. So Mitte der fünfziger Jahre für Theodor Storm.

Berlin ist sein kleines Paradies, der große Kontrast zur Potsdamer Enge, wo es ihm am ehesten möglich ist, den Juristenberuf mit seiner Poeterei in irgendwelches Einvernehmen zu bringen.

Denn hier in Berlin hat er Freunde.

Die hat er zwar auch in Potsdam, nette Leute, meist Kollegen wie in Husum, doch was ist ein Kreisgerichtsdirektor Gossler gegen einen Paul Heyse oder Franz Kugler, was schon ein Fachplausch mit dem Kreisgerichtsrat Schnee gegen die hitzige Diskussion mit einem Theodor Fontane?

In Berlin blüht Storm auf. Dort darf der preußische Gerichtsassessor wieder Dichter sein, den anderen wenigstens ebenbürtig. Dort wird er verstanden, sogar bewundert. Und gut gegessen wird dort auch.

Nun irrt also der Mann aus Husum nicht mehr einsam durch Berliner Straßen. Er steht nicht vor Fassaden, hinter denen andere Dichter tagen und ihn selber draußen lassen. Diesmal öffnet sich die Tür.

Storm tritt ein. Tabaksqualm schlägt ihm entgegen. Es riecht nach Bier, Schnaps, Pfeife. Kaffee dampft. Kellner in langen Schürzen, viel Pomade im angeklatschten Haar, laufen herum, nehmen Bestellungen auf, schleppen immer noch ein Bier, noch eine Kanne Kaffee heran, schenken nach. Stimmengewirr, Dunstschwaden. Storm wedelt sie beiseite. Diese verdammten Raucher! Dort in der Ecke sitzen die Freunde.

Das hier also nennt sich der »Tunnel über der Spree«.

Schon 1827 wurde er gegründet und selbstironisch nach dem ersten Tunnel unter der Themse drüben in England benannt, mit wechselnden Lokalitäten als sonntäglichem Treffpunkt. Zutritt hat praktisch jeder, Beamte, Kaufleute, Offiziere, Handwerker. Aber es geht um Dichtung. Sie wird vorgelesen, diskutiert. Und um jede soziale Rangordnung zu umgehen, belegen sich die Herren – Damen sind nicht zugelassen – mit Dichter- oder Bibelnamen wie »Lazarus« oder »Lafontaine«. Storm, obgleich nie reguläres Mitglied, wird zum »Tannhäuser« nach dem unselig zerrissenen Minnesänger auf der Wartburg, der sich nie zwischen Frau Venus, der sündigen, und Elisabeth, der frommen, entscheiden kann.

Als Storm im Winter 1852, während seines Berliner Antrittsbesuchs im preußischen Justizministerium, ein erstes Mal »Tunnel«-Gast ist, eingeführt vom Kunsthistoriker und »Argo«-Herausgeber Friedrich Eggers, liegt allerdings die »Tunnel«-Glanzzeit schon eine Weile zurück. Die Aufbruchsstimmung der debattierfreudigen vierziger Jahre ist längst verflogen. Die Revolution von '48 hat wenig gebracht, gewiß nicht mehr Meinungsfreiheit. Schwer lastet die Zensur über allem Dichtertreiben. Über Politik spricht man besser nicht, auch nicht über Religion. Und literarische Diskussionen ziehen sich immer mehr aufs rein Formale, Ästhetische zurück, wo sich niemand schlimm verplappern, den Mund verbrennen kann.

So was hat auf die Dauer wenig Reiz. Die Dichterrunde verkommt zum Stammtisch, ist oft genug – Fontane rügt es mit für ihn typischem Spott – »nichts weiter als ein Rauch- und Kaffeesalon mit literarischem Anstrich«. Schon deshalb werden ein neues Gesicht wie Storm, ein neuer Klang wie der Stormsche gierig begrüßt. Schon formiert sich um den Ankömmling aus dem Norden eine allererste »Storm-Gemeinde«, die seinen ersten Geburtstag in Berlin, den sechsunddreißigsten, mit viel Musik und Gloria feiert. Und Storm widerfährt im Berlin dieser Zeit Ähnliches wie wenige Jahre zuvor Friedrich Hebbel in Wien, wo der Dithmarscher zum »lieu des salons« geworden war, der aufregend ruppige Exot aus dem Norden.

Storm wird kein »Salonlöwe« schon in Ermangelung von Salons. Aber auch er ist in diesem Berliner Literatenkreis, angeführt von Fontane und dem Professor und Geheimen Rat im Kultusministerium Franz Kugler, eine leicht exotische Attraktion. Gleich sein »Tunnel«-Einstand gerät zum kleinen Skandal.

Es war bei seiner ersten »Tunnel«-Visite gewesen, als Kugler sein Gedicht »Stanislaw Oswiecim« vorgetragen hatte, Geschichte einer blutschänderischen Geschwisterliebe nach einem polnischen Sagenmotiv. Storm hatte dazu den Kopf geschüttelt. Na, dann machen Sie es mal besser, Herr Storm!

Storm nickt und setzt sich, nach Husum zurückgekehrt, gleich hin, seine eigene Version von Geschwisterliebe zu Papier zu bringen, im Gedicht »Geschwisterblut«. Recht seltsam, daß ihn um diese Zeit, da er wahrlich andere Sorgen hat, dieses abgelegene Thema Inzest so interessiert. Und gleich lohnt sich da noch einmal der Blick auf das im Frühjahr zuvor entstandene »Lucie«-Gedicht über seine tote kleine Schwester.

Jeder kennt das bei sich selber. Eine Erinnerung, jahre-, vielleicht jahrzehntelang verschüttet, wacht plötzlich wieder auf. Ein Mensch, eine Situation sind plötzlich wieder da, ganz nah. So scheint es in diesem Jahr 1852 Storm mit seiner schon etwas vergessenen Lieblingsschwester zu gehen, wenn es in der letzten Strophe heißt:

> Was habe ich heute denn nach dir gebangt?
> Bist du mir nah und hast nach mir verlangt?
> Willst du, wie einst nach unsern Kinderspielen,
> Mein Knabenhaupt an deinem Herzen fühlen?

»Geschwisterblut«, von Storm mehrfach umgeschrieben, ist deutlicher. Bruder und Schwester können von ihrer Liebe nicht lassen. Offenbar hält sie nur die Erinnerung an die toten Eltern vom letzten Schritt noch ab. Der Papst wird angerufen, ihren Bund für rechtsam zu erklären. Der untersagt die Geschwisterehe. Die beiden wählen den Tod: »Wir wollen zu Vater und Mutter gehen; da hat das Leid ein Ende.«

Kein obszönes oder nur schlüpfriges Wort fällt neunzehn Strophen lang, und doch löst der Vortrag – Storm ist noch in Husum, Friedrich Eggers liest es vor – ungeheure Aufregung aus. Empörung bei den einen, Begeisterung bei den anderen. Eggers wird das Blatt fast aus den Händen gerissen, da doch jeder ganz genau lesen will, was dieser Dichter aus Husum da geschrieben hat. Danach kann man sich gleich noch einmal empören oder begeistern. Und was immer man von diesem Gedicht halten mag: es steht für Storms spezielle Gabe, innigste Emotion so intensiv und gleichsam zwischen den Zeilen weiterzugeben, als meine jeder selbst diese Gefühle zu spüren.

Storms eigene Vorträge nach seiner Potsdamer Übersiedlung lösen selten ähnlich heftige »Tunnel«-Stürme aus. Seine Stimme ist zu leise, seine Erscheinung zu schmal, als daß er sich gerade hier durchsetzen könnte, wo mitten im schönsten Gedicht plötzlich der Kellner dastehen und »Darf ich bitte schon mal abkassieren?« sagen kann.

Storm braucht die »Stimmung«, beim Schreiben wie beim Vorlesen, die andächtige Stille, das heruntergeschraubte Licht, alle Augen nur ihm zugewendet. Dann schwingt sich sein Silbertenor hoch, führt in »Bulemanns Haus« oder über die Heide bei Husum, hin zum silbern gischtenden

Meer oder ins idyllische Grün stiller Waldlandschaften. Der »Tunnel« ist zu laut dafür.

Wohl auch deshalb wird eine Art »Neben-Tunnel« geschaffen, der sogenannte Rütli, gleichsam eine exklusive Abteilung für die »besonderen« Mitglieder, die – nun in Begleitung ihrer strickenden Damen – umschichtig in ihren Wohnungen tagen, vor allem bei Franz Kugler in seiner feudalen Etage in der Friedrichstraße, wo stets – Storm stellt es mit Behagen fest – ganz ausgezeichnet gegessen und getrunken wird.

Manchmal ist man auch bei den Storms in Potsdam zu Gast. Aber das sind dann leider die weniger gelungenen Veranstaltungen. Die ärmliche Enge der »an der Grenze zum Proletariat« vegetierenden Storms, Lärm und Kindergeschrei lassen keine rechte Gemütlichkeit aufkommen. Einmal gar beißt der älteste Sohn Hans dem Herrn Traugott Wilhelm von Menckel kräftig in die Wade, und Vater Storm scheint dagegen nicht viel einzuwenden haben, zumal dieser Herr so schöne Verse wie »Gegen Demokraten helfen nur Soldaten« geschrieben hat.

Aber auch sonst scheinen es die Storms ihren Gästen nicht so richtig »behaglich« machen zu können, wie man sich hinter vorgehaltener Hand zuraunt. Storm wäre wahrscheinlich sehr erschrocken, wenn er das hören würde. Denn wo, bitte, könnte es »behaglicher« sein als bei ihm zu Hause, wo es so schön »husumerisch« zugeht? Und er reckt sich voller Genuß. Künstler unter Künstlern, endlich mal.

Dort sind also Kugler, Fontane, Heyse, Eggers, der dichtende Offizier Bernhard von Lepel, die Maler Hugo von Blomberg und Adolf Menzel, jenes kleinwüchsige Genie, dessen Gemälde in ganz unvergleichlicher Weise die Welt des Alten Fritz ohne alles Kolossalpathos und ohne jeden Schlachtenlärm zum Leuchten bringen.

Hier in diesem Kreis darf Storm den Juristen vergessen, kann nur Dichter sein. Und so gibt er sich denn auch, kleidet sich so lässig bunt wie jeder richtige Künstler. Oder wie man in Husum sich einen Künstler vorstellt. Mit Schlapphut, meterlang um den Hals gewickelter »Talentwindel«, mit einem grausig grünen Röckchen und darunter einer ganzleinernen Weste, »die furchtbare Falten wirft«.

Das muß Freund Fontane feststellen, als er mal mit Storm durch den Tiergarten spaziert, und Storm bekommt Hunger, steuert das Café Kranzler an, die feinste Konditorei am Platz. Fontane stöhnt auf. Muß es denn unbedingt das Kranzler sein?

Es muß. Auch wenn die Nobelstätte zu dieser nachmittäglichen Stunde prall von Menschen ist und alles auf diesen eigenartigen Mann dort starrt. Sollen sie nur! Dann bekommen sie wenigstens einen echten Husumer von altem Schleswig-Holsteiner Schrot und Korn zu sehen, unteilbar und mit Bindestrich.

Storm stört sich keinen Moment an den gaffenden Blicken der anderen, steht am Büffet, läßt sich im singendsten Schleswig-Holsteinerisch mit viel dänisch gezischelten »s« dabei auf eine ausführliche Debatte mit dem drallen Kuchenfräulein ein. Fontane wird an seinem Tisch immer kleiner und atmet endlich auf: »Ich war froh, als wir nach einer halben Stunde wieder heil heraus waren.«

Es wird eine seltsame Freundschaft zwischen dem gebürtigen Neuruppiner Fontane und dem Mann aus Husum. Die wohl schwierigste, vielschichtigste in Storms Leben überhaupt. Todfreunde. So kann man die beiden Männer nennen. In manchem voneinander so entfernt wie nur denkbar und dann sich wieder fast brüderlich gleich.

Fontane, der gelernte Apotheker aus dem Brandenburgischen, hat die Provinz in sich überwunden oder meint das jedenfalls. Er wird der überzeugte Preuße aus Berlin, Storm in diesem Berlin wiederum der überzeugte Husumer. Dagegen hätte Fontane nicht einmal so viel einzuwenden, würde nicht Storm aus seiner »Husumerei« eine Weltanschauung machen und von jedem verlangen, er müsse sie teilen oder wenigstens davon begeistert sein.

Fontane, hellwach, durchschaut das Künstliche, Übertriebene daran. Er wittert die Pose des Mannes aus der Provinz. Er mag ahnen, daß zutiefst auch Storm nicht in dieser so demonstrativ hervorgekehrten Provinz seine wahre Heimat hat.

»Kannst du, was du willst? Willst du, was du kannst?«

Das wird später Kernfrage des Theaterkritikers Fontane an Autoren sein. Er richtet sie auch an Storm. Und stellt fest: Storm will zwar, kann aber nicht der urwüchsig unangefochtene Provinzler sein. Dafür ist seine Seele viel zu kompliziert und zerrissen. Der Rest ist mäßiges Komödienspiel, mit dem singenden Teekessel im Hintergrund, jedenfalls in den Augen des Weltmanns aus der Mark.

Doch auch Storm durchschaut Fontane, sieht das Angestrengte in dessen Herrenpose, die angemaßte Weltläufigkeit, in deren Glanzlack sich Berlins ganzes aufgeblasenes Weltstadt-Getue spiegelt.

Husum, könnte Storm knurren, dieses Husum also ist überall. Auch hier mitten in Berlin, das doch nur, sieht man richtig hin, ein aufgeblasenes Krähwinkel ist, hinter funkelnder Fassade so engstirnig und kleinkariert wie jedes andere Provinznest auch, nur eben in Millionengröße.

Ach, wie ist man hier doch stolz auf seine Toleranz, wo der Graf mit dem Borsig-Ingenieur einträchtig beisammensteht und alle hohen Herren immer etwas von Droschkenkutschern haben! Wie gleichgültig sind hier Rang und Klassen!

Ach, wirklich?

Storm lacht auf: Wie steht es denn tatsächlich mit dieser Gleichheit aller Menschen mitten im schönen Berlin? Würde denn dieser Graf dort mit dem Ingenieur nicht nur ein Glas Portwein, eine Zigarre lang plaudern, sondern ihm vielleicht auch die Tochter zur Frau geben?

Fontane bleibt die Antwort schuldig, und Storm zuckt mit den Achseln, schreibt sein trutziges Gedicht »Für seine Söhne«: »Wo zum Weib du nicht die Tochter wagen würdest zu begehren …«

Die lebenslange Fontane/Storm-Debatte über Wert und Unwert alles Preußischen hat begonnen. Sie führt fast bis zur offenen Feindschaft und verschärft sich durch die politische Entwicklung noch erheblich, bis hin zu Storms Meinung, politisch sei dieser Fontane eigentlich »fast ein Gegner«.

Dann wieder liegt man voreinander auf den Knien, gelobt sich ewige Verbundenheit. Fontane erklärt Storm zu seinem »Lieblingsdichter«, nennt ihn in einer »Immensee«-Rezension mit einer auf Storm gar nicht unzutreffenden Tautologie »ein recht poetischer Poet«. Und später bedauert er, selbst als Lyriker nicht den Stormschen »Bibber« zu haben.

Das ist allerdings wieder die Prise Verächtlichkeit inmitten aller Lobhudeleien, die in kesse Berliner Schnoddrigkeit verpackte Herabsetzung des anderen, der in seinen Versen »bibbere« wie ein verliebter Pennäler. Fontane selbst hält es um diese Zeit mehr mit hochgemuten Balladen, und da wiederum ist es an Storm, ihm Sprachpomp und angemaßte Größe anzurechnen, »mehr Enthusiasmus als Innigkeit«, »mehr Darstellung als Empfindung«. So lobt man sich und tadelt sich. Man giftet sich an und bewundert sich doch. Man steht sich wie Kampfhähne gegenüber und ist dann wieder gut Freund, aller »Husumerei«, aller »Berlinerei« zum Trotz.

In mancher Hinsicht setzt sich in der Verbindung mit Fontane, nur ungleich komplexer, die Feindfreundschaft mit Theodor Mommsen fort. Und auch seinen neuen Geibel könnte Storm in Berlin gefunden haben. Der heißt Paul Heyse, ist dreizehn Jahre jünger als Storm und anders als Fontane wirklich geborener Berliner, dazu noch ein aufstrebender Erfolgsschriftsteller, der es im nächsten Jahrhundert zum zweiten deutschen Literaturnobelpreis nach Mommsen bringt. Ein ausnehmend gutaussehender Mann ist er auch, mit prächtigem Prophetenbart und heldischem Feuerblick, und als Künstler ein Formalist wie Geibel, der nicht zufällig sein Entdecker und erster großer Förderer ist.

Storm müßte ihn eigentlich hassen, schon seiner unbestreitbaren Erfolge wegen. Seltsamerweise wird aber gerade Heyse einer seiner engsten und herzlichsten Freunde, ganz ohne alle Brechungen der Storm/Fontane-Beziehung.

Bei Heyse, an dessen Polterabend vor der Hochzeit mit der Tochter von Franz Kugler, trifft Storm auch den eigens aus München angereisten Geibel wieder. Man weiß nicht so genau, ob sich die Herren nach all den Jahren viel zu sagen hatten. Am ehesten dürfte sich das Gespräch um den gemeinsamen Freund Ferdinand Röse und sein trauriges Schicksal gedreht haben. Denn Röse, dieser blendende Intellekt, diese ganz große, vielleicht geniale Begabung, hat aus all seinen Gaben nichts zu machen gewußt, schreibt zäh an einer mehrbändigen philosophischen Betrachtung, die niemand lesen will, stolpert von Beruf zu Beruf, ist immer krank und meistens pleite, geht Storm um Geld an, der selbst nichts hat, verkommt und verwahrlost immer mehr. Röse bleibt eben ein ewiger Pechvogel, und nur einem wie ihm kann es passieren, daß jemand seine Papiere stiehlt, in seinem Namen ein Verbrechen begeht und er selbst dafür vorübergehend ins Gefängnis kommt.

Freund Geibel unterstützt ihn, Storm regt später eine Sammlung an, alles vergeblich, zu spät. Hier ist einer, dem auf Erden nicht zu helfen ist wie einst dem Dichter Heinrich von Kleist, zu dessen Grab am Wannsee-Ufer Kleist-Bewunderer Storm gleich in seinen ersten Potsdamer Tagen gepilgert ist. 1859 stirbt Röse, vierundvierzig Jahre alt.

Storm schaudert es. Er mag am Ende denken, daß ohne den bürgerlichen Boden unter seinen Füßen so auch das eigene Schicksal hätte ablaufen können. Nein, kein Gedanke mehr an Röse, der ihm einst die »Tore einer neuen Welt« aufgestoßen hatte. Lieber hält sich Storm an die noch lebenden Götter jener »neuen Welt«. Zum Beispiel an den in Berlin wohnenden Joseph von Eichendorff, der auf Storms Drängen hin von Kugler zum Diner geladen wird.

Storm bestaunt den gerade einmal sechzigjährigen Herrn,

in dessen Gedichten noch so schön ungebrochen das Posthorn tönt und die Biedermeierkutsche um die Ecke quietscht: »In seinen blauen Augen liegt noch die ganze Romantik seiner wunderbaren poetischen Welt«, notiert er dazu, und die schönen Worte verschleiern nur mühsam, daß Storm mit diesem Boten einer vergangenen Epoche nicht viel anzufangen weiß.

Ein wenig Schauder befällt ihn auch, als er im Jahr nach der Eichendorff-Begegnung, 1855, einem anderen seiner poetischen Hausgötter gegenübersteht, dem Herrn Pfarrer Eduard Mörike aus dem Schwäbischen. Der kommt nun nicht eigens nach Berlin. Zu dem muß sich Storm ins heimische Stuttgart bemühen, und da hatte es sich glücklich getroffen, daß in diesem Jahr 1855 die Eltern nach Potsdam zu Besuch kommen, auf dem Weg nach Heidelberg, wo ›de ole Storm‹ ein paar schöne Erinnerungen an selige Studentenzeit auffrischen will. Der Sohn schließt sich an. Und während noch der Vater vom Heidelberger Schloß zum Neckar schlendert und zärtlicher Nostalgie nachhängt, macht sich Storm auf den Weg nach Stuttgart.

Besuch bei Mörike, dem er schon seine »Sommergeschichten« zugesandt hatte, ohne zunächst irgendeine Antwort zu erhalten. Nun blinzelt ihm der alte Herr durch die Gläser seiner kleinen, runden Nickelbrille freundlich entgegen, sagt viel Schmeichelhaftes, bereitet ihm – Storm merkt es mit Stolz und Rührung an – einen Empfang ganz in Husumer Art, mit Tee und braunem Kuchen.

So sitzt man gemütlich zusammen, der Husumer und der Schwabe, jeder lobt den anderen kräftig, und erfreut stellt Storm wenigstens eine Seelenverwandtschaft fest. Er wie Mörike lieben beide Gespenstergeschichten.

Die Herren Poeten scheinen also ein Herz und eine Seele, und Storm, Szenenbauer auch bei zwischenmenschlichen Beziehungen, würde wohl ganz gern dieser Freundschaft ein selbst gefundenes Muster unterlegen, das vom alten Meister/jungen Dichter, die sich im Brückenschlag über die Generationen hinweg finden. Aber das will nicht so ganz gelingen.

Mörike, zu spröde, untheatralisch, auch zu erdnah für solche stilisierte Künstelei, eignet sich nicht für irgendwelche sentimentalen Rollenspiele. Und mißtrauischer, als es Storm wahrhaben will, betrachtet ihn sein Gastgeber.

Aber auch Storm selbst hat am Herrn Pastor i. R. einiges auszusetzen. Zumal sein Tischgebet (»Sollt ich mit Gott nicht können sein, so wie ich möchte, mein und dein? Was hielte mich, daß ich's nicht heute werde?«) verschreckt den Agnostiker wie einige Jahre später ein Besuch beim Jugendfreund Peter Oelhues, der nun Pastor in Duisburg ist und so bigott, daß Storm ins Gästebuch zwischen die frommen Sprüche anderer Besucher schreibt:

> Ein gut Stück gingen wir zusammen,
> Dann trennten unsere Wege sich;
> Und wie ich dieses Buch durchblättre,
> Unheimlich dünket die Gesellschaft mich.

So unheimlich dünkt ihm nun Mörikes Gesellschaft nicht, und Storm ist hinreichend beeindruckt, um sich schon auf der Heimfahrt in der Eisenbahn erste Notizen zu machen und sie nach Mörikes Tod zu »Meine Erinnerungen an Eduard Mörike« zu verdichten. Unter geteiltem Beifall der Mörike-Gemeinde erscheinen sie in »Westermanns Monatsheften«.

Kein böses, nicht mal distanzierendes Wort fällt dort. Doch wieder sind diese »Erinnerungen« eine typische Storm-Mischung aus harmoniebedürftiger Verklärsucht zum einen und andererseits zupackend genauer Beobachtung, der auch das Negative nicht entgeht. So sieht man denn Mörike vor sich, lichtblondes Haar, in den kindlich weichen Zügen »etwas Erschlafftes, um nicht zu sagen Verfallenes«, ein eigentlich schon »aufgehörter« Dichter, der gerade noch seinen »Mozart auf der Reise nach Prag« hervorbringen kann.

Zugleich staunt Storm, wie ungeniert sich dieser Feingeist des schwätzenden Dialekts seiner Heimat bedient, während er selbst mit dem Plattdeutsch seiner Jugend immer seine inneren Schwierigkeiten hat.

Als Kind dürfte er Platt gesprochen haben wie alle Husumer Jungen, bei denen es bis in unsere Zeit verpönt ist, untereinander im hochnäsigen Hochdeutsch zu quatschen. Aber Storm ist nun mal so »hochnäsig«, als Autor wie privat. Schon seiner Braut hatte er verboten, mit den Dienstmädchen platt zu sprechen, und er hinterläßt nach seinem Tod ganze drei Gedichte auf plattdeutsch, »Gode Nacht« aus dem Jahr 1854, das gerade Mörike »außerordentlich schön« findet, 1868 das »Nachtgebet« für seine Tochter Elsabe (»Min Ogen will ich sluten/De Welt lat ick dabuten ...«) sowie »Wenn't Abend wird ...«, das er 1872 dem Freund und plattdeutschen »Quickborn«-Autor Klaus Groth zugedenkt.

Mörike ist da ganz anders und frei von allen Stormschen Komplexen. Im Grunde das, was Storm nur sein will. Der eingestandene Mann aus guter, ehrlicher Provinz. Schon das trennt die beiden hier. Und auch sonst setzt sich die Mörike-Freundschaft nicht recht fort.

Storm hatte ihn in den Norden eingeladen. Ein Achselzucken: Der Herr Pastor hat wenig Neigung zu großen Reisen ins ferne Land. Und Briefe gehen regelmäßig von Potsdam, Heiligenstadt, Husum nach Stuttgart ab, aber kaum einer von Stuttgart in Richtung Storm. Den wortkargen Schwaben nervt schließlich Storms selten versiegende Plauderlust rund um private und privateste Dinge, und schließlich läßt er die Korrespondenz ganz einschlafen.

Eine Enttäuschung für Storm, doch auch eine Quittung für alle Illusionen, die sich dieser Mann ein Leben lang in Sachen Freundschaft macht.

Es geht dort ähnlich zu wie in der Liebe zu Constanze. Auch hier Überschwang, Hochstilisierung, Überforderung des anderen, immer mit einem Schuß Künstlichkeit dabei.

Auch hier will Storm mehr befreundet sein, als daß er wirklich befreundet ist, und übersieht die skeptische Kühle bei anderen, so auch bei Mörike, der vom Besuch aus Husum nicht ganz so begeistert gewesen zu sein scheint, als es Storm glauben will.

Wenigstens schreibt ein Mörike-Freund, der Pfarrer Hartlaub, an Mörikes Schwester nach dem Erscheinen der »Erinnerungen«: »Wir hatten ja dazumalen schon, als Storm bei uns war, Verschiedentliches gegen diesen Mann ...« Aber so was sieht Storm nicht. Stets ist er – wie auch Fontane feststellt – sein eigener einziger Maßstab, auch im zwischenmenschlichen Bereich.

Das hat den Preis der Einsamkeit. Und Storm, allem Familienkult und Freundschaftsgetue zum Trotz, wird sein Lebtag einsam sein. Zutiefst – trotz der Unzahl von »Freunden«, die er immer wieder sucht – ein Einzelgänger, auch in noch so geselligen »Tunnel«- und »Rütli«-Tagen.

Er scheint das sehr wohl zu spüren, ahnt, was er in Berlin für die anderen ist. Ein Unterhalter. Das Original. Die komische Kruke. So nennt ihn später, in Anlehnung an eine Gestalt aus einem Drama des Dramatikers Ernst von Wildenbruch, Theodor Fontane.

Da mag denn »Tannhäuser« beim »Rütli« zu einem Dichter aufsteigen, dessen Name fast Programm wird. »Das wäre was für Storm«, heißt es bereits bei bestimmten Sujets oder aber beim Blick auf manch anderen Dichter: »Ihm fehlt das Stormsche.« Da erklärt er alle »Rütlianer« zu seinen ganz persönlichen Freunden und muß sich leicht belächeln lassen, weil er die wechselseitige Hochachtung mit echter, tiefer Freundschaft verwechselt.

Die Großstadt-Rituale des Dichterbetriebs scheinen einem wie ihm auf immer wesensfremd zu sein. Und immer wieder kann er nicht zwischen geistiger Nähe zweier Künstler wie der von ihm zu Mörike oder später Gottfried Keller und der ganz persönlichen Verbindung zweier Menschen unterscheiden.

Aber in der Tiefe seines klaren Instinkts durchschaut er das sehr wohl. Und so zieht es ihn, den Ruhelosen, nie irgendwo wirklich Ankommenden, wieder fort, wie schon damals in seiner ersten Berliner Zeit. Zumal auch jetzt die kaum gewonnenen Freunde langsam wieder verschwinden, Heyse in Richtung München, Fontane als Korrespondent der »Preußischen Zeitung« nach London.

Um Storm wird es still. Doppelt laut und unerträglich knirscht und rattert dann die alltägliche Potsdamer Justizmaschinerie.

Daraus will er vor allem fort, irgendwohin, ganz gleich wo. Selbst an die polnische Grenze würde er sich versetzen lassen, bewirbt sich bei jedem irgendwie frei werdenden Posten.

Endlich klappt es. Storm wird 1856 Kreisrichter in Heiligenstadt.

Das ist nun nicht Husum, doch es ist Provinz, heimelig, vertraut, überschaubar. Ohne alle großstädtische Anmaßung und Arroganz.

Also Heimat, ein bißchen jedenfalls.

... wünsche ich nur in Heiligenstadt zu sein

Storm ist also wieder unterwegs. Zunächst von Potsdam nach Husum, wo er für kurze Zeit »die köstliche Luft der Heimat« genießt, unauffällig ins Elternhaus zurückgezogen. Doch das ist unnötige Vorsicht. Denn so dumm sind die dänischen »Gessler« wieder nicht, sich im Sohn vom ›olen Storm‹ einen neuen Winkelried zu züchten. Auch in den kommenden Jahren kann Storm ganz unbehindert seinen regelmäßigen »Husum-Urlaub« machen.

Nur eben »Heimat« ist es nicht mehr. Die Heimat heißt nun Heiligenstadt.

Diese Kreisstadt ist ein kleines Unikum im preußisch-sächsischen Bezirk Erfurt, mit rund fünftausend Einwohnern ähnlich groß wie Husum und wenigstens so verschlafen-provinziell. Früher mal, streng katholisch, war die Stadt eine Enklave des Erzbistums Mainz gewesen. Von 1802 an, mit kurzer Unterbrechung während der napoleonischen Besatzungszeit, war sie dann preußisch geworden, und mit den Preußen und preußischen Beamten waren die Protestanten gekommen.

Doch noch immer ist zur Storm-Zeit die Bevölkerung zu wenigstens vier Fünfteln katholisch, und da klingen denn am Sonntag die Glocken der Kirchen, wird zur Mette geläutet, sich vor goldschimmernder Monstranz verneigt und in Prozessionen mitgeschritten. Weihrauchwolken wirbeln hoch, ein verführerischer Duft, und Storm räuspert sich energisch: Nein, er und die Seinen werden sich nicht verführen lassen. Es heißt eben in den eigenen vier Wänden durch strenge Lebensführung besonders standhaft sein.

Skeptisch sieht er sich um: Wohin ist er hier geraten, in diesem Eichstal, wie sich die Gegend nennt?

Heiligenstadt ist ihm nicht völlig fremd. Denn aus

irgendwelchen Gründen hat es einen seiner jüngeren Brüder dorthin verschlagen, den Gärtner oder, wie es Storm lieber nennt, »Kunstgärtner« Otto Storm. Der will hier mit einem kleinen Darlehen vom Vater eine eigene Gärtnerei aufmachen, und Familienmensch Storm mag sich anfangs von der Nähe des Bruders einen Hauch familiäre Wärme versprechen. Doch will das nicht so richtig klappen.

Die beiden Brüder sind einfach zu verschieden. Kunstgärtner Otto ist mehr das schlichte Gemüt ohne große Bildung und feinsinnige Ambitionen, eben der Sohn vom »Westermöhler Burjung«, während sich in Theodor mehr die feinere Woldsen-Linie fortzusetzen scheint. Doch das, meint Storm, muß ja nicht bleiben. Ganz liebender Bruder bemüht er sich, den anderen in die eigenen geistigen Höhen hinaufzuziehen.

Vergeblich. Eher weckt er im Bruder das Mißtrauen, nicht so ganz für voll genommen zu werden. Knurrend zieht sich Otto in seine ureigene Welt zurück, und auch Frau Constanze versteht sich wenig später nicht allzu gut mit der etwas schlicht geratenen Schwägerin Wilhelmine.

Doch fürs erste sieht man Storm in diesem September 1856 mit der Eisenbahn bis nach Göttingen dampfen. Von dort geht es mit der Postkutsche weiter. Denn einen Bahnanschluß hat Heiligenstadt noch nicht, und auch sonst ist dort nicht eben der Fortschritt zu Hause. Dafür scheint die Gegend recht hübsch zu sein. Und so ganz anders als das Land um Husum.

Dichte, dunkle Wälder, eher dumpf-erdig im Ockerton ohne das lichte Grün Schleswig-Holsteins. Weite Felder dazwischen. Hier wird überwiegend von der Landwirtschaft gelebt. Dann erste Hügelketten, sanft geschwungen, allenfalls mittelhoch, aber für den Flachländer Storm schon richtige Berge, die »überall in die Stadt« gucken.

Es geht ins Tal hinab. Kirchtürme zeichnen sich in der frühen Dämmerung ab, der Kutscher weist mit der Peitsche darauf, nickt maulfaul zum Reisenden hin: »Heiligenstadt!«

Storm wollen für einen kurzen Moment die Tränen in die Augen schießen. Dann nickt er und scheint entschlossen, mit diesem neuen Umfeld erst mal ganz zufrieden zu sein.

Constanze erfährt im nächsten Brief: »Das ganze hier macht mir trotz der Ärmlichkeit keinen üblen Eindruck ... es muß sich im Sommer hier angenehm im Freien und winters recht heimlich in den Stuben leben lassen.« Daher soll sie denn so bald wie möglich nachkommen.

Ohne große Klage über die neuen Umständlichkeiten packt Constanze Gepäck und inzwischen vierköpfige Kinderschar und wechselt in dieses Kaff Heiligenstadt über. Schwager Otto, noch steht man recht gut zueinander, nimmt sie fürs erste auf.

Auf dem Grundstück vor dem sogenannten Kasseler Tor am Stadtrand, wo seine Gärtnerei entstehen soll, findet sich ein hübsches Landhaus, hell, luftig. Zu luftig, wie Constanze bald schon fröstelnd feststellt. Das schmucke Haus ist leider nicht zu heizen. Also gleich neuerlicher Umzug, diesmal in die Mitte der Stadt, in die Wilhelmstraße.

Das ist nun Heiligenstadts Hauptstraße, doch das bleibt auch schon das einzig Bemerkenswerte daran. Und gerade fünf Räume hat man im ersten Stock des Hauses Nr. 73, ohne Garten dahinter, ohne Geißblattlaube und Ligusterduft. Das schmerzt die Storms am meisten.

Blumenfreund Storm schreibt an den Freund Friedrich Eggers: »Ich lebe nicht, weil ich den (Garten) nicht habe.« Wo er doch seit Husumer Kindertagen bis zu seiner Abwanderung gewohnt war, »den Sommer über ganz im Garten zu leben«. Unmöglich nun hier in Heiligenstadt, doch kurzerhand dichtet er sich seinen Garten selbst und erinnert sich, wie er einmal seinen ältesten Sohn geistergleich durch den abendlichen Garten huschen sah. Darüber schreibt er dann sein Gedicht »Gartenspuk«.

Keine sehr gelungene Arbeit, wie er selber argwöhnt. Reichlich verschlüsselt, schwer verständlich. Eine Art »Dämonisierung dieser Garteneinsamkeit, welche die Mutter meiner meisten Produktionen ist«. Doch immerhin weht dort viel Abendluft und Levkojenduft, Erdbeerranken kringeln sich auf dem Erdboden, und eine Geißblattlaube findet sich in seinen Versen auch: selige Husumer Erinnerung!

Storm braucht so was in Heiligenstadt.

Keine graue Stadt, sondern fast ein Idyll mit seinen nachts geschlossenen drei Stadttoren, ohne Straßenbeleuchtung wie das Husum der Stormschen Kindertage. Dafür ruft hier noch ein wahrhaftiger Nachtwächter die Stunde aus. Und ums Bistumsschloß und seine gelbliche Sandsteinfassade, hinter der Storms Amtsräume liegen, weht ein matter Glanz vergangener Feudalherrlichkeit.

Zugleich sieht Storm aber auch die Armut der Leute hier, die es dennoch schaffen, recht fröhlich ihre Feste zu feiern, und der nicht so feierfrohe Norddeutsche sieht sich ins Seldwyla seines Schweizer Kollegen Gottfried Keller versetzt: »Eine große Schützengilde zog mit Musik und Lärm im Dunkel durch die Straßen; sie feierten schon den dritten Tag«, obwohl doch die Menschen herzlich wenig zu lachen haben.

Storm rechnet sich aus: Allein für die nötigen Kartoffeln eines Winters muß eine ganze Familie umsonst den ganzen Sommer lang auf den Feldern der Bauern schuften. Ein Pfund Schmalz zum Brot den ganzen Winter über ist der größte Luxus. Und mehr als höchstens zweieinhalb Groschen Tageslohn verdient so rasch hier keiner. Dennoch: »Wenn sie trocken Brot haben, sind sie vergnügt.«

Da mag er denn, während er das an seinen Vater schreibt, kurz innehalten, mag nachdenken und sich nahezu reich vorkommen mit seinen sechshundert Talern Richtergehalt im Jahr.

Obwohl auch die vorn und hinten nicht langen.

Bettelbriefe gehen nach Husum, und nichts Unnötiges, keinen Luxus erbittet er vom Vater, nein, »wir sollen doch Wohnung und Kleider haben, wir wollen alle essen und im Winter nicht frieren …« Der Vater zahlt. Es reicht dennoch nicht. Und so spart man eben, nimmt nur nachmittags Zucker in den Tee, streicht statt Butter lediglich Mus aufs Brot. Man zieht in die Gegend hinaus zum Hagebuttenpflücken, um sich endlich wieder die geliebte süße Hagebuttensuppe kochen zu können, eine Husumer Spezialität, mit der die Storms später den aus Österreich angereisten Millionär und Feinschmecker Alexander Schindler in die Flucht schlagen, und fängt sich einen harten Rüffel ein: Ob denn der Herr Kreisrichter und seine Familie nicht wüßten, daß man das Hagebuttensammeln den wirklich armen Leuten überläßt, die vom Verkauf schließlich leben müßten?

Es mögen solche Erfahrungen sein, durch die Storm Sinn für die Widersprüche einer gutbürgerlichen Gesellschaft entwickelt. Denn bis dahin hatte er Bürgertum ganz unreflektiert als Inbegriff soliden Lebenswandels auf sicherem Fundament erlebt, bei den Eltern und Schwiegereltern, schließlich bei sich selber in den Jahren in der Husumer Neustadt. Nie hatte man dort anderes sein wollen, als man war, und über Geld sprach man nicht. Das hatte man. Nicht immer reichlich, aber genug für ein auskömmliches Leben in der vertrauten »Behaglichkeit«. Hier aber lebt man nun von der Hand in den Mund, zählt jeden Groschen, ist dankbar, wenn der letzte noch nicht ausgegeben ist, bevor das nächste Gehalt fällig wird. Man ist arm und schämt sich dafür.

Aber der Schein will immerzu gewahrt sein.

Man hat ein gastliches Haus, lädt auch schon mal zum Essen, nicht ohne zuvor den Vater um ein kleines Aufgeld für die festliche Bewirtung angebettelt zu haben. Und natürlich darf niemand sehen, wie die Dame des Hauses selbst Wasser schleppt. Dafür müssen Dienstmädchen her, möglichst zwei, wenigstens eines, damit sich die Mutter ausgeruht und rosig strahlend inmitten ihrer wohlbehüteten Kinderschar präsentieren kann: schöne heile Welt! Und Vater Storm reibt sich die blau gefrorenen Finger, weil mal wieder das Geld für Brennholz nicht gereicht hat.

Dennoch werden die acht Heiligenstädter Jahre zu den besseren Zeiten in Storms Leben gerechnet. Vor allem, weil der unmenschliche Arbeitsstreß nicht mehr ganz so schwer wie in Potsdam auf ihm liegt. Dreißig Fälle pro Tag sind schließlich zu schaffen. Und die meisten sind sogenannte Bagatellfälle, die Storms zarte Seele nicht weiter belasten. Es gibt allerdings auch andere wie den Fall der Amme, die in großer Not ihr Kind zu vergiften versucht hat. Ein Opfer, eine Täterin?

Storm ist sich selber nicht so sicher. Auch nicht bei jenem Dieb, an dessen kräftiger Erscheinung der Richter etwas Besonderes spürt: »Den haben die Verhältnisse auf diesen Platz gebracht.« Am nächsten Tag erfährt er: Der junge Mann hat sich in seiner Zelle aufgehängt.

Einmal auch erlebt er eine Hinrichtung, und da schaudert ihn vor der Bestie Mensch, wie sie sich gaffend, grölend in den Straßen drängt, während der Delinquent zum Richtblock geschleppt wird. Es war dabei »ordentlich wie Blutgeruch in der Luft«, und schon da mag der Gedanke aufgekommen sein, der später in seine »Kulturhistorischen Skizzen« eingeht.

Storm kann sich dort nicht vorstellen, »wie jemals einem Menschen das Abschlachten eines anderen von Staats wegen als eine amtlich zu erfüllende Pflicht hat zugemutet werden können ...« Der Jurist, seiner Zeit voraus, ist ganz entschieden gegen die Todesstrafe.

Meist aber geht es harmloser zu. Und Termine draußen auf dem Land sind pure Lustpartien, zu denen Frau und Kinder mitgenommen werden dürfen. Dann, wie Storm mit einem Augenzwinkern notiert, überwuchert »die Naturfreude« das »Rechtsbewußtsein«.

An solchen Tagen mag Storm selber ganz entspannt und fröhlich sein, einigermaßen eins mit sich, den anderen und seiner ganzen Heiligenstädter Welt. Aber sein kalter Blick auf die preußische Staatsmaschinerie wird dadurch nicht milder. Eher im Gegenteil.

Storm haßt weiterhin alles Preußische. Und das, meint er, liefert ihm dafür Anlaß genug. Als etwa das Heer vergrößert werden soll, um noch mehr junge Leute fest ins Joch preußischen Kasernenhofgehorsams zu zwingen, und die dagegen stimmenden Minister kurzerhand aus dem Kabinett verscheucht werden, um durch ausgesuchte Erzreaktionäre ersetzt zu werden.

Einer von denen, der Innenminister von Jagow, gibt dann bei der nächsten Wahl zum Abgeordnetenhaus allen Beamten die Weisung, sie hätten gefälligst »richtig«, also nur ja nicht die Opposition zu wählen, und das empört dann Storm so sehr, daß in ihm der wildeste Krieger aus seiner Anti-Dänen-Zeit erwacht und er dem nach Berlin als Professor für Geschichte zurückgekehrten Freund Theodor Mommsen einen geharnischten Protestbrief mit der Bitte schickt, ihn eilends an die renommierte Vossische Zeitung weiterzuleiten.

Mommsen, nicht ohne eigene Beulen im Windmühlenkampf gegen Obrigkeiten, verhindert das lieber.

Doch kein Pardon für Preußen! Darin bleibt Storm eisern. Kein Pardon auch für den Adel, was für ihn ungefähr das Gleiche ist. Und aller Schrecken dieser Welt scheint sich für ihn im Bild des schnarrenden preußischen Junkers mit dem »von« vor dem Namen zu konzentrieren.

Ironischerweise wird aber sein erster und wichtigster Freund in Heiligenstadt ein Mann sein, der beides ist und beides auch noch aus Überzeugung. Ein Preuße. Und ein Edelmann. Landrat Alexander von Wussow, Generalssohn noch dazu. Und doppelt ironisch wirkt dabei, daß gerade dieser Mann alle Stormschen Ressentiments gegenüber seiner Klasse und Rasse Stück um Stück zu widerlegen scheint.

Kein Sturkopf, kein Kommißhengst. Das Gegenteil eines preußisch drögen Paragraphenreiters. Die eher musische Natur mit einem so innigen Hang zur Grübelei, daß sie selbst dem Grübler Storm zu viel wird.

Wussow malt. Er schreibt. Ein Ästhet. Gespräche mit ihm sind ein Genuß. Und Storm drängt sich geradezu danach, ist gegen seine sonstige Gewohnheit bald beim Du, erklärt der Frau von Wussow gleich bei der ersten Begegnung, er würde sie »noch mal in sein Herz« schließen.

Die wohl eher preußisch kühlen Wussows dürften vor diesem Ansturm ungefilterter Freundschaftswallungen leicht erschrocken zurückgewichen sein. Aber dieser Richter muß wohl etwas haben, was sie anrührt, und speziell die Frau Landrat, obgleich jünger als Storm, scheint für ihn eine nahezu mütterliche Fürsorge zu entwickeln, während der Herr Landrat mit ihm grübelnd durch die Landschaft wandert und über Tod, Leben und alle anderen letzten Dinge spricht. Er nimmt auch geduldig Storms ausgiebige Tiraden gegen seine Kaste hin und erträgt die üblich goldenen Stormschen Rücksichtslosigkeiten, wenn der gegen das »abscheuliche« Lied »Ein Preuße bin ich, will ein Preuße sein!« wettert oder zornbebend erzählt, wie auf dem Bahnhof zu Hannover seiner hilfesuchenden Frau zwei Offiziere brüsk den Rücken zuwandten, als die Ärmste die beiden nur nach der dritten, nicht nach der zweiten Klasse zu fragen wagte.

Der Landrat seufzt. Seine Frau lächelt und bittet nur den geschätzten Dichter Storm, in seiner geplanten Novelle »Im Schloß« nicht allzu böse über den Adel zu schreiben, und lädt dann zur festlich gedeckten Abendtafel ein.

Die Storms nehmen nur zu gern an. Endlich mal wieder gibt es etwas richtig Feines zu essen, mit Kaffee hinterher. Wie lange hat man sich das zu Hause nicht mehr leisten können! Aber irgendwann wird man sich dafür mal revanchieren und selbst zu Tisch bitten müssen. Die Wussows und die anderen Honoratioren der Stadt auch, in deren Runde der Herr Kreisrichter und Frau Gemahlin selbstverständlich aufgenommen sind.

Eine harte Pflicht, wenn man schon für das normale täglich Brot kaum Geld hat! Aber auf Geselligkeit kann und will man gleichfalls nicht verzichten, kann es in Storms Position gar nicht. Glücklicherweise hört man dann von einem, der gerade von einer Italienreise zurückkehrt, wie es unten in Rom zugeht.

Dort kommt man zusammen, plaudert, musiziert. Man hat es einfach schön, ganz ohne Aufwand. Gereicht wird nur Tee mit etwas Gebäck dabei. Das muß genügen. Und so wird es nun auch in Heiligenstadt eingeführt.

»Römische Abende« nennt man das nach dem italienischen Muster, einmal in der Woche mit rund zwei Dutzend Familien. Auch Bruder Otto muß dort mitmachen, verkriecht sich seufzend in einer Ecke und schüttelt über seinen Bruder den Kopf. Glaubt denn der Theodor, immer noch im Husum seiner Kinderjahre zu sein und mit Flickschuster Hans Räuber in der Tonne zu sitzen? Hatte ihm nicht darin gerade Freund Wussow eine Lektion erteilt, als er den Duz-Bruder zwar in seine letzten Gedanken zu Tod und Leben einweiht, ihn aber nicht zu einem Diner zu Ehren seines Vaters, des Generals, geladen hatte?

Storm war tief gekränkt. Der Bruder zuckt nur mit den Schultern dazu. Nein, »Römische Abende« sind nichts für ihn.

Die anderen haben aber ihren kultivierten Spaß. Bei Dichterlesungen, lebenden Bildern, Scharaden. Heiligenstadt leuchtet. Und das sind dann Augenblicke, wo Storm »die ungestörte Behaglichkeit provinzialen Stillebens« preist und sein Malerfreund Ludwig Pietsch erfährt: »Da ich nicht in Husum sein kann, so wünsche ich mir nur in Heiligenstadt zu sein.«

Er ist nicht in Husum. So schafft er es sich denn. Wie schon in Potsdam nun auch in Heiligenstadt. Wieder bastelt Szenenbauer Storm an seinem Modell.

Nicht nur daheim, wo es möglicherweise »husumerischer« zugeht als in Husum selbst. Ganz Heiligenstadt, wie damals nach seiner Kieler Rückkehr Husum, will er nun zur kleinen Kulturmetropole machen, und die Gründung des eigenen Gesangvereins ist der erste Schritt dorthin. Das fängt dann, genau wie damals, als eher schlichtes »Liederkränzchen« an und steigert sich zum Siebzig-Mann-Chor mit hochanspruchsvollem Programm.

Storm leitet, dirigiert und singt kräftig mit. So laut, daß es manch anderes übertönen kann. Nicht zuletzt die ungestillte Sehnsucht nach einem ähnlich regen geistigen Austausch wie in »Tunnel«-Tagen. Denn solche Freunde wie dort, die hat er hier nun nicht. Ein Trost: Wenigstens kommen gelegentlich Besucher aus der Hauptstadt angereist und bringen einen Hauch literarisches Treiben ins stille Eichstal zwischen Wald und Kartoffelfeldern.

Fontane ist nicht darunter, er lebt in London, begeistert sich über die Riesenstadt an der Themse ähnlich wie zuvor über die Riesenstadt Berlin und schickt an den Freund dort in seinem traulichen Städtchen ein paar herablassend-ironische Zeilen: »O Heiligenstadt, du heil'ge Stadt / Die Dichter in den Mauern hat / Nicht bänderreiche, nicht enorme / Doch Storm und seine kleinen Storme ...«

Storm schluckt angesichts der Bosheit Fontanes. Mit Ironie zu parieren ist seine Sache leider nicht.

Andere sind netter zu ihm.

Der Maler Ludwig Pietsch zum Beispiel, der eigens anreist, die geplanten Illustrationen zur nun schon fünften »Immensee«-Auflage durchzusprechen, und Storm bereitet ihm einen gloriosen Empfang, spielt auf dem vom Vater gestifteten Tafelklavier, während der Gast aus Berlin dasitzt, nachdenkt und zeichnet.

Noch ein anderer Maler stellt sich ein, Nicolaus Sunde, Kapitänssohn aus der Husumer Wasserreihe und eigentlich der Freund vom Bruder Otto. Doch Storm fährt mit dem verwachsenen kleinen Mann in die Landschaft hinaus und porträtiert ihn später, mit einem Schuß Menzel dabei, in seiner Novelle »Eine Malerarbeit«. Am Ende des Besuchs bekommt er zwei Sunde-Gemälde überreicht, Porträts von Frau Constanze und sich selbst.

Storm ist entzückt oder tut wenigstens so, findet jedenfalls beide Bilder »sprechend ähnlich«.

Man sieht Constanze. In diesem Jahr 1857 ist sie gerade zweiunddreißig Jahre alt. Eine Frau mit deutlich verhärmtem Zug im Profil. Schon lange nicht mehr recht gesund, und sie wird nach weiteren Geburten und Fehlgeburten – auf sechs wächst die Kinderschar in Heiligenstadt an – noch kränker werden. Storm sieht das nicht, will das nicht sehen. Hierin ganz der Hypochonder, ist immer nur er, sind nie andere krank und schon gar nicht die eigene Frau, bei der er nur fürchtet, sie könne vor ihm sterben. Und für ihn verblüht ihre zarte Schönheit nicht, nein, er meint, sie würde immer schöner, »geistiger«. Selbsttäuschung eines Mannes, der nicht immer so ganz zwischen seinen Gedichten und der Wirklichkeit zu unterscheiden weiß!

Und er selbst? Wie ähnlich ist er selbst auf dem Sunde-Bild? Er müßte eigentlich nach anderen Schilderungen besser ausgesehen haben, nicht ganz so verknautscht wie hier. Und doch dürfte dieses Bild mit dem unsicheren Blick, den wie erschrocken eingezogenen Schultern auf seine Art authentisch sein.

Aus ihm spricht ein früher Lebensüberdruß, den alle Römischen Abende nicht übertönen können, ein gequältes Leiden an Leben und Welt: der Herr Kreisrichter, der sich eigentlich zu ganz anderem berufen weiß, zu einer Aufgabe, »die nur ich erfüllen kann«, zur Pflicht, ein großes dichterisches Werk zu schaffen.

Aber wann sollen diese Werke entstehen im pflichterfüllten Alltag eines Kreisrichters?

Storm ist Jurist und muß Jurist bleiben, um sich und seine Familie zu ernähren. Er liebt seinen Beruf nicht, scheint ihn zu hassen, klagt bitter über »die verfl. Akten«, die ihn noch töten werden, versucht es mit Humor wie in den Versen, die er noch in Potsdam schreibt.

> Da habe ich den ganzen Tag dekretiert;
> Und es hätte mich fast wie so manches verführt:

> Ich spürte das dumme kleine Vergnügen,
> Was abzumachen, was fertigzukriegen.

Es wachsen ihm nur noch »Pilze wie diese«, merkt er zu den munter-selbstironischen Zeilen an, da ihm der Gerichtsgang jeden Morgen die beste Stimmung »kupiert«. Hier in Heiligenstadt spricht er es noch deutlicher aus.

So während der Arbeit an der Novelle »Veronica«: »Es kann mich doch mitunter so etwas von Mitleid mit mir selber anwandeln, daß ich meine besten Kräfte an etwas hingeben muß, was tausend andre auch statt meiner tun könnten ...« Und schließlich der Verzweiflungsschrei: »Wer den Drang zu einer individuellen Lebensarbeit in sich fühlt, der muß an dieser geistigen Tagelöhnerei kurz oder lang zu Grunde gehen.«

Storm geht nicht zugrunde. Er plagt sich weiter im dumpfen Gefühl, an seiner eigentlichen Lebensaufgabe vorbeizugehen, und schreibt dunkel wehmutsvolle Zeilen an sich selbst:

> Es heißt wohl: Vierzig Jahre ein Mann!
> Doch Vierzig führt die Fünfzig an.
>
> Es liegt die frische Morgenzeit
> Im Dunkeln unter mir so weit,
>
> Daß ich erschrecke, wenn ein Strahl
> In diese Tiefe fällt einmal.
>
> Schon weht ein Lüftlein von der Gruft,
> Das bringt den Herbst-Resedaduft.

Die Morbidezza dieses »Am Geburtstage«-Gedichts hat noch seine kleine Koketterie. Doch überhaupt nicht kokett, ganz und gar ehrlich wirken die wenige Wochen zuvor entstandenen »Schlaflos«-Verse und lassen wieder einmal bestechend genau ein wohl allen vertrautes Gefühl Klang werden. Hier die ganze Qual des einsam Schlaflosen, der in die Nacht hineinhorcht:

> Aus Träumen in Ängsten bin ich erwacht;
> Was singt doch die Lerche so tief in der Nacht!
>
> Der Tag ist gegangen, der Morgen ist fern,
> Aufs Kissen hernieder scheinen die Stern'.
>
> Und immer hör ich den Lerchengesang;
> O Stimme des Tages, mein Herz ist bang.

Nein, die relative Ruhe von Heiligenstadt hat Storm vielleicht die äußere Solidität, nicht aber die innere Harmonie gebracht. Lebensangst, Pessimismus, Todesnähe bleiben seine Themen. Und er setzt sich immer wieder mit Tod und Glauben auseinander.

Storm schreibt »Cruzifixus«, seine wohl heftigste Abrechnung mit dem christlichen Glauben, wo »verewigend den alten Frevel« das Kreuz zum »Bild der Unversöhnlichkeit« wird. Und sein Gedicht »Ein Sterbender« entsteht, anders als die vorangegangenen erstaunlich kühl, fast sachlich, mit der berühmten Weisung am Schluß:

> Auch bleib der Priester meinem Grabe fern;
> Zwar sind es Worte, die der Wind verweht,
> Doch will es sich nicht schicken, daß Protest
> Gepredigt werde dem, was ich gewesen,
> Indes ich ruh im Bann des ew'gen Schweigens.

Als Storm das 1863 schreibt, geht die Heiligenstädter Zeit schon wieder zu Ende. Eine karge, sorgenvolle, ärmliche, doch wichtige Zeit für ihn.

In diesen Jahren, scheint es, hat der verspielte, aus seinem Traumreich durch die politische Entwicklung aufgestörte Schöngeist und schließlich zähneknirschend unter dem preußischen Joch ächzende Staatssklave zu einer neuen Normalität gefunden, mit größerem Sinn für Realitäten als zuvor, mit einem ausgeprägten Weltbild und der Bereitschaft, dieses Weltbild – und nicht nur Gefühle – in Literatur umzusetzen. Kein Zufall, daß gerade hier in Heiligenstadt der Lyriker zum Erzähler wird. Jenseits von »Immensee« und wehmutsvoll erschauten blauen Bergen seiner Jugend.

Äußere Enge, innere Weite

Im Winter wird es bei den Storms eng. Denn dann schrumpft die Fünf-Zimmer-Bleibe in der Wilhelmstraße auf nur zwei Räume zusammen. Mehr können nicht geheizt werden, und das eine Zimmer ist sozusagen Wohnraum für alles. Hier toben und schreien die kleinen Kinder herum, während die Älteren lauthals ihre Schulaufgaben pauken. Hier brüllt immer ein Baby: Nach Lisbeth und Lucie ist 1862 auch noch Tochter Elsabe geboren worden. In einer Ecke sitzt Frau Constanze, näht, flickt und hört Französisch-Vokabeln ab.

Das also ist ihr Leben hier in Heiligenstadt. Kinder kriegen, sich um die Kinder kümmern Tag um Tag. Wenigstens sind die Jungs in der Schule ganz gut. Wie hatte ihr Deutschlehrer neulich bei der Rückgabe eines Aufsatzes gesagt? Man merke eben, daß der Vater Dichter sei.

Nicht nur der Lehrer merkt das.

Manchmal mag Konstanze die Augen schließen. Das Kreuz schmerzt, der Unterleib. Doch nur nichts anmerken lassen, damit nicht der Mann drüben am Tisch gestört wird! Dort sitzt Storm und schreibt, doch erst wenn die Kinder Ruhe geben, kann er sich wirklich dem weißen Blatt vor sich zuwenden. Wohl so zweimal die Woche einige Stunden lang.

Immer seltener entstehen in diesen schmalen Arbeitsstunden Gedichte. Zwar hat seine Novellistik seine Lyrik noch nicht völlig verdrängt, aber schon jetzt nimmt die Prosa überhand. Eine eigentlich überraschende Entwicklung. Denn zunächst noch hatte es geschienen, als würde der Erzähler Theodor Storm nach den ersten Anfängen von der Prosa-Form gleich wieder Abschied nehmen.

Gerade zwei schmale Arbeiten entstehen in den Potsdamer Jahren. Die eine, »Im Sonnenschein«, hatte er sich auf seinen Mittagsspaziergängen durch den Park von Sanssouci »bienenartig zusammengesucht«. Es hatte weniger eigentliche Prosa als »in Szene gesetzte Lyrik« sein sollen, mit viel Rokoko und Woldsenschen Familienerinnerungen dabei, und 1854 bekommt die Mutter daheim in Husum dieses Stückchen »Poesie der Verschollenheit« auf den weihnachtlichen Gabentisch gelegt. Zugleich erfährt Ehefrau Constanze: »Du findest auch mein Herz darin.«

Das Herz vielleicht, doch leider wieder keine wirklich tragfähige, spannende Geschichte.

Das gilt auch im nächsten Jahr für »Angelika«, wohl eine Art Huldigung für die entschwundene Dorothea Jensen. Auch dieser Text gelingt Storm nicht recht. Freund Franz Kugler schüttelt skeptisch den Kopf: »Sie laufen Gefahr, sich in das Subjektive zu verlieren.«

Storm kann dazu nur reuig nicken und dem nicht weniger kritischen Tycho Mommsen gegenüber bestätigen: »Ich habe mich dabei ... gänzlich ins Subjektive verloren.« Und wie schon bei »Im Sonnenschein« (»Die Ungunst der Verhältnisse hat mich das Kindlein nicht ganz austragen lassen«) seufzt er auch hier: »Die ›Angelika‹ hätte ich vielleicht lieber im Schreibpult lassen sollen.«

Ein redlicher Vorsatz, aber Storm läßt sie natürlich nicht in der Schublade. Vielmehr veröffentlicht er sie zusammen mit »Ein grünes Blatt« unter dem Titel »Zwei Sommergeschichten« und tröstet sich selber: »Bringt es mir keinen Ruhm, so wenigstens Geld.«

Flüchtige Prosa also für den raschen Verbrauch, schnell vergessen. Das sind diese ersten Texte nach »Immensee«, bei denen ihm die dortige Mischung aus schwebender Märchenhaftigkeit und behutsam hingewischtem Realismus, aus Weltschmerz und dennoch lächelnder Daseinsfreude nicht mehr recht gelingen will. Auch nicht beim dritten Text, der schon in Heiligenstadt abgeschlossen wird.

»Wenn die Äpfel reif sind« heißt dieser Text und soll

wohl humorig sein. Aber nach Lachen ist Storm wenig zumute, und Humor gehört sowieso nicht zu seinen Stärken. So liest sich das hier eher bemüht und fade. Wobei sich immer mehr die Frage stellt, ob es dem Erzähler wirklich nur an Zeit und Kraft fehlt.

Könnte es nicht ebenso sein, daß er einfach nichts zu erzählen hat? Er kann schließlich nicht ewig einer vergangenen Rokoko-Seligkeit nachseufzen, und irgendwann gibt auch der Blick auf die blauverhangenen Hügelketten der Jugend nichts Erzählenswertes mehr her.

Es ist, als würde das Storm allmählich selber klar. Er begreift, daß er sich endlich als Novellist aus dem zart getönten »Immensee«-Dunst befreien muß. Und man meint ihn vor sich zu sehen, wie er Hirn und Phantasie zermartert, was er denn nun eigentlich seinem Publikum mitteilen kann.

Die Heimat, ja. Das Land dort, die Leute. Dort kennt er sich aus. Darüber hätte er was zu sagen. Und Geschichten, solche mit richtiger Handlung und nicht nur voller Gefühle, müßten sich auch finden lassen.

Zum Beispiel die Geschichte der Familie van der Roden dort vor Husum auf der Halbinsel Eiderstedt in ihrem »Staatshof«, einer prächtigen Hauberg oder »Hauberg«, wie Storm diese typische Eiderstedter Hausform mit dem gewaltig gebuckelten Reetdach bezeichnet.

Storm kennt die Sippe gut, der Vater war ihr wirtschaftlicher Berater gewesen. Und was hatten diese Rodens alles besessen, wohl neunzig Höfe in der Marsch, ein kleines Königreich! Aber davon war mit den Jahren nicht viel geblieben. Der Glanz erlosch, der Reichtum schmolz. Verfall einer eben noch so stolzen, so reichen Familie.

Ja, das ist ein Stoff. So was kann er schreiben. In Husum erfährt die Mutter bald darauf, der Sohn habe nun wieder »während der letzten vier Wochen neben dem Richter den Dichter gemacht«.

Nein, er beginnt nicht wie Thomas Mann beim Verfall

seiner »Buddenbrooks«-Familie auf dem Höhepunkt der Sippe, um dann gemächlich von Stufe zu Stufe ihrem Untergang entgegenzuschreiten. Er fängt gleich in ihrem Endstadium an, wo der letzte männliche Erbe bei einem Sturz vom Pferd »auf eine gewaltsame Weise ums Leben gekommen« ist und es nur noch eine Tochter als letzte derer van der Rodens gibt.

Anna Lene. Reizend. Eigensinnig. Und recht seltsam auch. Ein Nixchen fast, nahezu undinenhaft. So durchtänzelt sie die Geschichte, »das feine Gesichtchen strahlte von Stolz und Anmut«, wieder ein Schwesterchen, die gar nicht so ferne, kindlich verführerische Verwandte von Lucie und Bertha von Buchan. Und wie Lucie wird sie nicht alt, sondern stürzt sich durch die morschen Holzdielen des Pavillons im Park zu Tode. Untergang einer Kaste! Vergangene Feudalherrlichkeit auf längst faulenden Fundamenten!

Storm kennt das aus eigener Anschauung, hat schließlich mit eigenen Augen die selbstherrlichen Marschenherren auf ihren Eiderstedter Prachthöfen in den großen dänischen Wirtschaftskrisen nach der napoleonischen Zeit hoffnungslos verarmen sehen. Dort holt nichts den alten Glanz zurück. Und der nächste Staatshof-Besitzer, ein robuster Erfolgsmensch wie der »Immensee«-Erich, wird die Haubarg abreißen und an ihrer statt ein modernes Wohnhaus errichten lassen.

Meisterhaft, wieder mehr Lyriker als Erzähler, fängt Storm die Welt westlich von Husum ein. Man schmeckt sie, riecht sie, atmet den Heuduft über den Feldern ein, sieht zur »düsteren Baumgruppe von Rüstern und Silberpappeln« hin, hinter denen sich die Haubarg verbirgt. Und in dieser Haubarg selber meint man schon bald aus- und eingegangen zu sein, so plastisch und liebevoll im Detail leuchtet dort Erzähler Storm in jede Ecke.

Die Geschichte selbst bleibt leider austauschbar. Sie könnte eigentlich überall spielen, nicht gerade in den Marschen. Und es braucht noch eine Weile, bis Storm die Welt dort so zwingend verdichtet wie schließlich im »Schimmelreiter«.

Der Schritt hin zum Erzähler mit ernst zu nehmendem epischen Anspruch ist aber getan. Storm geht den Weg weiter. Erzählung um Erzählung.

Der Grund ist einfach. Storm braucht Geld. Und das verdient man im Literaturbetrieb nur mit längeren erzählenden Texten. Zumal wenn sie in jenen Zeitschriften abgedruckt werden, wie sie um die Jahrhundertmitte aufkommen. Es liegt sozusagen in der Zeit. Ein erwachendes, zunehmend selbstbewusster werdendes Bürgertum sucht sich seinen Lesestoff. Es will sich unterhalten, aber auch belehren lassen. Über Naturwissenschaft, Technik, fremde Länder, die im Zeitalter des Kolonialismus immer näher rücken. Dazwischen darf es etwas Literatur sein. Auch sie unterhaltend und belehrend.

Das wird die große Stunde für »Kulturzeitschriften«, den Vorläufern heutiger Magazine und Illustrierten. Einige tüchtige Verleger nutzen die Chance. Aus England kommt der Braunschweiger Verlagshändler Georg Westermann zurück, nennt sich nun George und gründet 1856 »Westermanns Illustrierte Deutsche Monatshefte«. Velhagen & Clasing ziehen nach. Es gibt »Victoria«, die Zeitschrift für die Dame mit viel Mode darin, feiner Lebensart und später auch Storms »Am Kamin«-Gruselgeschichten, während der Verleger Julius Rodenberg gleich ein ganzes Geschwader solcher Publikationen ins Leben ruft, »Der Bazar«, »Der Salon«, die »Deutsche Rundschau«.

Einer übertrifft alle anderen. Ernst Keil mit seiner 1853 gegründeten »Gartenlaube«. Die ist, mit bald schon über hunderttausend Auflage, fast ein Massenblatt von beträchtlicher Breitenwirkung, weshalb denn Storm gerade dort seine beiden politisch engagiertesten Arbeiten, das Gedicht von den »Gräbern an der Küste« sowie seine demonstrativ »demokratische« Erzählung »Im Schloß«, veröffentlicht sehen möchte.

Denn die »Gartenlaube« ist keineswegs so verschlafen-abgeklärt wie ihr Titel. Wenigstens in ihren Anfängen nicht. Da ist sie noch liberal, kritisch und der Titel pure Ironie. Erst später verkommt sie zur Dienstmädchenlektüre mit der Eugenie Marlitt und ihren sozialkritischen Kolportageromanen als wichtigster Autorin.

Ein weiter Markt hat sich mit all diesen Zeitschriften aufgetan. Allerdings einer, wo es nicht nur um Kunst und hohe Ansprüche geht, sondern ebenso um Blattbindung, Unterhaltungswert, Kampf um die Auflage.

Erzählungen müssen vor allem gut lesbar sein, nicht irgendwie anrüchig im Sujet, attraktiv im Milieu. Und die Texte müssen sich bequem in mehrere Fortsetzungen gliedern lassen, damit der Leser in atemloser Spannung gleich zur nächsten Ausgabe greift, um zu erfahren, wie nun die Geschichte weitergeht.

Ein knallhartes Geschäft schon damals. Hier reiht sich Storm ein. Er lernt rasch und muß Wunden einstecken. Rüde Absagen, Ablehnung von Texten, weil sie sich nicht griffig genug in mehreren Teilen drucken lassen. Eingriffe ins Manuskript wie den von Ernst Keil, der bei »Im Schloß« seinen Lesern nicht zumuten will, daß eine junge Aristokratin bedauert, ein Kind nur von ihrem Mann und nicht vom adretten Hauslehrer zu haben.

Bei Keil darf sie nur »böse, böse Dinge« flüstern, und Storm protestiert wütend. Vergeblich! Der Markt ist stärker als er. Und immer wieder geht es bei allen Streitigkeiten ums liebe Geld. Darauf versteht sich auch Storm. »Der Friese rechnet gut«, heißt es später im »Schimmelreiter«, und Storm rechnet ganz ausgezeichnet. Die Winterkleidung für die Kinder im Hinterkopf, Brennmaterial und vielleicht einen Mantel mit Pelzbesatz für Frau Constanze, wird er zum gnadenlosen Pfennigfuchser, der seinen Preis kennt und fordert.

Vom Nobel-Forum »Argo«, wo es mehr Ehre als Geld zu holen gibt, trennt er sich. Die anderen Blätter, bei denen

Storm auf hundert Taler und mehr pro Erzählung kommt, zahlen besser. Und er hat auch kapiert, wie kräftig ihn der feine Herr Duncker beim »Immensee«-Vertrag übers Ohr gehauen hat. So was passiert ihm nicht zweimal. Er wechselt den Verleger.

Der letzte »Argo«-Text ist »Späte Rosen«, ein gründlicher Mißgriff gleich dazu, über den Fontane nach einem »Tunnel«-Vortrag eisigen Spott ausgießt: »Der Stoff ist folgender: Ein Kaufmann hat eine reizende Frau, läuft aber neben ihr her wie ein Pappstoffel ...«

Das ändert sich erst, als der Kaufmann ein Jugendbild der damals noch reizenderen Frau Gemahlin zwischen die Finger kriegt: »Er seufzt und fühlt zum ersten Male, daß er dreizehn oder fünfzehn Jahre lang ein alter Esel gewesen sei ... und mit dem Bewußtsein, fünfzehn Jahre früher eine schöne Frau gehabt zu haben, geht er nun ins Zeug und bestrebt sich nachzuholen, was er versäumt hat ...«

Sehr viel anders und mit weniger Ironie läßt sich die Geschichte wirklich nicht erzählen. Obwohl es eigentlich ein starker Stoff ist.

Storm hat sich dazu inspirieren lassen, als er auf die eigenen Briefe an seine Braut gestoßen ist. Ihn überkommt das reuige Gefühl, damals in seiner oberschulischen Belehrsamkeit ein rechter Narr gewesen zu sein, und genau das soll seine Geschichte erzählen.

Doch anders als in seinen Gedichten will es ihm hier nicht gelingen, privateste Gefühle sprachlich gültig umzusetzen, und Spötter Fontane setzt höhnisch noch eins drauf: »Man sieht Stormen beständig bibbern und zittern ...«

Das wirkt dann mehr gefühlig als echt empfunden, und der leise Zug Verlogenheit vertieft sich noch dadurch, daß Storm inmitten aller Heiligstädter Ärmlichkeit nicht widerstehen kann, den Kaufmann, also sich selbst, so prächtig wohnen zu lassen, wie er selbst nur zu gern gewohnt hätte mit allem großbürgerlichen Prunk, in prächtiger Villa mit breiter Terrasse und gewaltiger Wiesenfläche davor.

Alles muß vom Besten und Feinsten sein. Das schiebt dann die ohnehin schon dürftige Geschichte noch mehr ins wirklichkeitsfern Operettenhafte ab.

Vielleicht hat Storm das selbst gespürt. In seiner nächsten Erzählung jedenfalls, »Drüben am Markt«, nach einem Besuch in Husum 1860 entstanden, bewegt er sich wieder auf vertrautem Terrain, zeichnet sein Husum samt prächtigen Patrizierhäusern und wimmelndem Wochenmarktbetrieb und erzählt die Geschichte vom Arzt aus kleinbürgerlichem Milieu, der vergeblich durch Heirat in die Patrizierkaste aufzusteigen versucht. Ein sehr typischer Storm-Stoff!

Von Husum dann zurück nach Heiligenstadt, auch als Erzähler. »Veronika«, ebenfalls aus dem Jahr 1860, ist die erste Erzählung mit der neuen Heimat als Schauplatz. Aber noch anderes ist an diesem Text bemerkenswert. In dieser Geschichte einer jungen Frau, die einen gedanklichen Fehltritt schließlich lieber dem eigenen Ehemann als irgendeinem anonymen Priester im Halbdunkel eines Beichtstuhls gesteht, setzt sich Storm nicht nur mit dem Katholizismus, sondern mit seinem gesamten Glauben und seiner Beziehung zur Kirche auseinander.

Der Kirchengegner Storm mag in Husum oder Potsdam von der mehr gleichmütigen Sorte gewesen sein. Die protestantische Umwelt war nicht so nachdrücklich »christlich« geprägt, daß sie zu besonderer Auseinandersetzung herausgefordert hätte. Anders hier im überwiegend katholischen Heiligenstadt, wo der Katholizismus in allen leuchtenden Farben, aber auch mit all seinen Problemen ständig präsent ist.

Sinnenmensch Storm erfaßt auch hier den Glauben ganz direkt, und wenigstens denkbar wäre, der für Prunk und Farben hoch empfängliche Mann könnte hier seine wahre Konfession finden und von nun an katholisch sein.

Im Gegenteil.

Der »halbe Heide« früherer Jahre, friesisch gelassen gegenüber Gott und Religion, wird nun zum überzeugten

Agnostiker. Nicht erst die Gedichte vom »Cruzifix« und »Sterbenden« dokumentieren das, sondern schon »Veronika«, wobei sich Storm allerdings selbst ein Bein stellt. Jedenfalls in den Augen mancher Storm-Kritiker. Denen fällt an diesem vermeintlichen Preisgesang auf die Liebe als der eigentlich himmlischen Macht auf, daß zutiefst nur der eine Popanz durch den anderen ersetzt wird, der liebe Kirchengott durch den bürgerlichen Herrgott Ehemann, schrecklich-gewaltig alle beide und ein inneres Gefängnis die Ehe ebenso wie zuvor die Kirche.

Storm, in seinem Bewußtsein fern von solchen Widersprüchen, hat sich in seiner nächsten großen Erzählung längst schon einem anderen Lieblingsfeind zugewandt. Nicht mehr der Kirche, sondern, natürlich, dem Adel.

1853, bei der Übersiedlung von Husum nach Potsdam, hatte Storm bei den Schwiegereltern in Segeberg Rast gemacht. Abends waren er und der alte Esmarch über die Heide gewandert, ein alter Müller hatte sich ihnen beigesellt, und der wußte von einer wunderlichen Geschichte dort drüben im Schloss hinter den Bäumen zu erzählen.

Dort also hätte in völliger Einsamkeit ein hochadliges Fräulein gewohnt, wie eine büßende Nonne. Und das sei sie in gewisser Hinsicht auch gewesen. Eine schöne Frau mit mancherlei unkonventionellen »Leidenschaften« in ihren jungen Jahren. Vermutlich also hatte sie einmal was mit einem Bürgerlichen. Und das hier, die Isolation dort im Schloß, ist die Strafe.

Schmunzelnd gehen die Herren weiter, aber in Storms Phantasie hat es gezündet: »Ich glaube, das gibt eine Sommergeschichte«, erfuhr schon damals Fontane. Erst acht Jahre später jedoch kommt Storm dazu, sie zu schreiben.

Ihr Titel, lapidar wie die meisten Storm-Überschriften: »Im Schloß«.

In diesem Schloß also lebt eine junge Adlige, die freundlich auf den wohlgebauten, nur leider bürgerlichen Hauslehrer Arnold blickt. Gern dürfte er für sie noch mehr als nur Hauslehrer sein. Aber da ist einstweilen die Schranke aristokratischer Ressentiments vor, und melancholisch stehen beide vor dem Gemälde eines »Prügelknaben«, eines jener Bauernjungen, die auf den großen Gütern zusammen mit den Prinzchen der hochherrschaftlichen Dynastie aufgezogen wurden, um an ihrer Stelle alle verdienten Prügel zu kassieren.

Kein Prügelknabe für die schöne Anna!

Sie findet noch nicht zum Lehrer Arnold, sondern wird fürs erste mit einem ältlichen Standesgenossen vermählt. Storm gibt dem Leser wenig Chancen, ihn sympathisch zu finden: »Die hagere Gestalt des Bräutigams mit dem dünnen Haar und den vielen Orden wollte den Leuten nicht gefallen.«

Der Braut wohl auch nicht. Die Ehe wird unglücklich. Das gemeinsame Kind, eben jenes, das sie lieber vom Arnold gehabt hätte, stirbt früh. Sie wird Witwe.

Einsamkeit umschließt sie wie im Märchen die Dornenhecke das vor sich hin schlummernde Dornröschen. Doch Arnold, bürgerlicher Prinz und Retter, naht schon. Wie damals in »Immensee«, wo Reinhard allerdings vor lauter Dornen resigniert und es bei einigen Wehmutsseufzern belassen hatte.

Storm ist nun weiter. In seinem Helden, obgleich so kultiviert, feinsinnig, gebildet wie der andere, steckt wenigstens so viel robuste bürgerliche Vitalität wie in Reinhards Gegenspieler Erich, und noble Resignation genügt als Lebenshaltung nicht mehr. So stehen sich die beiden, Anna und Arnold, wieder gegenüber, die Frau ohne Lebensinhalt dem bürgerlichen Erfolgsmenschen, der es noch weit bringen kann.

»Und nun?« fragte er endlich.

»Nun, Arnold, mit dir zurück in die Welt, in den hohen, hellen Tag!«

Also Happy End in leisem Mollton, doch voll von gedämpftem Optimismus. Der einstige Hauslehrer, wird angedeutet, ist bald schon Professor, die Dame Anna Frau Professor. Wenn das nicht die Höhe allen bürgerlichen Glücks ist! Dornröschens aristokratische Dornenhecke rund ums Schloß der Väter ist jedenfalls für alle Zeit zerschnitten.

»Über ihnen auf dem alten Bilde stand wie immer der Prügelknabe mit seinem Sperling, seitab von den geputzten kleinen Grafen, und schaute stumm und schmerzlich herab auf die Kinder einer neuen Zeit.«

Das ist nun in der Tat ziemlich starker Tobak.

Dieser Triumph eines urgesunden, tüchtigen, dazu noch männlich attraktiven Bürgertums über die längst abbruchreife Aristokratie: Das ist hier Storms heftig propagierte Vision einer heraufziehenden bürgerlichen Gesellschaft, die im Zeichen von Liebe, Ehe und zwischenmenschlicher Gemeinsamkeit die verhasste alte Adelswelt endgültig ablöst. Dafür steht seine Hoffnung auf »die Kinder einer neuen Zeit«.

Anna, keine Sylphide wie noch die Fast-Namensschwester Anna Lene »auf dem Staatshof«, ist zweifellos die bis dahin interessanteste Stormsche Frauengestalt. Eine noch interessantere und zugleich tragische gelingt ihm jedoch in der Erzählung darauf, »Auf der Universität«.

Dort heißt die Heldin Lore und ist ein Nähmädchen aus französischer Familie mit dem schön französischen Nachnamen »Beauregard«. Schon das weist sie als etwas Besonderes aus. Und zum »Besonderen« zieht es sie hin. Wie schon den Arzt in »Drüben am Markt«. Wie auch Storm selbst.

Doch was führt ein Mädchen wie sie zum Besonderen hin? Die Liebe natürlich. Die Liebe zum Studenten, den alle nur den »Raugrafen« nennen. Ein widerlicher Bursche eigentlich und auch noch adlig. Bei ihm kann Storm seinen antistudentischen wie antiaristokratischen Ressentiments gleichermaßen frönen, wenn er ihn so richtig schön scheußlich hinpinselt. Aber leider bleibt er trotzdem ein verdammt attraktiver Kerl.

Lore verfällt ihm. Das wird ihr Untergang. Nein, sie landet nicht im Ehebett wie Anna. Sie geht ins Wasser: »Das bleiche Gesichtchen ruhte auf dem Ufersande; die kleinen tanzenden Füße ragten jetzt regungslos unter dem Kleide hervor; Seetang und Muscheln hingen in den schwarzen triefenden Haaren. Die weiße Rose war fort. Sie mochte ins Meer hinaus geschwommen sein.«

Ein Tod in Schönheit. Nur er erlöst sie von der großen Sehnsucht. Und am Ende ist eben der Tod das Besondere, wonach Menschen wie Lore – oder wie Storm – so verzweifelt suchen. Insgesamt »eine wirkliche Tragödie, wie sie das Leben täglich spielt, keine Jammergeschichte«, weiß sogar Fontane zu loben, nicht ohne boshaften Seitenhieb auf gewisse Ähnlichkeiten mit Charles Dickens' »David Copperfield«.

Mit »Auf der Universität«, für Storm selbst »das Beste, was ich je geschrieben habe« und gleich auch eine zärtliche Erinnerung an ferne Kieler Studentenjahre, schließt sich fürs erste der Kreis früher großer Storm-Novellen. Und so ganz ist mit ihnen die Eroberung der epischen Form noch nicht gelungen. Noch immer wabert reichlich »Stimmung« in ihren Zeilen, und selbst bei »Im Schloß«, der wohl besten dieser Arbeiten, werden die klaren Grundlinien von allzuviel »Beschreibung« überwuchert.

Heyses Frage, wo bleibe der Roman, ist bei Storm durchaus noch angebracht. Und auch seine Marotte, innerhalb Erzählungen immer wieder eigene Erzähler zu bemühen, läßt die Texte oft schwerfälliger und umständlicher wirken, als sie sein müßten. Doch Storm gelingt es zugleich, sich vom rein Individuellen zu lösen und ein gültiges Weltbild zu zeichnen, bewußt und nicht mehr so intuitiv erträumt und hingedichtet wie in »Immensee«. Es zeigt sich aber in diesem Bild eine Welt des großen Wechsels von der einen Zeit in die andere, erfüllt von der Ahnung, daß da etwas kommt, das erst noch bestanden sein will.

Ein sehr bürgerliches Gefühl und sehr typisch für dieses

»bürgerliche« 19. Jahrhundert, wo sich mal wieder, wie zuvor im kopernikanischen Zeitalter, die Menschheit auf den Prüfstand stellt.

Die Sonne dreht sich also nicht mehr um die Erde. Das war damals vor rund zweihundert Jahren die zentrale Erkenntnis gewesen, und damit hat man sich inzwischen abgefunden. Aber diese Erde – nächste, bange Ahnung – dreht sich auch nicht ausschließlich um den Menschen.

Ein Forschungsreisender namens Charles Darwin ist eben von einer Weltumrundung auf seinem Segelschiff »Beagle« heimgekehrt und verbreitet die Erkenntnis, Mensch und Tier besäßen denselben Ursprung, der Mensch hätte sich dabei nur langsam vom Tier fortentwickelt und sei ihm im Kern immer noch recht ähnlich.

Dazu nickt dann ein junger Philosoph aus Trier, Karl Marx: Das sei »die naturwissenschaftliche Unterlage des geschichtlichen Klassenkampfs«, dessen zwingende Gesetzmäßigkeiten er gerade zu entschlüsseln versucht. Und dem Herrn Darwin widmet er schon mal ein handsigniertes Exemplar seines Buchs »Das Kapital«.

Frohlockend oder schaudernd kann dort der verwirrte Zeitgenosse erfahren, daß zwar seine bürgerliche Klasse die adlige abgelöst hat, sie selbst aber bald durch die nächste Klasse abgelöst wird, durch das Proletariat: »Proletarier aller Länder, vereinigt euch« und »Ein Gespenst geht um in Europa«, wie es im Kommunistischen Manifest gleich am Anfang heißt.

Sieht auch Storm diese Gespenster?

Später scheinen sie zuweilen seine Welt zu durchgeistern, aber aufs »Kapital« und den Marxschen Sozialismus würde er wohl ähnlich reagiert haben wie Hebbel bei dessen persönlicher Begegnung mit Karl Marx im Paris der vierziger Jahre: Wahnsinnig, nein, hatte der Mann aus Wesselburen geknurrt, würde er die Geschichte nicht so gern werden sehen.

Auch Marx' philosophischer Übervater Georg Friedrich

Wilhelm Hegel, dessen Berliner Zeit als »Professor der Professoren« Storm nicht mehr erlebt hatte, scheint ihn nicht so beeindruckt zu haben, schon wegen dessen Preußen-Schwärmerei. Gerade einmal findet sich im Storm-Werk ein kurzer Hinweis auf den Gedankenbauer des »Weltgeistes«.

Um so intensiver studiert er jedoch den Hegel-Schüler Ludwig Feuerbach und stimmt lebhaft dessen Ansicht zu, der humane Inhalt jeder Religion würde nur durch den Verzicht auf religiöse Form verwirklicht und Glaube schlechthin nur durch seine Negation realisiert. Das recht genau ist seine eigene Meinung.

Er nickt auch zu Arthur Schopenhauers Vision einer Welt als Willen und Vorstellung. Ihm leuchtet dessen pessimistisch-ästhetisches Weltbild ein, er teilt dessen Mitleid mit all den armen, von einem blinden, unvernünftigen Willen zur Macht getriebenen Menschenkindern: Was wären denn viele seiner Figuren anderes, der Arzt »Drüben am Markt«, die Aristokraten im »Schloß«, selbst ein Raugraf? Oder später der Hauke Haien im »Schimmelreiter«?

Eng ist in der Regel die äußere Welt in den Storm-Novellen, weit der Horizont dahinter. In dieser Spannung entstehen auch seine Erzählungen in der Wohnstube von Heiligenstadt.

Hebt Storm den Blick, sieht er auf graue Mauern. Das dort drüben auf der anderen Straßenseite ist das Stadtgefängnis. Ein trister Anblick. Eine kleine Welt.

Storm beugt sich wieder übers Papier, verstopft sich die Ohren gegen das anhaltende Kindergeschrei, schreibt weiter. Ein Geplagter, doch zugleich ein Privilegierter, der sich auf dem Papier Fluchtburgen vor der Wirklichkeit schaffen kann. Und das Storm-Wort »Ich brauche die äußere Enge, um innerlich ins Weite gehen« bekommt hier vor Heiligenstädter Hintergrund seinen ganz praktischen Sinn.

Aber sehr weit geht Storm eigentlich in seinen Novellen nicht, wenigstens nicht regional. Husum bleibt der Fixpunkt. Dorthin zieht es ihn auch, als er nach der Novelle »Auf der Universität« eine Weile wieder Zuflucht in altbewährten Idyllen sucht.

Wie schon einmal in den vierziger Jahren, als er Spukgeschichten für eine zu Lebzeiten nie veröffentlichte Edition sammelte (»Neue Gespenstergeschichten«, erst 1991 erschienen), trägt er unter dem Titel »Am Kamin« lauschig hingeplauderte Gespenstigkeiten zusammen und feiert dann ausgiebig literarisches Weihnachten »Unter dem Tannenbaum«, wo sein »Knecht Ruprecht« im roten Mantel mit rotem Gesicht und den Sack voll Gaben aufmarschiert.

Danach erinnert er noch einmal in »Abseits« an die Zeit des Schleswig-Holsteiner Freiheitskriegs, beschwört die großen Sehnsüchte und Hoffnungen von damals, die so ganz doch nicht verloren gegeben werden sollten. Und schließlich scheint es ihm mal wieder angebracht, für eine Weile nur noch Märchen zu verfassen.

Das ist zu Beginn der sechziger Jahre, und »Abseits« ist plötzlich ein Text wie für den Tag geschrieben. Denn um diese Zeit gewinnen die Kämpfe um Schleswig-Holstein wieder an atemraubender Aktualität. Die schon festgefrorenen Fronten brechen auf, beide Seiten drängen zur Entscheidung, die Erregung ist ungeheuer, sie dringt bis nach Heiligenstadt. Und Storm schreibt »Die Regentrude«.

Eines von drei Märchen in dichter Reihenfolge hintereinander. »Bulemanns Haus« folgt und schließlich »Der Spiegel des Cyprianus«. Kunstmärchen, bewußter schon gestaltet, allerdings ohne die mitreißende Ursprünglichkeit des »Kleinen Häwelmann«.

Storm ist eben älter geworden, erfahrener, so gern er wieder der kleine Junge aus der Tonne wäre. »Geschichten aus der Tonne« nennt er denn auch diese Märchensammlung, hofft im Vorwort zur zweiten Auflage: »Möge der freundliche Leser nun erproben, ob diese neuen ›Geschichten aus der Tonne‹ etwas von der Kraft der alten innewohne«, und wenn er in dieser Zeit den alten Kumpel Hans Räuber wiedertrifft, grau geworden, aber noch immer mit schelmisch leuchtenden braunen Augen, so zwinkern sich die beiden zu: »Weißt du noch – das wissen wir beide nur allein –, wie wir damals in der Tonne saßen? Das war eine schöne Zeit.«

Das schreibt Storm 1873 und ist längst nicht mehr in Heiligenstadt. Denn fast ein Jahrzehnt liegt es dann schon wieder zurück, daß er Heiligenstadt verlassen und endlich nach Husum zurückkehren konnte.

Damals im März 1864.

8. Des Deutschen Vaterland

»Die up ewig Ungedelten
müssen einmal
Preußen werden.
Das ist das Ziel,
nach dem ich steuere.«

Otto von Bismarck

Im März 1864 kommt noch einmal Theodor Storms Heiligenstädter Chor zusammen. Die rund fünfzig Sängerinnen und Sängern sehen ängstlich aus. Ein gewaltiges Werk wartet auf sie, Ferdinand Hillers »Zerstörung Jerusalems«, und man weiß, wie streng Herr Storm zu sein pflegt.

Storm beschäftigen jedoch bei diesem letzten Konzert hier in Heiligenstadt ganz andere Gedanken. Er wird also nach Husum zurückkehren. Aber wird ihm die Heimat wieder Heimat sein? Und was ist aus dieser Heimat in den letzten elf Jahren geworden?

Er hebt den Taktstock. Zerstörtes Jerusalem! Wie heil blieb Husum? Anfangs hatte es noch nach einer gewissen Harmonisierung der Verhältnisse ausgesehen. Denn in Kopenhagen war 1854 Anders Sandoe Orstedt Ministerpräsident geworden, ein milder Konservativer mit viel Verständnis für die Schleswiger. Sein Ideal blieb das freundliche Miteinander der Bernstorffschen Ära im Jahrhundert zuvor. Dorthin wollte er die Zeiger der Geschichte behutsam zurückstellen.

Schon lag der Entwurf einer absolutistischen Gesamtstaatsverfassung vor, als hätte es den Einschnitt von 1848 nie gegeben. Die liberalen Eiderdänen konterten im Jahr darauf mit einem Verfassungsgesetz für den Gesamtstaat inklusive Lauenburg und Holstein, bei der die Menschen in den Herzogtümern gar nicht groß gefragt worden waren.

Wozu auch? In der Volksvertretung hatten die Dänen ohnehin die Mehrheit.

Die Schleswig-Holsteiner protestierten, doch solche Proteste verhallten schon lange ungehört. Die Eiderdänen fühlten sich im internationalen Schutz der Londoner Protokolle sicher. Zudem war zwischen Rußland und dem Osmanischen Reich gerade der Krimkrieg ausgebrochen, ein Konflikt von europäischem Ausmaß, der Frankreich und Österreich einbezog. Der Kontinent hatte andere Sorgen als dort oben das kleine Schleswig-Holstein mitsamt seinen Unabhängigkeitsbestrebungen. Wer wollte damals schließlich nicht von irgendeinem irgendwann unabhängig werden? Die Polen von Rußland, die Italiener von Österreich ...

Dennoch – der Protest des deutschen Bundestags zu Frankfurt zugunsten der Mitgliedsstaaten Holstein und Lauenburg ging nicht völlig unter. In Kopenhagen begriff man, daß man zu weit gegangen war. Man lenkte also ein. Danach lief alles weiter wie bisher. Immerhin blieb jedoch als Signal, daß auf deutscher Seite das allerletzte Wort in Sachen Schleswig-Holstein offenbar noch nicht gesprochen war und man die deutschen Brüder dort nicht gänzlich im Stich lassen wollte.

Dahinter zeichnete sich aber schon der Schatten jenes Mannes ab, der künftig zu Schleswig-Holsteins eigentlichem Schicksalslenker werden sollte: Otto von Bismarck.

Ein hochseltsamer Mann. Die wohl unheimlichste Gestalt deutscher Geschichte seit dem großen Friedrich. Zerrissen wie er, ähnlich widersprüchlich, ein Machtmensch mit brutal zupackenden Fäusten und zugleich dem zarten Nervenkostüm eines hochsensiblen Künstlers. Der Riesenkerl mit Pieps-Stimme, die im Widerspruch zum gewaltigen Körper unwillkürlich Heiterkeit auslöste. Doch bald schon weiß jeder, daß es bei diesem Mann nicht viel zu lachen gibt.

In diesem Jahr 1858 – Dichter Storm quält sich mit der Heiligenstädter Gerichtsbarkeit herum – ist Bismarck noch preußischer Gesandter beim Frankfurter Bundestag, von dem er keine allzu hohe Meinung hat. Bissig hat er bereits empfohlen, Heines »Bund, du Hund ...« zur deutschen Nationalhymne zu machen. Zugleich weiß aber dieser geniale Macher des politisch Möglichen die Instrumente zu nutzen, wo und wie er sie findet.

Der Deutsche Bund ist ein solches Instrument, das er nutzen will. Dahinter steht aber schon jetzt ein ganz klares Konzept: das geeinte Deutschland. Und dieses Deutschland soll wiederum kaum anderes als ein um die übrigen deutschen Länder erweitertes und damit unangreifbares Preußen sein, so groß und mächtig wie nur möglich, damit es irgendwann einmal so etwas wie eine Weltmacht sein kann.

Österreich mit dem ganzen k.u.k.-Klimbim, mit Ungarn, dem Balkan und der noch ungelösten italienischen Frage gehört nicht zu dieser preußischen Vision. So was geht nicht gut, wie der eifrige Geschichtsbuchleser Bismarck aus dem Konflikt Maria Theresia/Fridericus gelernt hat.

Mit Schleswig-Holstein verhält es sich da schon anders. Das würde sich ganz hübsch zur Arrondierung nach Norden hin ausmachen. Und von dorther, Bismarcks nächster Gedanke, ließe sich gleichfalls recht nett die ganze deutsche Einigungsbewegung in den Griff bekommen, mit Preußens Sieg als gloriosem Abschluß.

Alles sehr logisch, sehr politisch! Und natürlich hat das nichts mit den Deutschland-Visionen eines Theodor Storm zu tun.

Der hatte noch um 1848 wie ein Großteil seiner deutschen Landsleute der Vorstellung eines eher nebelumwallten Deutschen Reichs nachgehangen, das auf irgendwelche ominöse Weise in Recht und Freiheit brüderlich vereinigt worden war. Noch dem Freund Tycho Mommsen hatte er damals unter dem Titel »Nach Reisegesprächen« einige wütende Verse hinterhergeschickt, als der nach seiner Rückkehr aus Italien allzu nachdrücklich von allen Herrlichkeiten südlich der Alpen und den Überresten des Römischen Reichs geschwärmt hatte:

> Vorwärts lieber lass uns schreiten
> Durch die deutschen Nebenschichten,
> Als auf alten Trümmern reiten
> Und auf römischen Berichten.

In den Jahren der Emigration, die Storm gern seine »Verbannung« nennt, obgleich ihn keiner verbannt hat, höchstens er sich selbst, war dann dieses großdeutsche Nationalgefühl wieder bänglicher geworden.

Deutschland, was ist das? Etwas Abstraktes, nicht zu Greifendes. Nichts für einen Sinnesmenschen wie Storm.

»Heimat« im engeren Sinn rückte wieder in den Mittelpunkt seines politischen Denkens, unter dem Kopfschütteln solcher Freunde wie Hartmuth Brinkmann, der nach der Lektüre der betont »heimatlich« angelegten Novelle »Unter dem Tannenbaum« Heimatgefühl als etwas »Örtliches, Beschränktes« bezeichnet.

Er selbst jedenfalls, merkt der deutschnationale Brinkmann an, finde eher Heimat in der geistigen Verbundenheit seiner Nation, egal, ob einem nun dieser Geist »aus Wien, Berlin, vom Rhein oder vom Strand der Westsee entgegenkommt«. Und das sind dann wieder Ansichten, über die Machtpolitiker Bismarck nur höhnisch lachen kann.

Geistige Verbundenheit! Das soll ernstlich Antwort auf Ernst Moritz Arndts Frage sein: Was ist des Deutschen Vaterland? Nein, meine Herren! So nicht! Die Antwort eines Bismarck hört sich da ganz anders an. Und er wendet sich dem Land oberhalb der Elbe zu.

Dort findet sein Deutschland-Konzept den Ansatzpunkt. Mit irgendwelchen sentimentalen Zuneigungen zu den »ewig Ungedelten« hat das nicht das geringste zu tun. Wären, sagen wir mal, Thüringen oder das Rheinland günstiger, würde Bismarck seine Politik eben von dort her aufrollen.

Alles ist bei diesem Mann nur Mittel zum Zweck. Und der Zweck heißt einzig Preußen.

Im September 1862 wird er preußischer Außenminister und zugleich Ministerpräsident, dem bald eine Menge Haß entgegenschlägt. Als einmal ein Attentat auf ihn fehlschlägt, ruft ein Ausländer: »Himmel, ihr Deutschen, was habt ihr nur für schlechte Pistolen!«

Viele, auch Deutsche, nicken dazu.

Bismarck schert das nicht. Er braucht im Land nur den einen Verbündeten. Das ist sein König, und der ist nun nicht mehr der in sanfte geistige Umnachtung gesunkene Romantiker Friedrich Wilhelm IV., sondern seit 1861 dessen knochentrockener Bruder Wilhelm I.

Kein brillanter Geist, eher so, wie ihn schon seine Mutter, die legendäre Königin Luise, charakterisierte, »einfach, bieder und verständig«. So verständig allerdings, daß er den ihm herzlich unsympathischen Herrn Bismarck dennoch duldet und ihm beim Aufbau seines Staates die ganze Autorität der Krone zubilligt.

Bismarck geht ans Werk. In Sachen Schleswig-Holstein findet er bald schon einen ihm brillant zuspielenden Partner: die dänische Regierung, wo längst wieder Eiderdänen wie Innenminister Orla Lehmann den Ton angeben.

Diese Herren dort oben in Kopenhagen nehmen zunächst mal den Herrn von Bismarck nicht so richtig ernst. Mehr noch: sie wittern in ihm den möglichen Verbündeten gerade in der Schleswig-Holsteiner Angelegenheit. Denn den größten Gegner Preußens in Europa, die stärkste Gegenkraft sieht Bismarck, den Blick seit seiner Gesandtenzeit am Zarenhof immer mißtrauisch nach Osten gerichtet (»Vielleicht hält der Osten die Schlüssel Europas: China, Rußland oder beide ...«), im russischen Zarenreich. Allein deshalb, meinen die Eiderdänen, ist er für einen starken dänischen Gesamtstaat.

Schon glauben sie, in Sachen Schleswig-Holstein freie Hand zu haben. Und ein weiteres Mal, wie schon mit dem Krimkrieg, kommt ihren Ambitionen die Weltpolitik zu Hilfe. Denn in Polen bricht wieder einmal ein Aufstand aus und lenkt von allen Geschehnissen im Norden ab.

Die Eiderdänen schlagen zu.

Am 15. November 1863 stirbt Dänemarks König Friedrich VII. Die Trauer in den beiden deutschen Herzogtümern hält sich in Grenzen, die Begeisterung für den Nachfolger aus dem Haus Glücksburg, Christian VIII., auch. Husum schickt weder zur Beerdigung noch zur Huldigung für den neuen Herrscher eine Deputation. Denn zu Trauer oder Begeisterung gibt es wenig Grund.

Kurz vor seinem Tod hatte Friedrich noch einem Staatsgrundgesetz zugestimmt, das Schleswig praktisch Dänemark zuschlägt. Am 13. November 1863 wird es angenommen. Der neue König Christian VIII. unterschreibt es. Ab 1. Januar 1864 soll es in Kraft treten.

In Berlin lächelt aber der vermeintliche Dänenfreund Bismarck grimmig in sich hinein. Denn genau das ist nun der Schritt zuviel gewesen, wie ihn sich Preußens Ministerpräsident von der anderen Seite erhofft hatte, und glänzend, wie nach Plan, steuern sich die Dänen in die eigene Falle.

Zunächst achtet allerdings noch niemand groß auf den preußischen Ministerpräsidenten. Ein anderer Mann scheint Held der Stunde: Herzog Friedrich von Augustenburg, ein Grandseigneur, kultiviert, liberal, eigentlich kein Politiker und schon gar kein Machtmensch. Trotzig meldet er aber von seinem Landsitz in der Lausitz aus auf Schleswig-Holstein Erbansprüche an. Und mit großem Schwung sucht er die Menschen von Schleswig-Holstein für seine Sache zu begeistern.

»Mein Recht ist eure Rettung!«

Das ist die auf vielen tausend Flugblättern verbreitete Losung des Augustenburgers, der im übrigen eine ganz interessante Verwandtschaft hat. Denn in seine Sippe war seinerzeit Struensees mutmaßliche Tochter hineingeheiratet worden, eine recht mokante junge Dame, die flink heraus erklärt hatte, lieber von einem gescheiten Doktor abstammen zu wollen als von einem verblödeten König. Ihr Enkel schickt sich nun an, in eben jenem Land Herzog zu werden, auf dessen Gütern einst Struensees unaufhaltsamer Aufstieg zum Günstling von König und Königin begonnen hatte.

Zwanzigtausend Holsteiner versammeln sich am 30. Dezember 1863 auf dem Propstenfeld bei Elmshorn und leisten ihrem neuen Herzog den Treueeid. Er wechselt nach Kiel über, in seine Hauptstadt. Aus Hannover und Sachsen dröhnen Truppen des Deutschen Bunds zu seinem Schutz heran. Und wieder schwappt durch ganz Deutschland eine Welle neuerlicher Begeisterung für die schon ein wenig vergessene Schleswig-Holsteiner Sache.

Natürlich erreicht das alles auch den Herrn Kreisrichter von Heiligenstadt. Der hat gerade Röteln und schreibt an seinen Märchen. Constanze und die Kinder laufen jedoch wie aufgescheucht einher und sehen sich schon in die Heimat zurückkehren.

In Storm erwacht der politische Lyriker wieder, der einst so flott die Trompete gegen Adel, Geistlichkeit und Dänen blies. Gleich liefert er mit seinen »Gräbern in Schleswig« einen poetischen »Schwerdteschwung« und verspricht vollmundig: »Es wird einschlagen, oder ich will kein Poet sein.« Dort spart er auch nicht mit bösen Seitenhieben gegen die ehrvergessene deutsche Tatenlosigkeit, mit der seinerseits die Schleswig-Holsteiner im Stich gelassen worden waren.

Nicht Kranz noch Kreuz; das Unkraut wuchert tief;
Denn die der Tod bei Idstedt einst entboten,
Hier schlafen sie, und deutsche Ehre schlief
Hier dreizehn Jahre lang bei diesen Toten.

Nun aber hört Dichter Storm »des Dänenkönigs Totenglocken« gellen, und es klingt ihm, in deutlichem Bezug auf sein »Ostern«-Gedicht, dessen Ablehnung als angeblich »unpolitisch« er nie ganz verschmerzt hat, »wie Osterglockenläuten«.

Zugleich beklagt er den »törichten Traum«, von Deutschland her auf Rettung vor den Dänen zu hoffen, wird ganz konkret und sehr politisch: »Das Londoner Papier, es wiegt zu schwer, sie wagen's nicht zu heben«, und gipfelt im schallenden Aufruf:

> Wacht auf, ihr Reiter! Schüttelt ab den Sand,
> Besteigt noch einmal die gestürzten Renner!
> Blast, blast, ihr Jäger! Für das Vaterland
> Noch einen Strauß! Wir brauchen Männer, Männer!

Storm, der auf Veröffentlichung drängt, möglichst rasch in der populären »Gartenlaube«, setzt damit wohl auf gezielte Provokation der noch immer Schläfrigen, Feigen quer durch die deutschen Lande, wo es den Toten bleibt, »noch ein weiteres Leben« zu wagen, auf daß einmal ihre Gräber in deutscher Erde liegen könnten.

> Ich ruf umsonst! ihr ruht auf ewig aus;
> Ihr wurdet eine duldsame Gemeinde.
> Ich aber schrei es in die Welt hinaus:
> Die deutschen Gräber sind ein Spott der Feinde!

Das ist deutlich. Dennoch bleiben Storms Gefühle gegenüber den jüngsten Entwicklungen in seiner Heimat recht gemischt.

Natürlich ist er, obgleich ihm persönlich sehr gleichgültig, für den Augustenburger als Herzog. Denn um diese Zeit gibt es keine andere Alternative zur Dänenherrschaft, und der von manchen schon propagierte Anschluß Schleswig-Holsteins an Preußen steht für Storm außerhalb jeder Diskussion.

Nein, es soll ein freies, selbständiges Schleswig-Holstein geben, das irgendwann mal zu einem geeinten Deutschland gehören könnte, und dieses Schleswig-Holstein, wenn nicht gleich ganz Deutschland – das ist Storms große Utopie – soll demokratisch sein.

Der Weg dorthin führt nun einmal über den Augustenburger. Doch erst heißt es abwarten! Vielleicht kann man ja diesen Herzog samt seinen Ansprüchen als Mittel zum Zweck gebrauchen, und eine Gesellschaft frei von allem verhaßten Adel (»Es gibt eine Sorte im deutschen Volk, die wollen zum Volk nicht gehören ...«) kann entstehen, eine bürgerliche Welt.

Da muß denn gleich ein Gedicht her, das Storm aber zu Lebzeiten lieber nicht veröffentlicht:

Und haben wir unser Herzoglein
Nur erst im Lande drinne,
Dann wird, mir kribbelt schon die Faust,
Ein ander Stück beginnen.

Nämlich das »Stück« einer neuen sozialen Rangordnung, wo der Adel allenfalls »Privatpläsier, doch sonst gar nichts« bedeutet, und das mag für Storm in dieser Zeit die Zukunft seiner Heimat sein: ein freies, selbständiges Schleswig-Holstein als eine Art Experimentierfeld für eine neue Gesellschaftsform.

Für diese Form wäre er aber nicht ungern eine Art dichtender Vorreiter, ihr poeta laureatus, so wie er ja schon mit »Im Schloß« eine demokratische »Botschaft« unter seine Leser bringen wollte. Theodor Storm als Barde demokratischer Zukunft! So will er einmal im Geschichtsbuch stehen.

Ein anderer hält sich jedoch nicht lange mit Träumen auf, sondern ist hellwach und handelt. Schon setzt er den nächsten Schachzug: Bismarcks Preußen erkennt den frischgebackenen Herzog aus dem Haus Augustenburg nicht an.

Alle Freunde Schleswig-Holsteins in deutschen Landen – und das dürften um diese Zeit einige Millionen sein – reiben sich die Augen. Was soll denn das nun wieder? Soll auch diesmal der Schleswig-Holsteiner Sache in den Rücken gefallen, die Brüder dort wieder verraten werden?

Dänemark jubelt hingegen.

Hat man es nicht gewußt? Dieser Bismarck ist der eigentliche Verbündete. Der übersieht über aller meerumschlungenen Kleinkrämerei die große Gefahr Rußland nicht. Als Gegengewicht braucht er die Herren in Kopenhagen. Vor ihm muß man sich also weiterhin nicht groß in acht nehmen.

Kaum einer weiß, nur wenige wittern, was sich in Wahrheit tut.

Bismarck will das Thema Schleswig-Holstein fort vom Deutschen Bund bekommen. Es soll allein Preußens Sache werden, ohne großes Dreinreden vom deutschen Bundestag, der für ihn ohnehin schon die Institution auf Abruf ist. Und in aller Heimlichkeit wird sich schon mal mit Österreich verständigt.

Seltsame neue Freunde! Hatte sich nicht Österreich immerzu der Anmaßung Preußens als neuer deutscher Führungsmacht entgegengestellt? War nicht gerade daran eine pro-deutsche Lösung des Schleswig-Holsteiner Problems gescheitert? Und nun diese unheilige Allianz der Gegner von gestern?

Diese kleine diplomatische Kehrtwendung kostet Bismarck jedoch kaum ein Lächeln. Schon hat er in Preußens Namen mit Österreich vereinbart, daß sie irgendwann Schleswig-Holstein okkupieren und sich dann zu gleichen Teilen in die Kriegsbeute teilen wollen. Dabei würde der Augustenburger mit seinen Erbansprüchen nur stören.

Also lieber gar nicht erst anerkennen und die Dinge abwarten. Auf die Dänen, weiß Bismarck, ist Verlaß.

In Kopenhagen fühlt man sich bei dieser Entwicklung so sicher wie nie. Am 1. Januar ist das neue Grundgesetz in Kraft getreten und damit Schleswig dem übrigen Dänemark endlich zugeschlagen. Die große, historische Stunde der Eiderdänen!

Was soll da noch die überflüssige Berufung auf die Londoner Protokolle, die eben dies hatten verhindern sollen? Und was fällt denn plötzlich diesem Bismarck ein?

Bismarck bringt es fertig, den Dänen am 16. Januar 1864 gemeinsam mit Österreich ein Ultimatum zu stellen und die Rücknahme des neuen Grundgesetzes zu fordern. Was denkt sich dieser Mann dabei?

Gar nicht wenig. Daß sich zum Beispiel die Dänen nun eindeutig ins Unrecht gesetzt haben. Daß es jetzt nur noch einen Anstoß braucht, denen dort oben den Krieg zu erklären und an der Seite Österreichs in den Kampf zu ziehen.

Doch gar nicht drum kümmern, scheint noch immer dänische Devise zu bleiben.

Weiß man Bismarck nicht auf seiner Seite, so bleiben immer noch die anderen europäischen Großmächte. Die werden es wie schon einmal nicht zulassen, daß dieses ungebärdige Schleswig-Holstein nach der dänischen nun unter preußische Kontrolle gerät.

Frankreich zum Beispiel.

Aber dort hofft in aller Unschuld Napoleon III. auf einen gewissen Ausgleich im rheinischen Gebiet für sein Stillhalten bei allen Vorgängen im Norden.

Dann England.

Dort ist man eher schon bereit, den Dänen beizustehen. Vor allem der Herzog von Wales ergreift die dänische Partei. Aber seine Mutter, Queen Victoria, ist dafür nun gar nicht zu haben. Die hat gerade erst ihre Tochter Vicky an den preußischen Kronprinzen Friedrich verheiratet und hätte nichts dagegen, wenn das künftige Land ihrer Tochter gleich noch mal um Schleswig und Holstein vergrößert würde.

Schließlich Rußland.

Auch dort keine gute Zeit für alle dänischen Ambitionen: Einmal braucht der Zar ein verläßliches Preußen auf der anderen Seite des aufsässigen Polen, und im übrigen hat es der Herrscher nun mal mit der Legitimation. Der willkürliche Bruch des Londoner Protokolls ist wirklich nicht korrekt. Das sollte man nicht groß unterstützen.

So merken die Herren in Kopenhagen zu spät, daß sie sich selbst in die Isolation getrieben haben und ihre Zeit in den Herzogtümern immer heftiger abläuft.

Die »kleinen Gessler« spüren das zuerst. Koffer werden

gepackt, der Danebrog eingerollt. So auch in Husum. Stadt und Umland stehen praktisch über Nacht ohne Verwaltung und ohne einen Landvogt da.

Aber die Nordfriesen sind es gewohnt, ihre Dinge selber in die Hand zu nehmen. Husums Volk versammelt sich. Einer ruft in starkem Platt, das endlich wieder in aller Öffentlichkeit gesprochen werden darf: »Wul schall unse Landvagt sin?«

Dumme Frage! Es war ja schon vorher beim ›olen Storm‹ angeklopft worden, ob denn eventuell der Herr Sohn mit diesem Amt in die alte Heimat zurückzulocken sei. Er war ohne Zögern bereit. Und so darf denn die Antwort wie aus einem einzigen Mund schallen: »Störm schall unse Landvagt sin!«

Ein großer Augenblick. Vielleicht Storms größte Stunde. Doch kommen ihm sogleich wieder düstere Gedanken. Er wittert schon den Krieg, der sich abzeichnet. Er ahnt wohl auch, daß selbst ein Sieg nicht unbedingt ein Sieg im Sinn der Heimat sein würde. Und er mißtraut sehr gründlich diesem Herrn von Bismarck, der für ihn bald schon die Inkarnation alles Preußischen schlechthin ist.

Wie sehr dieses Mißtrauen berechtigt ist, würde er genau erfahren, wäre er an jenem Silvesterabend von 1863 auf 1864 in Berlin zugegen, als Preußens Ministerpräsident gegen Mitternacht das Punschglas hebt und mit hoher, aber fester Stimme verkündet: »Die up weg Ungedelten müssen einmal Preußen werden. Das ist das Ziel, wonach ich steure!«

Ein gesamtdeutsches Riesenpreußen, nun bald noch um Schleswig und Holstein erweitert? Kann solch ein Gebilde Vaterland für einen Storm werden?

Theodor Storm steht vor seinem Chor. Die in Stormscher Zucht geschulten Stimmen singen klagend, trauernd, feierlich von der Zerstörung Jerusalems. Der Abschied von acht Jahren Heiligenstadt.

Dann macht er sich auf den Weg nach Husum. Wieder einmal. In eine ferne, fremd gewordene Heimat.

9. Husum – fremde Heimat

> »Heimatlich
> ist's hier nicht mehr
> für mich
> in dem alten Lande«

Theodor Storm

Wen von euch soll ich zum Opfer bringen?

Ein weiteres Mal hat also Storm die Heimat wieder, und im Haus Storm müßte eigentlich Jubel herrschen.

Doch bleibt die Stimmung eher gedämpft. Und als in Heiligenstadt das Telegramm mit der Nachricht von Storms Berufung zum Landvogt eingetroffen war, hatte gerade die ganze Familie beisammengesessen, schön gemütlich bei dampfendem Tee und singendem Kessel, und in Storm mochte das gesamte alte Husum wiedererstanden sein, Erinnerungen an die Stunden in der Tonne, an Erzählungen von den Opfern, mal Mensch, mal Tier, die lebendig in einen neuen Deich hineingehören, soll er denn den Stürmen des Blanken Hans standhalten.

Storm hatte sich lächelnd in der Runde umgesehen, von einem zum anderen, und dort saß die Frau Constanze, saßen die drei Töchter, drei Söhne. Er hatte sich geräuspert, hatte mit leiser Stimme gefragt: »Wen von euch soll ich dafür zum Opfer bringen?«

Ein Scherz nur. Doch niemand kann darüber richtig lachen. Auch Storm selber nicht. Dazu kommen viel zu viel Ängste und Bedenken auf.

Dies alles hier aufgeben, das zwar kärglich, aber immerhin bezahlte Amt, den Freundeskreis, den Chor? Und wer sagt, wie lange das dort oben in Husum halten wird und nicht wieder die Dänen Herrn Storm davonjagen, diesmal für immer?

Storm fährt zunächst mal allein nach Husum hinauf, erkundet die Lage. Überall Schleswig-Holsteiner Fahnen, Blau-Weiß-Rot weht es von den Dächern, in der Stadt eine »Das Land ist frei!«-Stimmung wie im Schillerschen »Wilhelm Tell« nach Gesslers Tod: Das stimmt schon fröhlicher. Und Storm hört, wie seine Wahl abgelaufen ist, ganz spontan, auf Zuruf hin, und alle, wirklich alle hatten »Storm!« geschrien. Das rührt ihn.

Vielleicht ist so etwas wie ein Kompromiß möglich. Storm reist nach Berlin, antichambriert beim zuständigen Justizminister Leopold Graf zu Lippe: ob denn nicht eine Beurlaubung denkbar wäre und er möglicherweise zu einem späteren Zeitpunkt in den preußischen Staatsdienst zurückkehren könnte?

Es ist nicht denkbar. Der Herr Storm soll bleiben oder gehen. Er schleicht sich davon, ein Anti-Preußen-Ressentiment mehr im Lebensgepäck. Er weiß, daß er sich nun entscheiden muß. Und entscheidet so konsequent wie elf Jahre zuvor, als er die Wahl zwischen dem Exil oder dem dänischen Kotau hatte. Er bricht alle Brücken ab, ohne Rückversicherung, und geht nach Husum.

Am 12. März 1864 verläßt er Heiligenstadt nicht ohne Trauer um »das alte Nest«, das ihm denn doch in den letzten acht Jahren zu »einer zweiten Heimat« geworden war, und wehende Schnupftücher winken ihm aus den Fenstern zum Abschied nach.

Jetzt wartet aber erst mal das »altvertraute Nest« Husum. Schon am 17. März wird er dort vereidigt. Sogleich geht er auf Häusersuche.

Sie scheint nicht ganz einfach zu sein. Wenigstens drei Häuser besichtigt er, bevor er Constanze von dem einen berichten kann, das in Frage kommt. Das ist die Nummer zwölf in der Süderstraße, das einstige Predigerwitwenhaus gleich neben der Kirche, eigentlich keine Gegend, in die ein Storm zieht. Hier hausen eher Handwerker und andere »kleine Leute«, nicht der Herr Landvogt. Aber das Haus hat sieben Zimmer, und im gepflasterten Hof finden sich Ziehbrunnen und Waschhaus. Ein Garten ist auch dabei und, fast das Wichtigste!, eine hölzerne Veranda fürs Teetrinken am Nachmittag mit sechs in jedem Mai herrlich blühenden Kastanienbäumen davor.

Die Storms haben ihr Nest gefunden. Sie richten sich ein.

Das Waschhaus wird zur Landvogtei ausgebaut, der Hausherr darf also bei Ausübung seines Amts in den eigenen Wänden bleiben. Und das alles ist fast so idyllisch wie einst in der Advokatenzeit, als er zwischendurch in den Garten hinaustreten, die Spreen pfeifen hören durfte.

Er ist nun Landvogt für den Umkreis Husum, nicht für die Stadt selbst. Ein kleiner König, unabhängig, zuständig für eigentlich alles, als »Obervormund, Polizeimeister, Kriminal- und Zivilrichter«, und er kennt sich zunächst noch herzlich wenig aus, ist fast so ahnungslos wie damals als Assessor im preußischen Dienst. Aber er behilft sich mit »gesundem Menschenverstand«, und die Friesen sind nicht so pingelig wie die Preußen. Die lassen auch schon mal fünf gerade sein: Der Herr Landvogt wird's schon richten!

Er richtet es und stellt aufatmend fest, daß ihm bei aller Arbeit reichlich Zeit für seine »poetischen Productionen« bleibt. Auch hier geht er an die Arbeit. Er schreibt seinen »Spiegel des Cyprianus« zu Ende, hat damit seine »Geschichten aus der Tonne« beisammen. Noch eine andere Arbeit ist in Heiligenstadt liegen geblieben, die Novelle »Von Jenseits des Meeres«. Nicht nur der Titel holpert. Auch sonst bleibt diese Storm-Erzählung eine problematische Angelegenheit.

Zeithistorisch ist immerhin bemerkenswert, daß hier das für Schleswig-Holstein wichtige Thema der Auswanderung nach Übersee angesprochen wird (der Strom wird nach Einführung der allgemeinen Wehrpflicht noch zunehmen; zumal die jungen Friesen zieht es eher nach Amerika als in preußische Kasernen). Doch hier wie später noch zeigt sich, daß solch konkrete soziale Problematiken Storms eigentliche Sache nicht sind. Dazu bleibt er stets zu privat, zu gefühlig, zu verliebt ins dekorative Detail. So auch hier, wo er wieder einmal kräftig in die Kiste der Familienerinnerungen gegriffen hat.

Einmal ist da die pleite gegangene Zuckerfabrik aus Großvaters Zeit gleich hinter dem Elternhaus. Und dann fällt ihm noch ein Verwandtenbesuch aus dem Jahr 1844 ein.

Ein Junge und ein Mädchen hatten vor der Tür gestanden, Geschwister, Kinder eines nach Westindien ausgewanderten Verwandten, der hier in Husum Bankrott gemacht, drüben in Übersee aber sein Glück gefunden hatte, an der Seite einer rassigen Kreolin. Ohne Trauschein, versteht sich. Deren Kinder wollten nun gern die graue Stadt sehen, aus der ihr Vater stammt, und dessen Familie auch.

Storm hatte die Verwandten skeptisch beäugt. Der Vetter fand wenig Gnade: »Der Junge ist häßlich. Ein Woldsen.« Aber das Mädchen! Feines Gesicht, »spanische« Augen! Storm ist kennerisch fasziniert und stattet entsprechend seine »Jenni« aus, die Heldin seiner Erzählung, exotisch, hübsch, schwirrend verführerisch, mit der ganz dezenten Andeutung farbiger Abstammung, wie es gerade noch schicklich und einigermaßen pikant ist.

Einfach prächtig, dieses Geschöpf! Was sich vom übrigen Text weniger behaupten läßt.

Man spürt Storms redliche Bemühung um Toleranz, doch die leicht herablassende Pose des großen weißen Herrn und Meisters kann auch er nicht so ganz überwinden. Denn Farbige sind zwar anmutig, aber doch auch »in ihrer lockenden Schönheit die bösen Genien der eingewanderten Europäer.« Ihre Stimmen klingen »wie Geheul, wie Tierschrei«. Und Jenni fleht, sie von ihrer »schwarzen« Vergangenheit zu erlösen und hinüber ins herrlich »weiße« Europa zu holen.

Zugleich fühlt man, wie der Dichter seine nordische Heimat so »kultiviert« wie nur irgend möglich zeigen will: Sollen all jene, die da waffenklirrend heranziehen, diese Heimat in Besitz zu nehmen, endlich begreifen, was für ein kulturelles Kleinod ihnen zwischen die Finger gerät.

Aber die »äußere« statt der sonstigen »inneren Weite« bekommt dem Erzähler nicht. Der Blick nach Übersee in eine ihm völlig wesensfremde Welt will nicht gelingen. Es bleibt ein Hauch Völkerschau und Exotenrevue, wo Menschen in schrecklicher Sprache zueinander reden, ihre Zähne wie Hunde fletschen und immerzu in grellbunten Kleidern herumlaufen. Wie man sich eben in Husum die Länder jenseits des Meeres vorstellt: glücklich jeder, der dieser Welt ins norddeutsch kühle Grau entkommen kann.

Aus anderen Gründen allerdings hat es Storm nicht leicht, gerade für diese Novelle einen Abnehmer zu finden.

Julius Rodenberg lehnt sie für seinen »Bazar« ab, fürchtet, mit einer unehelich geborenen Heldin seine zartbesaitete Leserinnen zu schockieren. Storm reicht sie an die rasch zu Ruhm und Auflage gekommenen »Westermanns Monatshefte« weiter. Deren Chefredakteur Adolf Glaser ist weniger zimperlich. »Von jenseits des Meeres« ist im Januar 1865 Storms Westermann-Debüt. Eine wichtige Wende. Denn künftig wird Westermann, Zeitschrift wie Verlag, für Storm ein Hauptforum werden.

Ernst Keils »Gartenlaube« hat inzwischen ihre Talfahrt zur kleinbürgerlichen Unterhaltungsgazette angetreten, und Storm, »kein Gartenlauben-Autor«, wie er selbst betont, hat sich dort aller Auflage und Honorare zum Trotz nie richtig zu Hause gefühlt. Eher schon jetzt bei den nobleren, anspruchsvolleren »Monatsheften«.

So verspricht es zunächst mal in Husum eine gute neue Zeit zu werden.

Storm, scheint es, hat zu einer neuen, dauernden »Behaglichkeit« gefunden, der Dichter wie Bürger, beruflich wie privat. Ein Gesangverein, das geht bei Storm nicht anders, wird selbstverständlich auch gegründet. Storm baut sich seine Szenerie mit der gleichen Akkuratesse wie einst »sein« Husum nach der Rückkehr aus Kiel.

Inzwischen aber ist Krieg im Land, zwischen Preußen und Österreichern hier, den Dänen dort. In Husum bekommt Storm davon allerdings gerade so viel mit, wie die Zeitungen schreiben. Kein Kriegsgeschrei, kein Kanonendonner in unmittelbarer Nachbarschaft. Höchstens ein paar bängliche Ahnungen, die Storm ins altvertraute Platt treiben: »Wie es politisch mit uns wird – dat blivt mi düster.«

Dafür haben die Storms endlich, ein erstes Mal genug Geld, um davon leben zu können. Dreitausend Taler im Jahr, das reicht. Vater Storm drüben in der Hohlen Gasse muß nichts mehr zuschießen.

Dennoch weichen die Schatten nicht. Todesängste treiben den noch nicht Fünfzigjährigen um. Ein Foto dieser Zeit zeigt ein angespanntes Gesicht mit leicht gehetztem Ausdruck in den demonstrativ »freundlich« verzogenen Zügen. Storm hat sich inzwischen – statt des melancholischen Künstlerbärtchens – einen Vollbart wachsen lassen. Auf diesem Foto wirkt er wie ein abschirmender Schutzschild. Denn hinter dieser halbwegs männlich markigen Fassade fühlt er sich elend wie selten. Er sei, erfahren die Freunde, »körperlich bankrott«. Kein ungewohnter Zustand bei ihm, ein Glück nur, daß es Frau Constanze gutgeht. Etwas blaß und müde wirkt sie ja, noch angestrengt vom neuerlichen Umzug nach Husum, und die Jahre in Heiligenstadt waren ja auch kein Zuckerschlecken gewesen.

Aber sie wird sich schon wieder rappeln, wird Storm weiterhin verwöhnen, wie er es gewohnt ist, wird Partnerin seiner nie nachlassenden männlichen Leidenschaft sein. Denn »wenn sich die Leiber nicht mehr suchen«, das ist seine Überzeugung, »so suchen sich die Seelen auch nicht mehr.«

Eine Mutter ist sie für ihn auch, an deren Brust er immer mal wieder schutzsuchend den Kopf lehnen darf. Dann hat sie das tröstend gute Wort, die einzig richtige Geste für ihn. Und von Literatur versteht sie inzwischen auch was, ist Storms erstes, in höflichen Maßen kritisches Publikum.

Mit einem Wort: die Idealfrau eines Dichters.

Zum Ende dieses ersten Husumer Jahres blüht Constanze richtig auf, ist wieder schwanger, nun wohl mit allen Fehlgeburten das elfte oder zwölfte, manche meinen sogar: das schon vierzehnte Mal.

Am 4. Mai 1865, dem Tag vor Constanzes eigenem Geburtstag, wird das Kind geboren. Ein Mädchen. Problemlos zunächst. Doch am Tag darauf überkommen die Mutter schwere Ohnmachtsanfälle, sie schüttelt sich im Fieber. Draußen in der Stadt geht gerade epidemisch das Kindbettfieber um.

Es ist dasselbe Jahr, in dem der Doktor Ignaz Philipp Semmelweis, »Retter der Mütter«, Unreinlichkeit der oft von einer Leichenöffnung unmittelbar zu einer Geburt herübereilenden Ärzte als Ursache dieser Seuche herausgefunden hat. Doch für Constanze Storm kommen diese Erkenntnisse zu spät.

Storm sitzt an ihrem Bett, hält ihre Hand. Die Frau dort in ihrem Bett, diese vorbildliche Gefährtin in guten wie in schweren Tagen stirbt, und er selbst ist hilflos, sieht einen Teil seines Lebensinhalts, sein »Glück« unaufhaltsam verrinnen.

»Am dritten Tag lag Elke im hellen Kindbettfieber, redete Irrsal und kannte weder ihren Mann noch ihre alte Helferin ... Der Arzt aus der Stadt war geholt, er saß am Bett und fühlte den Puls und verschrieb und sah ratlos um sich her. Hauke schüttelte den Kopf: Der hilft nicht; nur Gott kann helfen ...«

So schildert Storm etwa zwanzig Jahre später im »Schimmelreiter« die Wacht seines Helden am Bett seiner todkranken Frau, und er läßt Hauke Haien niederknien, läßt ihn beten: »Ich weiß ja wohl, du kannst nicht allezeit, wie du willst, auch du nicht ...« Das sind die Regeln seines eigenen »zusammengerechneten« Katechismus.

Storm betet nicht. Kein Trost des Glaubens! Die ganze hoffnungslose Kälte eines Abschieds für immer und alle Zeit weht ihn eisig an. Er ruft die ältesten Kinder ins Sterbezimmer. Ein letztes Mal sollen sie der Mutter die Hand geben. Der Sohn Ernst sagt »Guten Abend, Mutter!« und will gehört haben, wie sie mit matt flüsternder Stimme antwortet: »Gute Nacht, mein Kind! Ich sterbe!«

Dann nur noch Todesstöhnen, immer schwächer, leiser, am

Ende »sanft wie Bienengetön«. Und »in vernichtender Schönheit« übergießt eine »wunderbare Verklärung« ihr Gesicht. Durch das gebrochene Auge wandelt flüchtig »ein sanfter blauer Glanz«. Dann »war Friede, und ich hatte sie verloren.«

Constanze Storm stirbt am 20. Mai 1865 gegen sechs Uhr früh, gerade vierzig Jahre alt.

Es ist noch Nacht, als Storm vier Tage später seine Frau zu Grabe trägt. Ohne Priester, ohne Glocken. Nur die Söhne und der jüngste Storm-Bruder Aemil sind dabei. Mitglieder des Gesangvereins tragen den Sarg und betten ihn in die Familiengruft auf dem Friedhof St. Jürgen.

Storm sieht sich um im dumpfen Gewölbe. Hier hatte einst den Jungen die Großmutter so grausam mit aller Vergänglichkeit vertraut gemacht. Hier begriff er ein erstes Mal, daß Leben immer auch Sterben bedeutet.

Schweigend kehrt er in sein Haus zurück.

Die Stadt wacht auf. Aus der Nummer zwölf in der Süderstraße tönt Klaviermusik. Mal aufbrausend trotzig, mal im klagenden Piano. Storm sitzt am Instrument. Das ist seine Art von Totenfeier. Mit ihr nimmt er Abschied von der Toten und ist schon abends wieder in der Lage, alles Erlebte, Durchlittene in erste Worte zu fassen.

> In der Gruft bei den alten Särgen
> Steht nun ein neuer Sarg,
> Darin von meiner Lieben
> Sich das süßeste Antlitz barg.
>
> Den schweren Deckel der Truhe
> Verhängen die Kränze ganz;
> Ein Kranz von Myrtenreisern,
> Ein weißer Syringenglanz.

So beginnt das erste der zunächst sechs, dann sieben Gedichte unter dem gemeinsamen Titel »Tiefe Schatten«, die Storm zunächst nur für sich selbst geschrieben hat.

Nur wenige erfahren davon. Freund Brinkmann, der Schwiegervater Esmarch, Eduard Mörike. Erst für ein Benefiz-Album zugunsten des gleichfalls in die Emigration getriebenen, von Storm geschätzten Spätromantikers Ferdinand Freiligrath läßt er sie drucken, nicht ohne den heftigen Vorwurf des Sohnes Hans, eine solche private Zurschaustellung gehe denn doch zu weit.

Storm antwortet mit Würde und Selbstbewußtsein: »Ein Dichter, der an seinen Beruf glaubt – und das tue ich – darf grade sein Heiligstes seinem Volk nicht vorenthalten.« Er meine sogar, »es ist ein Kennzeichen des echten Dichters, daß er es ohne Scheu hingibt, vielmehr mit dem Bewußtsein, dabei im Dienst des Großen und Schönen zu stehen«.

Um diese Zeit weiß Storm wohl selbst noch nicht, daß mit diesem »Tiefe Schatten«-Zyklus nicht nur der Mann von seiner Frau, sondern zugleich der Dichter Abschied von der Lyrik nimmt. Gedichte werden immer sparsamer in seinem Werk, und schwer ist es, dafür Gründe zu nennen. Gewiß sind es nicht nur fehlende Zeit und Kraft.

Eher fehlen die »Erregungen« als wichtigster Impuls. Den alternden, ruhigeren und resignierenden Mann, der schon in den späten sechziger Jahren daran geht, sein Werk zu sichten und erste Schlußstriche zu ziehen, drängt es nicht nur aus formalen und »Vermarktungsgründen« von der emotionalen Lyrik fort und hin zur mehr gelassen überschauenden epischen Form.

Er schreibt 1871 noch einmal »Fiedellieder«, wie zur Rückkehr in Kieler Jugendtage, als er gemeinsam mit Theodor Mommsen »Fiedellieder« für das »Liederbuch dreier Freunde« verfaßte, und Sohn Ernst schüttelt den Kopf über die aufgedrehte, nicht sehr echte Jugendlichkeit seines Vaters: Der Alte bringt sich am Ende noch mit solchen nachgeholten Jugendstreichen um seinen Ruhm als ernstgenommener Poet!

Es entstehen noch andere, größere Verse, doch sie alle sind eigentlich nur der Nachhall der »Tiefen Schatten«.

So »Begrabe nur dein Liebstes«, das Johannes Brahms später vertont. So zehn Jahre nach Constanzes Tod jenes »Kurzgedicht«, das Storm zufällt, als er nach der Beerdigung des Schwiegervaters über die Heide schreitet und sich daran erinnert, früher einmal genau denselben Weg zusammen mit Constanze gegangen zu sein.

> Über die Heide hallet mein Schritt;
> Dumpf aus der Erde wandert es mit.
>
> Herbst ist gekommen, Frühling ist weit -
> Gab es denn einmal selige Zeit?
>
> Brauende Nebel geisten umher;
> Schwarz ist das Kraut und der Himmel so leer.
>
> Wär ich hier nur nicht gegangen im Mai!
> Leben und Liebe – wie flog es vorbei!

Mit Constanzes Tod fällt auch Storms endgültige Abkehr vom Christentum zusammen. Nicht nur von der Kirche, sondern vom Glauben selbst.

Der Blick zum Kruzifix hat auch diesmal keinen Trost gebracht. So besinnt sich denn im siebten Gedicht der »Tiefen Schatten« Storm auf das, was wirklich Trost sein könnte, und findet darüber, vom Philosophen Feuerbach beflügelt, zum Schluß: »Größer werden die Menschen nicht«, aber »größer und größer wächst die Welt des Gedankens«.

> Aus den seligen Glauben des Kreuzes
> Bricht ein anderer hervor,
> Selbstloser und größer;
> Dessen Gebot wird sein:
> Edel lebe und schön,
> Ohne Hoffnung künftigen Seins

Und ohne Vergeltung,
Nur um der Schönheit des Lebens willen.

Gewiß ist die letzte große Storm-Lyrik auch ein Stück Selbsttherapie. Der Gang zum Schreibtisch, das Schreiben selbst sind für ihn nun lebenswichtig. Er sagt es selbst. Was ihm jetzt bleibe, sei »Arbeit, Arbeit, Arbeit«. Und Reisen.

Storm beschließt, nachdem er eine englische Betreuerin für die verwaiste Kinderschar gefunden hat, Husum eine Weile zu verlassen. Freund Ludwig Pietsch, der als erster davon erfährt, wird gleich beruhigt, er brauche sich nicht auf einen grämlichen, trauerverhangenen Gast einzustellen.

Storm will leben. Er will Neues sehen, zu neuen Menschen neue Fäden spinnen. So macht er sich im September 1865 auf den Weg.

»Immsensee«-Illustrator Pietsch hält sich gerade in Baden-Baden auf, als er Storms Brief erhält, und liest ihn gleich einem Storm-Kollegen aus Rußland vor, Iwan Turgenjew, der hier im mondänen Baden-Baden, damals neben Berlin »Deutschlands heimliche Hauptstadt«, seine eigene Villa unterhält.

Weit öffnet der russische Groß-Poet die Arme, ganz die russisch überquellende »schirokaja natura«, die »breite Natur«. Zudem hat Storm den Turgenjewschen »Aufzeichnungen eines Jägers«, deren Lektüre den Zaren dazu animiert haben soll, die Leibeigenschaft aufzuheben, einen deutschen Verleger verschafft: Wenn denn der Storm hierher komme, solle er unbedingt sein Gast sein!

Bevor jedoch Storm in Baden-Baden eintrifft, wo sonst nur Könige und königliche Banker, Großfürsten und Großkokotten, die »jeunesse dorée« eines gesamten Zeitalters verkehren, macht er noch Zwischenstopp in Minden. Dort trifft er eine passionierte Verehrerin, Elise Polko, selber Dichterin, Malerin, von südlich dunkler, schwermütiger Schönheit und Ehefrau eines kreuzbraven, ausnehmend tüchtigen und vermutlich stinklangweiligen Eisenbahnbetriebsdirektors.

Storm betrachtet das ungleiche Ehepaar nicht ohne Amüsement und ahnt bald, daß diese Dame mit ihrer Verehrung wenigstens so sehr den Mann wie den Dichter meint. Schon in Briefen hatte sie ihm neckisch mit dem Finger gedroht: »Sie können und dürfen auch nicht ›dick‹ sein, Herr Theodor Storm, hören Sie wohl?«

Storm hört nur zu gut und bricht bald auf. Die Beziehung zur willigen Frau Polko wird sich in Zukunft nicht mehr fortsetzen.

Der Glanz von Baden-Baden nimmt ihn auf. Das ist nun eine völlig neue, die wirklich große Welt, die Storm hier ein erstes Mal erlebt, faszinierend in ihrer Mixtur aus »monde« und »demi-monde«. Doch zeigt sich von allem Geflirre und Geflittere der Mann aus Husum wenig beeindruckt.

Hinter diesen schimmernden Fassaden hausen die Schönen und Reichen, na gut! Dort rollen sie in ihren Kaleschen über die geharkten Silberkieswege, sollen sie! Aber wer ist die Dame beim Konzert dort vorn in der ersten Reihe? Eigentlich ein bisschen schlicht und zurückhaltend, um an einem solch prominenten Platz zu sitzen!

Aber das ist doch Ihre Majestät, die Königin von Preußen, erkennen Sie sie nicht, Herr Storm?

Storm erkennt sie und Preußens König auch und den Hünen mit dem ausladendem Seehundsschädel und den hervorquellenden Augen ebenfalls. Das also ist der Herr von Bismarck, der »Räuber«, wie ihn Storm um diese Zeit zu titulieren pflegt.

Das alles kann ihm nicht sehr imponieren. Voll Husumer Trotz notiert er zum Baden-Badener Luxustreiben: »Dies schwindelnde Genußleben der Geld- und Adelsaristokratie, wie weit liegt sie ab von unserem Tagewerk und glücklicherweise auch von den schönen und bedeutenden Menschen, unter denen ich hier lebe.«

Schön und bedeutend ist zum Beispiel die Sängerin

Pauline Viardot-Garcia und eine weltberühmte Primadonna dazu, außerdem wohl die Geliebte von Turgenjew. Von ihr läßt sich Storm sogar zum Duett bitten, sein heller Tenor verschmilzt mit ihrem dunklen Sopran, und am Ende streckt sie ihm huldvoll die juwelenberingte Hand zum Kuß hin: »Bravo, Herr Storm!«

Aber der schönste und bedeutendste aller Menschen hier ist Iwan Turgenjew selbst, wahrhaft das Bild von einem Mann und von der Noblesse eines Großherzogs, mit sanft dunklem Ikonenblick und makellosen Gesichtszügen, für Storm kurz »einer der schönsten Männer, die ich jemals sah«. Und doch reicht es zur wirklich tiefen Freundschaft nicht.

Man ist freundlich zueinander, tauscht miteinander die Werke aus, hält Verbindung bis tief in die siebziger Jahre hinein. Das ist es aber auch schon. Und wieder dürfte es sich um das übliche Storm-Problem bei Kollegenfreundschaften handeln. Auch hier verwechselt er kollegiale Hochachtung mit einer tieferen menschlichen Verbundenheit.

Zudem liegt ihm der Dichter Turgenjew nur bedingt. Ihm graust vor dessen »erbarmungslosen Objektivität« in Gefühlsdingen, wie es ihm ähnlich bei den psychologischen Vivisektionskünsten eines Gustave Flaubert gruselt. Obwohl Storm selber »erbarmungslos objektiv« sein kann. Weniger in seinen Novellen. Eher privat. So als ihm etwa der alte Freund Alexander von Wussow schreibt. Der hat gehört, Witwer Storm wolle ein zweites Mal freien, und erbittet sich ein Foto von der jungen Braut. Storm lehnt ab. Denn: »Eine verblühte Blondine kann man nicht fotografieren.«

Diese »verblühte Blondine« ist Dorothea Jensen.

Man weiß nicht genau, wann sich Storm zur neuerlichen Verheiratung entschlossen hat. Nicht allzu lange nach Constanzes Tod jedenfalls. Es bleibt ihm kaum anderes übrig. Da ist der Haushalt, die Kinderschar, und es gibt keine »älteste Tochter«, keine aufopfernde Schwester, die Hausfrauenpflichten bei den Storms übernehmen könnte.

Und da ist der Mann Storm, mit seiner fiebernden Sexualität, dessen größte Sorge schon zu Lebzeiten von Constanze gewesen war, ob er denn nun bei ihren diversen Krankheiten sexuelle Abstinenz üben müsse.

Dieser Mann braucht die Partnerin.

Es könnte wohl sein – Anzeichen sprechen dafür, der Storm-Biograph David Jackson nennt als mögliche Kandidatin eine blutjunge Sängerin aus Storms Husumer Chor –, daß Storm zunächst an die Verbindung mit einer wesentlich jüngeren Frau gedacht hat. Bertha von Buchan bleibt die unvergessene Erinnerung.

Aber dann stellt sich eine ganz andere Erinnerung ein. Sehr konkret und leibhaftig.

Es war bei der Taufe von Storms jüngster Tochter, »Gertrud« soll sie heißen. Bruder Aemil, der Arzt, mit einer Schwester Constanzes verheiratet, richtet die Feier aus. Viel Verwandtschaft ist geladen. Auch Storms anderer Bruder Johannes mit Frau stellt sich ein, und die bringt wiederum ihre Schwester mit – Dorothea Jensen.

Ein erstes Mal nach siebzehn Jahren stehen sie sich gegenüber, vom Leben reichlich ramponiert, und Storm möchte plötzlich »leben – leben; ja, der thörichte Wunsch kommt: wären wir doch bei jung, ich und du!« Aber das sind sie nun mal nicht, Storm ist achtundvierzig, Dorothea achtunddreißig. Dennoch finden sie zum Ehebund.

Zur Storm-Legende gehört, von ihm selber fleißig kolportiert, daß Constanze selbst die andere für den Fall eines Falles zu ihrer Quasi-Nachfolgerin gekürt hatte. Mag sein. Vielleicht weniger aus Edelmut als aus schlicht pragmatischen Gründen, wie eben eine gute Mutter vorsorgt. Ihr Theodor war mal mit Dorothea glücklich, er wird es vielleicht wieder sein. Und als geübte Kindererzieherin, auch wenn selber kinderlos, könnte sie gut die Wächterin der reichlich ungebärdigen Stormschen Kinderschar werden.

Auch wenn Constanze das selbst so nicht gesagt haben sollte: Storm hingegen denkt ganz sicher so. Und vielleicht ist es auch ein Versuch des alternden Mannes, die Uhr gleichsam zurückzustellen, noch einmal in die Zeiten großer Leidenschaft für Dorothea zurückzufinden, ohne auf die klassische Warnung zu achten: Man steigt niemals zweimal in den gleichen Fluß. Und man findet, ließe sich ergänzen, auch nicht zweimal den gleichen Partner wieder.

Schon am 13. Juni 1866, knapp am Ende des Trauerjahrs, heiraten Storm und Dorothea im Kompastorat von Hattstedt. Eine schlichte Feier. Man trinkt Tee, spaziert etwas im Garten. Wenigstens reicht es diesmal, anders als bei Constanze, zu einer kleinen Hochzeitsreise. Das Paar gönnt sich eine Woche Hamburg.

Die leidenschaftliche Geliebte nun doch noch als geliebte Frau. Seltsam scheint sich hier eine Entwicklung zu runden. Fast zu schön, um wahr zu sein. Eher schon Stoff für eine Storm-Novelle. Und einige Jahre später schreibt Storm diese Novelle tatsächlich, »Viola tricolor«, nun allerdings keineswegs »erbarmungslos objektiv«.

Im eher sanft vernebelndem Licht erscheint dort der schon manische Kult des Witwers um die tote Frau, mit dem der originale Storm zweifellos ein gerüttelt Maß schlechtes Gewissen zu kompensieren sucht. War er nicht bis zu einem gewissen Grad an Constanzes Tod schuld? Nicht wegen der praktisch permanenten Schwangerschaft seiner Frau und ihrer ebenso permanenten Überforderung in fast zwanzig Ehejahren. Darüber macht er sich, hierin ganz Egozentriker, keine großen Sorgen. Aber hätte sie hierher nach Husum zurückkehren dürfen? Hätte sie anderswo auch das Kindbettfieber weggerafft?

Storm könnte nun mit besonderer Rücksicht auf seine zweite Frau reagieren. Doch martert er die Gattin zwei mit immer neuen Schilderungen von Constanzes gänzlicher Einzigartigkeit. Was hat da »ein altes Mädchen«, »eine verblühte Rose« – so Storms weitere Kosenamen für die neue Angetraute – schon groß dagegenzusetzen? Bei ihrem Mann, bei den Kindern?

»Du weißt doch, daß ich jetzt deine Mutter bin, wollen wir uns nicht lieb haben, Agnes?

Nesi blickte zur Seite.

Ich darf aber doch Mama sagen? fragte sie schüchtern.

Gewiß, Agnes; sag, was du willst, Mama oder Mutter, wie es dir gefällt!

Das Kind sah verlegen zu ihr auf und erwiderte beklommen: Mama könnte ich gut sagen!

Die junge Frau warf einen raschen Blick auf sie und heftete ihre dunklen Augen in die noch dunkleren des Kindes. Mama; aber nicht Mutter? fragte sie.

Meine Mutter ist ja tot, sagte Nesi leise.«

So steht es in der 1874 entstehenden Novelle »Viola tricolor«. Bei Storm geht es etwas anders zu. Da verlangt vor allem er selbst, daß die Kinder die neue »Mutter« nicht mit »Mutter« anreden, höchstens noch mit »Tante Do«, und als es Sohn Hans mit einer gewissen demonstrativen Nachdrücklichkeit dennoch tut, wohl weil der sensible Junge ahnt, was in der Stiefmutter vorgeht, setzt es heftigen Krach.

Der Toten, heißt es, solle nichts weggenommen werden. Was möglicherweise einer Lebenden weggenommen wird, scheint nicht so interessant.

Hat Storm eigentlich je gewußt, wen er mit Dorothea Jensen geheiratet hat? Man darf es bezweifeln. Hat er ihre Persönlichkeit wenigstens erahnt? Allenfalls.

Sie sei für die Liebe zu ihm praktisch geboren, heißt es leicht prahlerisch in dem großen Offenbarungsbrief an Hartmuth Brinkmann. Und als er in der Novelle »Angelika« daran geht, Dorotheas Porträt zu strichlen, muß er Ludwig Pietsch gegenüber einräumen, daß ihm dies nicht wirklich gelungen sei.

Dorothea sei nicht so schwach gewesen wie Angelika, die Liebe zu ihm habe unglaubliche Kraft gehabt, »sie hat die Annäherung aller Männer zurückgewiesen, darunter einem, dem nichts fehlte, um jedes Weiberherz zu gewinnen«. Nur eben nicht das von Dorothea Jensen.

Aus solchen Worten erahnt man, daß Dorothea nicht »die kleine Do« war, zu der sie Storm gern verniedlicht, sondern eine Frau, die nach dem Absoluten strebt. Kann sie Storm nicht haben, zieht sie sich lieber in innere Einsamkeit zurück und verblüht zur ältlich reizlosen Blondine. Halbes gibt es für sie nicht. »Ganz« will sie auch als Frau Storm sein. Frau. Mutter. Hausfrau. Und im grauen Blick flackert es hysterisch.

Wie? Sie sei zwar eine gute Mutter, aber doch keine eigentliche Mutter, nicht eine, die diesen Namen verdiene? Was ist sie dann? Als Frau sei sie natürlich lange nicht so attraktiv wie zuvor Constanze? Warum hatte dann Storm damals bei ihr und nicht bei Constanze »Leidenschaft« gefunden? Und was ihre Künste als Hausfrau angeht ...

Auch darin war ihr wahrscheinlich Constanze, das immerzu gegenwärtige Gespenst, haushoch überlegen.

Gäste werden erwartet. Eine Abendtafel soll es geben. Nichts Besonderes. Reine Gastgeberroutine. Aber Dorothea windet sich in einem Weinkrampf. Storm steht hilflos daneben: »Meine kleine Do leidet seit über Jahr und Tag an Tiefsinn, sie ist gemüthskrank ...« Da muß er erst mal selbst schnell erkranken.

Das Dilemma dieser Ehe löst sich erst, als Dorothea selber Mutter wird und im November 1868 die Tochter Friederike zur Welt bringt. Darauf einigen sich jedenfalls die meisten Storm-Biographen.

Zweifel sind angebracht, schlägt man noch einmal bei »Viola tricolor« nach und dort die Stelle auf, wo ein Name für das erste Kind der zweiten Frau gesucht wird und die junge Mutter »Marie« vorschlägt, den Namen der ersten Frau.

»Laß uns mit diesen Dingen nicht spielen! sagte er da und sah ihr innig in die Augen.

Nein, Ines; auch mit dem Antlitz meines lieben kleinen Kindes soll mir ihr Bild nicht übermalt werden.«

Auch das ein Stück Autobiographie. Denn genauso

reagiert Storm, als Dorothea die erste gemeinsame Tochter »Constanze« taufen lassen will.

Nur dürfte diese weitere Auseinandersetzung der Eheleute Storm kaum in so noblem Pastell gehalten gewesen sein wie die Konflikte in der Novelle, die allesamt wie von einem Silberschleier überzogen wirken. Einmal mehr kann man sich fragen, warum man den in seiner Lyrik so unbedingt wahrhaftigen Dichter Storm in seiner Prosa so oft bei solchen Verlogenheiten ertappt.

Aber am Ende ist das nicht einmal verlogen. Eher sieht man den Künstler am Werk, der sich seine Welt und deren Menschen selbst schafft, wie er sie eben braucht, »erbarmungslos subjektiv« sozusagen, um Storms Wort über Turgenjew abzuwandeln.

Ganz und gar subjektiv formt er Constanze zur umfassenden Idealgestalt, die sie niemals war. Nun, nach den ersten Stürmen seiner zweiten Ehe, die »die kleine Do« fast in Todesnähe bringen, geht er gleichermaßen subjektiv daran, Dorothea zur Idealgestalt zu formen. Man ahnt schon, daß sie einmal, wie zuvor Constanze, in der Phantasie Storms die ideale Hausfrau, Mutter, Ehefrau, Geliebte, Gefährtin sein wird, die vollkommene Dichtergattin schlechthin.

Wahrscheinlich braucht Storm diese Form von Selbstbetrug. Er muß sich damit trösten, wenigstens in seinem ganz persönlichen Kreis in völliger Harmonie zu leben. Sonst würde er kaum ertragen, was sich zugleich außerhalb seiner kleinen Welt tut. Oder mit seinen eigenen Worten, wie er sie schon im Mai 1865 kurz vor Constanzes Tod an Ludwig Pietsch schreibt: »Die politischen Zustände sind so widerlich, daß ich mich krampfhaft dem zuwende, wo diese Atmosphäre nicht hineindringen kann ...«

Und dabei hatte in jenem hoffnungsfrohen Frühjahr 1864, als die Storms nach Husum zurückgekehrt waren, alles so verheißungsvoll ausgesehen, und die über die Eider dringenden Truppen der Österreicher und Preußen schienen wirklich Vorboten einer neuen, besseren Zeit zu sein.

Auf diese Weise
einigt man Deutschland nicht!

In den ersten Tagen seiner Rückkehr mag Storm tatsächlich alles außerhalb von Husum wie »weit hinten in der Türkei« vorgekommen sein, wie er es selber in Anlehnung an den Goetheschen Osterspaziergang ironisch notiert. Zu viele Eindrücke dringen auf ihn ein, zu viele alltägliche Probleme wollen verkraftet werden, als daß er sich gleichermaßen für das Treiben dort draußen engagieren könnte.

Dennoch ist Storm ganz sicher keiner der Bürger wie die im »Faust«, die sich nichts Schöneres denken können als nett abgehobenes Stammtischgeplaudere über Krieg und Kriegsgeschrei irgendwo in der Ferne.

Dafür rückt der Krieg zu nahe an Storms Heimat heran, und schließlich geht es dabei auch um seine eigene Sache.

56000 Mann waren im Februar 1865 über die Grenze gekommen, 35000 Preußen und 21000 Österreicher, unter dem Oberbefehl des bewährten Friedrich von Wrangel. Er ist nun jedoch alt, bald achtzig, nicht mehr so ganz der Haudegen von damals. Ein Zögerer fast wie damals bei Idstedt der alte Willisen.

Wrangels Unterführer, für die Österreicher Ludwig von Gablenz aus bewährter k.u.k.-Kavaliersschule, für die Preußen der allzeit forsche Prinz Karl Friedrich, sehen das mit gewisser Sorge, während sich Generalstabschef Helmut von Moltke, selbst schon über sechzig, wortkarg über seine Pläne neigt.

Zunächst, im Frühjahr 1864, sieht es noch aus, als würden konsequent alle Chancen eines raschen Siegs verspielt.

Endlich, am 18. April, steht die Armee vor den Düppeler Schanzen. Hier hatte schon einmal die deutsche Fahne geweht. Nun sind die Dänen auf der Hut, haben die Schanzen zu einem praktisch uneinnehmbaren Festungswerk ausgebaut. Also Stillstand beim Vormarsch der preußisch-österreichischen Regimenter. Oberbefehlshaber Wrangel muß sich entscheiden. Er könnte die Schanzen belagern oder einfach umgehen. Das wäre wahrscheinlich am vernünftigsten. Doch es kommt ein Befehl aus Berlin, von ganz oben. Die Majestät möchte endlich wieder einen strahlenden Sieg Preußens sehen, um aus dem Tiefstand seiner eigenen Unbeliebtheit an der Seite des unpopulären Bismarck herauszukommen.

Wenn das nicht rund 1500 Tote wert ist! Soviel werden es am Abend sein. Aber Preußen hat gewonnen, über Düppel weht die schwarzweiße Preußenfahne (nicht etwa das schleswig-holsteinische Blau-Weiß-Rot), und dem König daheim wird Unter den Linden seit langem wieder eine Ovation gebracht.

Es applaudiert besonders heftig Theodor Fontane. 1860 aus dem geliebten London zurückgekehrt, ist er gleichsam als Kriegsberichterstatter unterwegs, um zwei Jahre später seinen bemerkenswert unreflektierten Report »Der Schleswig-Holsteinische Krieg im Jahre 1864« herauszubringen.

Vorerst, im September 1864, stattet er noch dem Kollegen Storm in Husum einen Besuch ab, nicht ohne keckes Blinzeln im Blick: Na, Alter, was sagst du nun? Dein geliebtes Husum und das ganze Schleswig-Holstein dazu wieder frei und das dank der von dir so gehaßten Preußen! Wie wäre es denn da mit einer kleinen Hymne zum Lob von Preußens Gloria?

Storm explodiert: »Hol Sie der Teufel!« Die Herren kommen an diesem Tag auf keinen Nenner und später auch nicht, als Fontane dem Freund sein »Einzugslied« als sozusagen eigenes Preislied schickt.

Storm liest, lacht nur bitter auf: Was soll denn das? Dieses Einzugslied »feiert ... nur die militärische Bravour; von einem sittlichen Gehalt der Tat weiß es nichts«.

Damals nach dem Sieg an den Düppeler Schanzen, als es rasch zu einem ersten Waffenstillstand gekommen war und sich die Mächtigen mal wieder in London zum Plausch getroffen hatten, war Storm noch halbwegs hoffnungsvoll gewesen und hatte an den »sittlichen Gehalt« eines preußischen Siegs in deutscher Sache geglaubt. Da hatte er gemeint oder wenigstens meinen wollen, den Herren dort ginge es tatsächlich um ein freies, selbständiges Schleswig-Holstein unter eigenem Herzog, und mit Bravour hatte er zur Feder gegriffen, hatte sein Gedicht »1864« geschrieben, das sich dann eher rührend naiv ausnahm.

Denn hier hängt nun der Dichter dem Traum nach, das Volk könne sich in seinem Freiheitsdrang die Mächtigen zunutze machen, obgleich gerade Storm wissen müßte, daß höchstens die Mächtigen das Volk benutzen, nicht umgekehrt. Und der brave Wahn währt auch nicht lange. Schon in Heiligenstadt hatte er bei Ausbruch des Kriegs sehr richtig erkannt: »An ein selbständiges Schleswig-Holstein scheint man kaum zu denken.«

Die Londoner Gespräche verlaufen ergebnislos. Dafür sorgt schon Bismarck mit maßlos übertriebenen Forderungen, welche die anderen praktisch nur ablehnen können.

Danach geht der Krieg weiter und ist nur noch eine Angelegenheit von knapp zwei Monaten. Am 20. Juli 1864 herrscht wieder Waffenstillstand, am 20. Oktober wird zu Wien Frieden geschlossen, und König Christian IX. verzichtet auf alle Ansprüche zugunsten Preußens und Österreichs.

Wie? kann man einhaltend fragen, war das nicht irgendwann mal ein Krieg zur Befreiung Schleswig-Holsteins vom dänischen Joch gewesen? Und jetzt wird dieses Schleswig-Holstein wie ein beliebig zu teilendes Stück Beute behandelt?

Doch genau so verhält es sich.

Preußen und Österreich waren sich darüber ja schon von Anfang an einig. Die anderen Großmächte haben diesmal nichts dagegen. Die Schleswig-Holsteiner werden erst gar nicht gefragt. Allenfalls erwartet man, daß sie nun jubelnd die Siegesfahnen heraushängen.

Storm hängt keine Siegesfahne heraus. Das wolle er erst tun, wenn Soldaten aus Schleswig-Holstein zum Zeichen der schleswig-holsteinischen Selbständigkeit unter Waffen stehen, hatte er schon zu Kriegsbeginn erklärt. Nun sieht er ein, daß auch dieser Traum vergeblich war. So steht er denn da und übt, wie der Freund Ludwig Pietsch in Berlin erfährt, »verbissene Opposition nach allen Seiten«.

Es sind eine ganze Menge Seiten. Denn nach dem Wiener Frieden und den in Bad Gastein im August 1865 gefaßten Entschlüssen haben sich die Sieger fürs erste ins unteilbare Schleswig-Holstein geteilt.

Österreich, nicht ohne Sympathie für den Augustenburger Herzog, da es vom eigenen Stammland aus die neugewonnene Provinz sowieso nicht verwalten kann, übernimmt Holstein, Preußen, nach wie zur Gesamtannexion entschlossen, Schleswig.

Statthalter ziehen ein, für Österreich der beliebte, noch vom milden Glanz eines militärischen »Befreiers« umflossene Ludwig von Gablenz, für Preußen der ruppige, rasch populäre Erwin von Manteuffel, der mitsamt seiner »goldenen Rücksichtslosigkeit« eigentlich ein Mann nach Storms Geschmack sein könnte. Doch Storm spricht bald nur vom »Pascha« Manteuffel und ist empört, als Husum ausgerechnet diesem preußischen Gessler die Ehrenbürgerschaft anbietet.

In Berlin macht sich indessen nicht nur Ludwig Pietsch Sorgen um den Freund im Norden. Er ist so unbedacht in seinen Worten. Er scheint es geradezu darauf anzulegen, in preußische Ungunst zu fallen, wenn er wieder mal über die »Vergewaltigung des Heimatlandes« stöhnt, Preußen ganz ungeniert mit Dänen gleichsetzt und am Ende nur noch ächzt, ihm würde bei diesen Zuständen »speiübel«, er möchte am liebsten »in den Urwald fliehen«.

Dezente Warnung also schon im Winter 1864. Es drohten »Mißliebigkeit und Ungnade«, Storm möge sich doch etwas zurückhalten! Schon stehe er auf der schwarzen Liste des Justizministeriums. Storm gelobt seufzend Besserung. Die Angst vorm schlichten Rausschmiß steckt ihm tief in den Knochen. Nicht nochmals Emigration! Kein zweites Mal Bettler auf fremder Schwelle sein! Und wohin sollte er diesmal auch gehen, gesundheitlich angeschlagen, wie er ist?

Eine solche neuerliche Auswanderung würde er in jeder Hinsicht nicht überstehen.

Also knirscht er mit den Zähnen, schweigt oder findet moderatere, nahezu diplomatische Töne. So Ende 1865 nach der Rückkehr aus Baden-Baden: »Nichts gegen Preußen, viel gegen die Regierung, nichts gegen die Annexion, aber nur unter Genehmigung unsrer Stände.«

Das kann man fast schon als politisches Programm bezeichnen: Koexistenz mit den Preußen, die nur etwas bessere Preußen sein sollten, und es möge doch dem Schleswig-Holsteiner Individualismus etwas Luft zum Atmen bleiben, unter Beibehaltung der alten, bewährten Einrichtungen.

Hat also der politische Storm gleichsam Kreide gefressen und sich zum Preußen-Dulder geglättet?

Wohl kaum. Eher spricht reichlich Fatalismus aus seinem Sinneswandel, Einsicht ins Unvermeidliche. Aber der Preußenhaß ist weiterhin da und wird schon 1870 wieder voll und blank hervorbrechen: »Niemand kann das preußische Wesen mehr hassen als ich, denn ich halte es für den Feind aller Humanität ...«

Ansonsten beschäftigen ihn die Pflichten des Landvogts, und an privaten Sorgen herrscht von diesem Schreckensjahr 1865 an ohnehin kein Mangel: Constanzes Tod, Sorge um die Kinder, Ärger mit der britischen Miss, die vielleicht einen mittelenglischen Landsitz, aber keinen Husumer Beamtenhaushalt leiten kann.

Den Herrn Bismarck treiben zu dieser Zeit ganz andere Sorgen um. Den Fuß hat man nun in der Schleswig-Holsteiner Tür, aber zugleich diesen immer lästigeren österreichischen Bundesgenossen an den Hacken. Den wird man wohl erst mal loswerden müssen und den ganzen verrotteten Deutschen Bund gleich dazu.

Mit der ihm eigenen Brillanz eines Schachspielers setzt Bismarck seine Figuren. Mit seiner Nachhilfe – man kann sich ja wohl beim österreichischen Partner darüber beschweren, warum der in seiner Einflußzone den Augustenburger so kräftig agitieren läßt – bringt das derart provozierte Österreich die immer noch offene Schleswig-Holsteiner Frage vor den Deutschen Bundestag und läßt schon mal den Statthalter von Gablenz in Itzehoe die Ständeversammlung zusammenrufen.

Große Empörung bei Bismarck! Größte Begeisterung! Denn nun kann im Gegenzug der Herr von Manteuffel in Rendsburg und Itzehoe einmarschieren. Gleichsam ein Zug durchs Pulverfaß mit lohender Lunte. Doch leider zündet der Funke noch nicht recht.

Bismarck greift zu stärkerer Munition.

Auflösung der Ständeversammlung. Entlassung der bisherigen Regierung. Ernennung eines Oberpräsidenten, und der ist natürlich Preuße. Da kann der Herr von Gablenz nur in österreichischer k.u.k.-Schicksalsergebenheit seufzen und möglichst unauffällig abziehen.

Doch ganz so geräuschlos geht es denn doch nicht ab.

Österreich protestiert gegen die preußische Willkür beim Bundestag, worauf Bismarck diesen Bundestag kurzerhand für abgeschafft erklärt. Das kann sich Preußen jetzt schon leisten. Und damit wird nicht einmal mehr der Schein eines Miteinanders deutscher Mächte unter übergeordneter Instanz gewahrt. Ganz nackt und offen, gleichsam Aug in Aug, stehen sich die eben noch in Sachen Schleswig-Holstein verbündeten Mächte Preußen und Österreich gegenüber. Nun muß sich entscheiden, wer künftig in Deutschland bestimmt. Schleswig-Holstein ist dafür nur Anlaß.

Die Menschen stöhnen auf. Haben sie nicht eben erst einen Krieg halbwegs glücklich hinter sich gebracht? Da können sie nur mit Goethes Faust seufzen: »Schon wieder Krieg! Der Kluge hört's nicht gern.«

Bismarck ist klug und hört es dennoch gern. Weil sein tollkühnster Schachzug gleich auch sein erfolgreichster wird. Nach der Schlacht bei Königgrätz am 6. Juli 1866, wo mehr Soldaten aufmarschieren als einst bei der Völkerschlacht zu Leipzig, ist Preußen endgültig Sieger in der deutschen Sache.

Das Land jubelt. Obwohl die deutsche Geschichte eigentlich keine größere Schmach kennt als diesen Krieg, wo Deutsche gegen die Brüder aus Österreich antreten.

Doch seltsam: Niemand sieht das so. Bismarck aber, bis dahin im absoluten Tief seiner Beliebtheit, ist plötzlich Held in ganz Europa.

Rußlands greiser Kanzler Fürst Gortschakow wäre eigenem Wort nach gern an Bismarcks Stelle. In England plärren Kinder in allen Gassen ihren Abzählreim: »Bissi here, Bissi there, Bissi everywhere.« Noch ist Preußen-Deutschland keine Weltmacht, doch in Bismarck besitzt es bereits einen Weltstar.

Mit weiteren massiven Hammerschlägen geht dieser Mann daran, ein Deutschland nach seinen Maßen zu zimmern. Es gibt jetzt keinen Deutschen Bund mehr, dafür den Norddeutschen Bund, und der ist eigentlich schon das von Bismarck gewünschte, um nicht weniger als 26 Staaten vergrößerte Großpreußen. Aber Bismarck will mehr. Wieder beugt er sich über das Schachbrett der Geschichte. Die eigentlich schon erledigte Schleswig-Holsteiner Frage löst er mehr nebenbei.

Denn was heißt hier überhaupt »Frage«? Die Antwort ist klar. Schleswig-Holstein wird annektiert.

Am 24. Januar 1867 feiert man im Kieler Schloß die endgültige Einverleibung in Preußen. Gläserklirren. Toast: Aufs preußische Schleswig-Holstein, die Herren! Man hebt die Gläser, trinkt sich zu, »liebt sich ganz inniglich«, wie einst Storm spottete. Danach kann im nunmehr preußischen Schleswig-Holstein der Alltag beginnen.

Also Annexion. Das bedeutet Reformen ganz im preußischen Geist. Schon sieht Storm die allzu vertraute Kavalkade preußischer Gespenster heranziehen, jedes einzelne entschlossen, diesen rückständigen Leuten hier im Norden richtiges Gehen und Stehen beizubringen. Denn sie selber entstammen doch einer gleichsam höheren Zivilisationsstufe. Mit ihnen, sozusagen, fängt der Mensch erst an.

So brechen die Preußen denn über das Land herein. Die schnarrenden Junker. Die kernigen Korporale. Mal ein General, der stolz darauf ist, nie in seinem Leben ein Buch aufgeblättert zu haben. Und all die kleinen grauen Beamtenseelen, nach oben buckelnd, nach unten tretend, die unermüdlichen Rennmäuse jeder Bürokratie.

Jeder aber hat ganz persönlich hier in diesem Land die Herrschaft der Dänen beseitigt. Jeder Preuße ist Sieger in diesem Krieg und die Schleswig-Holsteiner, allenfalls, arme Befreite.

Storm fragt sich aber, ob nicht am Ende nur der eine Terror durch den anderen abgelöst ist. Und er spürt die Angst der Landsleute, sieht ihre scheuen Blicke über die Schulter vor jedem offenen Wort, spürt die kleine Korruption jedes einzelnen Tag um Tag. Aus diesem eingeschüchterten Volk hier soll sich irgendwann mal eine einzige große deutsche Nation stolzer Bürger zusammenfinden?

Storm entscheidet: »Auf diese Weise einigt man Deutschland nicht!«

Das preußische Reformieren geht weiter. Praktisch alles wird erfaßt. Schule, Münze, Zoll- und Steuerwesen, Post und Eisenbahn. Die dreijährige allgemeine Wehrpflicht wird eingeführt. Und dann kommt, was Storm vor allem befürchtet hatte: die in Preußen schon durchgeführte, eigentlich sehr vernünftige Trennung von Justiz und Verwaltung. Das Amt des Landvogts wird abgeschafft.

Storm erbebt. Heißt das etwa, daß er mitsamt seiner Familie brotlos wird?

Aber die Preußen, wie zuvor die Dänen, sind nicht so

dumm, aus der allseits geschätzten Husum-Ikone Storm einen Märtyrer zu machen. Im Gegenteil: Sie bieten ihm das Amt des Landrats an.

Amtsräume im Schloß, hohes Gehalt, eine gute Sache. Einflußreich und ehrenvoll. Sollte das aber dem Herrn Storm nicht genehm sein, bitte, da wäre auch noch der Posten eines Amtsrichters. Nicht ganz so glanzvoll allerdings und wesentlich schlechter bezahlt. Aber der Herr Storm soll sich nur ganz frei entscheiden. Er hat die Wahl.

Storm entscheidet sich. Er wählt – den Amtsrichter. Er hütet auch diesmal »seine Seele vor dem Karrieremachen«. Denn als Landrat käme er ohne politische Kompromisse nicht aus. Der Amtsrichter hingegen ist bis zu einem gewissen Grad unabhängig – wenn auch zu mieser Bezahlung. Bei zwei Dritteln der bisherigen Bezüge sind es gerade viertausend Mark im Jahr.

Einmal mehr, wie schon in Heiligenstadt, sieht sich Storm mit gewisser Übertreibung »unters Proletariat gedrängt«, verflucht die preußische »Bettelwirtschaft«, die wie schon in Potsdam und Heiligenstadt ihre überforderten Beamten nicht einmal anständig bezahlt, und bricht schließlich in wortreich bittere Klage aus: »So essen wir denn in unsrer fetten Heimat, wie einst auf dem mageren Eichsfelde, die Semmel ohne Butter und trinken den Tee ohne Zucker.«

Ganz so schlimm kommt es jedoch nicht. Storm wird sich weiterhin Butter auf den Semmeln, Zucker im Tee leisten können. Denn bald schon gleicht die Preußenregierung die Amtsrichter-Einkünfte seinen früheren Landvogt-Bezügen an und legt sogar fünfhundert Mark drauf. Wenn Storm also ehrlich ist, wird er zugeben müssen, daß es ihm bei den Preußen materiell nicht schlechter geht als davor.

Wenn Storm wirklich ehrlich wäre ...

Eigentlich müßte er dann auch eingestehen, daß die meisten preußischen Reformen dringend nötig sind. Alte Zöpfe im Dutzend werden abgeschnitten, viel Rost von der sich krächzend vorwärtsbewegenden Staatsmaschinerie abgeputzt. Alles in Schleswig-Holstein wird blanker, moderner. Mit Preußen, kann man ohne Übertreibung sagen, fängt hier die Neuzeit an. Und doch geht etwas Unwiederbringliches verloren. Die letzten Spuren der Gesamtstaatsherrlichkeit Bernstorffer Zeiten. Ihre bedächtige Ruhe und Individualität, ihre sich im nicht so Vollkommenen, Umständlichen wiederfindende Menschlichkeit. Das einstige Doppelherzogtum wird als Preußenprovinz ein moderner Staat. Einer wie viele.

Ein ehrlicher Storm müßte auch zugeben, daß Bismarck zwar ein rabiater Landräuber ist, leider aber auch ein Genie. Einer, der fertigbringt, wovon andere ein halbes Jahrhundert lang immer nur geschwätzt haben. »Der Herr von Bismarck wird die deutsche Einheit nicht verhindern«, hatte einmal sein großer Gegner, der Chirurg Rudolf von Virchow, gerufen. Nur allzubald klingt dieses Wort wie paradoxer Hohn.

Doch Storm verharrt in schweigender Ablehnung. Und als er später zu einer Bismarck-Hymne aufgefordert wird, schüttelt er den Kopf. Keine Hymne für Bismarck, nein! Dennoch, ganz heimlich, verfaßt er sie dennoch. Oder haben jene Unrecht, die in seinem »Schimmelreiter« eine verkappte Parabel auf den Bismarck-Staat erkennen?

Dort schafft einer zwar das Neue, vernachlässigt jedoch das Alte, so daß das Neue durchs Alte fast zunichte gemacht wird. Einer baut auf und zerstört zugleich. Daran geht er letztlich zugrunde. An sich selbst. Nicht an den anderen. Aber sein Werk überdauert schließlich doch.

Auch Bismarck baut und zerstört in einem. Er will das Reich. Und er will dazu den Krieg. Diesmal mit Frankreich, wo man seltsamerweise den Preußen die österreichische Niederlage viel übler nimmt als in Österreich selbst und zwischen den Zähnen gern und oft ein »Rache für Sadowa« (= Königgrätz) hervorzischt.

Preußens König will diesen Krieg nicht. Auch nicht

Frankreichs Kaiser, ein schon kranker, ausgelaugter Mann, wie erdrückt von der überschweren Last, immerzu im Schatten des Onkel Napoleon zu stehen. Aber seine Frau, die ehrgeizige Spanierin Eugenie, ist dafür, mit einer zischelnden, giftenden Hofkamarilla im Rücken, die immerzu neue »gloire« einfordert. Und durch Paris zieht schon das Volk und brüllt »Nach Berlin!«

Dort in Berlin lauert Bismarck und wird es einzurichten wissen, daß am Ende einzig der französische Feind als Aggressor dasteht. Die meisten Deutschen glauben das. Auch Theodor Storm.

In den ersten Kriegstagen des Jahres 1870 sitzt er in seinem sommerlichen Garten, sieht in die blühende Natur, atmet tief den Blumenduft, kann nur selig wehmütig seufzen: »Ich liebe das Leben grenzenlos. Ich möchte immer leben.«

Den Krieg liebt er nicht, sieht dort den »Menschen in seiner tiefsten Erniedrigung«. Das hängt nicht einmal so eng mit seinem Preußenhaß zusammen. Sein humanes Selbstverständnis wehrt sich nur, wie schon bei der Todesstrafe, gegen alle Gewalt und Grausamkeit.

So hält er denn seinen Sohn Ernst davon ab, in den Wehrdienst zu treten. Er verlacht jeden militanten Hurra-Patriotismus: »Hinten den Nachbarn heimlich im Genick gefasst und vorne schöne Reden gehalten.« Der Kampf im Innern um Freiheit und Demokratie scheint ihm allemal wichtiger als der Krieg an den Grenzen. Aber er verwehrt sich auch besserer Einsicht nicht, spricht – immer im Glauben, die Franzosen würden die Deutschen angreifen – von der »Notwendigkeit der Abwehr«, wo denn eben alle gegen den einen gemeinsamen Feind zusammenhalten müßten.

Bismarck würde zu diesen Worten zufrieden nicken. Hier hat einer seine Lektion für die Deutschen recht getreulich kapiert: »Was liegt an Österreich, was an Preußen? Deutschen Herd und deutsche Gesittung haben wir jetzt zu verteidigen gegen die Romanen.«

Markige Worte. Sie werden Storm viel Beifall und Pfiffe

von der jeweils falschen Seite eintragen. Seht den Alten! Endlich zur Vernunft gekommen! Oder auch: Seht euch den Storm an! Hinter allem demokratischen Getue doch nur der verkappte Chauvinist!

Er ist weder das eine noch andere, nur ein Mann, der Krieg für unvermeidbar hält, wie andere Naturgewalten auch, die keine Vernunft, keine Einsicht aus der Welt schaffen. Mit Chauvinismus hat das nichts zu tun.

Wiederum sehr charaktervoll verweigert er sich jedoch jeder dichterischen Lobhudelei, und als ihm einmal angeboten wird, für eine »Wallenstein«-Inszenierung einen hochpatriotischen Prolog zu verfassen, antwortet er voll pfiffiger List: »Ich finde vor lauter Ehrfurcht und staunender Bewunderung all dessen, was Alldeutschlands schwertgewaltige Söhne auf Frankreichs Boden jetzt vollbringen, kein Wörtchen.«

Auch so läßt sich umschreiben, daß man zu irgendwelchem nationalen Humbug keine Lust hat.

Der Sieg über Frankreich kann den Dichter nicht sonderlich begeistern. Hier treffen sich wohl seine Vorstellungen mit denen seines alten Kommilitonen Theodor Mommsen, der weitblickend in einer pazifistischen »heiligen Allianz der Völker« Europas Zukunft erkennt. Auch Storm, gleichfalls hellsichtig, spürt instinktiv im Triumph über den »Erbfeind« den Virus nationalen Größenwahns, der Deutschland in noch viel schlimmere Abenteuer treiben könnte.

Im übrigen: Der Feind steht nicht mehr drohend an der Grenze, doch was ändert sich nun? Darf man sich in Deutschland freier fühlen als zuvor?

Storm sieht sich »von unseren eigenen Gewalthabern« in einer Weise unterdrückt, »wogegen die Behandlung der Neger in den Zuckerplantagen noch wie milde ist«. Und er schreibt seinem »Volk von Knechten« die Verse ins Stammbuch:

> Hat erst der Sieg über fremde Gewalt
> Die Gewalt im Innern besiegt,
> Dann will ich rufen: Das Land ist frei!
> Bis dahin spar ich den Jubelschrei!

Er spart sich jeden Jubel auch, als am Ende des Kriegs zu Versailles aus Preußens König – höchst widerwillig und mit scheelem Blick auf den Herrn Bismarck, der ihm dies alles hier eingebrockt hat – ein Deutscher Kaiser wird. Kein Dankeswort des neuen Herrschers für den Kanzler an seiner Seite, nur der grimmige Tadel: »Da tragen wir das preußische Königtum zu Grabe, und daran sind Sie, Graf Bismarck, schuld!«

Wenigstens verdankt der nunmehr erste Wilhelm seine Krone nicht der Gosse. Diesmal sind die Herren Fürsten und Militärs ganz unter sich, und gerade mal ein einziger Bürgerlicher, schwer verwundet und mit seiner Krankenschwester an der Seite, darf dabei sein, als zu den Klängen des Hohenfriedberger die Herrschaften aus dem Versailler Spiegelsaal hinausmarschieren, einer neuen Zeit entgegen.

Diese neue Zeit trägt den Stempel »Deutsches Reich«.

Glorios sein Auftakt. Aus dem besiegten Frankreich ergießt sich der Goldstrom der Milliardenreparationen und führt zu einem Wirtschaftswunder. Man ist reich, selbstsicher, hoffnungsfroh. Nun nicht mehr der ewig gebeutelte Fußabtreter europäischer Geschichte.

Die »Gründerzeit« beginnt.

Das neue Reich hat seine Großmagnaten, Banker, Spekulanten. Seine Generäle, Wissenschaftler, Minister. Es hat seinen »Eisernen Kanzler«, der sich gern im Bewußtsein seiner Zeitgenossen als »ehrlicher Makler« etablieren würde, wozu sein Freund, der allzeit pessimistische Bankier Bleichenröder, knurrt: »Ehrliche Makler gibt es nicht.«

Und es hat seine Dichter. Publikumslieblinge wie Geibel oder Heyse liefern weiterhin, was der breitere Geschmack verlangt. Gustav Freytag schreibt sein strohtrockenes, dennoch spannendes Wirtschaftsopus »Soll und Haben« mit einem kräftigen Schuß jenes »neuen« Antisemitismus dabei, der nicht mehr die Religion, sondern die Rasse meint und dem leider auch Storm verfällt, wenn er zum Dichter-Idol Heine meint, der sei zwar Jude, aber dafür könne er schließlich nichts.

Felix Dahn entführt mit seinem »Kampf um Rom« in vier dicken Bänden nach Byzanz zu Theodora und Justinian, Belisar und Narses, Theodor Mommsen in seiner Römischen Geschichte in ein Rom, »wo gehaßt und geliebt, gesägt und gezimmert, phantasiert und geschwindelt wird«.

Von der »maulfaulen kimmerischen Halbinsel« Braunschweig her kommt aber eine Skurrilität wie Wilhelm Raabe, hatte schon in den fünfziger Jahren einen Riesenerfolg mit seiner »Chronik der Sperlingsgasse« und wird erst so richtig nach seinem Tod als ernstzunehmender sozialkritischer Autor von Rang entdeckt.

Einer aber schlägt alle. Theodor Fontane. Der große deutsche Epiker seiner Zeit. Der einzige, den man den Russen wie Tolstoj und Dostojewskij, einem Franzosen wie Gustave Flaubert an die Seite stellen möchte. Der eigentliche epische Chronist des Preußentums und neuen deutschen Kaiserreichs.

Doch wo bleibt Theodor Storm, der Dichter?

Über Jahre hin scheint es ihn nicht mehr zu geben. Die persönlichen Nöte, die gesamte politische Entwicklung haben ihn mundtot gemacht. Und als der wieder versöhnte Julius Rodenberg die erste Ausgabe seiner frisch gegründeten Zeitschrift »Der Salon für Literatur, Kunst und Gesellschaft« mit einer brandneuen Storm-Erzählung schmücken möchte, winkt der resigniert ab.

Rodenberg staunt nicht schlecht. Schließlich hat er ein ganz erkleckliches Honorar geboten. Doch nicht einmal das kann Storm inspirieren.

Was hätte er denn auch noch groß zu erzählen?

Für seine Heiligenstädter Novellen hatte er noch das erwachende Bürgertum und die Überwindung der Adelsherrschaft als Thema gehabt. Aber kann man jetzt von überwundenem Adel und erwachenden Bürgern sprechen? Der Adel sitzt fester denn je im Sattel, der Bürger wurde zum preußischen Untertan.

Gerade zwei kürzere Novellen entstehen 1867 und 1868, »In St. Jürgen« und »Eine Malerarbeit«. Storm selber sieht wohl beide als mißlungen an. Immerhin haben sie ihren düsteren Reiz, betreiben bei der Ausmalung des Hintergrunds eindrucksvolle »Husumerei« und sind nicht ohne autobiographische Bezüge.

»In St. Jürgen« sucht ein Handwerker in der Fremde sein Glück für sich und seine daheim bleibende Geliebte zu machen. Als er aber zurückkehrt, ist sie gestorben: vergeblich alles, vergeblich das Leben – und durchaus eine Constanze/Storm-Parallele.

Züge von Storm selbst dürften in »Eine Malerarbeit« in das Bild des verwachsenen Malers eingegangen sind, dem da Liebe verwehrt wird und er das wirklich Schöne nur im Reich der Kunst findet – wie Storm, der sich nach Constanzes Tod nicht körperlich, wohl aber seelisch deformiert fühlt.

Die Texte werden veröffentlicht und finden einigen Respekt, doch das ist schon alles. Storm spricht schon von sich als einem »pensionierten Poeten«.

Sein Erzählerblick scheint die Gegenwart nicht mehr richtig zu erfassen. Dieser Blick geht nur noch zurück, bis Storm sogar ernsthaft eine Art Memoirenbuch erwägt, reichlich früh für einen, der erst die Fünfzig überschritten hat.

Jedoch scheint es Storm damit ernst zu sein. Er hat sogar schon einen Titel, »Aus der grauen Stadt«. Goethes »Dichtung und Wahrheit« mag ihm als Muster vorschweben. Der Untertitel soll denn auch »Wahrheit und Dichtung« lauten.

Aber die Arbeit wird zur Qual, sie schleppt sich über die gesamte Kriegszeit 70/71 hin, und am Ende schauen doch nur die »Zerstreuten Kapitel« heraus, voller schnurriger Erinnerungen ans Husum von früher. »So eine Art Krautsalat«, wie Storm selbst meint und wenigstens die Genugtuung hat, endlich einmal seinen eigenen Vater bei intensiver Storm-Lektüre zu ertappen.

Der Storm dieser Zeit sichtet und sammelt. Im Georg-Westermann-Verlag zu Braunschweig sollen seine Gesammelten Werke erscheinen, sechs Bände, auch das reichlich früh. Storm treibt vor allem finanzielle Not dazu. Im übrigen spricht er schon von seinem »Testament«.

Verleger George Westermann geht darauf ein. Nicht aber auf den anderen Plan eines »Hausbuchs aus deutschen Dichtern seit Claudius«.

Das soll nun eine kritische, bewußt subjektive Anthologie sein, sozusagen Storms lyrisches Manifest und eine weitere Kampfansage an alle Geibels und andere falsche Macher. Aber da ein ähnliches Storm-Unterfangen schon in den späten fünfziger Jahren redlich mißlungen war, »Deutsche Liebeslieder seit Johann Christian Günther«, will sich Westermann hierauf lieber nicht einlassen.

Storms sucht und findet in Hamburg einen anderen Verleger. Dort erscheint nun das »Hausbuch« und wird ein richtiger Erfolg. Wie zuvor schon die Gesammelten Werke, die sogar einiges Geld für das Studium der beiden ältesten Söhne einbringen.

Auch daran könnte es liegen, daß dann zu Beginn der siebziger Jahre ein kleines Wunder geschieht. Storm scheint plötzlich wieder den Glauben zurückgewonnen zu haben, einer Leserschaft etwas sagen zu können.

Er, der eben noch geseufzt hatte, er säße zwar in seiner Poetenstube, »aber, der darin sitzt, ist kein Poet mehr, nur noch Amtsrichter und Lehrer für seine Kinder« und dem Freund Fontane mitteilt: »Jetzt scheint's aus zu sein mit meinem Dichten« – der also greift mit neuem Schwung zur Feder, hat zwar »tägliche Krampfschauer«, arbeitet aber zwischendurch »fleißig« drauflos, wie er im Januar 1872 seinem Sohn Ernst berichtet. Und der andere Sohn Hans erfährt am 22. Februar: »Ich habe gestern eine neue, und wenn mir die Umarbeitung eines Abschnitts gelingt, wie ich glaube, recht gute Novelle im wesentlichen vollendet ...«

So wird denn in diesem eisigen Winter 1872 der Dichter Storm gleichsam wiedergeboren, und vor allem der Novellist erlebt seine Renaissance.

Besser, genauer, kräftiger als zuvor.

Draußen im Heidedorf

Storm sitzt in seinem »Poetenstübchen«. Nicht mehr in der Süderstraße 12, sondern in der Wasserreihe 31, nahe am Hafen, bei den Eltern in der Hohlen Gasse um die Ecke. Storms sind umgezogen.

1866, kurz vor der Heirat mit Dorothea, gleichsam zum Auftakt eines neuen Lebens, hatte sich Storm den bürgerlichen Lebenstraum vom eigenen Haus erfüllt.

Ein schönes Haus, schon 1737 gebaut. Das schönste, in dem er je gelebt hat. Ein Garten gehört dazu, voll bunt leuchtender Blumenpracht, mit Waschhaus und Zisterne. Im matten Grün schimmern die Außenwände. Innen viel Biedermeier, schön geschwungener Treppenaufgang, geschnitzte Türen. Und im Parterre gibt es schon Gaslicht.

Alles hochnobel, hochmodern. Und leider teuer. Zu teuer, wie der erschrockene Storm bald feststellt.

Die Kinder wachsen heran, brauchen Aussteuer und Ausbildung. Die Lebenshaltungskosten im preußisch regierten Husum steigen. Sein Amtsrichtergehalt und die Honorare als Schriftsteller halten da nicht mit.

Familie Storm, Sparsamkeit gewöhnt, rückt zusammen. Die untere Etage wird freigeräumt. Dort ziehen Mieter ein, und Storm muß seufzend hinnehmen, nicht alleiniger Herr im eigenen Haus zu sein.

Aber sein »Poetenstübchen« bleibt ihm. Der schönste Raum im ganzen Haus. Mit tiefdunklem Holz und dunkelroter Tapete. An den Wänden Bücher, um die viertausend, wertvolle Erstausgaben, signierte Werke berühmter Kollegen, Storms Bibliothek und ganzer Stolz. Er mag schöne Einbände und gutes Papier, er versteht auch was davon. Zu viel, seufzen manchmal die Verleger, wenn er mit Beharrlichkeit auf sorgfältigem Druck und echtem Goldschnitt besteht. Aber Bücher sind nun mal Kunstwerke für ihn, mehr noch: Gefährten, Freunde. Und Freundschaften wollen gepflegt sein.

Storm tüftelt, verändert, schreibt immer wieder um. Er streicht rücksichtslos, ganz der Profi mit untrüglichem Sinn für Timing und erzählerische Balance. Und wenn er auch gern damit kokettiert, eine Sache »in einem Zug« hingeschrieben zu haben, etwa seinen »Pole Poppenspäler«, so sprechen die von Korrekturen überdeckten Manuskripte eine andere Sprache.

Schreiber Storm ist zugleich ein großer Umschreiber. Die Verleger stöhnen, wenn wieder einmal ein Manuskript zurückgefordert wird, weil dem Herrn Autor noch einige ganz dringliche Änderungen eingefallen sind. Und ganz zufrieden, anders als bei seinen Gedichten, ist er nie.

Zwar meint er zuweilen, ihm sei eine »Perle« gelungen, und in aller Unschuld Novellen wie »Beim Vetter Christian« oder »Viola tricolor« als Muster für das gesamte Genre empfehlen. Aber Sätze wie zum »Oktoberlied« (»Ich habe ein unsterbliches Gedicht geschrieben«) treten ihm bei einer Prosa-Arbeit so rasch nicht über die Lippen.

Eher schon erfährt man mal, wie bei »Zur Wald- und Wasserfreude«, dies sei eine »schlechte Novelle«, oder das Ende von »Waldwinkel«, wo sich die jugendliche Gespielin vom alternden Liebhaber ab- und einem lendenstrammen Jägersmann zuwendet, sei wohl »zu pessimistisch«. Und bei »Psyche« erkennt er »Schwächen an der Arbeit, die ich jetzt nicht tilgen kann, voraussichtlich niemals ...«

Er läßt sich Zeit beim Schreiben, braucht so seine sechs bis acht Wochen für eine größere Erzählung, manchmal einige Monate. Und runde zehn Wochen sind es gleich bei der ersten in dieser neuen Schaffensperiode, damals im Winter 1872.

Storm starrt auf die vereisten Scheiben der Fenster. Erinnerungen werden wach. Das muß so 1866 gewesen sein, er war noch Landvogt gewesen. Ein seltsamer Fall hatte ihn hochgescheucht. Er war damals hinaus in die Husumer Heide gefahren, in eines der kleinen Dörfer dort, wo man immer meinte, in eine andere Welt überzuwechseln, noch ganz archaisch, heidnisch, jenseits städtischer Gesetze.

Hier also war ein junger Mann abends ausgegangen und nicht mehr zurückgekehrt. Ein Unfall? Oder Mord? Selbstmord? Die Frau des Verschwundenen, hochschwanger, schluchzt in sich hinein. Und ein etwas seltsames junges Mädchen ist auch dabei, bleibt aber ganz ruhig. Bildhübsch, bezaubernd, »in süßester Jugendfrische«, stellt der Herr Landvogt fest. Doch irgend etwas irritiert ihn an dem jungen Ding.

Zunächst schickt er seine Leute aus. Sie sollen alle Brunnen, Teiche und Wassersenken absuchen. Dann wendet er sich den anderen zu.

Der junge Mann hat also Schulden gehabt. Und seine Frau, heißt es, die Hochschwangere, hätte er nur ihres Geldes wegen geheiratet. Aber auch dieses Geld hätte kaum gereicht, weil er immer mehr brauchte. Für die andere dort, dieses junge Ding. Sie ist seine Geliebte.

Ob sie denn was weiß von diesem Verschwinden?

Sie hebt die Schultern, bleibt bemerkenswert gleichmütig: Nun ja, am Vorabend habe sie noch mit ihrem Geliebten gesprochen, da sei er »auffallend« niedergeschlagen gewesen, verstört, »er halte das Leben zu Hause nicht aus, es brächte ihn unter die Erde«. Das sind erste Anhaltspunkte für einen Freitod. Storm nickt.

Ob denn noch jemand etwas wisse?

Ja! Der kleine Bruder, zehn Jahre alt. Der habe ihn gegen halb zehn aus dem Haus gehen sehen, im Arbeitszeug, und er habe noch irgendwas gemurmelt. Aber das hat der Kleine nicht so ganz verstanden. Auch die Ehefrau will noch auf der Diele seine Schritte gehört haben.

Rufe von draußen! Die Leute des Landvogts kommen zurück, einen Karren dabei.

Der junge Mann ist gefunden. Nackt. Tot. So lag er am

Rand einer Wassergrube. Eindeutig Selbstmord. Storm steht vor dem Leichnam. Ein stattlicher Junge, gesund, gut gebaut. Und nun nur noch ein Leichnam. Verstohlen blinzelt der Landvogt zu den anderen hin.

Am wenigsten berührt zeigt sich die eigentlich Schuldige an diesem Tod. Die will nur wissen, Unruhe im Blick, ob man ihr etwas anhaben könne. Nein? Wirklich nicht? Sie atmet auf. Dann ist ja alles gut. Der Tote scheint sie nicht länger zu scheren.

Alles sehr merkwürdig. Obgleich juristisch ein klarer Fall. Aber seine eigentlichen Abgründe erfaßt kein Paragraph. Storm fühlt sich seltsam angerührt. So sehr, daß er die Geschichte in allen Einzelheiten seiner künftigen Frau schreibt und mit den Worten schließt: »Da hast du das Drama einer Leidenschaft auf dem Lande.«

Aber dieses »Drama« selbst zu schreiben, kommt ihm nicht in den Sinn. Damals nicht. Wie ihn seine gesamte Arbeit als Landvogt und Amtsrichter seltsamerweise nur selten inspiriert zu haben scheint. Denn wenigstens in seiner zweiten Lebenshälfte sieht man Storm fast unentwegt auf der Suche nach guten Novellenstoffen. Und hat doch als Amtsrichter tagtäglich, wie er Emil Kuh gegenüber klagt, mit einer wahren »Masse von Kriminalgeschichten«, also mit lauter »Stoffen« zu tun. Er zählt auf: »Brandstiftung, Schwindelei, Betrug, versuchter Giftmord, Moorbrände, Holzdiebstähle, Südermarsch-Schafdiebe, Wasserleichen ...«

Als Erzähler jedoch dorthin zu greifen, wo jede Akte ein Schicksal ist, jeder Fall eine Geschichte sein könnte, kommt ihm gerade zweimal in den Sinn.

Einmal bei der erwähnten Erzählung »Waldwinkel«, nachdem er kurz zuvor einen Lehrer zu vernehmen hatte, einen gutaussehenden, eigentlich hochhonorigen Mann, der des sexuellen Mißbrauchs seiner Stieftochter angeklagt wurde. Und dann hier, bei dieser Geschichte »Draußen im Heidedorf«.

Storm setzt mit dem Erzählen ein.

Wort reiht sich an Wort, Satz an Satz. Aus dem biedermeierlich behaglichen Arbeitszimmer wird die dumpfe Bauernstube draußen vor Husum, und vor den Fenstern scheint sich plötzlich in trostloser Einöde die Heide zu dehnen.

Armes Land, arme Menschen. Verdüstert, in sich eingekapselt, misstrauisch.

Dort sind also die Jung-Bauern Hans und Hinrich zu Hause, beide scharf auf die schöne Margret. Das ist die »Fremde«, die Storm zu einer »Slowakin« macht. Alle Kerle sind hinter ihr her, alle Frauen hassen sie. Das Teufelsweib, eine Ungebundene, jenseits aller Moral. Man fühlt sich an eine Carmen, eine Jenufa erinnert. Und da ist die Ehefrau, die ihren Hinrich liebt, trotz allem, da sind …

Der Plot ergibt sich wie von selbst. Storm braucht nicht viel zu erfinden. Schwieriger schon: Aus wessen Perspektive erzählt er ihn?

Gern wählt er Dichter und andere Künstlernaturen als Erzählergestalten, und später im »Schimmelreiter« ist es ein feingebildeter Schulmeister. Also poetische Naturen. Aber hier, spürt Storm, will das nicht recht passen. Das hier muß schon ein Jurist sein. Ein Amtvogt, ganz bürgerlich, bürokratisch. Entsprechend muß seine Sprache klingen. Klar, knapp, distanziert, als protokolliere er: »Es war an einem Herbstabend; ich hatte in der Amtsvogtei ein paar am Mittag eingebrachte Holzfrevler vernommen und ging nun langsam meinem Hause zu …«

So geht es weiter. Nahezu kühl, registrierend. Wie der Amtsvogt ein erstes Mal im Schein einer Handlaterne den Hinrich sieht und die Frau, der er hörig ist. Wie er ihnen dann wiederbegegnet, wie …

Die Handlung drängt voran. Der Ton verliert nicht seine sachliche Distanz. Die Betroffenen kommen während der Verhöre im Originalton zu Wort, jeder aus seiner Sicht. Alles sehr packend. Doch wo bleibt das andere, die Stormschen »Stimmungen«, die ausladenden Beschreibungen von Landschaft und Milieu?

Es scheint, als hätte sich ein ganz anderer Ton, ja, eine ganz neue Schreibhaltung Storms bemächtigt. Ein erstes Mal sei es ihm gelungen, merkt er später an und scheint darüber selbst zu staunen, nicht aus einer »vom Verfasser a priori herzugebrachten Stimmung« heraus, sondern einfach nur so, ohne alles üppige Beiwerk, die Geschichte selbst zu erzählen.

Genau das war bisher seine Schwäche gewesen. Daß er nie so ganz der eigentlichen Geschichte zu trauen schien und sie hinter immer neuen »Schilderungen« zu verstecken versuchte. Bezeichnend dafür, daß einem bei früheren Storm-Novellen kaum mal auf Anhieb der eigentliche Plot, sondern zunächst einzelne Szenen und Episoden einfallen, das nächtliche Bad bei »Immensee«, die Auffahrt zum »Staatshof«, der vereiste Mühlenteich von »Auf der Universität« oder dort Lores Ende im Wasser.

Kleine Kabinettstücke gekonnten »Beschreibens«, aber erzählerisch oft kein Ganzes.

Hier, bei »Draußen im Heidedorf«, zählt erstmals die Geschichte, keine Landschaft oder Stimmung. »Stimmung« ergibt sich aus dem Erzählton. Die Landschaft, wenngleich meisterhaft eingefangen, ist eben da, ganz selbstverständlich. Storm ist überrascht, aber auch zufrieden. Und gern lässt er sich von Paul Heyse bestätigen, es sei nun ein »ganz neuer Storm« entdeckt.

So völlig neu ist dieser Storm nun wieder nicht. Noch immer wird seine Prosa manche Schlacke verlieren müssen, um ähnlich schlank und klar wie seine Lyrik zu sein. Aber darauf kommt es zunächst noch gar nicht an.

Entscheidend für Storms künftige Entwicklung wird an der Novelle »Heidedorf«, daß sich von hier an der Erzähler Storm vom Lyriker emanzipiert und in seiner Epik nicht nur die Fortführung seiner Lyrik mit anderen Mitteln sieht, daß er sich selbst und seine Erzählkunst ernst nimmt und

Erzählungen nicht wie eine lästige Pflicht, wie eine Ablenkung vom eigentlichen Schaffen behandelt.

Bezeichnend für diese Wendung auch, daß Storm nicht mehr tändelnd von »Sommergeschichten« spricht wie selbst noch bei »Im Schloß«. Nun nennt er seine Erzählungen »Novellen«. Das ist seine neue Form, und dazu gehört, daß er sich auch in der Theorie mit dieser Form beschäftigt, der »epischen Schwester des Dramas«. Gleich auch trotzt er kernig-stormisch gegen Goethes Definition der Novelle als »unerhörtem Ereignis« an.

Nein, genau das sei die Novelle nicht!

Sie soll nicht reduziert sein auf eine mehr anekdotenhafte Kurzepisode. Vielmehr kenne sie keine Grenze, habe jede Möglichkeit wie alle anderen literarischen Formen und eigne sich, wie er einmal an den Schweizer Kollegen Gottfried Keller schreibt, »zur Aufnahme auch des bedeutendsten Inhalts«.

So spricht der Theoretiker.

Der Praktiker aber, der Schreiber wirft sich auf das Genre mit einer Vehemenz, daß die Freunde nur staunen können und bei »Aquis submersis« Emil Kuh gegenüber Paul Heyse feststellt: »Seltsam, wie unser Freund nach dem allzu sensitiven Anfänger- und Resignationsstil mit seinen höheren Jahren an Kraft und Jugendfrische gewinnt ...«

Kraft und Jugendfrische halten an.

Nach der tragischen Heidedorf-Düsternis scheint sich Storm zunächst einmal bei etwas heiter-hellem Rokoko erholen zu wollen, schreibt die mehr humorvolle Erzählung »Bei Vetter Christian« und bekennt sich unumwunden zur Verklärung einer vergangenen Welt, die intakter war als die aus den Fugen geratene Gegenwart: »Meinen ›Vetter‹ hat mich ein Hauch aus dem 18. Jahrhundert, der noch über meine Knabenjahre hinstrich und mir einen Eindruck von der damaligen in sich befriedigten Gesellschaft hinterließ, schaffen helfen.«

Danach sind ein Stück Autobiographie und damit die literarische »Befreiung« davon an der Reihe.

Storm beschreibt in »Viola tricolor« die Anfangsschwierigkeiten seiner zweiten Ehe, und gerade dieses Stück Prosa, dessen schönfärberische Unschärfe bei der Darstellung des eigentlichen Konflikts heute so wenig überzeugt, stößt dennoch – oder gerade darum – auf besondere Begeisterung bei Storms Zeitgenossen.

Chefredakteur Adolf Glaser meint, in seinen »Monatsheften« nie etwas Besseres gedruckt, ja, überhaupt nie etwas ähnlich Gutes gelesen zu haben, und selbst Fontane läßt sich zu spröder Anerkennung herbei: »›Viola tricolor‹ ist ein Musterstück (vielleicht seine schönste Novelle) ...«

Doch eben noch begeistert, schwingt er gleich wieder den ganz schweren Knüppel: »Das ganze ist aber der reine Quatsch, unwahr, eklig, raffiniert ...« Und dazu noch »dünn, kläglich, impotent«. Gemeint ist die Erzählung »Im Narrenkasten«, die später lauschig-unverbindlich »Waldwinkel« heißt.

Storm selbst scheint es bei diesem gleich nach »Viola tricolor« entstandenem Text nicht ganz wohl zu sein. Er fürchtet um seine »Reputation«, spricht von »einer etwas heiklen und schwülen Liebesgeschichte« und gibt bei ihrer Absendung an die Redaktion der »Deutschen Rundschau« zu, »nicht ganz ruhig in meinem Innern« zu sein.

Vielleicht ahnt er, in dieser Geschichte von einem alternden Mann und seiner Liebe zu einem sehr jungen Mädchen reichlich viel von sich selbst und seinen Obsessionen preisgegeben zu haben. Wieder mal grüßt aus einer Ecke des Stormschen Bewußtsein die Feengestalt der Bertha von Buchan.

»Waldwinkel« erscheint 1874. Allein in diesem Jahr hat Storm vier große Texte vorgelegt. Der interessanteste ist aber nicht der »Vetter Christian«, auch nicht »Waldwinkel« und »Viola tricolor«, sondern die auf dem ersten Blick beiläufigste der vier Arbeiten, die Novelle vom »Pole Poppenspäler«.

Auch hier greift Storm auf persönliche Erinnerungen

zurück, diesmal ans Jahr 1864, als die Storms mit anschauen mußten, wie bei schneidender Winterkälte eine obdachlose Zigeunersippe mit der Peitsche auf die Straße getrieben wurde.

Mildtätig hatten sie das Weib mit den beiden Kindern in ihr Haus zu Kaffee und Semmeln eingeladen und dabei gleich erfahren, daß der Vater im Gefängnis saß. Unschuldig natürlich. Da lief denn vor allem Hans, der Älteste, zu großer Form auf, hatte den Mann aus dem Kerker geholt und die ganze Familie, die sonst im Freien hätte übernachten müssen, im Armenhaus untergebracht, wo sie wenigstens vor der Winterkälte geschützt war.

Vor allem erinnert Storm sich aber an den Exotencharme der Kleinen, über den die eigenen Kinder in helles Entzücken gerieten: Bürgerkinder und fahrendes Volk! Und hieraus wird nun die Geschichte vom herumziehenden alten Puppenspieler, der nicht so recht begreifen will, daß seine Zeit vorüber ist.

Storm hatte die Erzählung zunächst für die 1873 gegründete Zeitschrift »Deutsche Jugend« verfaßt, und es hatte eine nur kleine Sache sein sollen, die Begegnung des Bürgerjungen Paul mit der Puppenspielertochter Lisei, die er so kräftig schwäbeln lässt, daß schließlich Paul Heyse mahnend den Finger hebt: »Mit Ihrem Süddeutsch, Teuerster, steht es ›man swack‹ ...«

Dann aber hatte sich der Text um vierzig Seiten ausgeweitet, fast schon zum kleinen Roman, und im zweiten, dem eigentlich tragischeren und wichtigeren Teil sieht man Paul und Lisei als erwachsenes Ehepaar wieder, erlebt mit ihnen den allerletzten, schrecklichen Auftritt des alten Puppenspielers, mit dem gleich eine ganze Zeit von der Bühne abzutreten scheint. Jene Ära der wandernden Gaukler, mit denen etwas Unersetzliches dahinschwindet, alle Poesie einer buntbemalten Puppen- und Kulissenwelt aus Tand und Flitter.

Eine zunächst heiter-rührende Geschichte also, die sich

gegen Ende hin immer mehr verdüstert – und Storm trifft ohne jeden Krampf den Ton nachdenklicher Leichtigkeit, malt seine Bilder so flüssig, zeichnet Gefühle so schlackenlos selbstverständlich wie selten.

Es mag am Publikum liegen, für das er schreibt, für ganz junge Menschen, mit denen er eigentlich nie – schon bei seinen Märchen nicht – irgendwelche Schwierigkeiten hat. Denn er weiß und beherzigt: »Wenn man für die Jugend schreibt, so soll man nicht für die Jugend schreiben!«

Ein Satz so modern, daß man, bekäme man ihn ohne Autorennennung vorgelegt, auf einen Erich Kästner, Astrid Lindgren oder einen anderen Jugendschriftsteller des 20. Jahrhunderts tippen würde. Und der »Pole Poppenspäler« geht in die umfangreiche Bibliothek der Jugendbuchklassiker ein, die – wie der »Lederstrumpf«, »Robinson Crusoe«, »Die Schatzinsel« – eigentlich keine Jugendbücher sind.

Storm hätte auf dieser Linie weitermachen können, hofft vielleicht sogar auf einen neuen Markt, aber der ist zu klein, der Dichter muß Geld verdienen.

1875 entsteht »Der stille Musikant«, wie »Viola tricolor« eine weitere »Befreiung«, diesmal von der Sorge um den wenig lebenstüchtigen Sohn Karl und zugleich wohl von den eigenen Ängsten, selbst mal als Künstler so zu scheitern wie der stille Musiker dort.

Dieser »Künstlernovelle« läßt Storm bald eine weitere folgen, diesmal mit optimistischem Ausgang.

»Psyche« nennt sie sich, und ein junger Mann, ein Bildhauer, rettet dort ein junges Mädchen aus den Nordsee-Fluten. Dankt sie ihm, dem Lebensretter? Im Gegenteil! Sie wünscht ihn tot. Weil er sie völlig nackt gesehen hat, der Schlimme. Aber alles wird gut. Nur die Novelle nicht.

Zweierlei ist an dieser »Psyche« dennoch nicht uninteressant. Einmal wird hier angetippt, was künftig einmal für Storms Heimat der wichtigste Erwerbszweig sein wird und sich bereits zur Storm-Zeit vage als kommende Entwicklung abzeichnet: der Fremdenverkehr.

Schon 1838 war an der Eiderstedter Küste, im »Armenhaus« Nordfrieslands, ein allererster Urlauber aufgetaucht, der »nur so« ins Land gereist kam, um den Strand entlang zu flanieren, würzige Nordseeluft zu atmen und vielleicht die Zehenspitzen ins Seewasser zu tauchen. Die Friesen hatten gestaunt, doch irgendwann begriffen sie, daß mit diesen seltsamen Sehnsüchten der Leute von der Geest nach Freiheit und Meeresrauschen gutes Geld zu machen ist.

Das Zeitalter des Tourismus, von allen »Massen« noch Lichtjahre weit entfernt, fing an. Und etwas weiter nördlich auf Sylt rieten bereits weise Ärzte den Gästen, beim Bad ins Meer möglichst hüllenlos in die heilende Flut einzutauchen. Natürlich nur vom Badekarren aus in sittsam weiter Entfernung vom Ufer.

Eine Ahnung hiervon findet sich also schon in »Psyche«, wo gleich zu Beginn ein Badeplatz beschrieben wird, »die knochige Gestalt der Badefrau« und das Treiben einer offenbar nur zur Erholung angereisten Gesellschaft. Und das Mädchen läuft so hüllenlos ins Meer, wie es sich alle FKK-Freunde nur wünschen können.

Wie viele seiner Landsleute mustert Storm sonst die Nordsee mit eher scheuem Blick und käme ebensowenig wie sie auf den Gedanken, sich »mutternackt« und schutzlos dem Erzfeind Blanker Hans in den Arm zu legen. Das Meer, obwohl engster Nachbar seiner Heimat, ist einfach kein Thema für ihn. Vor »Psyche« hatte er denn auch die Nordsee gerade zweimal als Novellenmotiv verwendet.

Einmal darf sie als Staffage im Hintergrund vom »Staatshof« rauschen. Und dann beschreibt er 1871, noch in seiner Krisenzeit, »Eine Halligfahrt«, verwendet eigene Eindrücke einer Fahrt zur Hallig Süderoog, präsentiert sich dort nicht unkokett als »der Alte«, ein 48er, der in der Meereseinsamkeit Zuflucht vor Macht und Mächtigen drüben auf dem Festland gefunden hat – und zieht erschrocken den Kopf ein, als ihm Julius Rodenberg diesen Text wieder zurückschickt.

Da sehe man, klagt er, daß es bei ihm aus sei mit der Dichterei und seine Kunst nicht einmal mehr für populäre Journale ausreiche.

Doch nun darf die Nordsee wieder Schauplatz sein, allerdings mehr Anlaß als eigentliches Thema, und gleich wendet sich Storm vom Blanken Hans wie erschrocken wieder ab. Kindheitserinnerungen mögen bei dieser lebenslangen Furcht mitspielen, vielleicht an die große Sturmflut von 1825, deren Wasser bis ans Elternhaus in der Hohlen Gasse hochspülten. In Husum kam damals ein Mensch ums Leben, zahllose andere verloren ihr Hab und Gut, und der Siebenjährige mag in dieser Schreckensnacht die Schreie gehört, die Menschen in ihrer Angst erlebt haben.

So etwas prägt. Storm braucht fast sein ganzes Leben, um endlich im »Schimmelreiter« eine Sturmflut literarisch umzusetzen.

Die Sturmflut von 1825 wird allerdings schon früher von ihm verwendet, und zwar im »Carsten Curator« von 1877, wo der Titelheld seinen ungeratenen Sohn in dieser Flut verliert, ein höchst makabrer Einfall. Denn dieser Sohn, den der Dichter da literarisch mit Christus-Anklängen opfert, ist in Wirklichkeit kein anderer als Storms Ältester Hans, der eigentliche Katastrophenfall des Hauses Storm.

Auch »Carsten Curator«, mit dessen Grundidee der Dichter wohl an die zehn Jahre und mehr umgeht, soll eine Art »Befreiung« sein, wird aber eine einzige Qual. Zu nah ist dem Vater die Problematik, als daß er sich wirklich von ihr befreien könnte. Zu bewußt wird ihm dabei die eigene (tatsächliche oder eingebildete) Schuld am Schicksal des Sohnes, und er fühlt sich nur elend, krank und ausgelaugt. Er ächzt: »Es ist noch so viel für mich zu tun, während ich lieber auf der Abendbank sitze und in die untergehende Herbstsonne schauen möchte.«

Aber noch muß er weiterschreiben, schon aus finanziellen Gründen. Und er verdient so schlecht nicht, bringt es bis zu zweitausend Mark pro Text, ein Spitzenhonorar, und spielt seine beiden häufigsten Verleger, George Westermann mit seinen »Monatsheften«, Julius Rodenberg mit seiner »Rundschau«, ganz schön gewinnträchtig gegeneinander aus. Denn der Bedarf an erzählenden Texten wächst. Storm deckt ihn nach Kräften und hat seinen Preis.

Nicht nur »Befreiungen« entstehen. Storm erzählt auch um des Erzählens willen, und dann scheinen die Tage in der Tonne wiedergekehrt, wenn er den Lesern zuraunt, wie es »Im Nachbarhaus links« (1875) zugeht, wo ein krankhaft geiziges Weib haust, eine Art Schwester vom Geizhals Bulemann, oder was »Im Brauer-Hause« (1879) passiert, als erst mal das Gerücht die Runde macht, der Braumeister lasse zwecks Veredelung des Biergeschmacks den Finger eines Hingerichteten in den Braubottich hängen.

Es ist eigentlich ein sehr böses, düsteres Husum, das Storm in diesen Erzählungen zeichnet, nicht gerade Liebeserklärungen an seine Heimatstadt, deren Enge und Klatschsucht er sehr wohl sieht und beschreibt. Aber gute Geschichten liefert diese Stadt eben auch. Und nicht nur die Stadt. Auch das Umland.

Drelsdorf zum Beispiel, ein Flecken im Norden nicht weit von Hattstedt. Storms Schwager Pastor Feddersen lebt dort, Storm besucht ihn zuweilen. Dann aber geht er gern in die kleine Kirche, besonders jener unbeholfenen Tafelbilder wegen, auf denen sich im 17. Jahrhundert die Pastorenfamilie Bonnix verewigt hat. Scheußliche Bilder. Storm schüttelt sich und ist doch fasziniert. Vor allem von dem des einen Knaben dort und der Schrift dazu. Offenbar ist der Junge ertrunken, ein Knecht hatte wohl nicht aufgepaßt, und das hält die Inschrift fest »Aquis incuria servi submersus« (durch die Unachtsamkeit eines Knechts im Wasser ertrunken).

Solche Dinge fesseln Storm. Wie damals im Heidedorf diese seltsame Gleichgültigkeit der jungen Frau dem toten Geliebten gegenüber. Warum muß hier nun die Schuld eines Menschen für alle Zeit festgehalten, er für immer gebrandmarkt werden? Und wer war dieser Knabe dort? Schon keimt eine Erzählung heran.

Es geht Storm fast wie später Thomas Mann bei seinen »Buddenbrooks«, der zunächst nur vom kleinen, kranken Hanno und seinem frühen Tod erzählen wollte, darüber aber mitten hinein in eine Familiensaga über vier Generationen gerät.

Ganz so breit fällt bei Storm die Geschichte nicht aus, aber auch er erzählt zunächst von den Eltern des Jungen, einem Maler und einer Adelsdame namens Katharina, die deren Bruder, ein böser Junker, mit einem anderen bösen Junker verkuppeln möchte.

Doch zunächst Leidenschaft und Liebesnacht, ein Knabe geht aus dieser Verbindung hervor. Dann Trennung, die beiden treffen sich viel später wieder, sie wurde gleichsam zur Strafe mit einem Pfarrer verheiratet. Neuerliche Leidenschaft. Aber indessen das Paar endlich in Liebe vereint ist, ertrinkt das Kind: »Aquis submersus«. In den Wassern versunken.

So heißt die Erzählung und wird von den meisten Storm-Freunden in ihrem Erscheinungsjahr 1876 nahezu emphatisch aufgenommen. Nur von einem nicht. Nicht von Turgenjew, dem Storm wie alle seine Werke auch »Aquis submersus« zuschickt.

Der dankt zwar höflich für den »Meisterschuß«, findet ihn aber hinter vorgehaltener Hand »peinlich« und ertappt den Kollegen gleich auch bei seiner gelegentlichen Anfälligkeit für Kitsch.

Warum denn, fragt der Russe, der Knabe vor seinem Tod hochsymbolisch von Engeln und dem Paradies singen müsse: »Das erste beste Kinderliedchen würde zehnmal mehr Wirkung machen!« Fazit: »Die Deutschen können die ganze Welt erobern – das Erzählen haben sie verlernt.«

Storm selbst läßt sich durch so etwas nicht beirren. Seine Buchverleger, die Brüder Paetel in Berlin, erfahren bündig: »Ich habe die Überzeugung, daß ich Ihnen damit das Beste gebe, was an Prosa-Dichtung bisher aus meiner Feder aufs Papier gelangte.« Und besonders zufrieden ist er damit, daß die gesamte Erzählung eine einzige Attacke gegen den verhaßten Adel ist. Der Knabe, das ist Storms politische Botschaft, geht nicht an der Nachlässigkeit irgendeines Knechts zugrunde, sondern einzig am Hochmut einer Adelsgesellschaft.

Anderes ist jedoch viel entscheidender, nämlich die Zeit, in der die Geschichte spielt. Nicht zu Storms eigener Zeit. Auch nicht im Rokoko, das für Storm keine eigentliche Vergangenheit, mehr eine ins letzte Jahrhundert versetzte Gegenwart bedeutet. Diesmal steigt nun Storm tief ins 17. Jahrhundert hinab. Er hat Geschichte als Themenlieferant entdeckt. Prompt handelt er sich den Tadel ein, er laufe einer Mode nach.

Nach der praktisch »geschichtslosen«, immer nur nach vorn schauenden Aufklärung – ein Johann Sebastian Bach hielt es zum Beispiel nie für nötig, einmal zur Wartburg in der unmittelbaren Nähe seiner Geburtsstadt Eisenach zu wandern – hatte die Romantik Geschichte wiederentdeckt. Zunächst noch verklärt, überhöht, »romantisiert«.

Dann wird Geschichte eine Wissenschaft, der Geschichtsprofessor ein bürgerlicher Traumberuf. Friedrich Hebbel träumt davon ein Leben lang. Und die ersten großen Geschichtsschreiber melden sich zu Wort, Leopold von Ranke, Theodor Mommsen, große Stilisten mit dem langen Atem breiten Erzählens und noch gänzlich unbekümmert um alle Fußnoten-Akribie.

Vor allem Mommsen springt mit der Materie um, wie es ihm gerade am wirkungsvollsten scheint, und er spart nicht mit ganz »unwissenschaftlichem« Gefühl. Er liebt seine Gestalten, er haßt sie, behandelt sie wie gute Bekannte, lobt einen Caesar, verhöhnt einen Pompejus und bekommt später folgerichtig seinen Nobelpreis nicht für Geschichte, sondern für Literatur. Von Mommsen könnte auch Storms Antwort auf den Vorwurf sein, er vermenge in seinen historischen Arbeiten die Kategorien rein geschichtlicher Betrachtung mit der Darstellung innerster Gefühle: »Was wäre in den Empfindungen meiner Menschen, was die im 14. Jahrhundert anders hätten empfinden müssen?«

Menschen, weiß Mommsen, weiß Storm, sind zu allen Zeiten gleich.

Storm wird kein Historiker. Er bleibt auch bei seinen geschichtlichen, den »Chronik-Novellen«, wie er sie später nennt, der Erzähler, und der Stoff zu »Aquis submersus« war gleichsam noch ein Zufallsfund gewesen. Danach geht er allerdings schon gezielt auf die Suche nach geeigneten Sujets.

Wo, ist seine Frage, findet sich »Menschengeschick«, das sich vielleicht zur Novelle machen ließe?

Er liest viel »Chronikalisches« aus der Zeit der Reformation und deren Folgen für seine Heimat. Er stößt dabei auf eine Geschichte, die nicht zur Reformationszeit, sondern zu Beginn des 18. Jahrhunderts spielt, in Schwabstedt, einem Dorf hoch oberhalb vom Treene-Tal, das Storm seiner Wiesen wegen und dem milde wogendem Grün überall besonders liebt.

In der Geschichte selbst, die Storm im Dezember 1877 seinem Freund Erich Schmidt gegenüber skizziert, geht es nicht so milde zu: wie da ein Pastor seinem Sohn, gleichfalls Theologe, den Schwur abgenommen hat, eine bestimmte Bauernmaid nicht zu freien, da es deren Vater mit den schwarzen Zauberkünsten haben soll.

Storm ist entzückt. Hier ist alles, was er braucht: Liebe, Intrige, Hexenspuk. Und hier geht es zwar nicht gegen den verhaßten Adel, dafür aber gegen die nicht minder verhaßte Kirche. Engherzig stellt sie sich dem Glück zweier Liebenden in den Weg. Doch haben die Herren Kleriker nicht mit weiblicher List gerechnet. Denn zur Gottesdienstzeit, wenn der Herr Pfarrer in der Kirche weilt, kommt das Mädchen Renate quer übers Feld galoppiert, mit dem Liebsten ein lauschiges Stündchen zu verbringen. Oder ist es etwa nicht ihr Pferd, das da angebunden vor dem Pastorat steht?

Sieger bleibt allemal – das ist die vertraute Storm-Lektion – die sich an keine gesellschaftlichen oder konfessionellen Zwänge bindende, über alles triumphierende Liebe zwischen Mann und Frau.

Auch »Renate«, trotz des von Storm beseufzten farblosen »Nottitels«, findet viel Beifall. Storm wird immer sicherer, souveräner im Umgang mit historischen Sujets. Und in der dritten Chroniknovelle, deren Motiv Storm in einer Ballade von Adalbert von Chamisso findet, darf es dann wieder, neben dem neuerlich angetippten Thema »Inzest«, gegen den Adel gehen.

Auf dem verrotteten »Eekenhof«, so der Titel, herrscht ein absolut nicht edler Edelmann, der sich seinen Besitz durch gezielte Heiraten erschlichen hat und den Erben den künftigen Besitz nicht gönnt. Vor allem dem ältesten der drei Söhne nicht, auf den er sogar einen Mordanschlag verübt, würde ihn nicht der Geist der verstorbenen Mutter daran hindern.

Im übrigen eine ziemlich überflüssige Mühe, da dieser Sohn den Besitz gar nicht will. Auf Nimmerwiedersehen verschwindet er, der Vater erklärt ihn für tot. Doch in Wahrheit wird wohl der brave Junker Detlev ein wackerer Kaufmann werden, ohne Titel. Denn die Zeit des Adels, frohlockt im Hintergrund der Dichter, die ist nun mal vorbei.

Interessanter bleibt »Eekenhof« allerdings von Sprache und Stilhaltung her.

Noch bei »Aquis submersus« hatte der kritische Schriftstellerfreund Wilhelm Jensen dem Kollegen sanft auf die Finger klopfen und ihn ermahnen müssen, Prosa zu schreiben und nicht verhinderte Verse. Auch bei »Renate« will Storm der historisierende Duktus nicht ganz gelingen. Noch wirkt er kunstgewerblich und bemüht.

Erst bei »Eekenhof« strömt die Sprache ganz klar und

selbstverständlich wie in einer altertümlichen Ballade dahin, als hätte Storm nie anders gesprochen: »Es muß nun alles so etwas wie aus der Ferne klingen und sich ansehen, lebendig und doch wie aus dem Nebel herausgetuscht ...« So hat er es gewollt, und so gelingt es ihm.

»Eekenhof« – ein epischer Ausrutscher war mit der von Storm selbst nicht gemochten Novelle »Zur Wald- und Wasserfreude« unmittelbar vorausgegangen – ist Storms letzte in Husum abgeschlossene Novelle. Vierzehn große Texte hat er seit 1872 geschrieben. Ein kleiner Kosmos, der hier im Husumer Poetenstübchen entstand.

Was ist das für ein Kosmos? Was sind die Menschen dort?

Außenseiter. Einsame. Angeschrammte Typen, vom hörigen Jungbauern in »Draußen im Heidedorf« bis zum Herrn auf »Eekenhof«, der in grauer Erstarrung zum Gespenst seiner selbst versteinert. Die »schönen« Hintergründe früherer Storm-Novellen scheinen abgeräumt, die »Stimmungen« meist unheilvoll ohne süßen Sehnsuchtsklang.

Storms Welt ist voller Schatten und Abgründe. Eine unheile Welt, manchmal mit einem kleinen Hoffnungsstrahl am Ende wie in »Carsten Curator«, wo auf künftige Generationen vertraut wird. Aber eigentlich sind es Endspiele, die Storm beschreibt, mit viel Resignation darin. Kaum einmal rafft er sich zu einer bürgerlichen Utopie wie noch am Ende von »Im Schloß« auf, wo die Zeugen einer fernen Vergangenheit auf die »Kinder einer neuen Zeit« niederstarren. Eher umweht seine Gestalten eine Ahnung Unumgänglichkeit. Und das Ende ist allemal der Tod.

Was aber haben all diese Geschichten, was der gesamte Stormsche Kosmos mit der Welt da draußen zu tun?

Dort tönt fröhlich die Fanfare unentwegten Fortschritts. Auf seinen Gleisen dampft die Gegenwart so mächtig voran wie allerorten die neuen Eisenbahnzüge. Eine Endzeit? Ganz im Gegenteil! Hier hat die Zukunft angefangen.

Storm lächelt dazu oder seufzt ein wenig. In seinem Poetenstübchen ist er allein mit sich. Dort malt er seinem Zeitalter die ersten Menetekel an die Wand, hierin Hebbel vergleichbar, dem schon 1863 erst fünfzigjährig verstorbenen Dichterbruder aus Dithmarschen.

Hebbel liebt die große Pose. Storm unterläuft eher alles Pathos, bleibt zurückgenommen bürgerlich. Er dröhnt nicht wie Hebbel, wählt den Kammerton (und ist, nebenbei, der weit größere Sprachmeister). Doch in ihrer Weltsicht sind sich die beiden bemerkenswert ähnlich. Zwei Dichter des Bürgertums. Zwei Pessimisten, die sich dennoch gegen das Fatum ihrer unaufhaltsam zugrunde gehenden Welt nie ernstlich aufgelehnt haben.

Gespenster der Vergänglichkeit

Storm geht durch Husum. Gezogene Hüte, höfliche Begrüßung. Storm grüßt zurück. Er ist nun der Honoratior, ein jüngerer ›oler Storm‹, die Respektsperson wie der Vater. Der ist 1874 84jährig gestorben, und der Sohn steht am Sarg, seine Trauer ist gedämpft. Nie hat er den, der hier liegt, geliebt, sich nie von ihm geliebt gefühlt.

Doch zugleich ruht hier ein Mann, auf den sich der Sohn immer hatte verlassen können, bei seinem Einstieg ins Husumer Advokatengeschäft, in den Jahren der Emigration, zuletzt noch beim Hauskauf in der Wasserreihe.

Keine Tränen für den Vater. Wohl aber ehrendes Gedenken. Und gleich dabei ein anderer, erschreckender Gedanke. Daß sich vor Storm die Reihe lichtet. Daß jener unbegreifliche Abgrund, der da Tod heißt, sich jetzt auch ihm entgegenschiebt. Immer näher. Unaufhaltsam.

Storm schaudert. Das »Gespenst der Vergänglichkeit« geistert durch seine Stadt.

Aber ist dieses Husum überhaupt noch »seine« Stadt?

»Heimatlich ist's hier nicht mehr für mich in dem alten Lande«, hat er 1868 an Turgenjew geschrieben und dies vor allem auf Annexion und Preußenherrschaft bezogen. Aber die Entfremdung geht noch tiefer.

Hier kennt er zwar jede Gasse, jeden Stein. Als ihn wieder einmal seine hartnäckige Verehrerin Hermione von Preuschen heimsucht, wird er mit ihr durch Husum spazieren, und sie staunt, was für Geschichten ihm zu jedem einzelnen Haus einfallen: Der Husumer scheint in seiner Stadt wie in einem Buch zu blättern, und jedes Kapitel dort, jede Seite ist ihm vertraut.

Doch darüber hinaus: Ist Husum noch anderes als Geschichtenlieferant und Schauplatz für »der Jugend Zauber«?

War seit jenen fernen Kindertagen Storm je wirklich eins mit der grauen Stadt am Meer und nicht eher ein »Fremder« auch in der Heimat?

Storm zwischen allem. Immer dort, wo er gerade nicht ist. Das ist gleichsam seine Lebensmelodie. Und das Husum, zu dem er ganz und gar gehört – das also findet eigentlich nur in seinen Geschichten statt. Eine Traumstadt, gebaut aus Erinnerungen an die Kindheit. Der bittere Schmerz bei der mangelnden »Heimatlichkeit« seiner Heimat ist zugleich die Trauer des alternden Mannes um die entschwundene Jugend.

Graue Stadt am Meer! Grau, nun ja, ist sie geblieben. Und wie schon einmal geht Storm daran, ihr etwas mehr Farbe zu geben. Ein weiteres Mal beugt sich Szenenbauer Storm über sein Modell.

Schon beim Hauskauf in der Wasserreihe fängt das an. Rund hundert Jahre später, als in Husum ein »Storm-Haus« als Gedenkstätte entstehen soll, ist es gerade die Wasserreihe 31, nicht die Hohle Gasse, Neustadt oder Süderstraße, und was auf den ersten Blick nach Zufälligkeit schmeckt, ergibt doch einen tieferen Sinn. Denn in keinem anderen wie in diesem schlichten Patrizierhaus des 18. Jahrhunderts drückt sich so sehr die Sehnsucht aus, wo und wie Storm gern wäre.

Ein Rokoko-Mensch wie die Vorväter, als noch echter Glanz über der Sippe lag und nicht nur die steife Respektabilität einer Advokaten-Dynastie. Ein großer Herr, umgeben von der kultivierten »Behaglichkeit« des Zopf- und Schnörkel-Zeitalters. Genau das signalisiert die zartgrüne Front der Wasserreihe 31. Auch sie ist eine weitere Kulisse fürs lebenslange Stormsche Rollenspiel.

Die Fassade allein genügt aber nicht. Hiervor soll Leben stattfinden, und Storm geht ein weiteres Mal ans schwierige Geschäft, die Husumer aus ihrem kulturellen Dämmerschlaf hochzuscheuchen.

Er gründet seinen Gesangverein, leitet, dirigiert, singt

selbst kräftig mit. Er sitzt bei den allwöchentlichen Vorträgen in der Aula der Gelehrtenschule in der ersten Reihe, läßt sich selbst zu eigenen Vorträgen und Lesungen nicht lange bitten, ist dabei, wenn Theater gespielt oder Konzerte gegeben werden. Und weilt ein prominenter Gast in der Stadt, etwa der Schauspieler und Rezitator Emil Palleske, ist es selbstverständlich, daß er nach seinem ganz hinreißenden Vortrag von Shakespeares »Kaufmann von Venedig« noch zu den Storms in die Wasserreihe zu einem netten Essen gebeten wird.

Dann wieder, genau wie in den vierziger Jahren, stehen in nicht abreißender Reihe Bälle, Teegesellschaften, Punschabende an, Storm immer vorneweg. Bei Landpartien, Konzerten, bei Festlichkeiten in der Stadt. Keiner könnte fröhlicher, unternehmungslustiger, für alles so offen sein wie er.

In Husum geht es rund. Man ist heiter, gesellig. Nur keine Kleinstadt-Langeweile aufkommen lassen! Storm gerät bei der Aufzählung aller Husumer Lustbarkeiten nahezu außer Atem, allein »in diesen acht Tagen drei Gesellschaften von je 18 Personen«. Und nach einer Komödienaufführung, wo »sogar Professoren des Gymnasiums« mit großem Eifer mitwirken und Storm selber selbstverständlich auch, hat es hinterher noch »Abendtafel und Tanz« gegeben, für nicht weniger als hundert Personen.

In Husum läßt es sich leben. Das scheint Storm immer wieder anderen und vor allem sich selbst zu beteuern. Und nur nebenbei entschlüpft dem Dichter ein verräterischer Satz: »Es handelt sich nur ums Aushalten.«

Das also ist es. Mehr Betäubung als Vergnügen. Dahinter der traurig dreinstarrende Blick: Wozu das alles, wenn am Ende doch nur die Verwesung steht?

Aber nur nicht daran denken! Weitermachen! Irgendwie wird Husum schon zu überstehen sein. Liegt aber mal nicht eine Punschrunde an oder irgendwelches Theaterspiel, leitet Storm nicht den Chor und quält dort nicht die Sänger mit seinem Perfektionswahn, so sieht man ihn, die Laterne in der Hand, von der Wasserreihe hinüber zum Schloß gehen. Denn hier residieren nun die besten Freunde dieser Zeit, die Reventlows. Der Landrat, Gattin Emilie, die Kinder Franziska und Theodor. Grafen. Ludwig von Reventlow auch noch preußischer Beamte (wenn auch kein Preuße, sondern Schleswiger!). Dennoch schafft es Storm, wie schon bei Wussow in Heiligenstadt, mit diesem Mann gut Freund zu sein.

Zwar entdeckt er bei ihm Züge, die jeden Junker in einer Storm-Novelle schmücken würden. Reventlow sei schneidig, sarkastisch, schroff, kurz: ein Aristokrat. Aber eben auch »brunnentief, von bedeutendem Geist und Wissen«, und damit genau der richtige Gesprächspartner für den Dichter, den die Reventlow-Tochter Franziska, die spätere legendäre Schwabing-Muse, als eine »Märchengestalt« bezeichnet.

Davon hat Storm wirklich was.

Der nun schlohweiße Vollbart, der lichtblaue Blick geben Storm etwas vom gutmütigen Zauberer aus dem Märchenbuch oder auch was von einem weisen alten Friesen. Storm selbst sieht sich wohl nicht ungern so. Der Patriarch. Der Übervater. Andächtig sehen ihm die Husumer nach.

Hat er unter ihnen noch andere Freunde als die »zugereisten« Reventlows?

Einige sicher, doch die wahren Freunde, wie immer schon, sucht er sich woanders. Künstler meist. Kollegen. Dauerverbindungen wie die zu Paul Heyse, mehr sporadisch gepflegte wie die zu Mommsen und Fontane. Zu einigen lockert sich mit den Jahren der Kontakt oder schläft ganz ein. Andere rücken nach.

Die Maler Hans und Otto Speckter. Der Stuttgarter Dichter Georg Scherer. Carl Reinecke, Dirigent am Leipziger Gewandhaus. Und – schon seit den fünfziger Jahren mit Storm in Verbindung – Klaus Groth, der Plattdeutsch-Dichter des »Quickborn«.

Storm hatte sich schon früh für den noch ganz unbekannten Dichter eingesetzt. Groth revanchiert sich und rezensiert hymnisch in Westermanns Monatsheften Storms bei Westermann erschienene Gesammelte Schriften. So etwas findet Storm immer sehr sympathisch.

Weniger sympathisch berührt ihn allerdings ein Preislied Groths anläßlich der Verlobung des Preußenprinzen Wilhelm, des späteren Kaisers Wilhelm II., mit Auguste Victoria aus dem Haus Augustenburg. Obwohl gerade diese Verlobung von den Hohenzollern ausgesprochen nett gemeint war. Schließlich bekamen auf diese Weise die gebeutelten Augustenburger ein kleines Trostpflaster für alle in Schleswig-Holstein verlorengegangenen Rechte aufgedrückt.

Storm hat Groth 1867 in Kiel besucht, wo der Dichter Honorarprofessor ist. Andere sind schwerer zu erreichen. Da schreibt Storm eben Briefe und schlägt selbst für dieses briefselige 19. Jahrhundert alle Rekorde.

Rund fünftausend Briefe, hat der Storm-Forscher Karl Ernst Laage einmal gezählt, hat Storm geschrieben oder erhalten. Die Zahl seiner Briefpartner wird auf fünfhundert geschätzt, in buntem Durcheinander.

Auch ein Handwerker ist dabei, auch der politisch gar nicht so gemochte Schleswiger Regierungsrat Wilhelm Petersen. Dann Germanisten wie Emil Kuh oder Erich Schmidt, obwohl Storm von »Literaturprofessoren« wenig hält, da sie »von dem innersten Kern der Poesie keine Ahnung« hätten.

Vor allem sind es jedoch Dichterkollegen. Da scheint Storm mit seinen Briefen nachgerade hektisch an Kommunikation ausgleichen zu wollen, was ihm in Husum fehlt, und fällt einmal ein Korrespondenzpartner aus wie Eduard Mörike, ist flugs der nächste an der Reihe, nun eben der Schweizer Gottfried Keller, der einigermaßen erstaunt gewesen sein dürfte, als er unverhofft Post aus Husum erhielt.

Doch Storm kennt in dieser Hinsicht weder Scheu noch Scham, und jeder Widerstand ist zwecklos. Über die Briefpartner ergießt sich ein unaufhaltsamer Strom privater Nachrichten und privatester Bekenntnisse, bei denen man sich fragen darf, ob sie die Adressaten wirklich so dringend interessiert haben. Und gleich noch, ungebeten oder nicht, gibt es literarische Urteile, Wertungen, Anregungen.

Der Dichter spricht, wie ein Dichter zu sprechen hat. Nichts hier von der kleinen Unbeholfenheit im privaten Leben, die ihm später sein Freund Schmidt mit der jugendlichen Respektlosigkeit seiner 24 Jahre nachsagt. Hier in seiner Korrespondenz ist er selbstbewußt, selbstsicher, ein Mann von Welt. Merklich genießt er das eigene Formuliervermögen, schmeckt wohlig den eigenen kostbaren Wendungen hinterher. Und will ihm einmal ein gefundenes Bild besonders gut gefallen wie später in Hademarschen das Wort von den Maifeuern als elektrischer Kette, die tief hinab zu den Göttern und Dämonen der Vergangenheit führt, darf man ziemlich sicher sein, auf die gleiche oder ähnliche Formulierung bald schon in anderen Storm-Briefen zu stoßen.

Dort ist Storm nun nicht die »komische Kruke« mit dem dänisch gelispelten »s« in der Sprache, über die andere leise schmunzeln. Nicht mehr der provinzielle Stoffel, der beim Bankett zunächst mal die nächststehende Weinflasche umstößt, wie es Detlev von Liliencron grinsend beobachtet. In seinen Briefen ist er ganz »der« Storm. Wie sonst nur in seinen Gedichten.

Gedichte aber schreibt er kaum noch. Doch Lyrik und ihre Gesetze sind weiterhin für ihn die literarische Herzensangelegenheit. So gibt er 1870 sein »Hausbuch aus deutschen Dichtern seit Claudius« heraus, eine »kritische Anthologie«, die mehr und anderes sein soll als irgendeine beliebige Gedichtsammlung, wie sie damals den literarischen Markt überschwemmen.

Hier wird mal wieder, weiß Storm, Quantität mit Qualität verwechselt. Denn in Wahrheit geht »der ganze lyrische Schatz der Deutschen ... in ein Nadelbuch.« In dieses

»Nadelbuch« gehört aber nur das wirklich Auserlesene hinein. Sein »Hausbuch« soll dafür bleibende Maßstäbe setzen.

Von sich selbst – die Stormsche Strenge gilt auch dem eigenen Werk – läßt er gerade ein Dutzend Gedichte gelten. Das »Oktoberlied« natürlich, auch noch »Abschied« und »Für meine Söhne«, seltsamerweise aber auch das aus einer ganz anderen Phase stammende »Abseits«.

Sonst bittet er die alten Götter herbei. Also Eichendorff, Heine, Mörike, auch Uhland, Lenau, Claudius. Friedrich Rückert, der Biedermeier-Barde mit seinen flüssig gehandhabten Alexandrinern, findet gleichfalls Gnade. Aber nicht Klopstock, dessen erhabene Langeweile schon seine jüngeren Zeitgenossen nur noch komisch fanden. Wenig Goethe auch, der aus späteren Auflagen ganz verschwunden sein wird. Das nun weniger aus mangelndem Respekt als aus der Erkenntnis, daß der Weimarer Olympier die kritische Empfehlung Storms kaum nötig hat. Und auch Schiller ist nur spärlich vertreten. Dafür finden wiederum über zwei Dutzend Volkslieder Aufnahme, aus »Des Knaben Wunderhorn« und anderswoher, und das entspricht nun ganz der Stormschen Linie.

Lyrik, heißt sein Postulat, muß ursprünglich sein. Gefühl, nicht noch so gekonnte Geste. Inhalt, nicht Form. Da stört Storm auch mangelndes handwerkliches Können nicht, so Lyrik nur »ein warmes Stück Menschenleben« bietet. Und darüber findet er im Vorwort seines »Hausbuchs« zu einer der schönsten und klügsten Definitionen von Lyrik überhaupt.

Das Gedicht solle dem Leser »eine Offenbarung und Empfindung, oder mindestens eine Genugtuung gewähren, die er sich selbst nicht hätte geben können, sei es nur, daß es unsre Anschauung und Empfindung in ungeahnter Weise erweitert und in die Tiefe führt, oder, was halb bewußt in Duft und Dämmer in uns lag, in überraschender Klarheit erscheinen läßt.«

Worte, die für Storm selbst wie für wenige andere gelten.

Geistigen »Dämmer« mit Worten wegzuwischen, mit der Sprache eine neue Klarheit zu schaffen, ein Bild zu zeichnen und die darin verborgene Empfindung Vers werden zu lassen, hat wohl kaum einer nach Goethe so vermocht wie Storm.

Anthologist Storm ist gleichermaßen streng wie großzügig. »Prominenz« schert ihn nicht. Einer muß was können, dann hat er Zutritt. So auch, ohne Eifersucht auf die kommende Generation, etliche junge Dichter. Einer allerdings nicht, obwohl manche Storm geradezu anflehen, diesen nicht unwichtigen, vielleicht gar gefährlichen Mann auf keinen Fall zu übergehen. Storm hört weg. Von diesem Rudolf Gottschall, lieblos »Wortschwall« genannt, hält er nun mal nichts. Und von da an hat er in Gottschall einen Kritikerfeind wie Richard Wagner in Eduard Hanslick.

Der Storm, zischt Gottschall, sei doch nur ein »Aquarellist«, allenfalls. Bei dem reiche es gerade noch zu Miniaturen. Und diese sogenannte Lyrik-Anthologie sei schlichtweg ein Skandal, so ohne jeden Klopstock mit ein paar Krümeln Schiller dabei. Und ohne Gottschall, muß man wohl hinzufügen.

Ein anderes junges Talent ist dagegen mit gleich zwei Gedichten vertreten. »Julius von der Traun« nennt der Dichter sich, heißt eigentlich Alexander Schindler und ist Reichsrat, Österreicher und Millionär dazu, mit Schloß Leopoldskron im Salzburgischen als Landsitz, wo ein halbes Jahrhundert später Theaterfürst Max Reinhardt residieren wird.

Schindler lädt Storm ein, aus Dankbarkeit oder allgemeiner Bewunderung. Das ist 1872, zwei Jahre nach Erscheinen des »Hausbuchs«, das bald schon in mehreren Auflagen vorliegt. Im Winter hat Storm mit »Draußen im Heidedorf« seine große Rückkehr als Erzähler feiern können. Nun ist Sommer. Ein anderes Mal, nach Baden-Baden, bricht der Husumer auf in die ganz große Welt.

Die Route führt über Hamburg und Göttingen, mit

einem Abstecher ins altvertraute Heiligenstadt, wo beim abendlichen Zusammensein unverhofft ein Ständchen von Storms einstigem Chor zu den Fenstern hinauftönt. Storm ist fast zu Tränen gerührt.

Weiter geht es nach Eisenach, wo der Reisende den Weg zur Wartburg hinauf nicht scheut, und auch in Nürnberg, trotz brüllender Hochsommerhitze, zeigt sich Storm so geschichtsbeflissen und erkundungsfroh, daß er sich abends im Hotelzimmer nur noch matt auf den Boden legen kann, völlig nackt, nur mit Ehering und einem feuchten Handtuch bekleidet.

München wird erreicht. Eine andere Stadt als Berlin. Freundlicher, nicht so aggressiv. Eine Stadt der Musen und Musenfreunde.

Paul Heyse nimmt ihn dort mit fürstlich prunkender Großzügigkeit auf, und Storm darf nicht ohne Neid notieren, wie ein Schriftsteller auch leben kann, mit Stadtwohnung und Landsitz am Chiemsee, mit Bankkonto und Rekordauflagen im Hintergrund.

Endlich ist Leopoldskron erreicht.

Eine Märchenwelt öffnet sich. Storm meint zu träumen. Eine ganze Zimmerflucht steht ihm als Gästezimmer zur Verfügung. Überall leuchtender Marmor, schimmernder Samt und vor den Fenstern mit dem riesigen Balkon gratis ein grandioses Bergpanorama, wie eigens von der Natur für Schindler und seine Gäste mit breitem Pinselstrich gemalt.

Im Stall stehen »Luxuspferde« bereit, den Gast auf einen Wink hin hinaus in die Alpenlandschaft oder hinüber nach Salzburg zu fahren. Storm läßt sich den Fahrtwind um die Ohren sausen, genießt das Hochgefühl, einmal ein großer Herr zu sein.

Alles wunderbar!

Aber zugleich meldet sich der störrische Husumer in ihm, der bereits in Potsdam verkündet hatte, ein ehrlicher Kartoffelacker sei ihm lieber als alle geschniegelte Pracht von Sanssouci. Und auch hier in Leopoldskron wird er endlich etwas ungeduldig, reist ab, nicht ohne Dank und Einladung an Schindler nach Husum, wo dann der Österreicher mit Graus alle Stormsche Husumerei inklusive süßer Hagebuttensuppe durchleiden muß.

Storm gehört nun mal in keine Schlösser und Mode-Bäder. Er gehört nach Husum. Wirklich?

Nein, er findet sich mit Husum ab, nun schon ein Mann um die Sechzig, der den runden Geburtstag mit Würde und allerlei Festlichkeiten über sich ergehen läßt. Und so unzufrieden mit sich selber muß er auch nicht sein.

Mit den Jahren ist Storm doch noch geworden, was er immer sein wollte, ein im ganzen Volk beliebter Schriftsteller. Nahezu ein Star, der sich wie alle richtigen Stars wortreich – er würde mit Verehrerbriefen »zugeschossen«, überall würden »fürchterliche« Fotos von ihm erscheinen – über genau die Aufmerksamkeit beklagt, die er sein Leben lang angestrebt hat.

Der Storm-Ruhm wirkt noch nicht in die Breite, doch schon haben sich reguläre »Storm-Gemeinden« gebildet, spätere Zeiten würden von einem »Kultautor« der siebziger und achtziger Jahre sprechen. Ein Maßstab für junge Autoren ist er auch. Sie schreiben ihm, bitten um Hilfe und Rat. Storm gibt ihn, aber anders als später Thomas Mann, von dem nie anderes als Lobeshymnen zu hören sind, springt Storm mit seinen Jüngern recht robust um, verhehlt seine Meinung nicht, nennt etwa die Lyrik der Hermione von Preuschen »einen ungebändigten, verwerflichen Naturschrei« und kanzelt sie in Sachen Novelle ab, sie solle sich gefälligst aller Reflexionen enthalten und sich lieber »auf das Notwendigste« beschränken.

Die Dame ist entzückt und sucht den großen, groben Mentor mit regelmäßigen Husum-Besuchen heim, wo er sich dann gar nicht grob, sondern eher galant gibt. Denn Hermione, mit ihrem weich schimmernden Blick, der üppigen Lockenpracht und ebensolchem Dekolleté, ist eine recht stattliche Frau.

Storms Freundeskreis wird größer. Merklich zieht es den alternden Mann zu Jüngeren hin. Zu Autoren der nächsten Generation wie Heinrich Seidel oder den um zwanzig Jahre jüngeren Wilhelm Jensen, der dann leider mit seinen verklärenden Storm-Interpretationen viel zum Storm-Klischee vom Heimatpoeten und Wald- und Wiesendichter beiträgt.

Mit ihnen allen, auch mit dem kräftig erdnahen Detlev von Liliencron, dem er später in Hademarschen begegnet, hat Storm keine Schwierigkeiten. Selbst nicht mit einer Exzentrikerin wie der aus dem Wiener Proletariermilieu stammenden Autorin Ada Christen. Storm nimmt sie, wie sie ist, als »trotzig schöne Bacchantin, nur nach eigenem Maß zu messen«.

Ein besonderer Fall ist Ferdinand Tönnies.

Der ist nun wirklich blutjung, ein Freund seiner Söhne, aber er fällt Storm bei einem Besuch wegen seiner raschen Intelligenz auf, und schon zieht er den jungen Mann zur Mitarbeit an seinem »Hausbuch« heran. Eine Freundschaft blüht auf, bald ist man, bei Storm keineswegs üblich, beim Du, während er sich weder mit Mommsen noch mit Fontane je duzt, und in aller Unbefangenheit spricht Tönnies anderen gegenüber nur vom »Theodor«. Er ist wohl so was wie ein geistiger Pflege- oder »Ersatzsohn« für den reifen Storm.

Ähnliches dürfte für den tragisch früh gestorbenen Paul Schütz gelten, dem ersten Biographen Storms, dessen Buch der Dichter an seinem Siebzigsten in den Händen hält, während Schütz nach einem Blutsturz schon im Sterben liegt. Und sicher gilt das für Erich Schmidt.

Der Literaturwissenschaftler ist gerade 24, als ihn Storm 1877 in Würzburg kennenlernt. Mädchenhaft hübsch, gescheit und kaltschnäuzig, der typische Intellektuelle und damit im Stormschen Freundschaftskatalog die Fortsetzung der Röse-Mommsen-Fontane-Linie.

Storm hatte ursprünglich den Sohn Hans besuchen wollen, der in Würzburg Medizin studiert und dessen persönliche Tragödie sich zu dieser Zeit bereits abzeichnet. Ein haltloser Trinker, lebensuntüchtig, wohl schon verloren. Storm verzweifelt fast an diesem Sohn, der einmal seine ganze Hoffnung war.

Um so mehr fasziniert ihn der junge Schmidt. So müßte der eigene Sohn sein. Daher adoptiert Storm im Geist den jungen Mann geradezu, greift nach ihm mit beiden Händen, dichtet ihn und beider Freundschaft an:

> Ich habe deine Hand gefasst
> Und werde suchen sie zu halten;
> Mein junger Freund, ich hoffe fest,
> Du wirst noch einer von den alten.

Fast schon zuviel Ehre! Aber Schmidt läßt sich die Avancen des alten Herrn gern gefallen. In dessen letzten Jahren wird er dann einer seiner eifrigsten und literarisch kompetentesten Briefpartner.

Zweimal reist Storm in dieser Zeit nach Würzburg und ist auch sonst bemerkenswert mobil. So weite Reisen wie die nach Salzburg unternimmt er nicht mehr, doch Touren nach Schleswig, Hamburg oder Kiel stehen häufiger auf seinem Reiseplan, kleine, bunte Inseln im Husumer Grau, wo er dann wieder im Poetenstübchen Platz nimmt, zum Staunen der fernen Freunde: Der Alte! Sieh an! Ganz schön vital für seine Jahre, wie er da Erzählung um Erzählung herausschleudert.

Aber das täuscht.

Nur dichterische, keine physische Kraft ist dem alten Mann zugeströmt. Er kränkelt wie immer, und wie stets bei Hypochondern ist die Grenze zwischen Einbildung und echtem Leid kaum auszumachen. Mal ist es wieder das Herz, dann wieder der Magen, immer die Nerven, und seltsame Ängste wandeln ihn an. Er meint bei sich einen merkwürdigen Geruch zu spüren, fragt, ob da am Ende sein Gehirn wegfaule und damit gleich sein ganzes Talent, das er noch so dringend brauche. Genauer: das Geld, das ihm die Erzählungen bringen.

Der Dichter zwingt sich zum Schreiben, schwankend zwischen Euphorie und Depression. Der Amtsrichter – der ist er schließlich auch – erfüllt lustlos seine Pflicht, schlägt sich mit täglichen Ärgernissen herum wie mit der willkürlichen Versetzung eines besonders tüchtigen Untergebenen oder mit dem Vorwurf vernachlässigter Aufsichtspflicht, als sich sein Sekretär mit unterschlagenen Mündelgeldern nach Amerika davonmacht.

Immerhin liegen seine Amtsräume nun im Schloß mit schönem Ausblick in den Park, und gemächlich schreitet seine Karriere voran. 1874 wird er Oberamtsrichter, 1879 sogar Amtsgerichtsrat, mit jeweils leicht verbesserten Bezügen. Und dann wieder ein Schock: 1877 kommen die neuen Reichsjustizgesetze. Neue Paragraphen, neues Büffeln! Storm ächzt. Ist es denn sein Schicksal, ewig der Anfänger zu sein? Warum nicht doch noch freier Autor werden? Haben es nicht andere auch geschafft, Leute wie Paul Heyse zum Beispiel, dem es doch blendend geht?

Doch der Freund winkt ab. Nein, der freie Markt mit seinen Zwängen und Moden sei nichts für einen Unbequemen wie Storm. Und das regelmäßige Einkommen ohne Erfolgsdruck sei auch nicht zu verachten. Also: »Was gäbe ich drum ... wenn ich Oberamtsrichter in Husum wäre?«

Aber Storm will kein Oberamtsrichter mehr sein. Er überlegt, »die Amtskarre niederzusetzen«, will sich frühzeitig, mit 62, pensionieren lassen. Denn »vielleicht erstarkt dann der Dichter in mir wieder«. Im übrigen verspüre er »so bittere Sehnsucht nach etwas Sonnenschein im Leben«.

Der Husumer Trott geht weiter. Noch zögert Storm vor dem Absprung. Seine alte Mutter, immer noch in der Hohlen Gasse zu Hause, liefert den wiederholt bemühten Vorwand. Solange sie lebt, will er an keine Änderung denken.

Doch dann stirbt 1879, 82 Jahre alt, Lucie Storm. Wieder

geht, übergroß und drohend nahe, das Gespenst der Vergänglichkeit in Husum um.

Die Mutter hat ihrem Ältesten das Haus hinterlassen. Er kann wählen: Er bleibt in der Wasserreihe. Oder er wechselt in das Haus der Eltern und Großeltern über.

Storm wählt.

Seine Entscheidung: Er wird Husum verlassen.

10. Im steinernen Lebensgehäuse

> »Man darf nicht
> in Erinnerungen schwelgen,
> wenn man
> für das Leben
> etwas leisten will«
>
> *Theodor Storm*

Wie schön, Kinder zu haben!

Durch Husums Gassen fegt die Nachricht wie ein Wirbelsturm: Der Storm will fort! Und viele reagieren mit einem »Geschrei«, als hätten eben die Hamburger erfahren, ihr Michel würde künftig in Düsseldorf stehen.

Husum ohne Storm! Das geht doch gar nicht! Rätselhafter Storm! Und selbst in München ringt Paul Heyse um Fassung: »Warum seid ihr denn fortgegangen?«

Storm weiß es wohl selber nicht.

Da meint er denn, sich rechtfertigen zu müssen, und immer klingt es, als rechtfertige er sich vor allem vor sich selbst. So erfahren denn in nächster Zeit alle, die es angeht, und mancher, den es gar nichts angeht, warum Theodor Storm nicht mehr in Husum sein will.

Es gibt ganz vernünftige praktische Gründe. Die niedrigeren Lebenskosten. Das angenehmere Klima im mehr südlichen Holstein. Die schönere Landschaft. Mehr Platz. Mehr Grün. Mehr Weite.

Aber dahinter steht noch anderes.

Diese plötzliche Lust, noch leben zu lernen, bevor es zu spät ist. Gleichsam hinauszufahren aus der eigenen Haut, für seine gesamte Existenz einen neuen Anfang zu setzen, alles andere hinter sich zu lassen. Nicht mehr der Storm von Husum zu sein, gebückt unter seinen täglichen Pflichten. Was bis jetzt gewesen ist – das also darf, das kann einfach nicht alles sein in diesem Leben, wie es rasch genug verrinnt ...

Begreifliche Wünsche. Holde Illusion. Denn allem kann man davonlaufen, nur nicht sich selbst. Auch Storm erfährt das. Doch jetzt, um 1879/80, gleich nach dem Tod der Mutter, scheint er wild entschlossen, diese Illusion zu verwirklichen.

Der Entschluß ist nicht so plötzlich und spontan gekommen, wie es scheint. Bereits zwei Jahre zuvor hatte Storm runde achtzig Kilometer südlich von Husum zwischen den Ortschaften Hanerau und Hademarschen, auf dem sogenannten Butterberg, ein großes Grundstück erworben. Die Wahl kam nicht von ungefähr. In Hademarschen lebt schon Stormsche Verwandtschaft, der Bruder Johannes und seine Frau, als Schwester der eigenen Frau Dorothea sozusagen Storms Doppelschwägerin.

Was jedoch Storm mit diesem Grundstück einmal anfangen will, wird nicht gleich klar. Einfach nur einen Garten anlegen, Bäume pflanzen, in ihrem Schatten lustwandeln?

Zunächst findet sich nur in einem Brief an den Sohn Karl der verschämte Hinweis, hier könne man sich ja vielleicht mal fest niederlassen. Aber das klingt noch, als könne sich das Storm selber nicht so richtig vorstellen.

Als allerdings die Entscheidung gefallen ist, kann es gar nicht schnell genug gehen.

Das Haus in Hademarschen ist noch gar nicht fertig, als schon Familie Storm dorthin übersiedelt und in einer »Interimswohnung« Quartier nimmt. Storm selbst muß noch einige Wochen ausharren, aber am 1. Mai 1880 ist es auch für ihn soweit.

Der Herr Amtsgerichtsrat – erst im Vorjahr ist er befördert worden – verabschiedet sich in den Vorruhestand. Er bekommt den Rote-Adler-Orden Vierter Klasse. Das kostet ihn nur ein Achselzucken. Denn den bekomme schließlich jeder ans Revers geheftet, der nicht gerade silberne Löffel gestohlen hat. Eine größere Überraschung ist die künftige Pension. 3483 Mark im Jahr. Über die Hälfte der bisherigen Bezüge. Das ist mehr, als Storm erwartet hatte.

Zusammen mit dem Erlös aus dem Verkauf der Häuser in der Hohlen Gasse und der Wasserreihe sowie den Schriftstellerhonoraren ist er zwar nicht reich, kann aber ein erstes Mal in seinem Leben etwas großzügiger, ohne Blick auf jeden Pfennig, disponieren.

Das Haus in Hademarschen wird keineswegs ein Prunkbau und ist eigentlich, streng architektonisch, recht scheußlich. Ein großer, klobig grauer Kasten, ungefüge in die Landschaft gestellt, ohne die Patrizier-Herrlichkeit der Hohlen Gasse und den verspielten Rokoko-Charme der Wasserreihe. Aber endlich hat Großfamilie Storm reichlich Platz.

Gleich drei große Wohnräume finden sich im Parterre. Terrasse und Veranda für die Teestunden sind selbstverständlich dabei. Im Obergeschoß liegen die Schlafstuben und der Arbeitsraum des Dichters mit prächtig weitem Ausblick in den Nord- wie in den Südosten.

Das Schönste ist aber der Garten.

Fast ist es schon ein Park. Und Bruder Otto, der »Kunst-Gärtner«, eilt heran, aus diesem Park ein kleines Paradies zu machen. Malerfreund Hans Speckter steuert gleichfalls dekorative Einfälle bei.

Tannen und Linden werden gepflanzt, Rosen natürlich, Storms Lieblingsblume. Ein Gemüsegarten wird angelegt. Und verirrt sich dorthin jemand, der dort nichts zu suchen hat, bekommt er vom Dichter gleich schon mal eine neckische Warnung mit auf den Weg:

> Die verehrlichen Jungen, welche heuer
> Meine Äpfel und Birnen zu stehlen gedenken,
> Ersuche ich höflichst, bei diesem Vergnügen
> Womöglich insoweit sich zu beschränken,
> Daß sie daneben auf den Beeten
> Mir die Wurzeln und Erbsen nicht zertreten.

Die vergnügte Lebenslust dieses »Inserats« scheint in dieser ersten Hademarscher Zeit Storms Grundhaltung zu sein. Er atmet durch, stellt mal wieder in einem Brief an Erich Schmidt fest, es sei schön, »zu leben, bloß zu leben«.

Die »strapazierten alten Nerven« erholen sich merklich. Der Mensch Storm tritt aus dem Schatten seiner Pflichten ins helle Leben hinaus. Und als Richtfest gefeiert wird, ist er dabei, trinkt sogar vom ausgeschenkten Freibier und sieht wohlwollend zum Tanzboden hinüber, wo Ehefrau und Töchter ihre Ehrenrunde mit den Handwerkern drehen.

Er genießt es, inmitten seiner schleswig-holsteinischen Landsleute, »unter denen ich mich bei solchen Gelegenheiten immer wohl befinde«, so recht »herzlich froh« zu sein. Als ob er sich in Husum nicht unter schleswig-holsteinischen Landsleuten befunden hätte!

Aber alles erscheint ihm plötzlich schöner, größer, »behaglicher«. Und wenn vor seinen Fenstern das Tal der Giselau überschwemmt ist, dann natürlich nicht nur so. Es ist gleich auch »prächtig« überschwemmt.

Das »Gespenst der Vergänglichkeit« scheint fürs erste gebannt. Und so bleibt er auch nicht nur in Hademarschen. Mit neuem Lebensschwung geht er auf Reisen. Zunächst mal nach Berlin. Die Freunde haben gedrängt, er hat sich geziert, doch im Mai 1884 ist es soweit. Storm bricht in die deutsche Hauptstadt auf, mitten ins Preußenherz.

Das ist nun nicht mehr das biedermeierliche Berlin Stormscher Studentenjahre, sondern die Metropole des neuen Deutschen Reichs, so groß und schön wie sonst in ganz Europa nur Paris, mit den breitesten Straßen, den meisten Banken und Fabriken, der größten Bevölkerungsdichte.

Bereits um 1880 wird die Millionengrenze überschritten. Die Landflucht treibt weitere Menschenmassen in den »Wasserkopf des Reichs«. Da strotzen denn die Nobelviertel von den Villen der mit Grundstücksspekulationen reich gewordenen Berliner. Aber zugleich lebt die Hälfte der Bevölkerung in rasch hochgezogenen Mietskasernen mit ihren dunklen Höfen und stickigen Hinterhäusern. Dumpf gärend, manchmal aufbegehrend, ein grauer Proletariersumpf voll Krankheit, Elend, Armut. Das ist das eine Berlin. Und schimmernd, schillernd, leuchtend, mit den besten Theatern, berühmtesten Museen, teuersten Hotels und Restaurants. So sieht das andere Berlin aus. Traum und Alptraum. Hier zieht Storm nun ein.

Diesmal kein demütiger Bittgänger im Justizministerium wie recht genau vor zwanzig Jahren. Nein, gleichsam hocherhobenen Hauptes kommt nun ein berühmter Dichter angereist, sehnlich erwartet und festlich gefeiert.

Alexander von Wussow nimmt ihn in seinem Haus auf, inzwischen Regierungsrat im preußischen Kultusministerium, fast ein symbolischer Akt: Der Dichter aus dem Norden findet Quartier beim Repräsentanten preußischer Kultur. Und dann bittet die Berliner Presse zu Tisch.

Im Englischen Haus wird zu Storms Ehren getafelt, und Storm blickt wohlwollend in die Runde, stellt fest, daß viele hübsche Frauen zugegen sind. Sonst, kichert er in sich hinein, wäre er gar nicht gekommen.

Aber auch andere sind gekommen. Das »Zyklopchen« Adolf Menzel, inzwischen mit einem »von« vor dem Namen. Die begeisterten Preußen Fontane und Pietsch, mit denen man dennoch gut Freund ist. Und dann stellt sich noch einer ein. Theodor Mommsen. Der Studienfreund aus Kieler Tagen. Man hat sich verändert – und doch auch nicht. Mommsen blieb das »politische Tier«, der hellwache Liberale, den die steile wissenschaftliche Karriere nicht daran hindert, weiterhin den »Rock des Bürgers« statt des »gelehrten Schlafrocks« zu tragen. Mißtrauisch blinzelt der Blick hinter den scharfen Gläsern zum Herrn von Bismarck hin, der einmal wutschnaubend schimpft, diesem Herrn Geschichtsprofessor habe wohl die Beschäftigung mit der Vergangenheit den Blick für die Gegenwart vollends vernebelt. Dazu kann ein Mommsen nur traurig lächeln.

Beschäftigung mit Geschichte – was lehrt sie doch alles! Daß zum Beispiel aus der großen guten Idee eines starken, einigen Weltreichs etwas so Perverses herauskommen kann wie das Rom der Caesaren. Weshalb er sich denn auch in seiner Römischen Geschichte den vierten Band über die

Caesaren schenkt und lieber gleich auf den Band V mit der Geschichte der römischen Provinzen übergeht. Zu schmerzlich wären am Ende die Parallelen zum deutschen Heute und damit der endgültige Abschied von allen politischen Illusionen ferner Jugendzeit.

Auch an diese Illusionen und heißen politischen Diskussionen im Kiel der frühen vierziger Jahre mögen nun die alten Kommilitonen Storm und Mommsen zurückdenken. Und der Herr Professor Mommsen erhebt sich, klopft ans Glas, hält die Rede auf den Ehrengast Storm.

Der bedankt sich, redet seinerseits, meldet dezente Skepsis an, ob er mit seinem Werk denn je wirklich anerkennt und verstanden würde. Die anderen blicken etwas erstaunt. Wieso würde denn der Mann aus Hademarschen, vormals Husum, irgendwie nicht anerkannt oder nicht verstanden? Aber rasch geht man zur Tagesordnung über, läßt den Gast hochleben, und der muß später einräumen, es sei eigentlich ein recht nettes Fest gewesen.

Also Versöhnung mit dem preußischen Berlin! Nur nach Potsdam hinüberzufahren, weigert Storm sich. Da sind die Erinnerungen denn doch zu bitter, sitzen die Wunden von damals zu tief. Lieber fährt er zwei Jahre später nach Weimar. Dort tagt die Goethe-Gesellschaft, Storm ist Mitglied. Mehr noch interessiert ihn das Wiedersehen mit Erich Schmidt, inzwischen Professor und Direktor des Goethe-Archivs. Ein Aufsteiger mit gerade Mitte Dreißig.

Die Weimar-Visite hat noch ihren besonderen Glanzpunkt. Denn Weimars Großherzog, urban und musenfreundlich, hat vom Besuch des berühmten Dichters erfahren und bittet zur Audienz.

Storm stellt sich ein, aber auf dem Kopf nicht den eigentlich vorgeschriebenen Zylinder, sondern einen Schlapphut, das Wahrzeichen der 48er. Und als er sich von einer Kusine Constanzes, Marie von Wartenberg, gleichsam »offiziell« malen läßt, trägt er nicht den ihm auf Betreiben Paul Heyses hin verliehenen bayerischen Maximilian-Orden für

Kunst und Wissenschaft, sondern hat sich ein Heidesträußchen angesteckt, Wahrzeichen der schleswig-holsteinischen Freiheitskämpfer: kleine Possenspiele, auf die er nie so ganz verzichten mag.

Im übrigen zeigt das Brustbild einen sehr würdigen, in sich ruhenden Storm. Der Blick, mit vielen Fältchen um die Augengegend, scheint leicht zu flackern, die Brauen wie in erschrockener Skepsis hochgezogen. Doch der Zeus-Bart, die Körperhaltung strahlen die freundlich-bedächtige Distanz eines Mannes aus, der zu sich selbst gefunden hat: Storm im Abendsonnenschein!

Am Ende wäre es gut, hier eine Storm-Darstellung abzubrechen. Denn man würde sich dann von einem Mann auf der Höhe seines Ruhms verabschieden. Berühmter, wenigstens zu Lebzeiten, kann er kaum werden und darf nach der Weimar-Reise feststellen, er habe »von Fürsten«, das betont der überzeugte Demokrat ausdrücklich, also »von Fürsten und Volk« viel Liebe und Verehrung empfangen. Und auch privat, vor der sorgsam errichteten Lebenskulisse von Hademarschen, scheint seine Welt heil und in Ordnung.

Auch dort scheint er auf einem Gipfel angelangt.

Er führt eine gute Ehe. Wenigstens in seinen eigenen Augen. Dorothea, die »verblühte Blondine«, ist nicht wieder aufgeblüht, aus Fotos ihrer späten Jahre blicken seltsam erloschene Augen, und von einstiger »Leidenschaftlichkeit« verraten diese Bilder keine Spur. Aber sie funktioniert, wie zuvor Constanze funktioniert hatte.

Tochter Friederike, die nicht »Constanze« heißen durfte und nun »Dodo« genannt wird, ist ihr einziges Kind geblieben. Achtes und letztes einer Schar, die Storms ganzer Stolz ist, und selig hört man den Vater seufzen, wie schön es doch sei, Kinder zu haben.

Die Familie. Höchster Ausdruck Stormschen Lebensglücks, die eigentliche »Behaglichkeit« seines Daseins. Erich Schmidt, der genaue Beobachter, tippt richtig, als er die Familie Storms wahre Domäne nennt.

Sein Atheismus, der ein Weiterleben einzig in Kindern und Enkeln sieht, trifft sich dabei mit dem Familiensinn des friesischen Kulturkreises, zu dessen Sagen die Geschichte vom Friesenhäuptling auf Helgoland gehört, den um die Jahrtausendwende ein Christenmissionar unbedingt hatte taufen wollen.

Schreckliches erwarte den Ungetauften, wenigstens die Hölle, droht der fromme Mann, und der Heide wird denn doch sehr nachdenklich. Getauft käme er wohl in den Himmel? – Jawohl, mein Sohn! Die ewige Seligkeit erwartet dich! – Und all die Ungetauften seiner Sippe schmorten indessen im Fegefeuer? – Genau!

Da schüttelt der Friesenfürst den Kopf. Nein, heiliger Vater! Lieber schmore er mit den anderen im Höllentopf, als allein, ohne Familie, irgendwo oben im Himmel zu sein.

Auch Storm braucht den Halt an den anderen, den wärmenden Umkreis einer vielköpfigen Kinderschar mit sich selbst in der Mitte, dem Patriarchen, dem »passionierten Vater« gleichermaßen für die Töchter wie die Söhne.

Storm ist nicht so altmodisch, in Mädchen etwas Geringeres zu sehen, die man gerade so mitschleppt, um sie irgendwann zu verheiraten. Sie sollen eine gute Ausbildung und Bildung bekommen, zwei läßt er gar musikalisch ausbilden. Und sogar konfessionelle Bedenken schiebt er weg, als in Heiligenstadt nur eine französische Nonnenschule zur Verfügung steht. Auch hat er keinen Einwand, als später Tochter Lisbeth ausgerechnet einen evangelischen Hauptpastor heiratet und in Heiligenhafen an der Ostsee Frau Pfarrer wird.

So machen ihm denn die Mädchen weniger Sorge. Am ehesten noch Lucie, obgleich die hübscheste der fünf, »ein fast schönes Mädchen«, wie Storm vermerkt. Doch gerade auf sie haben sich die Woldsenschen Depressionen vererbt. Der Vater muß sie am Ende in einer Anstalt unterbringen, ein gleiches Schicksal wie das seiner Schwester Cäcilie, deren Geist sich nach einer unglücklichen Liebe zu einem

Dänen verwirrt hatte, und wohl auch Folge der häufigen Verwandtenehen im Haus Woldsen. So unrecht hatten die Väter Storm und Esmarch denn doch nicht, als sie sich gegen die Ehe des jungen Theodor mit der Kusine Constanze gestellt hatten.

Es bleiben die drei Jungen. Auf sie, aller Liebe zu den Töchtern zum Trotz, ist Storm besonders stolz. Hans. Ernst. Karl. »Gute zuverlässige Jungen« seien sie, meint Storm noch 1871 in einer der bei ihm nicht seltenen Anwandlungen von Selbstbetrug. Storm will die Probleme mit ihnen nicht wahrhaben. Ihm unterläuft der gleiche Fehler wie in den ersten Jahren mit Constanze, die nicht nur Ehefrau, sondern auch Geliebte, Tochter, Mutter, Gesprächspartner und Samariterin werden sollte. Und die Söhne sollen nicht nur Söhne, sondern Freunde, Kameraden, jüngere Brüder sein, gleichsam Spiegelungen, Fortsetzungen des eigenen Ichs.

Gesamtkunstwerk Familie Storm.

Storm ist sehr stolz auf seine liberalen Prinzipien, und die drei Jungen wiederum hören eher erschreckt, was ihnen der Vater alles anvertraut an Sorgen und Problemen. So genau wollen es Kinder gar nicht wissen. Doch Vater Storm, wohl immer in Erinnerung an die eigene Kindheit, die Kühle der Mutter, die Unnahbarkeit des Vaters, geht weiterhin mit ihnen um, als wären sie Gleichaltrige. Erst später ändert sich sein Ton und schlägt in Wut und Enttäuschung um.

Natürlich müssen diese ganz besonderen Jungen etwas ganz Besonderes werden.

Wie? Karl, der Jüngste der drei, kommt in der Schule nicht richtig mit, hängt noch mit vierzehn in der Quinta herum? Ein Träumer eben. Die Künstlernatur. Der geborene Musiker. Schon bugsiert ihn der Vater in ein Musikstudium. Aber der sanfte Karl ist kein kleiner Mozart, allenfalls ein »stiller Musikant«, wie der Dichter die Novelle um ihn nennt, und Storm braust auf: Was tut er alles für den Jungen, hat ihn mit den wichtigsten Leuten bekannt gemacht! Wie gut hat er es im Vergleich zu ihm selber in seinen Anfängen, als der beginnende Dichter gerade noch zu den erleuchteten Fenstern literarischer Berühmtheiten hinaufstarren durfte.

Es hilft nichts. Karl bleibt das kleine Licht. Gerade eben so kann er sein Leben als Musiklehrer fristen. Ja, wenn er irgendein Handwerk hätte lernen dürfen ...

Aber so etwas – »Tütendreher oder Handwerker« – ist nichts für die Söhne des Dichters Theodor Storm. Die dürfen nicht einmal wie Bruder Otto Gärtner werden. Obwohl das vielleicht die Rettung für Hans, den Ältesten, geworden wäre. Doch Storm verwirft gleich wieder diesen in Heiligenstadt aufkommenden Gedanken. Hans wird selbstverständlich Arzt, wie es der Vater einmal werden wollte.

Auf keinen ist Storm so stolz wie auf ihn, von Anfang an. Ein hübscher Junge, vielleicht nicht ganz so hübsch, wie der Vater selbst meint, nicht »weiblich schön«, wie er später im »Carsten Curator« den mißratenen Sohn des Titelhelden beschreibt.

Mit drei stottert der Junge plötzlich. Dann stellt sich Asthma ein. Man weiß heute: Asthma ist vor allem ein psychosomatisches Leiden, das Kind wehrt sich damit gegen Liebesentzug – oder erpreßt sich Liebe.

Geliebt wird Hans wohl genug, dennoch: »Mehr, mehr, schrie der kleine Häwelmann ...« Auch Hans will mehr. Ein Egozentriker durch und durch. Nur er ganz allein darf im Mittelpunkt stehen, verträgt sich weder mit Geschwistern noch mit Schulkameraden. Storm bleibt fürs erste geduldig.

Das Gymnasium schafft Hans mit Ach und Krach. Ob er die Schlußprüfung bestehen wird, ist wenigstens zweifelhaft. Und zugleich geht das Gerücht, bald schon würde niemand mehr ohne diese Prüfung zum Studium zugelassen. Den Vater ergreift Panik. Er meldet den Jungen ab: Nur so rasch wie möglich mit ihm auf die Universität! Hans ist nun Student der Medizin. Und in jeder Hinsicht überfordert.

Elf Semester hatte der Vater für sein Studium gebraucht. Elf Jahre werden es bei Hans sein. Eine Schmerzenszeit für alle. Das Asthma scheint sich gelegt zu haben, aber die Lunge ist schwach. Hans erkrankt an Tuberkulose. Die wäre noch heilbar. Unheilbar ist sein Alkoholismus.

Hans trinkt. Und auf der Universität, später in Husum findet er immer Zechkumpanen. Erst recht als Schiffsarzt auf hoher See. Denn wider Erwarten hat er sein Examen schließlich geschafft.

Storm meint kurze Zeit aufatmen zu dürfen. Sein Junge hat sich endlich gefangen, und er unterstützt ihn, wie ihn einst der eigene Vater unterstützt hat. Aber hier ist alle Hilfe umsonst.

Hans Storm schafft es einfach nicht. Nicht den Beruf, nicht sich vom Alkohol zu befreien. Jeder neue Start löst neue Ängste aus, und gegen Angst hilft nur Alkohol. Storm will ihm in rührend guter Absicht beistehen, schickt Tee, ein ganzes Pfund: Den soll der Junge trinken, statt sich wieder mal mit irgendwelchem Fusel vollaufen zu lassen.

Vergeblich. Storm kommt ins Nachdenken. Was, bitte, hat er denn nur falsch gemacht? Jene ominösen polnischen Vorfahren fallen ihm ein, die gewaltige Zecher gewesen sein sollen. Hat er nicht mal selbst solche Tendenzen gehabt, ist er ihnen nicht gerade noch einmal in die Kunst entwichen? Aber ist das die richtige Medizin? Ist es nicht eher so, daß künstlerische Kreativität so viel von der Kraft des Menschen absaugt, daß nicht mehr genug bleibt fürs reale Leben? Und es ist ja auch etwas unheimlich, wie da einer an seinem Schreibtisch sitzt oder vor einer Staffelei oder am Notenpult und bessere Geschöpfe, ein besseres Werk als der Herrgott dort oben zu schaffen meint. Eine unerhörte Anmaßung. Sie hat ihren Preis. Zum Beispiel einen Sohn wie Hans.

Bizarre Gedanken. Aber nicht untypisch für Kunst- und Künstlerverständnis im 19. Jahrhundert. Auch Storm hängt ihnen allen Ernstes nach. Und nicht zufällig hat später

Hauke Haien, als Deichbauer ein »Künstler« wie Storm als Dichter, eine geistesschwache Tochter.

Als Storm seine große Novelle schreibt, ist Hans schon tot. Aus leeren Augen starrt der Dichter in die Welt, ein »Carsten Curator« wie in seiner Novelle, nobel, sanft, ein »Heiler« und doch hilflos: »Da er indes von etwas grübelnder Gemütsart und ihm, wie manchem Nordfriesen, eine Neigung zur Gedankenarbeit angeboren war, so hatte er sich von jung auf mit allerlei Büchern und Schriftwerk beschäftigt und war allmählich unter seinesgleichen in den Ruf gekommen, daß er ein Mann sei, bei dem man sich in zweifelhaften Fällen sicheren Rat erholen möge ...«

Doch kein Rat, der Storm noch für seinen Sohn einfällt. Und Ernst, der zweite Sohn, Ernst, macht es ihm nicht viel leichter.

In ihm sieht Storm so etwas wie die Fortsetzung seiner selbst, ähnlich stolz und eigensinnig, und warnt ihn schon deshalb, nur ja nicht Beamter zu werden, kein »Proletenschicksal« zu erleiden wie er selber.

Ernst wird dennoch Amtsrichter, oben im Nordschleswigschen nach wilden Studentenjahren, in denen er sich als ebenso guter Tänzer wie als heftiger Trinker hervortun wird, ein Frauenheld, zugleich ein Hypochonder wie der Vater, dem er gleich noch einen besonderen Schmerz antut.

Storm haßt alle Burschenherrlichkeit. Ernst teilt diese Abneigung nicht. Im Gegenteil. Er tritt nicht nur einer Corporation bei, er gründet gleich noch selber eine, der Typ des saufenden, hurenden Corpsstudenten, wie ihn Dichter Storm mit dem ›Raugrafen‹ in der Novelle »Auf der Universität« für alle Zeiten gebrandmarkt zu haben glaubte.

Ernst fängt sich, wird schließlich Anwalt und Notar in Husum, und Storm widmet ihm seinen »Schimmelreiter«. Für Hans jedoch gibt es keine Hilfe mehr.

Storm resigniert. Schon 1880, wenige Monate nach der Übersiedlung nach Hademarschen, hatte er die Verse geschrieben, die erst im Erinnerungsbuch der Tochter Gertrud an den toten Vater gedruckt werden:

> Friedlos bist du, mein armer Sohn,
> Und auch friedlos bin ich durch dich.
> Wären wir, wo deine Mutter ist,
> Wir wären geborgen, du und ich.

Eine Geste sehnsuchtsvoller Solidarität, fast zärtlich in ihrem Todesverlangen. Und dann im Jahr darauf, wie ein letzter verzweifelter Aufschrei, obschon Storm wissen dürfte, wie vergeblich dieses Schreien ist:

> Bald schon liegt die Jugend weit,
> Komm zurück, o noch ist's Zeit!
> Seitab wartend steht das Glück –
> Noch ist's Zeit, o komm zurück!

Es hat nichts geholfen. Storm denkt an seinen Ältesten, jeder Vorwurf erstickt ihm auf den Lippen, und als verzeihende Erkenntnis bleibt: »Was kann der arme Junge dafür, daß er nicht wollen kann? Wir glücklicher Organisierten haben gut reden ...«

Das ist im Jahr 1886. Die Reise nach Weimar liegt schon hinter Storm. Auf der Hinfahrt hatte er noch in Braunschweig beim Verleger Westermann Rast gemacht. Das ist nun nicht mehr der 1879 verstorbene George, sondern sein Sohn Friedrich, der es nicht gar so gern sieht, daß sein hochbezahlter Paradeautor noch andere Verleger hat wie in Berlin die Brüder Paetel.

Storm zuckt mit den Achseln. Konkurrenz belebt das Geschäft. Und dann wünscht er den seit 1871 in Braunschweig lebenden Kollegen Wilhelm Raabe kennenzulernen, offenbar wieder auf der Suche nach dem Dichterbruder. Auch diesmal geht das ziemlich schief, und Raabe erregt sich noch nach Storms Tod darüber, daß hier einer so tue, als sei sein »Pole Poppenspäler« wenigstens ein Hamlet oder Faust.

Der Herbst 1886 kommt. Von Hans hört man nichts Erfreuliches. Er hat nun eine kleine Praxis irgendwo im Fränkischen, aber damit geht es ebensowenig gut wie mit allen anderen vorangegangenen Startversuchen. Schon überlegt der Vater, den Ältesten in eine Heilanstalt zu überweisen, die wohl schlimmste Entscheidung, die er je hat treffen müssen. Doch dann die Nachricht von Hans völligem Zusammenbruch. Das ist das Ende.

Bruder Ernst reist zu ihm in den Süden hinunter, bringt ihn in ein Krankenhaus in Aschaffenburg. Dort stirbt Hans Storm am 5. Dezember 1886. Storm wirkt wie versteinert, ganz stoische Würde. Auch er selbst ist um diese Zeit bereits ein todkranker Mann.

Hademarschen, allen Hoffnungen zum Trotz, hat nicht die große Erlösung gebracht. Und nach der kurzen ersten Euphorie flößt ihm dieser »große steinerne Lebensapparat« nur noch Angst ein.

Absurd nahezu, sich für die wenigen letzten Jahre noch solch ein Monstrum hingestellt zu haben. Ein Stück Lebenslüge mehr wie alles andere, die ideale Ehe, die friedvoll vereinte Familie ...

Heimat ist ihm Hademarschen nicht geworden. Und die Hoffnung, in seinen Kindern, in den Söhnen zumal, gleichsam weiterzuleben und so denn doch der Vergänglichkeit zu trotzen, bleibt unerfüllt. Zum »Gesamtkunstwerk Familie Storm« wird es nicht kommen.

Es bleibt sein Werk.

Ein »heimathlich« böser Block

Der Dichter soll wieder stark werden. Das hat zum Hademarschener Hoffnungskatalog gehört, und nun sitzt dieser Dichter in seinem Arbeitszimmer im ersten Stock der Stormschen »Altersvilla«. Kein »Poetenstübchen« in Rot und Schwarzbraun wie in der Wasserreihe. Der Raum ist hoch, die Farbe Grün. Resedagrün die Wände. Mattgrün die schweren Jute-Vorhänge an den Fenstern. Und grün die Landschaft davor. Das tut den Augen wohl und der Seele auch.

Nur das Blatt Papier ist grausam weiß.

Storm sieht ins Land hinaus. Hier blinkt im Hintergrund kein kalter, böser Blanker Hans mit endlos ödem Strand davor. Viel Wald gibt es hier, anders als oben an der baumlosen Küste. Und die Herbststürme wirbeln höchstens die letzten Blätter von den Bäumen und spülen nicht Tod und Untergang heran.

Alles hier ist weicher, freundlicher, wärmer. Behaglich. Storm beugt sich übers Papier, hält gleich wieder inne. Denn wie schon vor zehn Jahren: Was hat er noch zu sagen, wovon kann er erzählen? Wo sind die Themen und Stoffe für ihn?

Vielleicht wäre es besser, mit der Schriftstellerei aufzuhören. Aber genau das kann er nicht. Er muß schreiben, nicht nur der Honorare wegen.

Mehr denn je, da nun der bürgerliche Beruf hinter ihm liegt und die Sippe zunehmend auseinanderdriftet, ist Schreiben sein eigentlicher Lebensinhalt. »Auch dient es ja«, erfährt der ähnlich müde Fontane, »das silberne Triebband des Lebens in Gang zu halten.«

Ich schreibe. Also bin ich. Wer nicht schreibt, ist tot. Storm beugt sich wieder übers Papier, schreibt weiter, gegen das Alter, alle Müdigkeit und Krankheiten an. Denn »es lebt sich doch besser, wenn man etwas auf der Staffelei hat.« Und sei es eine so schwachen Sache wie die Novelle »Schweigen«, die er »nur des elenden Geldes wegen« nicht gleich verbrennt.

Aber: »Ich muß fiedeln noch 'nen Zug!«

Storm »fiedelt«. Immer in Angst um die schwindende Kraft. Immer in Sorge um die Gunst der Leserschaft oder wenigstens der Verleger. Und als bei Westermann der neue Schriftleiter Friedrich Spielhagen, selbst Schriftsteller, die jüngste Storm-Novelle erst lesen will, bevor er sie einkauft, gerät der Dichter in helle Aufregung. Wie? Genügt der Name Storm nicht mehr? Und sollte am Ende dieser Spielhagen in seiner berüchtigten Eitelkeit dem berühmteren Kollegen eins auswischen wollen und ihm seine Novelle wieder zurücksenden?

Unnötige Sorge. Was Storm schreibt, wird gedruckt. Doch die Ängste bleiben. Und zugleich sieht man den Storm dieser seiner letzten Jahre immer hektischer nach neuen Stoffen suchen. Wie beneidet er den Kollegen Paul Heyse um ein »Novellenmotivnest«! Doch auch der eigene Spürsinn schärft sich. Eine hingeworfene Bemerkung, irgendwo ein kleiner Text, ein anderer erzählt etwas – und Storm ist schon da, wittert eine Geschichte.

Die erste, die er in Hademarschen abschließt, hat er noch in Husum angefangen, und sie ist gleichsam sein Abschied von der Stadt. Heiter, zärtlich, unsentimental.

Wieder hat er tief in die Woldsensche Familienchronik gegriffen und dort die Geschichte vom Urgroßvater Simon Woldsen hervorgezogen, dem Herrn Bürgermeister, dem mit dem allweihnachtlich für die Armen der Stadt geschlachteten Mastochsen und den zwei Söhnen, so unterschiedlich wie Tag und Nacht. Der eine ruhig, besonnen, der andere der ewige Hitzkopf und Streithammel.

Bei Storm streiten sie sich nun ums väterliche Erbe, speziell um den Woldsenschen Garten, und das so heftig, daß sie schließlich nur noch schriftlich miteinander verkehren. Ein Bruderzwist im Hause Woldsen. Mit versöhnlichem Ausklang allerdings. Denn schließlich reden die beiden wieder miteinander, und als sie im Garten Kinder die Stachelbeerbüsche so ungeniert plündern sehen wie einst sie selbst in ferner Jugendzeit, kommen Rührung und Frieden auf: »Christian Albrecht, sagte Herr Friedrich, den Arm um seines Bruders Schulter legend, wenn erst deine Jungen hier so in den Büschen liegen!«

»Die Söhne des Senators« waren zunächst noch in der Tradition von »Pole Poppenspäler« für die ältere Jugend konzipiert gewesen. Dann aber erscheinen sie doch nicht in der »Deutschen Jugend«, für die sie Storm eigentlich verfaßt hat, sondern in der »Deutschen Rundschau«. Eine »freundliche Geschichte«, wie Storm meint, »die schwächere Schwester vom Vetter Christian«, leicht und hübsch erzählt, mit dem Hauch Rokoko-Parfüm darüber: gute alte Zeit, gutes altes Husum! Eine »Biederstadt«, wie sie Gottfried Keller nach der Lektüre nennt.

Aber Husum kann auch anders sein. Böse, hart, verspukt. Dämonische Gestalten, anzuschauen wie mittelalterliche Wasserspeier, lauern dort hinter traulichen Fassaden. Solche wie der »Der Herr Etatsrat«, der den eigenen Sohn ins Verderben, die Tochter schließlich ins Wasser treibt.

Ein schlimmer Faun, ein böser Dämon, kurz »das Scheusal« genannt, das am Ende allen Schreckens, die Meerschaumpfeife im Maul und die blauen Tabaksschwaden beiseite wedelnd, dem Sarg der Tochter ein »Contra vim mortis« hinterhergrölt und: »Recht schönes Wetter hat sie sich noch zu ihrem letzten Gang ausgesucht«.

Eine bitterböse, tiefschwarze Geschichte. Eine »Familie in der Zerstörung«, wie Storm selber meint und gleich auch den Bogen zurück zum viel milderen »Carsten Curator« schlägt: Dort zerbreche die Familie am Sohn, hier nun am Vater, diesem Trunkenbold und Exhibitionisten, der schon mal splitternackt in seliger Besoffenheit am Boden liegt.

Dieser Vater aber, so was unterläuft Schriftstellern zuweilen, ist mit seinem schleimigen Charme, seiner monumentalen Gewissenlosigkeit eine der zwar scheußlichsten und zugleich doch faszinierendsten Gestalten im ganzen Storm-Werk, und Paul Heyse schüttelt amüsiert den Kopf: »Verschwender!« Aus dieser Figur, aus diesem ganzen Stoff hätte sich doch noch mehr machen lassen als nur eine kleine Novelle.

Sicherlich. Bei Heyse hätte das für wenigstens einen Roman gereicht und für ein Schauspiel noch dazu. Aber das sind nicht Stormsche Ausdrucksformen. Er bleibt bei kleineren Formaten.

»Die Söhne des Senators« und »Der Herr Etatsrat«, gleichsam Husum so und so, erscheinen gemeinsam in einem Band im Herbst 1881. Zur gleichen Zeit reist Storm nach Heiligenhafen, Tochter Lisbeth und den Herrn Schwiegersohn Pastor Gustav Haase an der Ostsee-Küste zu besuchen.

Man sitzt beisammen, man erzählt sich was. Vor allem wohl vom ewigen Sorgensohn Hans, der um diese Zeit gerade wieder mal spurlos verschwunden ist. Storm ächzt tief. Womit hat er so etwas verdient! Worauf der Schwiegersohn – vielleicht zum Trost – von einem Fall erzählt, wie er hier in Heiligenhafen vor einiger Zeit passiert ist.

Wie da also ein Mann, ein ehrbarer, aufstrebender Frachtschiffer mit eigenem Kahn, einen Sohn und eine Tochter hat, der Sohn aber, Kronprinz des Aufsteiger-Vaters und seine ganze Hoffnung, sein Stolz, eines Tages aus dem Haus verschwindet, nahezu spurlos wie jetzt Hans. Gerade einmal schickt er einen Brief und den noch unfrankiert. Da packt den Vater helle Wut: »Der Junge mag es schön getrieben haben!«

Er läßt den Brief zurückgehen.

Danach ist einige Zeit vergangen. Bis der Sohn leibhaftig wieder vor der Tür steht. Aber der Vater hat so seine Zweifel: Ist das wirklich sein Junge? Wieso hat der denn, anders als der Verschollene, ein braunes und ein blaues Auge und nicht zwei blaue? Durch eine Krankheit soll das gekommen sein?

Zweifel. Konflikt. Bis es zum offenen Streit kommt und der Alte den eigenen Sohn davon schickt. Er soll sich dorthin scheren, woher er gekommen ist. Und der junge Mann verschwindet tatsächlich: »Er ist nicht wiedergekommen; soll in Amerika verstorben sein.«

So endet die Geschichte, die Storm im Pastorat von Heiligenhafen erfährt. Und es ist ihm, als würde er, wenigstens in Grundzügen, die eigene Geschichte hören. Ist am Ende auch er zu hart zu Hans gewesen? Wie war es damals in Heiligenstadt, als der Junge sein Asthma bekam und die Eltern ihn bestmeinend, der guten Luft wegen, nach Husum zu den Großeltern schickten? Wie hatte der sensible Junge unter der Trennung gelitten! Vielleicht, daß damals schon alles spätere Elend seinen Anfang nahm.

Storm schreibt sogleich auf, was ihm der Schwiegersohn erzählt hat. Er befragt andere in Heiligenhafen: Der Zurückgekehrte damals habe einen so steifen Gang gehabt wie der Verschwundene, aber ein auftätowierter Anker am Arm sei nicht mehr zu sehen gewesen. Zweifel auch hier, Bestätigung, neuerliche Zweifel.

Immer mehr begreift Storm den Zwiespalt des Vaters, und nach Hademarschen zurückgekehrt, schreibt er seinen »Hans Kirch und Heinz«, wie zunächst »Hans und Heinz Kirch« heißen soll, die beste Storm-Novelle der Hademarscher Zeit vor dem »Schimmelreiter«.

Bemerkenswert im Vergleich zum »Carsten Curator«, wie er hier die Gestalt des Vaters sieht. Viel härter, böser, ohne den milden Schein um den Curator, dessen einzige »Schuld« darin bestanden hatte, mit der falschen Frau den falschen Sohn gezeugt zu haben.

Hier nun, bei diesem Hans Kirch, ist es, als rechne Storm zuweilen mit sich selber ab, mit jenem gar nicht mehr liberal-großzügigen Vater, der den durchs Land bummelnden Söhnen wütende Briefe schreibt, dem auch schon mal

– Tochter Gertrud bestätigt es – die Hand recht locker sitzt und der einmal Sohn Karl regelrecht erpreßt: Kein Pfennig mehr für den »stillen Musikanten«, wenn der nicht endlich fertig studiert!

Und hat nicht auch er, wie sein Hans Kirch, die Söhne überschätzt und sie überfordert? War er nicht, ähnlich wie ihm gegenüber der eigene Vater, nicht zu streng gewesen, zwar opferbereit, in der Tiefe aber doch verständnislos?

Vor der Hans Kirch-Figur weichen denn auch Freunde wie Erich Schmidt erschrocken zurück. Storm muß beschwichtigen: »Der Alte ist nicht zu hart, so sind unsre Leute hier ...« Zugleich macht er klar, daß der Vater, nicht der Sohn, die eigentliche tragische Gestalt ist, »er sündigt und büßt«. Allerdings, räumt Storm ein: »Es hätte nur noch eine Szene geschrieben werden sollen, worin die selbstverständlich im Grunde schlafende Vaterliebe zum Durchbruch gekommen wäre ...« Und auch das klingt, als spräche Storm von sich selbst.

Denn auch er liebt seine Söhne, würde sonst nicht so an ihnen leiden.

»Hans und Heinz Kirch«, jene Erzählung, bei der Storm zunächst fürchtet, Konkurrent Spielhagen könne sie ablehnen, liest sich wie in einem Zug geschrieben. Doch das täuscht. Schon lange schreibt er seine Arbeiten nicht mehr flüssig herunter. Storm kränkelt immer heftiger, die Arbeitskraft reicht gerade noch für einige Stunden am Vormittag, und Brieffreunde müssen sich vertrösten lassen, wenn mal eine Antwort, sehr unüblich, länger auf sich warten läßt. Er hätte eben seine ganze Kraft für sein Werk gebraucht.

Entsprechend unterschiedlich geraten die Novellen dieser späten Jahre, mit viel beträchtlicheren Niveauschwankungen als in der Husumer Zeit.

Dem starken »Hans und Heinz Kirch« folgt das schwache »Schweigen«, obgleich ein guter Stoff, diese Geschichte vom Mann, der seiner Frau eine schwere psychische Störung verschweigt. Aber recht gesucht wirkt das, und Fontane, nie um eine Bosheit verlegen, kann sich neuerlich mokieren, wie der Herr Kollege »bibbere«, um Wirkung zu erzeugen. Wie immer, wenn sich Storm eines Stoffs zutiefst nicht sicher ist.

Es »bibbert« auch nicht schlecht in der sonst nicht weiter bemerkenswerten Liebesgeschichte »Es waren zwei Königskinder« von 1884, wo ein Gelehrtensöhnchen um eine wackere Handwerkermaid wirbt, vergebens, wie schon der Titel mit seiner Anlehnung ans bekannte Volkslied andeutet. Das soziale Wasser ist viel zu tief, und im übrigen bleibt es, nach »Pole Poppenspäler«, ein weiterer Versuch Storms, sich im schwäbischen Dialekt zu üben.

Das trägt ihm wieder einen schweren Rüffel von Paul Heyse ein: Wenn sich schon der Dichterbruder in fremde Sprachgefilde verirrt, möge er doch bitte wenigstens das Schwäbische vom Bayerischen unterscheiden. Storm schmollt. Wo er sich doch so viel Mühe gegeben und selbst bei Mörikes Witwe um Rat nachgesucht hatte.

Auch »John Riew« im nächsten Jahr darf getrost vergessen werden. Hier interessiert am ehesten noch das Hademarschener Umfeld, das Storm ein einziges Mal zum Schauplatz einer Erzählung macht, und auch die Geschichte selbst mit dem Thema vererbbarer Trunkenheit ist wohl dem Hademarschener Raum entlehnt.

Storm, wie später Thomas Mann, ist ein Finder, kein Erfinder von Geschichten. Versucht er sich am mehr oder minder freien Spiel der Phantasie, schaut in der Regel ausgetüftelte Künstlichkeit heraus wie beim »Schweigen«. Trifft aber etwas Gehörtes oder Geschautes seine innere Befindlichkeit, genügt schon ein kleiner Anstoß, sein Vorstellungsvermögen in Gang zu setzen. Wie an jenem Abend mit dem Doktor Mannhardt.

Der gehört zum »Club« hier in Hademarschen, dem von Storm initiierten Treff der intellektuell ambitionierten Honoratioren am Ort. Ein interessanter Mann mit Auslandserfahrung. Selbst in Italien war er schon gewesen und hatte dort einen Grafen kennengelernt, einen richtigen Marchese mit einem Landgut. In der Nähe dieses Gutes aber, plaudert Mannhardt, habe ein etwas kauziger Zeitgenosse gehaust, wohl so eine Art Einsiedler, und der also war jedes Jahr einmal und immer um die gleiche Zeit zum Marchese aufs Gut geflüchtet, ihn um Asyl zu bitten. Vor sich selbst, vor seinen schrecklichen Erinnerungen.

Erinnerungen? Irgendwas hatte der seltsame Mann von einem Mord, gar einem Brudermord gefaselt, den er wohl ewig sühnen müsse.

Ein Graf ... ein Mord ... Brudermord gar ... eine Schuld, die über Jahrzehnte hin nicht abgetragen wird ...

Storm ist fasziniert. Sein »Perpendikel«, wie er es nennt, schlägt aus. Schon formt sich eine Geschichte heran. Von einem Grafen, der den Bruder wegen dessen Frau tötet. Und die Schuld erbt sich nun fort, in Stormscher Unentrinnbarkeit ...

Eine gute Geschichte. Nur wie das typisch italienische Milieu in den Griff bekommen? Zypressen, verfallende Palazzi, funkelnd dunkle Blicke, italisch heißes Temperament unter immer blauem Himmel bei sengend heißer Sonnenglut ...

Storm lächelt nur. Kein wirkliches Problem für ihn. Er wird schon den Stoff gut »schleswig-holsteinisch« machen und ihm vertraute Hintergründe geben. Und schließlich wohnen nicht nur italienische Marcheses auf Schlössern. Gab es nicht früher nördlich von Husum gleichfalls ein Schloß, »Arlewatt« oder so ähnlich? Storm kennt es nur von Abbildungen. Aber er erinnert sich, daß das finstere Gemäuer im Volksmund nur »Gries Huus« genannt wurde, das »Graue Haus«. So heißt dann auch seine Novelle, »Zur Chronik von Grieshuus«, in der sich die Linie historischer Novellen von »Aquis submersus« und »Eekenhof« fortsetzt.

Diesmal hat Storm eine glückliche Hand. Die »Grieshuus«-Chronik wird im Winter 1884 in Wien mit einer Lesung durch den berühmten Burgtheater-Mimen Adolf von Sonnenthal vor »vornehmstem und feinstem Publikum« hochfeierlich aus der Taufe gehoben, und in München fühlt sich Paul Heyse bei der Lektüre »ganz heimwehmütig nach deiner Heide- und Marschengegend« gestimmt.

Guter »Paolo«, wie ihn um diese Zeit Storm tituliert! Er hat den italienischen Hintergrund der Geschichte nicht gewittert oder wittern wollen. So wie nur wenige etwas vom schwäbischen Hintergrund der nächsten und letzten »Chronik-Novelle« ahnen.

Denn ohne sich um Zeit, Ort und irgendwelches Copyright zu kümmern, hatte Storm beim »Fest auf Hadelsleevhuus« in einem Band mit »Sagen des Neckartals« nachgeschlagen und war dort auf die Erzählung irgendeines H. Wenzel gestoßen. »Gott wird ihn kennen«, meint er dazu und kupfert nicht nur ungeniert die Geschichte dort ab und ein paar Motive aus »Tristan und Isolde« gleich dazu, sondern verlegt sie so gleichmütig in den nördlichen Raum, als ströme die Eider direkt an Stuttgart vorbei. Storms Griff beim »Schimmelreiter« zu einer Weichsel-Sage für eine Nordfriesen-Geschichte kommt also später nicht von ungefähr.

Das »Fest« mißlingt allerdings, so eifrig Storm nordfriesische Geschichte bis hin zum dänischen Sagenkönig Waldemar Atterdag bemüht hat. Die Sprache wirkt aufgebläht und künstlich, um die grimmen Rittersleut weht eher leise Komik als echte Tragik. Storm tut gut daran, sich danach wieder der Gegenwart zuzuwenden. Einer anderen allerdings, als man sie bisher aus seinen Erzählungen kannte. Bis dahin hatte er es mit seinen Gestalten in der Regel recht gut gemeint, hatte sie in schönen Häusern wohnen, sie in schönen Landschaften zu Hause sein lassen. Das »Heidedorf« war eher ruppig-einfach gewesen, wurde aber doch so kräftig ins archaisch Urgewaltige gerückt, daß es seine eigene Ästhetik hatte. Und wo es wirklich schlimm wurde wie »Im

Nachbarhaus links« oder beim »Herrn Etatsrat«, haftete doch noch immer ein Zug grandios übersteigerter Dämonie an allem.

Nun aber rücken tiefgrauer Alltag, bitterste Armut, nacktes Elend ins Storm-Bild.

»Bei kleinen Leuten« nennt Storm den Band, der seine Erzählungen »Bötjer Basch« und »Ein Doppelgänger« enthält, und die »kleinen Leute« hier sind ganz besonders klein.

Bötjer Basch zum Beispiel oder Daniel Basch, wie er wirklich heißt, ein Böttcher, also Faßmacher, den eine moderne Brauerei mit eigenem Böttcher – Storms Abneigung gegen das Genußmittel Bier schlägt wieder durch – in den Ruin und beinahe in den Selbstmord treibt. Handwerk, nein, hat im beginnenden industriellen Zeitalter mitsamt aller menschenverachtenden Ausbeutung des »kleinen Mannes« schon lange keinen goldenen Boden mehr. Aber immer noch bleibt Bötjer Baschs Geschick ein relativ harmloses Schicksal im Vergleich zum John Hansen im »Doppelgänger«, den alle nur »John Glückstadt« nennen, obwohl gerade »Glück« zu ihm am allerwenigsten paßt.

Ein wahres Geschehen in Husum gibt den Anstoß, doch gleichermaßen könnte Storm an jenen jungen Kerl aus Heiligenstädter Gerichtstagen gedacht haben. An diesen Dieb damals, bei dem er zu erkennen meinte: Den hat die Gesellschaft auf die Anklagebank gebracht!

Sein Hansen, Proletarier, Zuchthäusler, Paria, erhängt sich nicht, sondern verreckt auf seiner Flucht vor dieser Welt elendig in einem Brunnenschacht, das wohl grausigste Ende einer Storm-Gestalt, die »wie gebräuchlich, der lieben Mitwelt zur Hetzjagd überlassen« worden war.

Bittere Worte. Wie die ganze Geschichte, die jedoch lebhafte Zustimmung findet, vor allem bei einem bestimmten Rezensenten, der nach der Lektüre festhält: »Diese beiden Novellen sind offenbar durch einen, wenn man will tendenziösen Gedanken verbunden. Bötjer Basch und John

Glückstadt ... stehen hier als Repräsentanten zweier Stände: Sie sollen uns den Wert und die Tüchtigkeit der sogenannten kleinen Leute, des vom dummen Hochmut oft so geringgeschätzten gemeinen Volkes, zu Herzen führen, sollen uns veranschaulichen, auf welcher Grundfeste der Bau der Zukunft aufgeführt werden muß.«

Der das schreibt, heißt Johannes Wedde, ist eigentlich Theaterkritiker, kommt aus Hamburg, der damaligen Hochburg der immer stärker werdenden Sozialdemokratie, und ist selbst Sozialdemokrat. Da wird denn auch gleich klar, von welcher Grundfeste er spricht, auf der die Zukunft errichtet werden soll. Das kann nur die klassenlose Gesellschaft Marxscher Prägung sein.

Storm spricht für diese Kritik seinen »Dank und Anerkennung« aus. Also am Ende auch er Sozialdemokrat? Ein Genosse Theodor?

Es wäre gar nicht so verwunderlich.

Auch er betrachtet diese ganz neue Bewegung der Arbeiter und »kleinen Leute« mit nachdrücklichem Wohlwollen. Vor allem weil sie sich gegen Bismarck, also Preußen richtet und speziell in Schleswig-Holstein die stärkste und eigentliche Opposition gegen das Bismarck-Preußen darstellt.

Schon deshalb muß denn – altvertrauter Mechanismus bei ihm – Storm unbedingt dafür sein. Und bei den Attentaten auf den alten Kaiser in den ausgehenden achtziger Jahren, die Bismarck erst seine Anti-Sozialistengesetze ermöglichen, stampft Storm wütend: »Es ist außerordentlich, wie das Dutzendgesindel einem die natürliche Teilnahme mit Dreck beschmeißen und in Ekel verkehren kann.«

Über diese »natürliche Teilnahme« am Schicksal der um ihre Rechte kämpfenden Arbeiterklasse kommt Storm allerdings kaum hinaus. Erzählerisch hat er nie einen typischen Proletarier, sondern einen gleichsam exotischen Außenseiter, einen wie seinen John Glückstadt, im Blick, und wo er politisch konkret wird, bleibt es beim strikt bürgerlichen Programm: Glückstadt krepiert zwar, seine Tochter heiratet jedoch als künftige Frau eines Försters ins Bürgertum hinein, wie die Adlige Anna in »Im Schloß«.

Das wiederum ist nicht ohne unfreiwillige Ironie. Denn ob von oben oder unten: Bei Storm finden seine Helden allemal in der bürgerlichen Welt ihre soziale Heimat und »Behaglichkeit«. Wie Storm selbst.

Seine »Kleine Leute«-Novellen werden den ersten naturalistisch-sozialkritischen Texten in der deutschen Literatur zugerechnet. Insofern ist hier der Mann von Hademarschen ein Pionier. Es bleibt jedoch bei diesen zwei Versuchen. Gleich im nächsten Text nach dem »Doppelgänger« ist er in die bürgerliche Welt zurückgekehrt und mit sehr privaten Fragen beschäftigt.

»Ein Bekenntnis«, 1887 entstanden, könnte eine der ganz großen Novellen Storms sein. Denn die Themen, Euthanasie und Tod, entstammen so ganz seinem Inneren und spiegeln manche bange Frage, die er sich selbst immer wieder gestellt haben dürfte. Zum Beispiel: Hätte damals wirklich seine Frau Constanze an Kindbettfieber sterben müssen, da eigentlich niemand mehr dank Doktor Semmelweis an Kindbettfieber starb?

In seiner Erzählung ist es der Gebärmutterkrebs, an dem die Frau eines Arztes erkrankt. Ihr Mann sieht schon die geliebte Gefährtin in einem Meer von Schmerzen zugrunde gehen, will sie erlösen, gibt ihr eine Überdosis Morphium – und erfährt erst hinterher, daß inzwischen diese Art von Krebs operabel ist.

Eine erschütternde Geschichte von unbestreitbar echter Tragik, aber seltsamerweise bekommt Storm sie nicht in den Griff. Vielleicht ist sie ihm zu nahe. Vielleicht überzeugt ihn die Lösung des Konflikts – der unschuldig-schuldige Arzt bricht auf, den Kampf gegen die große Unwissenheit der Menschen aufzunehmen – selbst nicht so ganz. Er schiebt jedenfalls das matte, unausgegorene Resultat ganz auf die »Schwäche des Alters« und seine eigene schlechte gesundheitliche Verfassung: »Man ist müde, man läßt etwas weiterlaufen, obgleich man sieht, daß es verkehrt ist ...«

Es ist dies aber recht genau der Zustand, in dem Storm in seiner nächsten Novelle den Helden seinen entscheidenden Fehler machen läßt: Der von gerade überstandener Krankheit gezeichnete Hauke Haien entdeckt Bruchstellen im alten Deich, weiß, daß sie schleunigst repariert werden müssen, wenn hier nicht der Deich in der nächsten Sturmnacht brechen soll, läßt das aber »weiterlaufen, obgleich man sieht, daß es verkehrt ist ...«

Zu dieser Zeit, da »Ein Bekenntnis« als vorletzte Storm-Erzählung entsteht, arbeitet Storm schon zwei Jahren am Stoff zu seiner letzten Novelle, und die ist wiederum so etwas wie sein Schicksalsstoff.

Im Jahr 1885 hatte als erster Erich Schmidt erfahren, daß sich nun in ihm »ein alter, mächtiger Deichsagenstoff« rühre, und »da werde ich die Augen offen halten«. Schon das eine seltsame Wendung. Was heißt hier »Augen offen halten«? Muß er erst noch schauen, was er beschreiben will? Denn wenn er eine Welt kennt, dann wohl doch die der Nordsee vor Husum, seine engere Heimat sozusagen.

Tatsächlich scheint Storm noch nie vor einem Stoff solch eine Angst zu haben wie vor diesem »Schimmelreiter«, dem er ein erstes Mal recht genau vor fünfzig Jahren begegnet war. Noch nie hat er sich so vor irgendwelchen Fehlern gefürchtet, obwohl kaum einer außerhalb Nordfrieslands wissen dürfte, was so bei Deichbau und Landgewinnung abläuft.

Doch darauf kommt es Storm nicht an.

Es ist, als wolle sich ein vom Ende schon gezeichneter, dieses Endes sehr bewußter Storm die eigentliche Heimat noch einmal »erschreiben«. Und dem will er sich würdig zeigen. Dieser Stoff, erklärt er, müsse gut werden, da er so »heimathlich« sei. Und er macht sich, Schritt um Schritt, die Geschichte vom »Schimmelreiter« vor sich herschiebend wie einen »bösen Block«, an die Arbeit.

Immer ist Storm ein gründlicher Rechercheur gewesen. Vor »Auf dem Staatshof« hatte er noch einmal alle Eiderstedter Chroniken studiert. Jeder seiner Chronik-Novellen gingen intensive historische Studien voraus. Und als in »Psyche« der Held ein Bildhauer sein soll, erhält der Malerfreund Hans Speckter prompt einen ganzen Katalog gezielter Fragen. Was man zum Modellieren brauche, ob ein eigener Tisch nötig sei, wie man Gips oder Ton anfeuchte und dafür sorgen könne, daß die Materie über Nacht feucht bleibe.

Im »Bekenntnis« holt er wiederum so intensiven medizinischen Rat ein, daß der Chirurg Wilhelm Alexander Freund, dem erstmals die entsprechende Krebsoperation gelungen ist, in der Storm-Novelle die eigenen Erkenntnisse so exakt wiederfindet, daß er dem Dichter gern zu dessen wissenschaftlicher Akribie gratulieren würde. Nur trifft sein Brief zu spät ein. Storm ist zu dieser Zeit schon verstorben.

Niemals arbeitet aber Storm so gründlich wie im Vorfeld zum »Schimmelreiter«.

Immer wieder fährt er nach Dithmarschen in die Stadt Heide und sitzt dort mit dem Bauinspektor Christian Hinrich Eckermann zusammen, läßt sich von ihm alles am Deichbau so genau erklären, daß er schließlich lachend meint, bald schon selbst einen Koog eindeichen zu können. Er bittet um Skizzen von der nordfriesischen Küste, wie sie vor und wie sie nach der großen Sturmflut von 1634 war, also in der Zeit, in der zunächst wohl seine Novelle spielen soll. Und sein Arbeitszimmer füllt sich mit allen nur erreichbaren nordfriesischen Chroniken und Sagensammlungen.

So wächst es ganz langsam in ihm. Seine Geschichte und die Landschaft, in der sie spielt. Dieses Nordfriesland, ihm gleichermaßen nah wie fern, so vertraut und doch, nun ja, so fremd.

Storm sieht aus dem Fenster seines Arbeitszimmer ins

Grün der Holsteiner Landschaft hinaus. Wie war es damals gewesen, als er sein Gedicht vom »Sommermittag« schrieb und das andere, dieses »Ans Haf nun flog die Möwe«? Da hatte er im Park von Sanssouci gesessen, und nirgends schien die Heimat so fern wie dort. Und nirgends hatte er sie mit seinen Worten so zwingend eingefangen, so nah an sich herangeholt wie damals.

Nun sieht er lieblich grünende Bäume, sanft plätscherndes Gewässer, atmet den Duft seiner Rosen dort unten im Garten, und nichts scheint hier so fern wie die Welt der Marschen in ihrer grandiosen Kargheit und Düsternis mit all dem Aberglauben dabei, den eisernen Gesetzen »Wer nicht will deichen, der muß weichen«, mit seiner schroffen Hierarchie: hier die reichen Bauern, auf ihren Warften vor der nächsten Sturmflut halb geschützt, die Kleinbauern, die man ihre Katen irgendwo am Deich hat bauen lassen, und das Wasser wird sie holen, wenn es erstmals über die Deiche tritt.

Der Deich – das ist das Heiligtum in dieser Landschaft, viel heiliger als die »kark«, die Kirche, die man auf den alten »heven« errichtet hat, den einstigen heidnischen Götzentempeln, um dort in aller Unauffälligkeit doch noch zu den alten Göttern zu beten.

Das ist die Welt, in die Storm eine Erzählung lang eintauchen will. Die Welt des Schimmelreiters. Eine Welt voll Mord und Untergang. Und ein kleiner Junge geht durchs Marschland, einen getöteten Eisvogel in der Hand, ein Kater lauert ihm auf, springt ihn an, will den Eisvogel packen. Der Junge kriegt das Tier an der Kehle zu fassen, drückt zu, der Kater oder ich! Und das wäre schon mal die Hauptgestalt als Kind, der spätere Deichgraf Hauke Haien ...

In Storm formen sich die ersten Bilder zur neuen Novelle. Wie ein einsamer Reiter über den Deich trabt, wohl von Husum her Richtung Hattstedt (obwohl es mit der Geographie allzu genau zu nehmen sich gerade beim »Schimmelreiter« nicht empfiehlt). Wind heult, Regen fällt, das Meer gischtet den Deich hinauf. Salzig spritzt es ins Gesicht des Reiters, der sich zurück zu den Freunden ins warme Nest sehnt.

Das ist schon mal ein schöner Anfang. Und dann kommt irgendwas von hinten an den Reiter heran. Ein Schimmel, wie ihn die Sage auch Göttervater Wotan andichtet. Und flattert nicht wie bei Wotan ein schwarzer Mantel um die Schultern des gespenstisch vorbeipreschenden Reiters?

Der Anfang ist gefunden. Irgendwann müßte Storm nun mit der Niederschrift beginnen, doch er schreibt erst seinen »Doppelgänger«, und er schreibt »Ein Bekenntnis«. Es ist, als weiche er vor seinem eigentlichen, dem wichtigsten Stoff aus.

Dann allerdings gilt keine Ausrede mehr. Nun muß er anfangen. Storm greift zur Feder, endlich.

Er legt sie gleich wieder hin. Denn er wird krank, todkrank. Und das ist nun nicht eines seiner zahllosen mehr und minder eingebildeten Leiden.

Er hat Krebs.

Geh nicht hinein!

Ein schwaches Knistern im Brustkorb, als stecke Sandpapier zwischen den Rippen. So fängt es in der Regel an. Die Kehle verengt sich. Man meint, kaum atmen zu können. Fieber. Das Knistern wird stärker. Eine Rippenfellentzündung kündigt sich an.

So bei Storm im Oktober 1886.

Ein eigentlich ruhiger Sommer ist vorausgegangen. Storm hat sich weiter auf den »Schimmelreiter« vorbereitet, aber zum Anfang fehlt immer noch der Mut. Und immer wieder ergibt sich eine neue Ausrede, nicht, noch nicht mit der Niederschrift zu beginnen.

Die Reise nach Weimar. Der »Bötjer Basch«. Schließlich trifft noch ein ganz dringlicher Brief aus Wien ein. Dort will ein gewisser Karl Emil Franzos eine Zeitschrift gründen, »Deutsche Dichtung«, und Storm soll gleich in der ersten Ausgabe vertreten sein, mit Gedichten oder besser noch einer neuen Novelle.

Storm ist geschmeichelt, zugleich ziert er sich. Einige frühere Gedichte mag der Herr Franzos bekommen, auch ein Porträt, wenn es nicht anders geht. Aber keine Erzählung, nein. Da falle ihm zur Zeit nichts ein. Und schon fällt ihm doch was ein, irgendwas von einem in Husum tödlich verunglückten Ex-Zuchthäusler.

Da sitzt er denn schon in seinem Arbeitszimmer und schreibt den »Doppelgänger«, flüssig, rasch, wie unter innerem Diktat. Hauptsache nur, er muß nicht am »Schimmelreiter« arbeiten!

Dann im Herbst die Krankheit. Erst die Rippenfell-, dann eine Nierenentzündung. Die Nachricht vom Tod des Sohnes wirft ihn gleich noch einmal zurück. Er muß streng das Bett hüten, liegt da wie im Koma. Schon meinen die anderen, es sei aus mit ihm. Auch er selber sieht sich ganz nahe »bei den schwarzen Wassern«, durchlebt im Fieberwahn ein »Inferno«.

Erst im Februar 1887 bessert sich sein Zustand.

Noch ist er bettlägerig, kann jedoch wieder arbeiten. Mühsam, aber er schreibt. Nicht den »Schimmelreiter«, dazu reicht die Kraft noch nicht. Dafür entsteht »Ein Bekenntnis«.

Storm, von Frau und Töchtern behütet, fühlt sich eigentlich ganz »behaglich«. Wenn nur dieser schmerzhafte Magendruck nicht wäre! Der Hausarzt Dr. von Brinken wird gerufen.

Der macht ein sehr ernstes Gesicht. Storm drängt: Er soll ihm sagen, was denn mit ihm los sei. Alles? Wirklich alles? Ja, die ganze Wahrheit. Schonungslos. Der Arzt holt tief Atem. Dann die Diagnose: Krebs. Magenkrebs.

Das Todesurteil.

Storm bleibt zunächst ganz ruhig. Ein weiser alter Mann, der weiß, immer schon, daß zum Leben der Tod gehört. Das war von früh an Teil seiner Empfindungswelt, jederzeit.

Kann er nicht die Nachtigall schlagen hören, ohne der lauernden Raubvögel zu gedenken, die gleich den kleinen Sänger holen werden? Hatte er nicht beim Einzug in Hademarschen sogleich die wie Totenvögel in den Bäumen hockenden Krähen gesehen? War er nicht eben noch fröhlich – das Haus war noch gar nicht fertig – im Baugerüst herumgeklettert und sofort von der Vision heimgesucht worden, abzustürzen und dort unten mit zerschmetterten Gliedern zu liegen?

Nun liegt er da. Abgestürzt. Zerschmettert.

Hat noch irgendwas einen Sinn? Das Leben, das Schreiben? Ist es nicht so unwichtig, ob er am »Schimmelreiter« schreibt oder nicht? Ob ein Dichter noch ein Dichter ist?

Storms stoische Ruhe ist gespielt. Dahinter steckt lähmende Depression. Er lebt noch, aber er ist am Ende.

Es dürfte seine Frau gewesen sein, die als erste handelt. Ein Hilferuf geht nach Husum hinüber, zum Schwager Aemil, dem »Doktorbruder«, wie ihn Storm nicht ohne kleinen Stolz zu nennen pflegt: Der Aemil ist einer, der es geschafft hat. Der steht als Arzt ganz oben auf der bürgerlichen Leiter. Kein anderer seiner Brüder ist ihm ferner an Jahren und näher am Herzen.

Aemil eilt herbei, bringt gleich seinen Schwiegersohn Ludwig Glaevecke mit, gleichfalls Arzt. Auch der Dr. von Brinken wird dazugebeten.

Zu dritt stehen die Herren am Krankenlager. Draußen strahlt die Sonne, Pfingstfest, die Rosen blühen. Untersuchung. Beratung. Die Herren tauschen bedeutungsvolle Blicke. Dann setzt der erste zögernd ein: Nein, Krebs ist das wohl nicht. Gewiß nicht, flicht der andere eifrig bei, eine Geschwulst, das schon, aber nicht bösartig, kein Krebs. Was sagen Sie, Kollege von Brinken?

Der räuspert sich, stimmt schließlich zu: Er habe sich wohl getäuscht. Auch ein Arzt kann sich mal irren, nicht wahr?

Storm ist unendlich erleichtert.

Vielleicht – oder sogar mit einiger Sicherheit – ahnt er die fromme Lüge. Aber er glaubt sie. Weil er sie glauben will. Und ist nicht der eigene Bruder dabei, der Schwiegersohn, die anerkannte Koryphäe aus Kiel? Für den armen Dr. von Brinken, diesen Provinzdoktor aus Hademarschen, fällt sogar etwas Spott ab.

Dieser Mann also, heißt es in Briefen, habe ernstlich an so etwas wie Krebs geglaubt. Bei ihm, Storm, ausgerechnet! Dazu kann Storm nur lachen. Obwohl später sein Sohn Ernst berichten wird, diese »Krankheit der Marschen«, wie Storm den Krebs seltsamerweise im »Schimmelreiter« nennt, hätte er sein Lebtag mehr gefürchtet als alles andere.

Aber diese vermeintliche Leichtigkeit im Umgang mit dem eigenen Leiden (an Sohn Karl: »Laß dich das häßliche Wort nicht erschrecken, viele Menschen haben es viele

Jahre lang und sterben schließlich an einer ganz anderen Krankheit ...«) – auch sie ist nur gespielt.

Ludwig Pietsch erhält in Berlin einen langen Brief und erfährt, daß Storm das Vertrauen zum Leben verloren zu haben meint. Einem Leben, »das mir bisher eigentlich nie enden zu können schien«. Und dann ist von der »ersten großen Krankheit meines Lebens« die Rede, seltsames Wort bei einem, der die Jahrzehnte hindurch immer wieder am Rande des Todes entlang zu wanken gemeint hatte. Nun, da es ernst wird, scheint Storm plötzlich von aller Hypochondrie geheilt und hofft gegenüber Pietsch, daß ihm noch »immerhin ein Dezenniums ... beschert« sein mag.

Also zehn Jahre meint Storm noch zu haben. Er will leben und arbeiten, den »Schimmelreiter« schreiben. Oder lieber nicht. Erst einmal steht eine Ferienreise nach Sylt auf dem Programm. Seeluft, Dünen, Meeresruhe. Lange Spaziergänge. Das Meer rollt im immer gleichen Rhythmus heran, so etwas beruhigt. Storm blinzelt ins endlos Blaue hinaus. Ferdinand Tönnies, wie schon bei der Reise nach Weimar, ist bei ihm.

Hier, überlegt Storm, müßte sich doch eigentlich ein Novellenstoff finden lassen. Am Ende einer, der noch zwingender sein könnte als dieser vermaledeite »Schimmelreiter« daheim auf dem Schreibtisch von Hademarschen. Ein Stoff, bei dem man sozusagen gar nicht anders kann, als ihm allem anderen vorzuziehen!

Der Stoff findet sich. Storm ist begeistert, macht sich emsig Notizen. Mord, Spuk, Rache. Alles ist drin, was er mag: »Rasende Leidenschaft von beiden Seiten. Brautnacht in den Dünen. Das Meer.« Ja, das wird seine »Sylter Novelle« werden. Daheim will er gleich mit dem Schreiben anfangen. Dann kann fürs erste »Der Schimmelreiter« vergessen sein.

Storm kehrt zurück. Die »Sylter Novelle« scheint sofort wieder entschwunden. Es bleibt beim kargen Fragment. Und noch immer harrt der »böse Block« darauf, endlich angeschoben zu werden.

Doch zunächst muß Storms siebzigster Geburtstag gefeiert werden. Die Vorbereitungen dazu laufen schon auf vollen Touren. Auch er selber plant genau und vorsorglich, sucht in Husum Gläser aus und einen schönen Moselwein für die Bowle. Etwas Bier dabei, nicht zu reichlich. Die Ehrenfeier soll schließlich kein Besäufnis werden.

Hademarschen, Husum und Kiel streiten sich gleichermaßen um die Ehre, den Dichter feiern zu dürfen. Storm wäre gern überall dabei, aber eine Reise nach Husum oder Kiel verbietet noch die Gesundheit. Also wird er sich nur erzählen lassen können, wie es in Kiel und Husum zugegangen ist.

Sehr schön und feierlich. Festansprachen mit viel Musik dabei, Vertonungen von Storm-Gedichten. In Kiel wurde zum Abschluß das »Oktoberlied« gesungen, Storms trotzig großer Hymnus an das Leben. Dafür hat Husum noch etwas anderes in petto. Nämlich eine Storm-Stiftung für bedürftige Arbeiter, angeregt durch seinen »Doppelgänger«. Storm fühlt sich sehr geehrt und sehr geschmeichelt.

Also kann ein Dichter richtig Gutes bewirken. Nicht gleich die Abschaffung der Leibeigenschaft wie in Rußland Kollege Turgenjew, nicht das Ende der Sklaverei wie drüben in Amerika die Dame Harriet Beecher-Stowe mit ihrem »Onkel Tom«. Aber wenigstens einmal im Jahr darf es dank Storm in Husum einer Arbeiterfamilie etwas besser gehen als zuvor.

Das alles ist sehr in seinem Sinn. Denn die kleinen Leute, so sein soziales Credo, müsse man tief in Herz und Arme schließen. Einen wie Ferdinand Toennies, wohl so etwas wie ein Linksintellektueller und damals gerade mit seinem Erstlingswerk »Gemeinschaft und Gesellschaft« beschäftigt, einer »Abhandlung des Communismus und Socialismus als empirische Kulturformen«, mag so viel reine Herzenseinfalt eher amüsieren.

Guter alter Storm! Der Gefühlsmensch auch jetzt! Immer noch der Mann vom Weihnachtsabend in Berlin, der tränenblind am Bettelkind vorübereilt! Sehr rührend! Aber von sozialen Zusammenhängen hat er keine Ahnung.

Der 14. September 1887 kommt.

Zwar ist Storm nicht nach Husum gefahren, dafür reist Husum gewissermaßen zu ihm und überreicht gleich eine herrliche Gabe. Den Ehrenbürgerbrief. Wieder einmal ist Storm in seiner Heimat angekommen. Hier in Hademarschen. In der Ferne. Das bleibt sein Lebensgesetz.

Auch sonst wird dieser 14. September ein großer Tag, und Storm würde diesen Geburtstag gern so richtig genießen, »wäre es nur nicht der siebenzigste gewesen«, wie er später in immerwährend bänglicher Skepsis an Gottfried Keller schreibt.

Gleich in Waschkörben treffen Briefe und Telegramme ein. Ganz Deutschland scheint seines Dichters zu gedenken. Blumen füllen das Haus mit einem so durchdringenden Duft, daß sich mancher in einem Leichenhaus wähnt. Rund hundert Gäste sind gekommen, werden bei der Gratulationscour mit belegten Broten und Heringssalat bewirtet. Auch Alkohol fließt reichlich. Draußen vor den Fenstern bringt Hademarschens Feuerwehrkapelle dem Dichter ihr Ständchen.

Danach geht es zum eigentlichen Festmahl hinüber ins Gasthaus. Das Essen ist vortrefflich, die Stimmung weniger. Erst wird der angereiste Wilhelm Jensen mit der Bitte überrascht, für zwei ausgefallene Festredner einzuspringen, und stottert sich durch eine rasch improvisierte Rede, erzählt von einer gemeinsamen Wanderung im Schwarzwald und weiß selber nicht genau, was er damit sagen will.

Dann erhebt sich Storm. Sehr feierlich im schwarzen Rock. Sehr würdig mit all den Orden an der Brust. Aber was er sagt, ist weder schön noch feierlich, sondern allenfalls peinlich. Denn noch einmal muß der tote Geibel herhalten, um an ihm alle Ressentiments eines sich sein Leben lang für unterschätzt haltenden, nicht genügend geehrten »letzten wirklichen Dichter« abzulassen.

So kennzeichnet denn eine gewisse Erleichterung das Ende dieses Tags, während Hademarschen zu Ehren des Dichters in festlicher Beleuchtung aufstrahlt und die Gäste heimwärts durch die acht errichteten Ehrenpforten ziehen. Der Alltag kann wieder beginnen.

Die große, altvertraute Stille der Provinz umfängt Storm erneut. Auch hier in Hademarschen, wie zuvor in Husum und Heiligenstadt, ist er dagegen angegangen. Auch hier hat er sich seine ganz eigene kleine Traumstadt schaffen wollen. Zum üblichen Gesangverein reicht es zwar nicht, nur zur kleinen Liedertafel. Doch dann entsteht, in Erinnerung an die »Römischen Abende« in Heiligenstadt, der »Club«. So alle vierzehn Tage tritt er zusammen, ganz zwanglos, und wer daheim gerade Gäste hat, bringt sie einfach mit. Tee wird gereicht, ein Glas Punsch, etwas Gebäck, mehr nicht.

Es wird musiziert, Dichtung gelesen, auch ganze Romane, dann über mehrere Club-Abende verteilt. Es stellt sich dazu alles ein, was in Hademarschen seinen Rang hat, der Herr Gutsbesitzer und Reichstagsabgeordnete, der Herr Doktor, der Herr ...

Auch Bruder Johannes, biederer Holzhändler, fehlt nicht und dürfte sich im halbintellektuellen Geflirre dieser Abende ebenso unwohl fühlen wie in Heiligenstadt Gärtnerbruder Otto. Doch wer den Dichter Storm zum Bruder hat ... Fühlt wenigstens der sich selber wohl?

Er tut so, erzählt mit Vorliebe Gruselgeschichten und hat es gern, wenn dazu die jungen Damen erschauern. Auf so etwas versteht sich dieser Mann noch immer. Wie damals im »Rütli«, im »Tunnel« ...

Aber wo sind die Freunde von damals, zu denen er doch eigentlich gehört und nicht in den Kreis der biederbürgerlichen Honoratioren von Hademarschen?

Einer von ihnen, Paul Heyse, besucht Storm in Hademarschen. Erstaunt stellen dabei die beiden fest, daß sie sich damals eigentlich die fernsten waren und nun die sich nächsten sind, wirkliche Freunde und per du. So läßt es sich

Storm denn auch nicht nehmen, zur nächsten Premiere eines Heyse-Stücks hinüber ins drei Eisenbahnstunden entfernte Hamburg zu fahren, nicht zuletzt, weil einige auffallend hübsche Mädchen auf der Bühne stehen.

Auch andere verschlägt es ins Holsteiner Nest. Erich Schmidt. Die unvermeidliche Hermione von Preuschen. Dann wieder geht Storm selbst auf Reisen. Nicht nur zu seiner alljährlichen »Saison« in jedem Januar im »Traum Husum«, wozu plötzlich wieder die graue Stadt avanciert. Storm fährt auch nach Kiel, Hamburg, zur Tochter Lisbeth. Und schon 1885 suchen ihn ganz seltsame Gedanken heim.

Ob es nicht opportun wäre, noch ein weiteres Mal umzuziehen, die letzten Jahre in eine größere, richtig große Stadt zu verlegen, nach Kiel, Lübeck oder Hamburg?

Noch merkwürdiger werden seine Überlegungen nach dem siebzigsten Geburtstag. Nun erwägt er allen Ernstes, wieder nach Husum zurückzukehren.

Es gibt einen ganz vernünftigen Grund dafür. Ehrenbürger Storm brauchte dort nicht Steuern zu zahlen. Aber dahinter steckt noch anderes. Die Unrast Storms. Sein ewiges Lebensleitmotiv. Nirgendwo wirklich zu Hause zu sein. Am liebsten immer dort, wo er gerade nicht ist. In Potsdamer oder Heiligenstädter Tagen in Husum, in Husum irgendwo, nur nicht gerade dort. Das treibt ihn auch jetzt noch um, den ewigen Heimatdichter ohne Heimat.

Aber diesmal bleibt Storm. Er sitzt in seinem Arbeitszimmer. Der Schreibtisch dort ist neu. Den hat ihm zum Geburtstag ein Damenkränzchen aus Kiel verehrt, und die Damen haben sich nicht lumpen lassen. Nur das Feinste durfte es sein, vom Meister Sauermann aus Flensburg. Der hatte, sich der Ehre wohl bewußt, den künftigen Arbeitsplatz des größten Dichters zwischen Ost- und Nordsee zu bestücken, selber Hand angelegt. Nur zu den zwei Tierplastiken an beiden Seiten hatte es nicht mehr gereicht. Also ein Pfiff für den Lehrling: Emil, komm mal her! Darfst jetzt zeigen, was du kannst!

Der Siebzehnjährige, »Hansen« heißt er wohl, zeigt, was er kann. Die beiden Plastiken, zwei Eulen, werden kleine Meisterstücke. Meister Sauermann nickt wohlgefällig: Gute Arbeit, prima! Der Junge wird rot vor Freude. Und wird, als »Emil Nolde«, einmal als Maler für Schleswig-Holstein sein, was Storm als Dichter bedeutet.

Zunächst beantwortet Storm alle Glückwünsche. Allein das zieht sich über Wochen hin. Doch immer noch wartet »Der Schimmelreiter«.

Storm weiß mal wieder recht genau, was er nicht will. Keine simple Gruselgeschichte wie die, die er damals in den »Lesefrüchten« las. Aber was er nun will, weiß er auch nicht so richtig.

Eine »würdige Novelle«! »Mit den Beinen auf der Erde« soll sie stehen. Etwas Spuk sollte auch dabei sein. Und dafür findet Storm gleich seinen ganz besonderen Dreh: Immer, wenn es gar zu gruselig wird, setzt der Erzähler, ein Schulmeister und Kind der Aufklärung, eine kleine Pause, bittet gleichsam um Entschuldigung für das, was nun komme. Das sei natürlich nur Geschwätz. Und dann kann Storm ungehemmt loslegen.

Vom gespenstischen Reiter auf dem Deich, von seinem Roß, das direkt den Höllendünsten entstiegen sein könnte, vom Gerippe draußen auf der Sandbank, das sich wundersamerweise im fahlen Mondlicht zu einem richtigen lebendigen Pferd zusammenfügt.

Oder die Sache mit dem über Land ziehenden Zigeuner, der so teuflisch lacht, als er dem Deichgrafen seine Märe angedreht hat ...

Das ist sozusagen der magische Firnis über allem. Darunter geht es hart und sachlich zu, um Deichbau und Landgewinnung, eine eigentlich recht nüchterne Angelegenheit. Aber zugleich sind es Menschen, die dort den Kampf mit dem Blanken Hans aufnehmen. Mit Fehlern, mit Stärken. Sie lieben, hassen, haben ihre Träume ...

Storm schmeckt den Charakteren hinterher. Wer war vor

allem der eine, der als erster auf den Gedanken kam, Deichprofile nicht mehr senkrecht, sondern in sanfter Schwingung zum Meer hin abfallen lassen, damit sich die Sturmflut daran totlaufen kann? Eine Idee, so einfach wie genial. Man muß sie nur haben, irgendwann ein erstes Mal. Aber wer war in diesem Fall der Mann?

Alt, jung, ein Praktiker, ein Theoretiker, draußen an den Deichen zu Hause oder nur daheim im Gelehrtenstübchen ...

Namen aus nordfriesischer Geschichte tauchen auf. Der Niederländer Jan Coott Rollwagen. Jean-Henri Desmercieres. Ein Franzose. Doch Storm will einen unverwechselbaren Friesen in die Mitte des Geschehens stellen: »Dort steht er ... die lange Friesengestalt mit den klugen grauen Augen neben der hageren Nase und den zwei Schädelwölbungen darüber«, beschreibt er ihn. Und schön friesisch heißt er auch.

Hauke Haien.

Kein Friese heißt um diese Zeit »Hauke«. So rufen die Franken einen, der eigentlich »Hugo« heißt. Doch das hindert Storm nicht, nun seinen Friesenhelden so zu taufen, diesen Sproß kleiner Leute, der schon als Kind erkennt: »Unsere Deiche taugen nichts!« Deichgraf will er um beinahe jeden Preis werden – wird es auch, führt das abgeflachte Deichprofil ein, gewinnt einen Koog und geht schließlich in einer Sturmflutnacht unter, von da an ein Gespenst, der »Schimmelreiter«.

Nicht nur der Name verträgt keine allzu genaue Prüfung. Auch sonst hält die Geschichte keiner exakten historischen Analyse stand. Storm, den Geschichten mehr interessieren als Geschichte, wie schon zu seinen Chronik-Novellen ein Kritiker anmerkt, ist zwar akribisch genau im Detail, geht aber bei Ort, Zeit und geschichtlichen Entwicklungen mit aller Souveränität vor.

Keine Friesengemeinde hätte noch im 18. Jahrhundert – da spielt die Geschichte – Mittel und Möglichkeiten gehabt, aus eigener Kraft einen ganzen Koog zu gewinnen. Völlig undenkbar, daß sich um diese Zeit ein einzelner an solch ein Projekt wagt, wenn er nicht gerade die Millionen eines Desmercieres im Hintergrund hat.

Aber darauf kommt es nicht an.

Die Geschichte stimmt nicht, doch ihre innere Wahrheit stimmt um so mehr. Und es ist zutiefst Storms Wahrheit. Die des schöpferischen Menschen, der am Ende allein ist mit seinem Werk. Wie Hauke Haien. Wie Storm selbst. In der Geschichte des anderen beschreibt er zutiefst das eigene Schicksal, mitsamt aller Problematik, allen Widersprüchen. Wie einst Goethe mit seinem »Faust«.

Storms »Faust« ist »Der Schimmelreiter«.

Er schließt ihn, endlich, im Februar 1888 ab, liest im abendlichen Kreis der Familie die Geschichte vor, nickt in die Runde: »War es euch denn auch nicht langweilig?«, gibt gleich selber Antwort: »Das ist denn ja auch ein schöner Schluß!«

Das Manuskript, das weitaus umfangreichste, das Storm je verfaßt hat, geht an die »Deutsche Rundschau« ab. Dort soll die jüngste Novelle Storms in zwei Teilen, im April und Mai, erscheinen.

Die Druckfahnen treffen in Hademarschen ein, und Storm ist plötzlich gar nicht mehr zufrieden. Vor allem der Schluß erscheint ihm nun zu lang, zu geschwätzig und ausschweifend.

Zu Recht.

Storm hatte entschieden des Guten zu viel getan, als er dem Leser unbedingt eine Erklärung liefern wollte, warum man denn so genau die näheren Begleitumstände bei Hauke Haiens Tod kennt. Also läßt er einen Knecht hinter dem Deich liegen, alles aus der Nähe beobachten und es schön breit weitertratschen.

Recht logisch, doch will es der Leser so genau wissen? Will er zugleich eine »vernünftige« Erklärung für den verspukten Anfang, wo ihn sich jeder gerade so schön gruselig ausgemalt hat?

Storm begreift, daß hier die Stimmung allein genügt. Und rigoros wie immer setzt er zum großen Strich an. Das Ende bekommt nun seine grandiose Lakonik. Und den Spuk vom Beginn kann sich, wer mag, selber erklären.

Das Abenteuer »Schimmelreiter«, das größte literarische in Storms Laufbahn, ist zu Ende. Storm sitzt schon am nächsten Manuskript.

Ja, der todkranke Mann schreibt gleich weiter, und es ist, als würde er nun mit letzter Kraft gegen das unaufhaltsame Sterben andichten und so noch dem Schicksal eine letzte Schonfrist abtrotzen.

»Die Armesünderglocke« heißt diese allerletzte Storm-Novelle, und gleich der Beginn ist ganz typisch für ihn. Wie da mit aller Genüßlichkeit all die aufgezählt werden, die zum Klang des Glöckchens ihren letzten Gang angetreten hatten, »bald ein glattes Hexlein zum Schmauchen, bald ein Raubmörder zum Rade, endlich gar ein hochfürstlicher Hofverwalter wegen begangener Untreue ... in seinem Fuchsspelz an einem doppelten Galgen aufgehangen ...«

Viel weiter kommt Storm nicht. Es war nur ein letztes Aufbäumen gewesen. Dann sinkt die schöpferische Flamme in sich zusammen. Ende Juni geht Storm noch einmal in den Garten, hinaus zu den Blumen, die er so liebt, und er könnte geflüstert haben wie einst Frankreichs sterbender Kardinal Mazarin beim letzten Blick auf seine Kunstschätze: »Dies alles muß ich verlassen ...«

Drei Tage dauert der Todeskampf. Die Familie ist bei ihm. Storm verlangt nach Morphium. Es ist sein letztes Wort. Das und ein Gruß an seine Frau. Sohn Erich hält ihm einen Spiegel vor die Lippen. Kein Hauch mehr. Storm ist tot.

Er stirbt gegen 16 Uhr am 4. Juli 1888.

Recht genau zehn Jahre zuvor hatte er selbst vor einem Toten gestanden. Der hieß Theodor wie er, war gerade sechzehn Jahre alt und Sohn vom Freund Reventlow. Ein etwas wunderlicher Junge, ein Träumer, der nur dasaß, den

Kopf auf die Faust gestützt, und die ausgestopften Tiere an der Wand anstarrte. Nun ist er tot. Plötzlich. Nichts zählt noch. Keine Hoffnung, keine Träume. Die letzte Antwort auf alle Fragen ist gegeben, der Rest ist Schweigen. Und der Junge soll zuvor noch »Hilf! Ach, Vater! Lieber Vater!« gerufen haben.

Aber kein Vater konnte ihm helfen. Nicht der Vater nebenan, nicht der andere oben im Himmel: »Taumelnd schlug / Er um sich mit den Armen; ziellos griffen / In leere Luft die Hände; noch ein Schrei – / Und dann verschwand er …«

»Geh nicht hinein« ist Storms letztes großes Gedicht, und wie das allererste, das auf die tote Schwester, handelt es vom Tod, mit den abschließenden Zeilen:

> Dort, wo er gelegen,
> Dort hinterm Wandschirm, stumm und einsam liegt
> Jetzt etwas; – bleib, geh nicht hinein! Es schaut
> Dich fremd und furchtbar an; für viele Tage
> Kannst du nicht leben, wenn du es erblickst.
> »Und weiter – du, der du ihn liebtest – hast
> Nichts du zu sagen?«
> Weiter nichts.

11. Husum auf immer

»Es hat stürmische
Lufterneuerungen, Revolutionen
gegeben in unserer Literatur,
die seine »Früchte«
in die Vergessenheit
gefegt haben.
Er ist ein Meister.
Er bleibt.«

Thomas Mann

Langsam schiebt sich der kleine Dampfzug durchs Land. Kein Posthorn mehr, keine quietschenden Achsen und sich müde die Beine massierenden Passagiere. Diese Zeiten sind vorbei. Das Zeitalter der Eisenbahn ist da. Endgültig.

Ein langgezogener Pfiff. Der Zug dampft Husum entgegen.

Tannengrün schmückt die Waggons. In einem steht ein Sarg. Der tote Storm. Der Dichter kehrt in seine Heimatstadt zurück. Für immer.

Eine andere Heimkehr als damals die erste von Kiel aus vor fast fünfundvierzig Jahren. In ein anderes Husum in einem sehr anderen Schleswig-Holstein.

Noch immer ist es ein Agrarland. Doch schon gibt es Genossenschaften, modernste Maschinen werden eingesetzt. Daneben blühen Industrien auf, der Schiffbau vor allem, er hat bald Weltrang. In Städten wie Flensburg, Rendsburg und Kiel werden Fabriken gebaut, und viel Geld wird ins Land geschwemmt, allerdings auch viel Armut.

Die Bevölkerung steigt. Nicht alle profitieren vom neuen Wohlstand. Ein Proletariat bildet sich heran, die Sozialdemokratie erstarkt. Keine Bismarcksche Kampfmaßnahme kann das verhindern, nicht einmal seine Sozialversicherungen, die besten, modernsten der Welt.

Quer durch das Land aber wühlt sich von 1887 an jene 99 Kilometer lange, bis zu elf Meter tiefe Verbindung von der Nordsee bis zur Ostsee zwischen Brunsbüttel und Kiel. Die große Wasserstraße, die den Schiffen runde 400 Seemeilen Umweg erspart. Bei ihrer Einweihung 1895 heißt sie Kaiser-Wilhelm-Kanal und später, als es keine Kaiser mehr gibt, Nord-Ostsee-Kanal. Doch rechtens dürfte der Kanal nur den Namen Otto von Bismarcks tragen. Zwar ist der

Plan zu diesem Kanal schon älter, doch von Beginn an, da Schleswig-Holstein in sein Blickfeld gerät, macht er ihn sich zu eigen, treibt ihn voran, gegen den Widerspruch des Generalstabschefs Moltke, gegen Einwände aus Marine- und Wirtschaftsministerium.

Bismarck hält an seiner Planung fest, eisern wie immer. Und am Ende wird der Kanal gebaut. Ein Wunderwerk wie der Deich des Hauke Haien.

»Sie fragte noch einmal: Und die ungeheuren Kosten? Hast du das bedacht?

Das habe ich, Elke; was wir dort herausbringen, wird sie bei weitem überholen.«

Auch der Kanal bringt weit mehr, als er kostet. Aber er hat seinen Preis. Heerscharen von Fremdarbeitern ziehen heran. Kiel, einst die schönste Stadt im Land, gerät zu einem gesichtslosen 100 000-Einwohner-Monstrum. Großstadt. Reichskriegshafen. Und nun eine der häßlichsten Städte im Land.

Neues, anderes Schleswig-Holstein! Gründlich aufgescheucht aus dem Biedermann-Schlaf der frühen Storm-Jahre. Ein modernes Land, in dessen Vergangenheit sich nur noch Stormsche Novellen zurückträumen, zu Vetter Christian und den Söhnen des Senators, ins Nachbarhaus links oder in jenes andere vom Herrn Bulemann, wo immer noch die Mäuse ihre nächtlichen Tänze aufführen.

Wieder der lange, schrille Pfiff. Eine neue Zeit dampft dort über die Geleise.

Husum wird erreicht. Die halbe Stadt scheint auf den Beinen, und wirklich alle sind erschienen, der Herr Oberpräsident, der Herr Bürgermeister, der Rektor vom Gymnasium, der Stormsche Gesangverein.

Glocken läuten. Zylinder werden gezogen. Gewaltige Kranzgebinde stehen bereit. Vom Magistrat, der Schule, vom Gesangverein. Feierlich geht es hin zum St. Jürgen-Friedhof. Die Woldsensche Familiengruft tut sich auf. Der Sarg des Dichters wird hinabgelassen. Keine Musik, keine

Reden. »Auch bleib' der Priester meinem Grabe fern ...«
Husum hat seinen Dichter wieder. Und der Dichter seine
Stadt. Auf immer.

Theodor Storm ist nicht der einzige prominente Todesfall in diesem Jahr 1888.

Schon im März, fast einundneunzig, ist Kaiser Wilhelm I. gestorben. Im Juni, gerade siebenundfünfzig, folgt sein Sohn Friedrich I. Es endet damit eine ganze Ära, man kann sagen: die eigentliche gute alte Zeit des neuen deutschen Kaiserreichs.

In diesen ersten siebzehn Jahren hatten die Menschen damit ganz zufrieden sein können. Die deutsche Vereinigung hatte gebracht, was sie hatte bringen sollen. Einigkeit, Stärke, Wohlstand, wenigstens für viele. Sicher gab es Unebenheiten wie den Bismarckschen Kulturkampf und seine Anti-Sozialistengesetze. Die soziale Frage, unübersehbar, blieb ungelöst.

Im Untergrund murrte es gewaltig. Doch was wollt ihr denn, ihr ewig Unzufriedenen? Ist es nicht eine Lust zu leben, so am Platz in der Sonne, den sich endlich dieses ewig zerrissene, sich untereinander bekriegende Deutschland zu erobern anschickt?

Der Bürger lehnt sich zurück. Vom weisen Kaiser weiß er sich trefflich behütet, von seinem genialen Kanzler trefflich regiert. Und wem das alles zu patriarchalisch-autoritär ist, der hofft auf den Kronprinzen, diesen gescheiten Liberalen, dem die energische Ehefrau Vicky schon beibringen wird, wie man nach britischem Muster monarchisch und zugleich demokratisch sein kann.

Aber ein paar gibt es, die dieses schöne Bild vom neuen Deutschland irgendwie vermiesen. Störenfriede, die auf alle neue Größe eher skeptisch blicken und nicht ganz glauben wollen, daß gleichsam über Nacht der in Jahrhunderten gewachsene deutsche Provinzialismus überwunden ist. Die sogar an diesem Provinzialismus mit allen seinen Eigenarten irgendwie zu hängen scheinen.

Solche wie der gerade verstorbene Theodor Storm.

Ein Störenfried auch er. Unbequem. Irritierend. Nicht aus Neigung. Aus Eigensinn. »Eigen Sinn« in des Wortes eigentlicher Bedeutung.

Etwas windschief die Haltung, das eher weiche Gesicht durch den martialischen Vollbart halb verborgen. So ist er seinen Weg durch diese letzten siebzehn Jahre gegangen. Selten im Einklang mit den anderen. Eher in ständiger Opposition. Ein Wanderer gegen Zeit und Welt. Im blauen Blick die große Sehnsucht nach einer etwas anderen, schöneren Welt.

Er wirkt so friedlich, dieser Mann, der dort am 7. Juli 1888 im Woldsenschen Familiengrab auf dem Friedhof von St. Jürgen bei seinen Vorfahren die letzte Ruhe findet. Und doch, sieht man nur näher hin, verbirgt sich in seinem Werk hinter dem freundlichen Schimmer seiner Sprache eine einzige Provokation. Für dieses Deutsche Reich. Für diese ganze Zeit.

Immer wieder greift Storm Reizthemen auf, scheut nicht Tabus, die Liebe zu Minderjährigen (»Waldwinkel«), Alkoholismus (»John Riew«), Euthanasie (»Ein Bekenntnis«). Immer wieder verweist er auf Abgründe und abgründige Leidenschaften selbst in vermeintlich »heiler Welt« draußen im Heidedorf ebenso wie draußen an den Deichen der Marsch.

Immer wieder setzen Vatergestalten wie Carsten Curator oder Hans Kirch, schwach, hilflos oder in starren Kategorien befangen, kritische Fragezeichen hinter das konservative Vaterbild einer patriarchalischen Gesellschaft. Und, wie beim »Herrn Etatsrat«, steht ein Fragezeichen gleich auch hinter der Institution Familie insgesamt. Kein Ibsen, Strindberg, Hauptmann, auch kein O'Neill hätte sie zerstörter und zerstörerischer vorführen können als Theodor Storm. Er malt auch seine Heimat nicht nur als Idyll, zeigt Provinz in aller Finsternis und Enge. Dem Kollektiv gilt sein Mißtrauen. Er mag zuweilen den »kleinen Mann« verklären, nicht aber die Masse, das Volk. Und seine Liebe gehört nicht den Helden und Herrenmenschen.

Storms ganze Teilnahme gilt den Schwachen, Verletzbaren, Gefährdeten, den Außenseitern wie John Glückstadt oder jenen, über die ihre Zeit hinweggegangen ist wie über den alten Gaukler in »Pole Poppenspäler« oder den ausgedienten Böttcher Daniel Basch.

Mit seinem letzten Helden Hauke Haien kommt er dann zwar der Vorliebe seiner Zeit zu »großen Männern« entgegen, zeigt jedoch gleich die Kehrseite solcher Größe: »In seinen Gedanken wuchs fast der neue Deich zu einem achten Weltwunder. In ganz Friesland war nicht seinesgleichen! Und er ließ den Schimmel tanzen; ihm war, er stände inmitten aller Friesen; er überragte sie um Kopfeshöhe, und seine Blicke flogen scharf und mitleidig über sie hin.«

Auch die eingestandenen Idyllen Storms sind eigentlich Provokationen. Sie zeigen, wie die Welt mal war. Nicht unbedingt besser, aber ruhevoller, der Harmonie näher, menschlicher. Es ist, als gäbe ihr Dichter allen immerzu Fortschrittsgläubigen einen kleinen Klaps: Freut euch an dem, was auf euch zukommt, wenn es zur Freude Anlaß gibt! Aber vergeßt bitte nicht ganz, was ihr darüber aufgegeben habt!

So ist auch Storms Nostalgie voll kleiner, skeptischer Widerhaken. Auch sein Vergangenheitskult hat einen doppelten Boden. Auch dort ist seine Welt nur vermeintlich heil.

Die größte Provokation Storms bleibt aber sein Provinzialismus. Alles scheint dort in Frage gestellt, was Glanz und Größe dieser Zeit ausmacht. Schimpft nur auf meine »ewige Husumerei«, scheint da der Mann aus Nordfriesland zu grinsen und am süßen Tee zu nippen, während im Hintergrund der Wasserkessel summt, ihr alle kommt doch nie aus eurem eigenen Husum heraus, und wenn ihr tausendmal in eurem Berlin Straßen so breit wie die Pariser Champs Elysees baut, von einer »heure bleue« sprecht statt von einer ollen ehrlichen Teestunde und euch gegen eure Kamine so herrenhaft, pardon, so »gentlemanlike« lehnt wie britische Landlords! Ihr bleibt auf ewig Leute aus der Provinz!

Das schockiert. Das beschämt. So was treibt allen selbsternannten Weltmännern die Zornesröte hoch, und ein Fontane vergißt ganz, daß einst der Freund sein »Lieblingsdichter« war. Noch acht Jahre nach dessen Tod wettert er gegen die Husumer Kruke, die stets im Einklang mit allen Teekesseln Husums zu summen pflegt, statt endlich das deutsche Reich in seiner ganzen Herrlichkeit zu sehen und zu preisen.

Doch weniger solche Gegnerschaften schaffen und fördern das Bild vom ewigen »Heimatdichter« Storm. Hierin schaden ihm manche Freunde mehr als seine Feinde.

Tochter Gertrud zum Beispiel, wenn sie in ihren 1912/13 erschienenen »Erinnerungen« an den Vater immer nur vom guten, weisen Storm berichtet, dem treusorgenden Familienvater, herzensguten Ehemann, dem Dichter ohne Fehl und Tadel. Alles Widerhakige, Widersprüchliche wird ausgespart. Ein Edelmensch bleibt zurück, der Dichtersmann in der Ligusterlaube, nicht ganz von dieser rauhen Welt. Und Freunde wie Wilhelm Jensen oder Erich Schmidt scheinen das dann – wohlmeinend – in ihren allzu gefälligen Storm-Betrachtungen zu bestätigen. Auch Paul Heyse hat mit seiner viel strapazierten Behauptung, Storms Novellen seien vor allem Erzählungen eines Lyrikers, dem Freund keinen Gefallen getan.

Das Storm-Klischee, immer freundlich, heimatverbunden, so »abseits« von allem Lärm der Welt wie der Imker in seinem Gedicht, entsteht und bestimmt über Jahrzehnte hin das Storm-Bild, eingemeindet in die Goldschnitt-Literatur seiner Zeit, der handliche Halbklassiker für den Wohnzimmerschrank, wo er nicht weit von Peter Rosegger, Hermann Löns, Ludwig Ganghofer steht. Gleich neben den Werken des Dithmarscher Landsmannes Friedrich Hebbel.

Bärbeißig-tiefsinnig der eine, liebenswert der andere. Literarischer Nippes des wilhelminischen Zeitalters.

Kaum einer kennt Storm wirklich. Jeder meint ihn zu kennen. Und als es hinausgeht ins große Völkerschlachten von 1914/18, haben die Soldaten neben dem »Faust« und den patriotischen Balladen des Börries von Münchhausen alle auch Storm im Tornister. Angeblich.

Bis zu dieser Zeit ist »Immensee« das immer noch bekannteste Storm-Werk. Doch plötzlich, von Kriegsende an, rückt ein anderes nach vorn – der bis dahin noch gar nicht so beachtete »Schimmelreiter«.

Storm hatte die Buchausgabe im Herbst 1888 nicht mehr erlebt, und das war am Ende besser so. Denn nach dem obligaten Freundesjubel beim Vorabdruck in der »Deutschen Rundschau« ist die erste Aufnahme eher höflich-kühl, und niemand scheint das Neue an gerade diesem Storm-Werk wahrzunehmen.

Die Intensität der Sprache. Ihre neue Sparsamkeit. Weder Gefühle werden ausgebreitet noch Stimmungen gemalt. Beides ergibt sich mit aller Selbstverständlichkeit aus der präzise vorangetriebenen Handlung. Augenblicke wie die Sturmflut, der Tod des Hauke Haien haben eine mitreißende Kraft, wie sie in der gesamten deutschen Literatur einzig sind.

Vor allem aber: Dies ist kaum noch eine Novelle.

Mit dem »Schimmelreiter« legt Storm eigentlich seinen ersten Roman vor und zeigt, daß seine Epik auch der größeren, breiteren Form gewachsen wäre. Und wenigstens denkbar wäre ein jüngerer, gesünderer Storm, der als der andere große deutsche Romancier seiner Zeit neben den ewigen Rivalen Fontane hätte treten können.

Zunächst entdecken aber nur wenige das »Juwel«, das Storm mit seiner »Deichnovelle« der deutschen Literatur geliefert hat. Das ändert sich erst volle drei Jahrzehnte später. Da löst die Freiwerdung der Rechte einen wahren Storm-Boom aus, und »Der Schimmelreiter« ist sein Vorreiter.

Nicht nur in Deutschland.

Bald schon liegen Übersetzungen in rund dreißig Sprachen vor. Es gibt den »Schimmelreiter« auf platt und friesisch, in Blindenschrift, als Puppenspiel, Symphonie und in spezieller Kinderfassung. Er kommt in China heraus und hat dort einen ganz besonderen Erfolg: Mit diesem Schimmelreiter scheint eine Botschaft mitzugaloppieren, die überall verstanden wird, selbst noch in den Tälern des Jangtse. Heute ist er die meistgelesene deutsche Novelle schlechthin, vertont, mehrfach dramatisiert, verfilmt.

Zur Wende 1932/33 entstand der erste »Schimmelreiter«-Film. An originalen Nordsee-Schauplätzen, für damalige Kino-Zeiten sehr mutig und sehr neu: »Es war wohl eine Art Experiment«, erinnerte sich später die Elke-Darstellerin Marianne Hoppe mit kleinem Schauder dabei. Denn dieses Experiment war einige Male kräftig schiefgegangen.

Als zum Beispiel die Schauspielerin in der kochenden Nordseeflut versinken mußte. Höchst eindrucksvoll, nicht ungefährlich. Doch leider auch vergeblich. Denn technisch waren die Aufnahmen so mißlungen, daß Elke gleich noch einmal ertrinken mußte. Nun in den Filmstudios von Berlin-Babelsberg.

In den siebziger Jahren meinte dann der Regisseur Alfred Weidenmann unter dem Eindruck der Hamburger Sturmflut-Katastrophe von 1962 im Storm-Stoff eine neue Aktualität zu erkennen. So wurde 1977 ein Film gedreht, wo der alte Deichgraf (Gert Fröbe) sächsisch sprach, der Hauke Haien (John Philipp Law) amerikanisch aussah und die Friesenstuben wie Studiobauten im Atelier von Bendestorf. Der Rest war annehmbare Kino-Kost.

In der dritten Verfilmung von 1984, nun durch die DDR-DEFA in deutsch-polnischer Koproduktion, steckte dann eine besondere Pointe.

Denn hierfür war man nicht im Studio geblieben oder hinaus an die Nordsee gezogen. Die Außenaufnahmen entstanden an der Weichsel, also dort, woher die ursprüngliche

»Gespenstige Reiter«-Geschichte gekommen war. Regisseur Klaus Gendries, darauf angesprochen, staunte nicht schlecht: »Das war mir gar nicht klar gewesen.«

Sein Film blieb dann von den drei Versionen am dichtesten am Original, zeigte die größte künstlerische Ambition und hatte mit dem Schauspieler Sylvester Groth den überzeugendsten Hauke Haien, während man im ersten Film dem griesgrämig dreinblickenden Matthias Wiemann manches geglaubt hätte, nur nicht einen genialen friesischen Deichbauer.

Doch leider war dieser dritte und bisher letzte »Schimmelreiter«-Film der entschieden umständlichste und langatmigste, seiner bestechend schönen, nahezu schwarzweißen Fotografie zum Trotz.

Seltsamerweise hat der Film bei Storm bei weitem nicht so kräftig zugelangt, wie man eigentlich annehmen möchte. Denn Storm ist ein ungemein »filmischer« Autor, bei dessen Novellen man Schwenks, Schnitte, Fahrten, Großaufnahmen geradezu vor sich sieht. Vor allem aber kommen seine Stoffe wie kaum andere dem Kino-Bedarf nach »großen Gefühlen« entgegen. Doch scheint das bisher nur ein Regisseur wirklich erkannt zu haben, der 1963 verstorbene Veit Harlan, selbst ein geborener Melodramatiker. Seine »Immensee«-Verfilmung von 1943 wurde einer der erfolgreichsten deutschen Filme überhaupt.

Nicht immer der Vorlage treu, in die Gegenwart verlegt, mit Kristina Söderbaum als etwas zu vollweiblich-deftiger Elisabeth und Carl Raddatz als einem mehr draufgängerischen als weich verträumten Reinhard, rangierte »Immensee« auf der Skala der beliebtesten deutschen Filme zwischen 1933 und 1945 auf Platz 5 und spielte runde acht Millionen Mark ein.

Nicht nur in Deutschland. »Immensee« war auch im übrigen Europa ein Erfolg, und in Ungarn wurde nun erst das Storm-Original übersetzt.

Harlan, der schon parallel zu »Immensee« den »Pole

Poppenspäler« hatte verfilmen wollen, hat sich dann in der Nachkriegszeit noch zweimal an Storm-Verfilmungen versucht, an »Aquis submersus« unter dem Titel »Unsterbliche Geliebte« (1951) und »Viola tricolor«, was im Kino zu »Ich werde dich auf Händen tragen« (1958) wurde. Auch diese Filme, wieder in die Neuzeit verlegt, hatten guten Erfolg an der Kasse, beide wurden aber zugleich von Harlans Ruf als Regisseur des »Jud Süss«-Hetzfilms überschattet, was zur üblen Legende beitrug, Storm sei ein von den Nazis besonders bevorzugter Autor gewesen.

Das stimmt schlichtweg nicht.

Es gab deutschnationale Eingemeindungsversuche, doch dazu war dieser Autor zu eigenartig, sein Heimatgefühl zu individualistisch, sein Denken und Fühlen zu differenziert und sensibel und von allem kernig männlichen Deutschtum zu weit entfernt, als daß er irgendwie zum Blut-und-Boden-Barden getaugt hätte. So konnte denn das Storm-Werk nach 1945 seine literarische »Entnazifizierung« glatt überstehen, mehr noch: Es hatte sie nicht nötig.

In den siebziger Jahren entstanden, neben dem erwähnten »Schimmelreiter«, etliche TV-Adoptionen von Storm-Stoffen, darunter unter dem Titel »John Glückstadt« (1975) eine »Doppelgänger«-Verfilmung mit Dieter Laser in der Titelrolle. Sicher geschah dies nicht zufällig, denn es war ein Jahrzehnt, wo dem Dichter Storm eine generelle Neubelebung widerfuhr.

Storm war nie »weg«. Im Gegenteil. Seine Gesamtauflage erreichte eine Millionenhöhe, wie sie sich der lebende Storm nur hätte wünschen können, und Generationen Schüler paukten ihr »Oktoberlied« oder schrieben ihren Aufsatz über den »Schimmelreiter«.

Dennoch.

Schritt um Schritt geriet Storm zwar nicht in Vergessenheit, wohl aber in immer fernere Distanz. Sein Werk stand im Bücherregal, dort stand es gut. Zeitgeist schien dort nicht mehr zu pochen. Und die meisten kritischen Auseinandersetzungen fielen eher geringschätzig-abwertend aus.

Der Storm, na ja. Ein Poet aus Husum. Noch Fragen? Die Jugend sehe sich von ihm, meinte schon 1919 Hermann Hesse, »unendlich weit entfernt«. Er verkörpere, so zwei Jahre später Richard Schaukal, anders als der Franzose Gustave Flaubert, der es als seinen Gegensatz gestalte, »das Mittelmaß, die kleinstädtische Bürgerlichkeit«. Und so fort bis zum nur noch peinlichen Verdikt Manfred Hausmanns von 1962, das Storm-Werk und dessen »denkerische Tiefe« seien »nicht sehr eindrucksvoll« und speziell seine Gedankenlyrik »unzulänglich«.

Aber Storm hatte auch Freunde. Der sicher wichtigste: Thomas Mann. Und das wiederum nicht zufällig. Denn zwischen Storm und Mann gibt es mehr als nur eine Ähnlichkeit.

»Ich habe mit Jugenderinnerungen in meiner Produktion ja nie gespart.« Das sagt nicht Storm, sondern Mann, wenn er sich zur Heimat Lübeck als »geistiger Lebensform« bekennt wie Storm zu seiner »Husumerei«.

Der eine wie der andere hing an seiner Heimat. Der eine wie andere litt daran. Beide aus dem Norden, beide aus großbürgerlichem Haus mit der Ahnung dabei, es strebe diese ihre Welt ihrer Endzeit zu. Beide Familienmenschen und Einzelgänger zugleich. Beide, auch das gehört dazu, Weihnachtsfetischisten.

Sie finden Frauen – Mann einmal, Storm gleich zweimal –, die bis zur Selbstaufgabe das angetraute Genie in all seinen Wunderlichkeiten und Marotten so akzeptieren, wie es nun mal ist. Für beide sind die Söhne das Hauptproblem ihres Lebens, der älteste zumal, für Thomas Mann Klaus, für Storm Hans. Beide verlieren sie zu ihren Lebzeiten.

Mann wie Storm stehen zwischen Bürger- und Künstlertum, voll Zweifel, ob sie Kunst zu vollwertigen Bürgern mache. Um so heftiger streben beide nach bürgerlicher Reputation, und wenn Thomas Mann bei wachsendem

Erfolg voll Stolz alle Statussymbole seines neuen Reichtums herzählt, die schöne Villa, reichlich Personal, Zuckerbrötchen schon zum Frühstück, meint man Storm zu vernehmen, der rührend mit dem bescheidenen Wohlstand seiner späten Jahre auftrumpft.

Obgleich Fontane eigentlich verwandter, wird für Mann Storm ein erstes Vorbild. Und aus tiefer Wesensnähe heraus schreibt er 1930 seinen Storm-Essay, mit allem Respekt der Aufrichtigkeit, der auch Schwächen und Grenzen nicht verschweigt: »Die nachchristliche Aufklärung schützt wenig vor Aberglauben, wenn man die christliche übersprungen hat.« Und wo es schließlich ganz klar, ganz eindeutig heißt: »Er ist ein Meister. Er bleibt.«

Storm bleibt tatsächlich. Und scheint von den siebziger Jahren an einen Reizstoff zu enthalten, der ein heutiges Publikum wieder unmittelbar anspricht, jenseits respektvoll distanzierter Klassikerpflege.

Als 1982 mein Buch »Der wahre Schimmelreiter« erschien, lobten etliche Rezensenten das bei Storm offensichtliche »ökologische Bewußtsein«. Ich war einigermaßen überrascht. Denn in Storm einen »frühen Grünen« zu entdecken, wie mir andere Kritiker unterstellten, war keineswegs meine Absicht gewesen. Aber es hatte sich vielmehr wie von selbst aus der unbefangenen Beschäftigung mit der Materie ergeben. Storm wurde deutlich als einer, der schon früh erste kritische Fragezeichen hinter jedem Fortschritt um seiner selbst willen gesetzt und klargemacht hatte, daß jeder Aufbau auch Zerstörung bedeutet.

Das aber berührte sehr vertraut und sehr sympathisch in einer Zeit, die sich nach der Aufbauwut der fünfziger und sechziger Jahre wieder auf sich selbst zu besinnen versuchte.

Man wollte nun erhalten wissen, was uns an Schätzen Natur und Vergangenheit überantwortet hatten. Man wertete das neue Teilstück Autobahn nicht unbedingt höher als das Stück Wald, das für diese Autobahn gerodet werden mußte. Worte wie »Konsumterror« kamen auf. Aussteiger versuchten sich an alternativen Lebensformen.

Zu diesem neuen Zeitgeist paßte auch ein Storm. Mit seiner Liebe zur Natur, dem behutsamen Umgang mit Tradition und traditioneller Überlieferung. Das scheinbar Überholte, »Reaktionäre« an ihm wirkte nun plötzlich frisch, modern, »progressiv«. Die Stormsche Wiederentdeckung setzte ein und scheint zwar inzwischen wieder etwas abgeklungen, aber der Goldschnitt-Dunst kehrt so rasch nicht wieder.

So ist denn Storm, so oft für tot erklärt wie kein anderer Großer der deutschen Literatur, trotz allem präsent geblieben. Und nirgends so präsent wie in »seiner« Stadt, in Husum, wo es lange hieß, sie kenne zwar den Amtsrichter und Chordirektor, nicht aber den Dichter Storm, und zumal »Der Schimmelreiter« sei überhaupt erst nach der ersten Verfilmung im Friesenland bekannt geworden.

Das ist natürlich lästerliche Übertreibung. Man kennt auch so seinen Dichter. Dafür sorgt schon die Theodor-Storm-Gesellschaft. In der Wasserreihe 31, seit 1969 im Besitz der Stadt, hat sie ihren Sitz, und wer davor steht, fühlt sich wirklich in die Zeit von Storm versetzt. Doch wo eigentlich nicht in Husum und Umland?

Hier im Storm-Haus an der Wasserreihe kann man durchs Viola-tricolor-Zimmer mit seinem wieder freigelegten Original-Holzboden gehen und über die eindrucksvoll knarrende Holztreppe hinauf ins Poetenstübchen steigen. Man steht andächtig vor dem Schreibtisch mit den Nolde-Eulen und sieht in den Garten mit dem Ziehbrunnen hinunter.

Gehen wir hinaus in die Stormstadt und zu den anderen »Storm-Häusern« hinüber, dem in der Neustadt und dem in der Süderstraße, zum Haus des Urgroßvaters, dem »Immensee«-Schauplatz, dessen Hinterhaus noch steht, zu den Häusern von Eltern und Großeltern in der Hohlen Gasse!

Schieben wir uns am Donnerstag durchs Gewühl auf dem Wochenmarkt wie einst der Doktor in »Drüben am Markt« und betrachten ähnlich sehnsüchtig die Prunkfassaden der altehrwürdigen Patrizierhäuser! Erschauern wir kurz in Osterende und gedenken der dunklen Gewölbe, in denen einst die zum Tode Verurteilten auf ihre Hinrichtung warteten!

Gehen wir zum Schützenhof, wo »Pole Poppenspälers« Schwiegervater seine Marionettenbühne aufschlägt und sich Paul und Lisei zur gemeinsamen Nacht in der Puppenkiste wiederfinden! Zum Gasthof St. Jürgen, zum Rathaus, zum Schloß! Steinerne Szenarien für Literatur dies alles! Eine ganze Stadt als Kulisse für ein dichterisches Lebenswerk! Und manchmal weiß man kaum, was realer ist, das Husum von Storm, seine »graue Stadt«, oder die heutige schmucke kleine Touristenkapitale am Tor zur Nordsee-Ferienlandschaft.

Wir verlassen die Stadt, fahren hinaus.

Nach Schwabstedt vielleicht, wo »Renate« spielt und »Zur Wald und Wasserfreude«. Das Restaurant dort heißt jetzt »Zur Treene«, aber der Blick hinunter ins Tal ist wohl so anders nicht als zur Storm-Zeit. Und wir gehen zur Schwabstedter Kirche mit ihrem seitwärtigen Glockenturm auf dem früheren Hünengrab und zur Kirche von Olderup, die in der »Chronik von Grieshuus« mitspielt, und schließlich zu der von Drelsdorf mit dem Bonnixschen Epitaph, den Anstoß zu »Aquis submersus«.

Wir sehen vielleicht die Veilchen auf dem Schobüller Berg aus dem »Immensee«-Gedicht und ganz sicher den spitzen Turm der Hattstedter Kirche, auf deren Gottesacker im »Schimmelreiter« der alte Deichgraf beigesetzt wird.

Dies hier ist nun das Land des Schimmelreiters, weit nach Eiderstedt hinein, auf dessen Deichen man sich einmal in rauher Herbstnacht das gruselige Vergnügen machen sollte, einige Kilometer gegen Wind und Regen anzugehen. Man hört dann wie von selbst Hufe näher kommen, meint Hauke Haien auf seinem Schimmel vorübergaloppieren zu sehen, glaubt, sein schwarzer Mantel streife einem übers regennasse Gesicht.

Man kann auch nach Fahretoft fahren, dem Heimatort des skurrilen Hans Mommsen, eines technischen Naturtalents aus dem 18. Jahrhundert, das zu den vielen Vorbildern des Hauke Haien gehört. Oder man sitzt nach langer Irrfahrt – Friesen lieben ihre Sehenswürdigkeiten gründlich zu verstecken – im »Schimmelreiterkrug« von Sterdebüll, wo Storm einst eingekehrt sein soll und das Sofa nicht anders quietschen, der Eiergrog nicht so anders schmecken dürften als einst zu seiner Zeit. Und man kann zum originalen Hauke-Haien-Koog fahren ...

Nein, das kann man nun nicht.

Einen originalen Hauke-Haien-Koog gibt es nicht. Wohl aber einen, der diesen Namen trägt, nördlich von Bredstedt. 1961 entstanden, schon nicht mehr zur Landgewinnung, sondern zum Küstenschutz. Und bei der Namensgebung war es hoch hergegangen. Viele Kandidaten wurden genannt, auch Theodor Storm. Dann aber fiel die Wahl auf seinen berühmtesten Helden, den friesischen Deichbauer mit dem fränkischen Namen.

Eine Kunstfigur, historisch nicht identifizierbar, wird wie eine reale Persönlichkeit geehrt. Das hat es so wohl nur dieses eine Mal gegeben. Und so ist auch der Hauke-Haien-Koog eine Storm-Gedenkstätte wie diese ganze Landschaft hier, wie Husum, seine Stadt.

Im Schloßpark steht seine Büste, 1898 von Adolf Brütt geschaffen, der zwei Jahre später – als Symbol für Husum als Schiffer- und Fischerstadt – den Tine-Brunnen vor dem Rathaus modellierte. Storms Witwe Dorothea war dabei gewesen, als diese Büste, sehr brav und naturalistisch getreu, enthüllt wurde.

Ich setze mich in ihrer Nähe auf eine Bank. Herbststimmung, sie paßt zu Storm. Dort oben hinter den Schloßfenstern mag er gesessen sein, in Amtsgeschäften oder zum Plausch mit dem Freund Graf Reventlow. Von dort mag er ins Grüne hinausgesehen haben oder hinunter ins Blauweiß der Krokusse zur Osterzeit.

Jetzt ist alles braun und grau. Ein Gärtner im blauen Drillich harkt Laub zusammen. Feiner Nebel zwischen kahlen Bäumen. Eine Mutter schiebt ihren Kinderwagen vorbei. Hunde sind anzuleinen und toben hinten auf dem Rasen einem Ball hinterher. Unangeleint.

Ein Mann setzt sich neben mich, wir sind verabredet. Schauspieler, hier in Husum geboren und aufgewachsen, bei Tourneen hatte es bei seinem Auftritt hier immer Szenenapplaus gegeben. In seiner Jugend hatte er im Chor mitgesungen, den Theodor Storm gegründet hatte. Das war seine erste Begegnung mit der Welt der Bühne gewesen. Ja, diesen Chor hatte es damals noch gegeben, es gibt ihn wohl immer noch.

Er deutet mit dem Kopf in Richtung der Storm-Büste: »Tede Wind.« – Bitte? – »Der Storm. Tede Wind. So haben wir ihn als Schuljungen genannt.« Und so nennen sie ihn wohl bis heute. Erfrischend respektlos. Ganz selbstverständlich. In dieser Stadt lebt man eben mit seinem Dichter Storm von Kindheit an.

Die Büste scheint zu lächeln.

Dieser Dichter birgt einige Widersprüche mehr, als man vermutet, und einige Geheimnisse hat er ebenfalls, die auch nicht die Redseligkeit all seiner Briefwechsel enthüllt. Ein Unbekannter allzu Bekannter, das macht die Beschäftigung immer wieder neu und spannend. Und Storms Werk mag »bürgerlich«, er selbst als Dichter ein »Bürger« sein, ohne Schillersches Feuer, Goethesches Titanenringen. Das zeichnet ihn am Ende aus.

Storm bleibt leise und klein. Diese Bescheidung auf eine kleine Welt ist seine Stärke. Sie macht ihn uns vertraut und seine Welt der unseren ähnlich, auch über den Bogen von bald anderthalb Jahrhunderten hinweg. Denn hat sich diese Welt so sehr verändert in ihren kleinen Hoffnungen, Sehnsüchten, Gefühlen? Sind wir so weit weg vom Bürgertum der Stormschen Zeit?

Bürger Storm.

Er hätte nichts dagegen.

ANHANG

Zeittafel

1817 wird Hans Theodor Woldsen Storm am 14. September in Husum geboren
1821 Eintritt in die Klippschule
1826 Eintritt in die Husumer Gelehrtenschule (Quarta)
1835 Wechsel nach Lübeck, Besuch des Katharineums
1837 Immatrikulation an der juristischen Fakultät der Universität Kiel
Werk: »Hans Bär« (Märchen)
1838 Immatrikulation an der Universität Berlin. Reise nach Dresden
1839 Rückkehr nach Kiel, Freundschaft mit den Brüdern Mommsen
1842 Heiratsantrag Bertha von Buchan. Staatsexamen
1843 Rückkehr nach Husum. Gründung des Gesangvereins
Werk: »Liederbuch dreier Freunde« (mit den Mommsens)
1844 Verlobung mit Constanze Esmarch
1845 Werk: »Schneewittchen«, »Geschichten aus der Tonne«
1846 Eheschließung mit Constanze
1847 Verbindung mit Dorothea Jensen, Trennung
Werk: »Marthe und ihre Uhr«
1848 Sohn Hans geboren
Werk: »Im Saal«, »Neues Gespensterbuch« (erst 1991 veröffentlicht)
1849 Werk: »Immensee«, »Der kleine Häwelmann«
1850 Werk: »Hinzelmeier«
1851 Sohn Ernst geboren
1852 Berufsverbot als Notar. Bewerbung in Berlin. Bekanntschaft mit Theodor Fontane
Werk: »Gedichte« (weitere ergänzte Ausgaben 1856, 1864 und 1875)
1853 Sohn Karl geboren. Übersiedlung nach Potsdam
1854 Werk: »Ein grünes Blatt«, »Im Sonnenschein«
1855 Tochter Lisbeth geboren. Reise zu Eduard Mörike
Werk: »Angelica«

1856 Wechsel nach Heiligenstadt als Amtsrichter
1857 Werk: »Wenn die Äpfel reif sind«
1859 Werk: »Auf dem Staatshof«
1860 Tochter Lucie geboren
     Werk: »Späte Rosen«
1861 Werk: »Drüben am Markt«, »Veronica«
1862 Werk: »Im Schloß«, »Am Kamin«
1863 Tochter Elsabe geboren
     Werk: »Abseits«, »Die Regentrude«, »Bulemanns Haus«
1864 Wahl zum Husumer Landvogt. Rückkehr nach Husum
1865 Tochter Gertrud geboren. Constanze stirbt. Reise nach Baden-Baden
     Werk: »Der Spiegel des Cyprianus«, »Von Jenseits des Meeres«
1866 Eheschließung mit Dorothea Jensen
1867 Storm wird Amtsrichter
     Werk: »In St. Jürgen«, »Eine Malerarbeit«
1868 Tochter Friederike geboren
     Werk: »Sämtliche Schriften«
1870 Werk: »Hausbuch aus deutschen Dichtern seit Claudius«
1872 Reise nach Salzburg
     Werk: »Draußen im Heidedorf«
1874 Ernennung zum Oberamtsrichter
     Werk: »Beim Vetter Christian«, »Viola tricolor«, »Pole Poppenspäler«, »Waldwinkel«
1875 Werk: »Ein stiller Musikant«, »Psyche« »Im Nachbarhaus links«
1876 Reise nach Würzburg zum Sohn Hans
     Werk: »Aquis submersus«, »Zerstreute Kapitel«
1877 Erneute Reise nach Würzburg. Bekanntschaft mit Erich Schmidt
1878 Werk: »Carsten Curator«, »Renate«
1879 Ernennung zum Amtsgerichtsrat
     Werk: »Zur Wald- und Wasserfreude«, »Im Brauer-Hause«, »Eekenhof«
1880 Pensionierung Storms. Umzug nach Hademarschen
     Werk: »Die Söhne des Senators«
1881 Werk: »Der Herr Etatsrat«
1882 Werk: »Hans und Heinz Kirch«
1883 Verleihung des Maximilian-Ordens
     Werk: »Schweigen«
1884 Reise nach Berlin

Werk: »Zur Chronik von Grieshuus«, »Es waren zwei Königskinder«
1885 Beginn der Beschäftigung mit dem »Schimmelreiter«-Stoff
Werk: »John Riew«, »Ein Fest auf Haderslevhuus«
1886 Reise nach Weimar. Sohn Hans stirbt. Schwere Erkrankung
Werk: »Bötjer Basch«
1887 Krebsdiagnose. Reise nach Sylt. Der 70. Geburtstag. Husumer Ehrenbürgerschaft
Werk: »Ein Doppelgänger«, »Ein Bekenntnis«, »Sylter Novelle« (Entwurf)
1888 Storm stirbt am 4. Juli. Überführung nach Husum, Beisetzung am 7. Juli auf dem St. Jürgen-Friedhof
Werk: »Der Schimmelreiter«, »Die Armesünderglocke« (Fragment)
1919 Mit der Freiwerdung der Storm-Rechte beginnt der eigentliche breite Storm-Erfolg. Vor allem »Der Schimmelreiter« wird in einige Dutzend Sprachen übersetzt und weltweit gelesen.

Literatur

1. Theodor Storm – Gesamtausgaben

P. Goldammer (Hg.), Theodor Storm. Sämtliche Werke. Berlin 1992
K. E. Laage/D. Lohmeier, Theodor Storm. Sämtliche Werke. Frankfurt/Main 1987/88

2. Theodor Storm – Biographien

G. Bollenbeck, Theodor Storm, Frankfurt/Main 1991
R. Fasold, Theodor Storm. Stuttgart 1997
P. Goldammer, Theodor Storm. Eine Einführung in Leben und Werk. Leipzig 1968/90
D. A. Jackson, Theodor Storm. Dichter und demokratischer Humanist. Berlin 2001
K. E. Laage, Theodor Storm. Leben und Werk. Husum 1979
K. E. Laage, Theodor Storm. Eine Biographie. Heide 1999
R. Paulin, Theodor Storm. München 1992
F. Stuckert, Theodor Storm. Sein Leben und seine Welt. Bremen 1955
G. Storm, Theodor Storm. Ein Bild seines Lebens. Berlin 1912/13
H. Vincon, Theodor Storm in Selbstzeugnissen und Bilddokumenten (Rowohlt Monographie). Reinbek bei Hamburg 1972

3. Theodor Storm – Briefwechsel

A. T. Alt (Hg.), Storm/Ernst Esmarch. Berlin 1973
C. A. Bernd (Hg.), Storm/Paul Heyse (3 Bände). Berlin 1969/70/74
P. Goldammer (Hg.), Theodor Storm. Briefe (2 Bände). Berlin/Weimar 1972
H. u. W. Kohlschmidt (Hg.), Storm/Eduard Mörike. Berlin 1978
K. E. Laage (Hg.), Storm/Erich Schmidt (2 Bände). Berlin 1972/76

K. E. Laage (Hg.), Storm/Gottfried Keller. Berlin 1992
A. Stahl (Hg.), Storm/Laura und Hartmuth Brinkmann. Berlin 1986
J. Steiner (Hg.), Storm/Theodor Fontane. Berlin 1981
G. Storm (Hg.), Briefe in die Heimat. Berlin 1914
G. Storm (Hg.), Briefe an seine Braut. Braunschweig 1915
G. Storm (Hg.), Briefe an seine Kinder. Braunschweig 1916
E. Streitfeld (Hg.), Storm/Emil Kuh, Graz 1985
H.-E. Teitge (Hg.), Storm/Theodor Mommsen. Weimar 1966

4. Sonstiges

Zu Storm:

P. Barz, Der wahre Schimmelreiter. Hamburg 1982
P. Barz, Theodor Storm und Schleswig-Holstein. Husum 1988
F. Böttger, Theodor Storm in seiner Zeit. Berlin 1958
R. K. Hollander, Theodor Storm. Der Schimmelreiter. Berlin 1976
K. E. Laage, Storm als Sammler heimischer Sagen. Husum 1966
K. E. Laage, Das Storm-Haus in Husum. Heide 1980
K. E. Laage, Theodor Storm in Husum und Nordfriesland. Heide 1988
K. E. Laage/Hans Jessel, Auf Theodor Storms Spuren. Hamburg 2002
Th. Mann, Leiden und Größe der Meister. Berlin 1935
Th. Mann, Adel des Geistes. Stockholm 1945
H. Sieverts, Storms Stellung zu Tod und Unsterblichkeit. Göttingen 1953
H.-E. Teitge, Theodor-Storm-Bibliographie. Berlin 1967

Zu Storms Zeitgenossen:

P. Barz (Hg.), Wo die Musen frieren. 20 norddeutsche Künstlerbiographien. Heide 1988
H. Matthiesen, Friedrich Hebbel. Reinbek bei Hamburg 1970
H. Ohff, Theodor Fontane. Leben und Werk. München 2002
L. Wickert, Theodor Mommsen. Frankfurt/Main 1959/80

Zum geschichtlichen Hintergrund:

P. Barz, Der Leibarzt des Königs. Die Geschichte des Doktor Struensee. Berlin 2000

O. Brandt/W. Klüver, Geschichte Schleswig-Holsteins, Kiel 1976

U. A. Christensen, Die Geschichte Husums im Rahmen der Geschichte Schleswig-Holsteins. Husum

T. Fontane, Der Schleswig-Holsteinische Krieg im Jahre 1864. Berlin 1978

M. Frohrip, Vom Postwagen zur Eisenbahn. Heide 1998

J. Jensen, Nordfriesland in den geistigen und politischen Strömungen des 19. Jahrhunderts. Neumünster 1961

F. Hoffmann, Das alte Husum zur Zeit des jungen Storm. Kiel 1957

M. Krammer, Berlin im Wandel der Jahrhunderte. Berlin 1956

F. Noack, Veit Harlan. München 2000

H. Ohff, Preußens Könige. München 1999

H. Otto, Gründerzeit. Bonn 1984

H. v. Ullmann/G. Pump, Norddeutsche Städtebilder. Heide 1987